# Vorteilsanrechnung bei nützlichen Pflichtverletzungen im Kapitalgesellschafts- und Kartellrecht

# Schriften zum Gesellschafts-, Bilanz- und Unternehmensteuerrecht

Herausgegeben von Joachim Hennrichs

Band 9

PETER LANG
Frankfurt am Main · Berlin · Bern · Bruxelles · New York · Oxford · Wien

Jochen Möller

# Vorteilsanrechnung bei nützlichen Pflichtverletzungen im Kapitalgesellschafts- und Kartellrecht

PETER LANG
Internationaler Verlag der Wissenschaften

**Bibliografische Information der Deutschen Nationalbibliothek**
Die Deutsche Nationalbibliothek verzeichnet diese Publikation in der Deutschen Nationalbibliografie; detaillierte bibliografische Daten sind im Internet über http://dnb.d-nb.de abrufbar.

Zugl.: Köln, Univ., Diss., 2011

Umschlaggestaltung:
© Olaf Glöckler, Atelier Platen, Friedberg

D 38
ISSN 1867-500X
ISBN 978-3-631-63262-8



www.peterlang.de

*Für Emil*

**Vorwort**

Die vorliegende Arbeit lag im Sommersemester 2011 dem Fachbereich Rechtswissenschaften der Universität zu Köln als Dissertation vor. Sie befindet sich im Wesentlichen auf dem Stand Frühjahr 2011.

Meiner Doktormutter Frau Prof. Dr. Barbara Grunewald gilt mein besonderer Dank sowohl für die Anregungen als auch für die in jeder Hinsicht vorbildliche Betreuung meiner Arbeit. Die interessante und lehrreiche Zeit als wissenschaftlicher Mitarbeiter an ihrem Lehrstuhl wird mir immer in sehr guter Erinnerung bleiben.

Gleichfalls danken möchte ich Herrn Prof. Dr. Joachim Hennrichs für die zügige Erstellung des Zweitgutachtens.

Dank gilt auch dem Arbeitskreis Wirtschaft und Recht des Stifterverbandes für die Deutsche Wissenschaft, dessen großzügige Promotionsförderung ich ein Jahr lang genießen durfte.

Zudem danke ich meinen Eltern, ohne deren Unterstützung und Vertrauen weder diese Arbeit noch mein Studium möglich gewesen wären. Darüber hinaus Max Thümmel und Dominique Püster für die zahlreichen Diskussionen und wertvollen Hilfestellungen sowie Wolfgang Sominka für die tatkräftige Unterstützung bei der Formatierung.

Besonderer Dank gebührt schließlich meiner Frau Cornelia Möller, die mit einer schier unendlichen Geduld die Tiefen des Studiums und der Promotion mit mir durchschritten und mich in jeder Hinsicht unterstützt hat.

Köln, im September 2011 Jochen Möller

**Inhaltsverzeichnis**

A. Einleitung ... 1
I. Problemaufriss ... 1
II. Gang der Bearbeitung ... 6
B. Schuldverhältnis ... 7
C. Die Pflichtverletzung im Aktien- und GmbH-Recht ... 9
I. Die Pflichten des Vorstands ... 9
1. Die Sorgfaltspflicht ... 12
a. Allgemein ... 12
b. Legalitätspflicht ... 12
c. Aufsichts- und Organisationspflichten ... 13
1) Vorstandsinterne/horizontale Überwachungspflicht ... 14
2) Überwachungspflichten bei vertikaler Arbeitsteilung ... 16
a) Haftung nur für Eigenverschulden ... 16
b) Pflichtverletzung wegen unzulässiger Delegation ... 17
(1) Organisationspflichten als Leitungsaufgaben ... 17
(a) Leitungsaufgaben ... 17
(b) Organisationspflichten ... 18
(2) Pflichtengefüge bei statthafter Delegation ... 18
(a) Auswahlsorgfalt ... 19
(b) Einweisungssorgfalt ... 20
(c) Überwachungssorgfalt ... 22
c) Compliance-System ... 23
d) Risikomanagementsystem ... 24
3) Zusammenfassung ... 25
d. Exkurs: Problempunkt Korruption ... 26
2. Die Treuepflicht ... 28
a. Pflicht zu loyalem Verhalten ... 29
b. Pflichten bei Geschäften mit der Gesellschaft ... 29
c. Geschäftschancenlehre ... 30
d. Verbot der Ausnutzung der Organstellung für private Zwecke ... 30
3. Sonstige Pflichten des Vorstands ... 30
II. Pflichtverstoß auch bei überwiegenden Vorteilen für die Gesellschaft .. 30
1. Verstoß gegen gesetzliche Bestimmungen ... 31
a. Anwendbarkeit der Business Judgment Rule ... 31
1) Erforderlichkeit einer Business Judgment Rule im deutschen Recht ... 32
2) Vergleich mit der Business Judgment Rule amerikanischer Prägung ... 35
3) Voraussetzungen ... 37

4) Haftungsfreiräume ... 37
5) Die Tatbestandsvoraussetzungen im Einzelnen ... 38
a) Unternehmerische Entscheidung ... 38
(1) Regierungsbegründung ... 38
(2) Verschiedene Definitionsansätze ... 38
(3) Lösungsvorschlag ... 40
b) Handeln zum Wohle der Gesellschaft ... 41
c) Handeln ohne Sonderinteressen und sachfremde Einflüsse ... 41
d) Sorgfältige Vorbereitung und angemessene Information ... 42
e) Guter Glaube ... 42
6) Subsumtion der nützlichen Pflichtverletzung unter die Business Judgment Rule ... 42
b. Verstoß gegen Gesetzespflichten im Allgemeinen ... 43
1) Strikte Anwendung des Legalitätsgebots ... 43
2) Ausnahme nützliche Pflichtverletzung – „efficient breach of public law"? ... 46
3) Lösungsvorschlag ... 50
4) Unbeschränkte Haftung bei jeglichen – auch geringfügigen – Normverstößen? ... 51
5) Sonderproblem: Anwendung ausländischen Rechts am Beispiel der Bestechung ... 52
a) Rechtslage vor dem OECD-Übereinkommen v. 17.12.1997 ... 53
b) Rechtslage seit dem OECD-Übereinkommen v. 17.12.1997 ... 53
c. Verstoß gegen kartellrechtliche Vorschriften im Besonderen ... 55
1) Einleitung zum Kartellrecht ... 55
2) Nützliche Pflichtverletzung ... 59
3) Aufsichts- und Organisationsverschulden ... 60
4) Strafbarkeit von Kartellverstößen ... 60
a) Strafgesetzbuch ... 61
(1) Submissionsbetrug ... 61
(2) Untreue ... 61
(3) Sonstige Straftatbestände ... 65
b) Exkurs: Strafbarkeit von Verstößen gegen Risikominimierungspflichten ... 66
c) Zwischenergebnis zur Strafbarkeit nach dem StGB ... 68
d) Strafbarkeit von Kartellverstößen im Ausland ... 68
(1) Rechtslage in Großbritannien und USA ... 69
(2) Vergleich mit deutschem Recht ... 70
e) Zwischenergebnis zur Strafbarkeit von Kartellverstößen ... 71
5) Zwischenergebnis ... 72
2. Verletzung von Aufsichts- und Organisationspflichten ... 72

3. Verletzung von Vertragspflichten der Gesellschaft ... 73
a. Vertragstreue als Pflichteninhalt ... 74
b. Effizienter Vertragsbruch ... 74
1) Keine Einhaltungs- und Erfüllungspflicht ... 74
2) Flankierende gesetzliche Schutzmechanismen ... 75
3) Unternehmerischer Handlungsspielraum ... 75
c. Lösungsvorschlag ... 76
4. Verstoß gegen die unternehmensinterne Kompetenzordnung ... 80
5. Sonstige mögliche nützliche Pflichtverstöße ... 81
a. Verstoß gegen die Grundsätze der Geschäftsmoral ... 81
1) Pflichtverletzung ... 81
2) Differenzierende Sicht ... 82
3) Stellungnahme ... 82
b. Entscheidung unter rechtlicher Unsicherheit ... 82
1) Verletzung von Rechtspflichten bei unklarer Rechtslage ... 83
2) Herbeiführung einer Rechtsprechungsänderung ... 84
a) Vertretbarkeitsschwelle ... 84
b) Externe Pflichtenbindung nur in Ausnahmefällen ... 84
c) Lösungsvorschlag ... 85
c. Auslegung unbestimmter Rechtsbegriffe ... 85
d. Tatbestandlicher Beurteilungsspielraum ... 86
III. Rechtfertigung und tatbestandausschließendes Einverständnis ... 86
1. Tatbestandausschließendes Einverständnis bzw. Einwilligung ... 86
a. GmbH ... 86
b. Aktiengesellschaft ... 87
2. Rechtfertigung ... 87
a. Besondere zivilrechtliche Rechtfertigungsgründe ... 87
b. Strafrechtliche Rechtfertigungsgründe ... 89
c. Zwischenergebnis ... 90
IV. Anwendung auf den GmbH-Geschäftsführer ... 90
V. Sonderproblem: Objektive Zurechnung und Kausalität bei Kollegialentscheidungen ... 91
1. Strafrechtliche Ansätze ... 92
a. BGH: Behandlung wie Mittäterschaft ... 92
b. Kumulative Kausalität ... 93
c. NESS-Test ... 93
2. Zivilrechtliche Ansätze ... 94
a. § 830 BGB ... 94
b. Spezielle aktienrechtliche Wertungen ... 94
D. Verschulden ... 97

E. Schaden ... 99
I. Allgemein ... 99
1. Grundprinzipien des Schadensrechts ... 99
2. Der zu ersetzende Schaden ... 100
3. Bußgeldzahlung des Unternehmens als Vermögensschaden ... 101
a. Keine Einschränkung der Ersatzfähigkeit wegen Höchstpersönlichkeit der Geldbuße ... 102
1) Widerspruch zur Rechtsordnung ... 102
2) Andere Bewertung bei Ordnungswidrigkeiten ... 102
3) Zweckverfehlung ... 102
4) Stellungnahme ... 102
b. Zwischenergebnis ... 103
c. Einschränkung der Ersatzfähigkeit wegen Verfehlung des Sanktions-zwecks ... 104
1) Keine Abwälzung von Unternehmensbußen auf Verwaltungsmitglieder ... 104
2) Differenzierung zwischen staatlicher Sanktion und zivilrechtlicher Beurteilung ... 105
3) Reduktion der Schadensersatzpflicht ... 106
a) Reduktion auf den für das Vorstandsmitglied vorgesehenen Bußgeldrahmen ... 106
b) Reduktion auf angemessene Höhe ... 107
4) Lösungsvorschlag ... 108
II. Die Vorteilsanrechnung im Allgemeinen ... 110
1. Einleitung ... 110
2. Definition ... 111
3. Ausgangspunkt Differenzhypothese ... 112
4. Wertende Betrachtung ... 113
5. Allgemeine Kriterien der Vorteilsanrechnung ... 117
a. Ansicht des Reichsgerichts ... 118
b. Ansicht des Bundesgerichtshofs ... 119
c. Ansichten der Rechtslehre ... 120
1) Besondere Art des Zusammenhangs zwischen Vor- und Nachteil ... 120
a) Ansicht von Thiele ... 121
b) Ansicht von Henke ... 123
c) Ansicht von Larenz ... 124
d) Ansicht von Hirsch ... 124
2) Zweck der verletzten Norm ... 125
a) Ansicht von Grunsky ... 125
b) Ansicht von Sonnenberger ... 125

3) Verhalten des Schädigers – Förderung der verletzten Rechtspflicht ..... 125
4) Art des Vorteils ..... 126
a) Ansicht von Rudloff ..... 126
b) Ansicht von Esser und Schmidt ..... 126
5) Kein allgemeingültiges Kriterium ..... 127
a) Ansicht von Lange und Schiemann ..... 127
b) Ansicht von Medicus ..... 129
c) Ansicht von Büdenbender ..... 129
d. Stellungnahme ..... 130
III. Vorteilsanrechnung bei nützlichen Pflichtverletzungen ..... 132
1. Bestandsaufnahme ..... 132
a. Rechtsprechung ..... 132
1) Reichsgericht ..... 132
2) Bundesgerichtshof ..... 133
b. Zwischenergebnis ..... 133
c. Subsumtion unter die verschiedenen Auffassungen zur Vorteilsanrechnung ..... 134
d. Zwischenergebnis ..... 135
2. Argumente für die Vorteilsanrechnung ..... 136
a. Dogmatische Begründung ..... 136
b. Ungerechtfertigter Vorteil für die Gesellschaft ..... 138
c. Bereicherungsverbot ..... 139
1) Keine Anwendung des Bereicherungsverbots ..... 140
2) Anwendung des Bereicherungsverbotes ..... 141
3) Stellungnahme ..... 141
d. Doppelte „Bestrafung“ des Unternehmens ..... 143
e. Keine Berücksichtigung der wirtschaftlichen Verhältnisse des Organs ..... 143
f. Kompensation als Hauptzweck der Haftungsnormen ..... 143
g. Gesellschaftswohl als primäres Anliegen ..... 144
h. Rein wirtschaftliche Betrachtung ..... 145
i. Kein Strafschadenersatz ..... 148
j. Vergleich mit Fallgruppen Leistungen Dritter ..... 148
k. Risikoaversion und wirtschaftliche Notwendigkeit ..... 149
l. Inkonsequente faktische Anerkennung nützlicher Pflichtverstöße? ..... 149
3. Argumente gegen die Vorteilsanrechnung ..... 150
a. Verhaltenslenkung als Hauptzweck der Haftungsnormen ..... 150
b. Präventive bzw. verhaltenslenkende Elemente des Haftungs- und Schadensrechts ..... 151

1) Funktion des Schadensrechts ... 152
2) Präventive Elemente des Schadensrecht ... 152
c. Kein vollwertiger Zufluss durch die nützliche Pflichtverletzung... 157
1) Vollwertiger Vorteil oder schadensgleiche Vermögensgefährdung? ... 157
a) Instanzgerichtliche Rechtsprechung ... 158
b) Bundesgerichtshof ... 158
2) Die Auswirkungen auf den Bestechungsfall ... 159
a) Sittenwidrigkeit der Bestechungsabrede und des Folgevertrags 160
b) Zwischenergebnis ... 164
d. Wertungen des Gesetzgebers ... 165
e. Rechtsgedanke des Aufwendungsersatzes ... 165
4. Zwischenergebnis ... 166
5. Vorteilsanrechnung im Kartellrecht ... 168
a. Argumente für die Vorteilsanrechnung ... 169
1) Unmittelbarer Zusammenhang zwischen Vor- und Nachteil ... 169
2) Handeln allein zum Vorteil der Gesellschaft ... 170
3) Kein Rückfluss zur Gesellschaft ... 170
4) Zusammenfassung ... 173
b. Argumente gegen die Vorteilsanrechnung ... 173
c. Stellungnahme ... 174
6. Lösungsvorschlag ... 176
a. Regressansprüche wegen Vertragsbrüchen / Schadensersatzansprüche Dritter ... 177
b. Regressansprüche aufgrund staatlicher Sanktionen ... 178
1) Bestechungen ... 178
a) Direkte Bestechungen ... 178
b) System der schwarzen Kassen ... 178
c) Signale des Gesetzgebers ... 179
d) Auswirkungen auf die Wirtschaftswelt ... 180
e) Präventiver Ansatz ... 180
f) Exkurs: Abwehrmöglichkeiten des Unternehmens ... 180
(1) Vertragsstrafe ... 181
(2) Vertragliche Vereinbarung über die Anwendung der Vorteilsanrechnung ... 181
(3) Kündigungsklausel im Anstellungsvertrag ... 182
(4) Whistleblowing ... 183
(5) Zusammenfassung der Abwehrmöglichkeiten ... 184
g) Zwischenergebnis ... 184
2) Kartellverstöße ... 184
3) Illegale Waffengeschäfte ... 185

4) Rechtswidrige Unterdrückung von Gewerkschaften und Betriebsräten ... 185
5) Missachtung von Umweltschutzstandards ... 186
6) Straftaten gegen die Umwelt ... 188
7) Sonstige öffentlich-rechtliche Pflichten ... 188
8) Zwischenergebnis ... 189
c. Regressansprüche wegen Verletzung von Aufsichts- und Organisationspflichten ... 189
d. Regressanspruch wegen Kompetenzüberschreitung ... 190
7. Theoretischer Ansatz: Unterscheidung zwischen Straftatbeständen und Ordnungswidrigkeiten ... 192
a. Rechtfertigung einer unterschiedlichen Handhabung ... 192
b. Verwirklichung eines Straftatbestands? ... 194
c. Vorstand verwirklicht nur einen Bußgeldtatbestand ... 196
d. Zwischenergebnis ... 197
1) Bevorzugung von Straftätern? ... 197
2) Stellungnahme ... 200
e. Zusammenfassung des theoretischen Ansatzpunktes der Differenzierung ... 200
F. Zusammenfassung ... 203
I. Vorteilsanrechnung bei nützliche Pflichtverletzungen ... 203
1. Regressansprüche aufgrund staatlicher Sanktionen ... 203
2. Regressansprüche aufgrund Schadensersatzansprüche Dritter / Vertragsbruch ... 204
3. Regressansprüche aufgrund Kompetenzüberschreitungen ... 204
II. Andere Wertungen aufgrund von Begleitumständen ... 205
III. Ausnahme leichte Fahrlässigkeit? ... 205
G. Thesen ... 207

# A. Einleitung

## I. Problemaufriss

In der heutigen Zeit ist Korruption im Geschäftsverkehr allgegenwärtig und die Wirtschaft wird von Korruptionsaffären geschüttelt.[1] Es vergeht kaum ein Monat, in der die Presse nicht über Vorwürfe und Verfahren gegen Unternehmen berichtet, die auf Bestechungen und Kartellrechtsverstößen beruhen.[2] Zwar handelt es sich bei Bestechungen und Kartellrechtsverstößen um unterschiedliche Arten von Rechtsverletzungen, doch ist ihnen gemein, dass in beiden Fällen Vorstandsmitglieder oder Mitarbeiter durch ein mit der Wahrnehmung dienstlicher Aufgaben zusammenhängendes Verhalten straf- oder ordnungswidrigkeitenrechtliche Verfahren auslösen. Die regelmäßig mit Kosten verbundenen Verfahren können zur Verhängung von Geldstrafen oder Geldbußen zu Lasten der betroffenen Personen beziehungsweise der Gesellschaft[3] führen. Wegen der Höhe, die solche Strafen beziehungsweise Bußen insbesondere im Kartellrecht erreichen können, haben derartige Zahlungen nicht nur erhebliche Auswirkungen auf die Ertragslage, daneben leidet auch das Ansehen des Unternehmens in der Öffentlichkeit.[4] Es drohen immense Schadensersatzansprüche seitens der Auftraggeber und Wettbewerber. Zudem kann der durch Korruption realisierte Gewinn – ohne Abzug von Aufwendungen (sog. Bruttoprinzip)[5] – abgeschöpft werden. Soweit das Unternehmen von öffentlichen Aufträgen abhängig ist, droht wegen der dort möglichen Vergabesperre[6] die Unternehmenskrise bis hin zur Insolvenz.[7]

Für die Unternehmen stellt sich ebenso wie für die betroffenen Vorstandsmitglieder die Frage, wie Verfahrenskosten und Geldstrafen[8] beziehungsweise

---

1 *Jahns*, FAZ Nr. 55 v. 6. 3. 2006, S. 22.

2 Nach Angaben der Weltbank werden jährlich weltweit rund eine Billion Dollar Bestechungsgeld gezahlt; vgl. FAZ Nr. 79 v. 3. 4. 2007, S. 12.

3 Vgl. bspw. die Verhängung von Geldbußen in Höhe von 1,06 Milliarden Euro gegen Intel, Pressemitteilung IP/09/745 vom 13.05.2009; EG-Kommission WuW 2009, 1201; je 533 Millionen Euro gegen Eon und GdF, Pressemitteilung IP/09/1099 vom 08.07.2009 oder eine Milliarde Euro gegen die Industriegruppe KONE, OTIS, Schindler und ThyssenKrupp wegen Teilnahme an Aufzugs- und Fahrtreppenkartellen, Pressemitteilung IP/07/209 v. 21.2.2007.

4 *Wabnitz/Janovsky*, Hdb Wirtschafts- und Steuerstrafrecht, Kap. 10, Rdnr. 25; *Zimmer/Stetter*, BB 2006, 1445; *Uwe H. Schneider*, ZIP 2003, 645.

5 BGH NJW 2002, 3339; 2006, 2500.

6 Bei internationaler Bestechung droht eine weltweite Sperre wegen Aufnahme in die „schwarze Liste" („World Bank Listing of Ineligible Firms") der Weltbank; siehe unter http://web.worldbank.org/external/default/main?theSitePK=84266&contentMDK=64069844&menuPK=116730&pagePK=64148989&piPK=64148984, letzter Aufruf am 13.07.2011.

7 *Hauschka/Greeve*, BB 2007, 165, 166.

8 Vgl. zur Erstattung der Geldstrafen und –bußen und der Verteidigerkosten durch das Unternehmen *Krieger*, FS Bezzenberger, S. 211 ff., 221 ff.

-bußen im Innenverhältnis zwischen der Gesellschaft und (früheren) Vorstandsmitgliedern sowie Mitarbeitern aufzuteilen sind, welche wechselseitigen Ansprüche bestehen und letztendlich auch in welcher Höhe.[9] Im Zusammenhang mit den Korruptionsvorwürfen bei der Siemens AG, die lange Zeit im Fokus des öffentlichen Interesses standen, ist die Frage der Verfolgung etwaiger Schadensersatzansprüche einer AG gegen ihre Vorstandsmitglieder wegen Verletzung ihrer Organpflichten durch den Aufsichtsrat erneut aktuell geworden.[10] Ein solches – wie bei Siemens erfolgtes – Vorgehen von Unternehmensangehörigen stellt ein klassisches Beispiel nützlicher Pflichtverletzungen dar. Um auf die Problematik der Vorteilsanrechnung einzugehen, die sich auf die Frage der Zulässigkeit der nützlichen Pflichtverletzung anschließt, soll daher die Siemens-Affäre den Leitfaden der Bearbeitung vorgeben.

Die Siemens AG erlangte unter anderem Aufträge dadurch, dass Mitarbeiter von Siemens Angestellten anderer Firmen oder Amtsträgern ausländischer Staaten (aus dafür vorgesehenen sog. schwarzen Kassen) Bestechungsgelder zukommen ließen, damit Siemens den Auftrag erhielt. In der Praxis wird in aller Regel die Summe dieser Zahlung auf das Auftragsvolumen aufgeschlagen, so dass rechnerisch der Auftraggeber letztlich das Bestechungsgeld seiner eigenen Mitarbeiter zahlt und der Bestechende lediglich das Bestechungsgeld vorfinanzieren muss. Eine solche Vorgehensweise kann sich daher für ein Unternehmen rechnen und erhebliche Gewinne generieren.

Im Rahmen dieser Arbeit wird zuerst geklärt, wie solche nützlichen Pflichtverletzungen in unserer Rechtsordnung zu behandeln sind. Unter nützlichen Pflichtverletzungen sind kurz zusammengefasst hauptsächlich Zuwendungen materieller oder immaterieller Art zu verstehen, auf die der Empfänger keinen rechtlichen Anspruch hat und die ihn dazu bewegen sollen, dem Leistenden seinerseits einen wirtschaftlichen Vorteil zu verschaffen.[11] Doch greift diese Definition zu kurz. Nützliche Pflichtverletzungen geschehen nicht nur im Bereich von Bestechungen. Neben den erwähnten Schmiergeldzahlungen im inländischen oder ausländischen Geschäftsverkehr[12] fallen durchaus auch andere Fallgestaltungen darunter. In Betracht kommen beispielweise gewinnbringende, aber ungesetzliche Waffengeschäfte oder die Missachtung kostenträchtiger Umweltschutzstandards.

In der Wirtschaftspresse wurde die Entscheidung des Siemens-Aufsichtsrates, Schadensersatzansprüche gegen einzelne Mitglieder des Vorstandes zu verfolgen, als *„symbolische Show"* bezeichnet, die vor allem dem Zweck diene, von Pflichtverletzungen des Aufsichtsrates bei der Überwachung des Vorstandes im Hinblick auf die Führung der schwarzen Kassen ab-

---

9 Vgl. ferner auch zu anderen relevanten Fragen wie zum Beispiel der Verteilung der Verfahrenskosten, Freistellungs- und Erstattungsansprüche *Krause*, BB-Special 8/2007, S. 2.

10 *Paefgen*, AG 2008, 761.

11 *Riegger/Götze*, in Krieger/Schneider, Hdb Managerhaftung, § 26 Rdnr. 36.

12 *Fleischer*, in ders., Hdb Vorstandsrecht, § 7 Rdnr. 22.

zulenken.[13] Jedoch drohte die Siemens AG beispielsweise ihrem früheren Vorstandsvorsitzenden *von Pierer* an, ihn für den gesamten Schaden persönlich in Anspruch zu nehmen.[14] Dieser Schaden belief sich auf ca. 2 bis 3 Milliarden Euro.[15] Zumindest für die Vorstände stellen derartige Forderungen wohl keine symbolische Show mehr dar. Mittlerweile dürfte auch sorgloseren Organmitgliedern bewusst geworden sein, welch enormen Haftungsrisiko sie ausgesetzt sind.[16]

Die derzeit noch aktuelle Wirtschafts- und Finanzkrise hat für Vorstände insgesamt erhebliche negative Auswirkungen. Sie führt nicht nur zu größerer Sparsamkeit und intensiverer Überwachung der Vorstandstätigkeit, sondern auch vermehrt zu (zum Teil großen) Unternehmensinsolvenzen, in denen bekanntlich von Insolvenzverwaltern besonders hartnäckig nach möglichen Haftungsansprüchen gegen die Vorstände gesucht wird.[17]

In Zeiten großer Korruptionsfälle, spektakulären Unternehmensskandale und der allgemeinen Finanzkrise[18] wird der Ruf nach einer stärkeren Überwachung und Haftung der Manager immer lauter.[19] Eine scheinbar zügellose Selbstbedienungsmentalität gepaart mit gesetzlich nicht hinreichend definierten Handlungsspielräumen geben Bestrebungen derzeit Raum, Vorstände an die *„kürzere Leine"* eines strengeren Haftungsmaßstabes zu nehmen.[20] So war in der FAZ vom 9.4.2008 zu lesen: *„Normalerweise ist das Korrektiv zum Gewinnstreben des Einzelnen, dass er auch empfindliche Verluste erleiden kann, die persönliche Haftung mit dem Privatvermögen. Im gegenwärtigen Vergütungssystem im Finanzgewerbe ist dieses Korrektiv weitgehend ausgehebelt: Die Händler in den Banken und die Manager von Hedge-Fonds sind über Boni zwar stark daran beteiligt, wenn sie in großem Stil Kredite aufnehmen und so kurzfristig die Gewinne steigern; wenn aus ihren Engagements später für ihre Unternehmen und die Volkswirtschaft insge-*

---

13 „Symbolische Show bei Siemens", Financial Times Deutschland vom 30.07.2008, S. 25.

14 Letztendlich haben die Parteien sich auf einen außergerichtlichen Vergleich, nach dem *von Pierer* nun fünf Millionen Euro an den Siemenskonzern zahlen muss, geeinigt, vgl. FAZ Nr. 280 v. 02.12.2009, S. 11. Gegen zwei Vorstandsmitglieder (ehem. Finanzchef *Neubürger* und ehem. Vorstand für die Telekommunikationssparte *von Ganswindt*) wurde aber tatsächlich Klage auf 15 Millionen und 5 Millionen Euro erhoben. Vgl. dazu FAZ Nr. 21 v. 26.01.2010, S. 9.

15 *Ott*, SZ Nr. 219 v. 23.09.2009, S. 17.

16 *Freund*, GmbHR 2009, 1185.

17 *Kebekus/Zenker*, FS Maier-Reimer, S. 319, 324.

18 Zur Frage der Bankenkrise und der damit zusammenhängenden Organhaftung vgl. *Lutter*, ZIP 2009, 197 ff.

19 Vgl. *Uwe H. Schneider*, FS Hüffer, S. 905; *Wiedemann*, ZGR 2011, 183: „Gesetzgebung und Rechtsprechung reagierten [auf die Finanzkrisen] vornehmlich mit verschärften Anforderungen an Geschäftsleiter und Aufsichtsräte."; *Bastuk/Seibel*, FAZ Nr. 241 v. 15.10.2008, S. 23: „Seit den Beinahe-Pleiten der IKB und der Hypo Real Estate überschlagen sich die Forderungen nach einer verschärften Haftung von Bankvorständen."; FAZ Nr. 120 vom 26.05.2009, S. 13; *Froesch*, DB 2009, 722; vgl. ferner *Goette*, DStR 2009, 51, 56 f.; *Krause*, BB 2009, 1370.

20 So *Bosch/Lange*, JZ 2009, 225.

*samt Verluste entstehen, bleiben sie davon aber weitgehend unbehelligt. Das kann so nicht bleiben, dem Korrektiv "persönliche Haftung" muss wieder mehr Geltung verschafft werden."*[21]

Zuvor wurde am 01. November 2005 das Gesetz zur Unternehmensintegrität und Modernisierung des Anfechtungsrechts (UMAG)[22] verabschiedet. Dort wurde neben der Erleichterung der Aktionärsklage (vgl. bspw. §§ 142 Abs. 2, 148 Abs. 1 Satz 1 AktG) im Gegenzug die Business Judgment Rule im deutschen Recht kodifiziert[23], vgl. § 93 Abs. 1 Satz 2 AktG. Hinter der Business Judgment Rule steht nach *Göthel* folgender Gedanke: *„Gesellschafter wünschen, dass ihr Unternehmen wächst und gedeiht. Dies erfordert vom Management ein gewisses Maß an Innovation und Risikobereitschaft. Gäbe es keinen Schutz durch die Business Judgment Rule, würden Manager weniger Risiken eingehen und hierdurch den unternehmerischen Erfolg beeinträchtigen. Mitglieder des Managements müssen täglich – und häufig unter Zeitdruck – mögliche Risiken und Erfolge gegeneinander abwägen. Sie müssen Entscheidungen treffen, ohne zu wissen, ob sich diese später als richtig oder falsch erweisen werden. Gerichte sollen deshalb – wenn überhaupt – erst dann im Nachhinein über das Verhalten von Managern urteilen, wenn sich diese durch Missachtung elementarer Grundsätze disqualifiziert haben. […] Hinzu kommt, dass der Gesetzentwurf der Bundesregierung die Rechte von Aktionärsminderheiten ausweitet. Die Business Judgment Rule bildet das hierzu erforderliche Gegengewicht, indem sie für Vorstand und Aufsichtsrat einen Haftungsfreiraum schafft."*[24]

Anhand dieser älteren Zeitungsartikel kann man erkennen, dass je nach der derzeitigen wirtschaftlichen beziehungsweise politischen Lage der Ruf nach einer Haftungsverschärfung oder –erleichterung für Manager variiert. Im Zuge der Banken- beziehungsweise Wirtschaftskrise ist derzeit der Ruf nach einer schärferen Haftung aktuell, da die Vorstände für die Krise (mit-) verantwortlich gemacht werden.

Ein großes Problem ergibt sich, wenn der Vorstand zum Beispiel bewusst Amtsträger ausländischer Staaten besticht und damit gegen das geltende Gesetz verstößt, um für die Gesellschaft einen Gewinn zu erwirtschaften, der mit rechtmäßigem Mitteln nicht zu erreichen gewesen wäre. Liegt in so einem Fall überhaupt eine Pflichtverletzung vor? Falls ja stellt sich bei einem Innenregress der Gesellschaft gegen das handelnde Organ die Frage, was mit dem Gewinn aus dem durch die Bestechung erlangten Auftrag passiert. Kann das Vorstandsmitglied diesen schadensmindernd für sich beanspruchen?

Grundsätzlich ist der Vorstand für die Gesetzestreue seiner Gesellschaft und der Mitarbeiter verantwortlich.[25] Ist es dem Vorstand aber deswegen verboten, zum Wohle der Gesellschaft bewusst Gesetzesverstöße in Kauf zu

---

21 *Fehr*, FAZ Nr. 83 v. 09.04.2008, S. 11.
22 BT-Drucks. 15/5092.
23 FAZ Nr. 16 v. 20.01.2004, S. 11.
24 *Göthel*, FAZ Nr. 287 v. 8.12.2004, S. 23.
25 BGH AG 2010, 874,874.

nehmen, um den Unternehmensertrag zu steigern? Es mutet widersprüchlich an, wenn der Vorstand im Rahmen eines Innenregresses für ein Verhalten, welches für die Gesellschaft (zumindest in Teilen) vorteilhaft war, im Ganzen haftet. Wendet man dieses Problem auf die Fallgestaltung der Bestechung an, stellt sich die Frage, ob der Vorstand persönlich für die Zahlung von beispielsweise eine Million Euro Bestechungsgeld haftet, wenn der dadurch erlangte Auftrag einen Gewinn von über zehn Millionen Euro für die Gesellschaft bedeutet hat. Kann die Gesellschaft ihren Gewinn durch den Schadensersatzanspruch um eine weitere Million erhöhen?

Wenn das schädigende Ereignis für den Geschädigten neben Nachteilen auch Vorteile bringt, wird in dieser Arbeit unter Heranziehung der Vorteilsanrechnung im Allgemeinen daher der Frage nachgegangen, ob der Vorteil schadensmindernd (zum Vorteil des Schädigers) auf den Schadensersatzanspruch angerechnet wird oder (zum Vorteil des Geschädigten) eine solche Anrechnung nicht geboten ist. Für die Vorteilsanrechnung gibt es keine konkreten Voraussetzungen. Nach der Rechtsprechung muss der Vorteil adäquat kausal durch das schädigende Ereignis verursacht worden sein.[26] Anrechnungsfähig sind danach nur solche Vorteile, die mit dem schädigenden Ereignis korrespondieren.[27] Letztlich ist maßgebend, ob die Anrechnung billig ist und dem Sinn und Zweck des Schadensersatzes entspricht.[28] Die Rechtsprechung findet die Lösung in einer fallgruppenspezifischen Billigkeitsentscheidung. Bei der Frage der Vorteilsanrechnung bei nützlichen Pflichtverletzungen sind gute Argumente für beide Seiten denkbar.

Hierbei wäre gegebenenfalls zu berücksichtigen, dass eine Verurteilung zur Schadensersatzleistung für den betroffenen Manager dessen finanziellen Ruin bedeuten kann, soweit die Haftung nicht durch eine D&O-Versicherung[29] gedeckt ist.[30] Da der Vorstand einem umfassenden Pflichtenkatalog unterliegt[31] und er für die Fähigkeiten und Kenntnisse einzustehen hat, die die ihm anvertraute Tätigkeit erfordert, kann grundsätzlich bei einer nützlichen Pflichtverletzung von einer vorsätzlichen Schadensverursachung oder zumindest von wissentlichem Abweichen von Gesetz, Vorschrift, Beschluss, Vollmacht oder Weisung oder von sonstiger wissentlicher Pflichtverletzung ausgegangen werden. Dies hat einen Ausschluss des D&O-Versicherungsschutzes zur Folge.[32] Bei einem Regress der Gesellschaft gegen das Organ in so einem Fall haf-

---

26 BGHZ 8, 325, 328; 10, 107, 108.

27 BGH NJW 1997, 2378.

28 BGHZ 49, 56, 61 f.; 74, 103, 113 f.; 77, 151, 153; 81, 271, 275; 91, 206, 209 f.; 136, 52, 54.

29 Vgl. allgemein zur D&O-Versicherung *Schillinger*, VersR 2005, 1484 ff.; *Notthoff*, NJW 2003, 1350 ff.

30 So *Bayer*, FS K. Schmidt, S. 85, 86 mit einem Hinweis auf den über den Zusammenschluss von Chrysler und Daimler „offenherzig plaudernden" Ex Daimler-Vorstand *Schrempp*.

31 Vgl. dazu unten unter C. I.

32 Vgl. zu den Ausschlüssen bei der D&O-Versicherung *Voit*, in Prölls/Martin, VVG, AVB-AVG 5 Ausschlüsse, Rdnr. 1 ff.

tet dieses in der Regel daher mit seinem gesamten Privatvermögen persönlich, was jedoch oftmals zur Schadenskompensation nicht ausreichen wird.

Ziel dieser Arbeit ist es, anhand von Fallbeispielen nützlicher Pflichtverletzungen herauszuarbeiten, ob bei Schadensersatzansprüchen eines Unternehmens gegen den/die eigenen (gegebenenfalls ehemaligen) Manager wegen (nützlicher) Pflichtverletzungen der Vorteil, den das Unternehmen auf Grund der schädigenden Handlung erhalten hat, schadensmindernd angerechnet werden kann oder nicht. Für den Fall einer Verneinung der Anrechnungsmöglichkeit würde dies eine faktische Haftungsverschärfung für Manager bedeuten, da sie sich trotz eines positiven Effekts für die Gesellschaft einem höheren persönlichen Risiko ausgesetzt sähen.

## II. Gang der Bearbeitung

Die Frage nach Schadensersatzansprüchen wegen nützlicher Pflichtverletzungen bedingt zunächst die Frage nach den Pflichten, die verletzt werden können. Daher wird dem Aufbau eines Haftungstatbestandes nachempfunden nach der Darstellung des dem Innenregress zugrunde liegenden Schuldverhältnisses (B.) der Pflichtenkatalog eines Vorstands einer AG dargestellt (C. I.). Im Rahmen dieses Kapitals wird die Frage einer Legalitätspflicht aufgeworfen (C. I. 1. c.) und das für die Praxis bedeutsame Problemfeld der Organisation- und Überwachungspflicht erläutert (C. I. 1. d.). An die Darstellung der Pflichten eines Vorstandes schließt sich die Frage der Anerkennung der nützlichen Pflichtverletzung an (C. II.). Dabei werden viele Bereiche dargestellt, in denen nützliche Pflichtverletzungen der Organe aber auch der nachgeordneten Mitarbeiter möglich und denkbar sind. Zu problematisieren wird dabei sein, ob nützliche Pflichtverletzungen nachgeordneter Mitarbeiter ebenfalls ein Haftungsrisiko für den Vorstand bedeuten können (C. II. 1. c. 3)). Unter Heranziehung der Rechtslage zur Vorteilsanrechnung im Allgemeinen (E. II.) wird anschließend der Frage nachgegangen, ob der Gesellschaft ein Schaden entstanden ist (E. I.) und wenn ja, ob der erlangte Vorteil angerechnet werden kann (E. III.)

## B. Schuldverhältnis

Die Bestellung und Anstellung des Vertretungsorgans einer juristischen Person begründen verschiedene Rechtsverhältnisse. Vorstandsmitglieder stehen zur Aktiengesellschaft in einer organisationsrechtlichen Beziehung, die durch die Bestellung begründet wird, und in einer schuldrechtlichen Beziehung, deren Grundlage der Anstellungsvertrag ist.[33] Die Bestellung des Vorstands macht diesen zum Gesellschaftsorgan und ist deshalb ein körperschaftlicher Akt. Davon zu unterscheiden ist das vertragliche Anstellungsverhältnis, das nur die persönliche Rechtsstellung regelt.[34] Diese Unterscheidung entspricht der allgemeinen Zweiteilung zwischen eingeräumter Vertretungsmacht und zugrunde liegendem Rechtsverhältnis. Die Anstellung bildet keine Rechtseinheit mit der Bestellung, auch wenn sie in vielerlei Hinsicht mit ihr verknüpft ist. Der Anstellungsvertrag regelt die schuldrechtlichen Beziehungen zwischen dem Vorstandsmitglied und der Gesellschaft, durch den es Dienstverpflichteter der Aktiengesellschaft wird. Von der Rechtsnatur her ist der Anstellungsvertrag in der Regel ein Dienstvertrag in der Gestalt eines Geschäftsbesorgungsvertrags gemäß §§ 611 ff., 675 BGB.[35]

33 *Fleischer*, in ders., Hdb Vorstandsrecht, § 4 Rdnr. 53.
34 *Hueck/Fastrich*, in Baumbach/Hueck, GmbHG, § 6 Rdnr. 25.
35 *Zöllner/Noack*, in Baumbach/Hueck, GmbHG, § 35 Rdnr. 172; *Fleischer*, in ders., Hdb Vorstandsrecht, § 4 Rdnr. 53.

# C. Die Pflichtverletzung im Aktien- und GmbH-Recht[36]

## I. Die Pflichten des Vorstands

Gemäß § 93 Abs. 1 Satz 1 AktG hat der Vorstand bei seiner Geschäftsführung die Sorgfalt eines ordentlichen und gewissenhaften Geschäftsleiters anzuwenden.[37] Werden diese Pflichten schuldhaft verletzt, ist er der Gesellschaft zum Ersatz des daraus entstandenen Schadens verpflichtet, § 93 Abs. 2 Satz 1 AktG.

Die Überwachung der Geschäftsführung und die Geltendmachung von Ersatzansprüchen gegen den Vorstand obliegt in der AG grundsätzlich dem Aufsichtsrat, der die AG bei der Durchsetzung von Ersatzansprüchen gegenüber den Vorstandsmitgliedern zu vertreten hat, vgl. §§ 111 Abs. 1, 112 AktG.[38] Ein gewisser Interessenkonflikt bei der Rechtsdurchsetzung lässt sich hierbei nicht von der Hand weisen, da ein verantwortungsbewusster Aufsichtsrat die Geltendmachung von Regressansprüchen gegen (ehemalige) Vorstandsmitglieder nur als *ultima ratio* ansehen wird.[39] Das Problem bei dieser Konstellation ist, dass der Aufsichtsrat bei einem Pflichtverstoß des Vorstandes mit dem Vorwurf konfrontiert wird, dass er seiner Überwachungspflicht nicht ordnungsgemäß nachgekommen ist und dadurch möglicherweise selbst Pflichten gegenüber der Gesellschaft verletzt hat.[40] Bei der Frage, ob (ehemalige) Vorstandsmitglieder in Anspruch genommen werden sollen, kommt ihm grundsätzlich aber keinerlei Ermessen zu, da der Aufsichtsrat nicht das unternehmerische Entscheidungs-, sondern das Kontrollorgan der Gesellschaft ist.[41]

---

36 Im Rahmen dieser Arbeit besteht wegen des grundsätzlichen Gleichlaufs zwischen GmbH- und Aktienrecht in der hier zu bearbeitenden Frage kein signifikanter Unterschied, vgl. auch C. IV.

37 Gem. § 43 Abs. 1 GmbHG hat der Geschäftsführer zwar „nur" für die Sorgfalt eines ordentlichen Geschäftsmannes einzustehen, dahinter verbirgt sich aber letztlich kein Unterschied zu dem Sorgfaltsmaßstab, dem ein Vorstand einer Aktiengesellschaft unterliegt. Vgl. hierzu nur BGH AG 2010, 826, 829.

38 *Wilsing*, in Krieger/Schneider, Hdb Managerhaftung, § 27 Rdnr. 44 f.

39 *Lutter*, ZIP 2007, 841, 842; a. A. *Goette*, FS 50 Jahre BGH, S. 123, 139: Pflicht des Aufsichtsrates.

40 *Bosch/Lange*, JZ 2009, 225, 226; ähnlich *Ulmer*, FS Canaris, S. 451: „Beißhemmung".

41 Der BGH geht grundsätzlich von keiner Entscheidungsprärogative des Aufsichtsrates in Bezug auf die Inanspruchnahme des Vorstands aus, die nur eingeschränkt gerichtlich überprüft werden kann. Lediglich ausnahmsweise sei bei der Frage, ob übergeordnete Gründe des Unternehmenswohles gegen die Geltendmachung einer mutmaßlich erfolgreichen Haftungsklage gegen das Vorstandsmitglied sprechen, ein Ermessen anzuerkennen, vgl. BGHZ 135, 244, 254; *Koch*, AG 2009, 93; *Hasselbach/Seibel*, AG 2008, 770, 773; a. A. *Paefgen*, AG 2008, 761, 763 f., 769: „Entgegen dem ARAG-Urteil des BGH und der überwiegenden aktienrechtlichen Doktrin steht der Aufsichtsrat bei der Verfolgung von Schadensersatzansprüchen gegen Vorstandsmitglieder nicht in einem Zugzwang, der ein Absehen von der Anspruchsverfolgung nur in Ausnahmefällen zulässt. Vielmehr ist die Entscheidung über die Anspruchsverfolgung als unternehmerische Entscheidung anzusehen, bei der dem Aufsichtsrat in vollem Umfang

Ergibt die durchzuführende Prüfung einen Anspruch der Gesellschaft, so muss dieser grundsätzlich verfolgt werden.[42] Lediglich wenn überwiegende Gründe des Gesellschaftswohls[43] gegen die Rechtsverfolgung sprechen, kann von einer Geltendmachung abgesehen werden.[44] Allein die Tatsache, dass der Erfolg der Klage nicht gewiss ist, berechtigt den Aufsichtsrat hingegen nicht, generell von der Anspruchsverfolgung Abstand zu nehmen.[45] Ebenfalls kein Hinderungsgrund sind die bisherigen Verdienste des Vorstandsmitglieds sowie die ihn persönlich gegebenenfalls hart treffenden Konsequenzen.[46] Beschließt die Hauptversammlung die Geltendmachung der Ersatzansprüche, müssen sie in jedem Fall geltend gemacht werden, § 147 Abs. 1 Satz 1 AktG. Die Aktionäre können den Aufsichtsrat somit durch einen Beschluss der Hauptversammlung zur Verfolgung verpflichten.

Im UMAG hat der Gesetzgeber mit der Änderung des § 148 AktG für eine Aktionärsminderheit die Möglichkeit eröffnet, Schadensersatzansprüche der AG im Wege einer gesetzlichen Prozessstandschaft geltend zu machen und damit eine mögliche Durchsetzung erheblich erleichtert.[47] Dieser von Aktionären erhobenen Klage ist ein besonderes Zulassungsverfahren vorgeschaltet (§ 148 Abs. 1, 2 AktG). Insgesamt bezweckt § 148 AktG die verbesserte Durchsetzung von Ersatzansprüchen der Gesellschaft, will aber zugleich missbräuchlichen Klagen der Aktionäre durch das Erfordernis der gerichtlichen Zulassung und der Publizität nach § 149 AktG vorbeugen.[48] Eine Durchsetzung derartiger Ansprüche der Gesellschaft durch die Aktionäre ist stets subsidiär gegenüber der Durchsetzung durch die Gesellschaft selbst, § 148 Abs. 3 AktG.

§ 93 AktG ist die zentrale Bestimmung, aus der sich ableiten lässt, in welchen Fällen und unter welchen Voraussetzungen eine AG die Mitglieder des Vorstandes oder des Aufsichtsrates (vgl. § 116 AktG, wonach für die Sorgfaltspflicht und Verantwortlichkeit der Aufsichtsratsmitglieder § 93 AktG

---

der Schutz der Business Judgment Rule nach §§ 116 Satz 1, 93 Abs. 1 Satz 2 AktG zugutekommt."; a. A. *Hirte*, Kapitalgesellschaftsrecht Rdnr. 3.90; *Semler* FS Ulmer S. 627, 630, die ein unternehmerisches Ermessen des Aufsichtsrates bei der Frage der Verfolgung von Ansprüchen gegen Organmitglieder bei gesetzwidrigem Verhalten generell ablehnen.

42 *Bayer*, FS K. Schmidt, S. 85, 99.

43 Welche Gründe im Gesellschaftsinteresse überwiegen können, hat allein das Prozessgericht als Rechtsfrage zu beurteilen. Es ist nicht an eine Einschätzung der Organe der Gesellschaft gebunden, auch wenn § 148 Abs. 6 Satz 2 AktG der Gesellschaft im Rahmen der Kostentragungsregelung implizit eine Pflicht zur Mitteilung von entgegenstehenden Gründen des Gesellschaftswohls auferlegt.

44 Vgl. BGHZ 135, 244, 254 f.: Der BGH spricht davon, dass die Verfolgung von Schadensersatzansprüchen durch den Aufsichtsrat die Regel darstelle; *Spindler*, NZG 2005, 865, 866 m. w. N.

45 *Habersack*, in MüKo, AktG, § 111 Rdnr. 35 aE.

46 *Wilsing*, in Krieger/Schneider, Hdb Managerhaftung, § 27 Rdnr. 45.

47 Vgl. BT-Drucks. 15/5092, S. 22.

48 *Hüffer*, AktG, § 148 Rdnr. 1.

sinngemäß angewendet wird[49]) wegen eines ihr zugefügten Schadens belangen kann.[50] Vorstandsmitglieder sind gemäß § 93 Abs. 2 AktG als Gesamtschuldner zum Schadensersatz verpflichtet, wenn sie ihre Pflichten gegenüber der Gesellschaft schuldhaft verletzt haben. Mit der Sorgfaltspflicht zur ordentlichen Amtsführung und der Treuepflicht zu loyalem Verhalten existieren zwei Grundgebote der Geschäftsleiterverantwortung, an deren schuldhafte Verletzung sich Haftungsfolgen knüpfen.[51] Daneben sind aber auch weitergehende Pflichten aus dem Anstellungsvertrag sowie die schon tatbestandlich konkretisierten Pflichten wie zum Beispiel §§ 76 Abs. 1, 81, 90 ff. AktG zu beachten.

Die Schadensersatzpflicht setzt neben einer Pflichtverletzung ein Verschulden voraus, dass heißt eine vorsätzliche oder fahrlässige Verletzung der geschuldeten Sorgfalt eines ordentlichen und gewissenhaften Geschäftsleiters.[52] § 93 Abs. 1 Satz 1 AktG enthält damit den Grundtatbestand der Sorgfaltspflichten.[53] Diese Vorschrift gibt für Vorstandsmitglieder nicht nur einen typisierten Verschuldens-, sondern zugleich einen normativ objektiven Maßstab für die materiellen Pflichten vor, deren Verletzung die Grundlage einer Haftung nach § 93 Abs. 2 AktG darstellt.[54] Die jeweiligen individuellen Fähigkeiten der betreffenden Person sind daher nicht entscheidend; wer das Amt ausüben will, muss die dafür erforderlichen Kenntnisse und Fähigkeiten besitzen, sie sich notfalls vor der Übernahme des Amtes aneignen und sich erhalten.[55]

Im Folgenden wird der Katalog der Grundpflichten der Geschäftsleitung dargestellt, um sodann zu klären, gegen welche Pflichten überhaupt in „lohnenswerter" Weise verstoßen werden kann.

---

49 Dennoch sind die Haftungsmaßstäbe für Vorstandsmitglieder nicht deckungsgleich. Insbesondere das Merkmal der unternehmerischen Entscheidung bereitet beim Aufsichtsrat erhebliche Probleme, vgl. *Sieg/Zeidler*, in Hauscka, Hdb Corporate Compliance, § 3 A. II, Rdnr. 11; *Witte/Hrubesch*, BB 2004, 725; zur zivilrechtlichen Haftung des Aufsichtsrates vgl. *Rubner*, NJW-Spezial 2009, 111.

50 *Goette*, in Hommelhoff/Hopt/Werder, Hdb Corporate Governance, S. 752. Für den GmbH-Geschäftsführer gilt § 43 GmbHG. Natürlich besteht daneben grundsätzlich auch eine schuldrechtliche Haftung aus § 280 Abs. 1 BGB, die aber im Wege der Spezialität grundsätzlich verdrängt ist, vgl. *Zöllner/Noack*, in Baumbach/Hueck, GmbHG, § 43 Rdnr. 4; *Spindler*, in MüKo, AktG, § 93 Rdnr. 262 ff.; *Freund*, GmbHR 2009, 1185, 1186.

51 Vgl. *Fleischer*, FS Wiedemann S. 827, 828: „granitene Säulen der Geschäftsleiterverantwortung".

52 *Krieger/Sailer-Coceani*, in K. Schmidt/Lutter, AktG, § 93 Rdnr. 29.

53 *Kock/Dinkel*, NZG 2004, 441.

54 *Spindler*, in MüKo, AktG, § 93 Rdnr. 20; ähnlich *Kock/Dinkel*, NZG 2004, 441 m. w. N.

55 *Goette*, in Hommelhoff/Hopt/Werder, Hdb Corporate Governance, S. 755.

## 1. Die Sorgfaltspflicht

### a. Allgemein

Über Umfang und Reichweite der Sorgfaltspflichten lassen sich im Gesetz kaum konkrete Anhaltspunkte finden. Nach § 93 Abs. 1 Satz 1 AktG hat der Vorstand bei der Geschäftsführung die Sorgfalt eines ordentlichen und gewissenhaften Geschäftsleiters anzuwenden. Hierdurch wird in einer allgemeinen Formulierung der Sorgfaltsmaßstab, dem die Verwaltungsmitglieder unterliegen, bestimmt.[56] Der Sorgfaltsmaßstab des § 93 Abs. 1 AktG geht damit über den eines ordentlichen Kaufmannes nach § 347 HGB[57] hinaus.[58] Die Formulierung eines in Einzelheiten gehenden, konsensfähigen Pflichtenkatalogs des Vorstands ist bislang nicht gelungen, aufgrund der Vielschichtigkeit wohl auch nicht möglich.[59] Es muss daher stets geklärt werden, wie sich ein pflichtbewusster und selbständig tätiger Leiter eines Unternehmens der betreffenden Art, der ähnlich einem Treuhänder fremden Vermögensinteressen verpflichtet ist,[60] zu verhalten hat. Sodann kann daraus die Reichweite der (jeweiligen) Sorgfaltspflicht abgeleitet werden.[61]

### b. Legalitätspflicht

Die Sorgfaltspflicht verpflichtet den Vorstand zur Einhaltung von Gesetz, Satzung und Geschäftsordnung.[62]

Hiernach ist der Vorstand gegenüber der Gesellschaft an sämtliche internen aktienrechtlichen Pflichten gebunden. Darunter fallen diejenigen Verhaltensgebote, die sich aus der vom AktG vorgegebenen Kompetenzordnung, aus strikten aktienrechtlichen oder sonstigen unmittelbar an den Vorstand gerichteten Normen, sowie aus der Satzung der Gesellschaft und der Geschäftsordnung des Vorstands ergeben.[63] Ein Verstoß gegen diese Regeln stellt grundsätzlich einen Verstoß gegen die im Verhältnis zur Gesellschaft bestehenden

---

56 *Mertens/Cahn*, in KölnKomm, AktG, § 93 Rdnr. 10.

57 Nach § 347 Abs. 1 HGB hat derjenige, der aus einem Geschäft, das auf seiner Seite ein Handelsgeschäft ist, einem anderen verpflichtet ist, für die Sorgfalt eines ordentlichen Kaufmanns einzustehen.

58 OLG Frankfurt a. M. AG 2008, 451, 454.

59 *Fischbach*, Die Haftung des Vorstands im Aktienkonzern, § 4 A. I.

60 *Buchta*, DB 2006, 1939.

61 Zu beachten ist hierbei, dass bei einem branchenweiten Sittenverfall dadurch nicht auch der Vergleichsmaßstab niedriger anzusetzen ist. Abzustellen ist somit nicht auf das übliche, sondern auf das erforderliche Verhalten, *Hopt*, in GroßKomm, AktG, § 93 Rdnr. 79.

62 Vgl. BGH AG 2010, 826, 829; *Krieger*, FS Bezzenberger, S. 211, 215.

63 *Fleischer*, in ders., Hdb. Vorstandsrecht, § 7 Rdnr. 4.

Sorgfaltspflicht dar.[64] Dabei ist es irrelevant, ob der Verstoß im vermeintlichen Interesse der Gesellschaft begangen wurde.[65]

Von dieser innenrechtlichen Bindung sind die externen Pflichten zu unterscheiden, die die Gesellschaft im Außenverhältnis zu Dritten oder zu der Allgemeinheit treffen. Nach der herrschenden Meinung ist der Vorstand grundsätzlich verpflichtet, dafür Sorge zu tragen, dass die Gesellschaft diese Pflichten einhält.[66]

Das Ziel der Rechtsordnung ist es, die Legalitätspflicht mit den volkswirtschaftlichen und unternehmerischen Interessen zu vereinbaren. Die Vorstände sollen zu ordnungsgemäßen Verhalten angehalten werden, ohne dass ihre Entscheidungsfreiheit gelähmt wird.[67]

### c. Aufsichts- und Organisationspflichten

Im Folgenden wird ein für die Praxis bedeutendes Themenfeld angesprochen: Die persönliche Haftung des Vorstandes bei (nützlichen) Pflichtverletzungen von zu überwachenden Mitarbeitern wegen eines (eigenen) Organisations- oder Aufsichtsverschuldens. Die Frage lautet also: Haftet der Vorstand persönlich, wenn Mitarbeiter andere Geschäftsteilnehmer oder Amtsträger bestechen?

Der Vorstand muss die Rechtmäßigkeit der Organisation sicherstellen.[68] Die Legalitätspflicht verpflichtet ihn nicht nur dazu, die Gesellschaft den Gesetzen und Bindungen entsprechend zu führen, sondern auch zur Legalitätskontrolle.[69] Deswegen hat der Vorstand dafür zu sorgen, dass Verstöße gegen externe Pflichten durch Mitarbeiter, andere Gesellschaftsorgane und in gewissen Umfang auch im Konzernverbund[70] verhindert werden.[71] Der Vorstand muss das Unternehmen daher bestmöglich organisieren. Dadurch verringert er das Haftungsrisiko, sowohl für sich als auch für das Unternehmen selbst.[72]

Indem das Aktiengesetz in § 76 Abs. 1 AktG von der *„eigenverantwortlichen Leitung der Gesellschaft"* spricht, drückt es die Verantwortung des Vorstandes für alle unternehmerischen Funktionen aus, deren Ausübung für die Verwirklichung des Gesellschaftszwecks erforderlich ist. Selbstverständlich hat der Vorstand nicht sämtliche Tätigkeiten in der Gesellschaft eigenhändig zu erle-

---

64 *Raiser/Veil*, Recht der Kapitalgesellschaften, § 14 Rdnr. 80 ff. ; *Bedkowski*, Geschäftsleiterpflichten, S. 169 ff.

65 BGH AG 2010, 874,874.

66 *Fischbach*, Die Haftung des Vorstands im Konzern, § 4 A. II. 2. a. m. w. N.

67 So *Grunewald/Hennrichs*, FS Maier-Reimer, S. 147.

68 *Hauschka*, AG 2004, 461, 465.

69 *Dreher*, FS Konzen, S. 85, 97 f.; *Kort*, NZG 2008, 81, 83; *Fleischer*, CCZ 2008, 1, 2.

70 Vgl. dazu *Uwe H. Schneider*, FS 100 Jahre GmbHG, S. 473, 488 ff.; *Koch*, ZHR 171 (2008), 554, 568 ff.

71 *Thole*, ZHR 173 (2009), 504, 509 f.

72 *Turiaux/Knigge*, DB 2004, 2199.

digen. Seine Aufgabe besteht darin, durch geeignete Maßnahmen sicherzustellen, dass alle zur Verwirklichung des Unternehmenszwecks erforderlichen Anordnungen auch tatsächlich durchgeführt werden.[73]

### 1) Vorstandsinterne/horizontale Überwachungspflicht

Bei einem mehrgliedrigen Vorstand werden gewöhnlich die Geschäfte und Aufgaben durch die Satzung, die Geschäftsordnung oder im Anstellungsvertrag auf die einzelnen Vorstandsmitglieder verteilt sein.[74] Eine solche, vom Gesetz im Interesse der Effektivität der Geschäftsführung ausdrücklich zugelassene Geschäftsverteilung (vgl. § 77 AktG) wirkt sich auf die Verantwortlichkeit der einzelnen Vorstandsmitglieder aus. Jedes Vorstandsmitglied trägt zunächst für sein ihm zugewiesenes Arbeitsgebiet die volle Verantwortung (sog. Ressortverantwortung).[75] Eine Arbeitsaufteilung bewirkt jedoch trotz größter Spezialisierung nicht, dass ein Vorstandsmitglied sich nur noch auf sein eigenes Arbeitsgebiet beschränken darf und sich um die Tätigkeit der anderen Mitglieder nicht mehr zu sorgen braucht. Denn der Grundsatz der Gesamtverantwortung[76] des Vorstands gilt weiterhin.[77] Das Vorstandsmitglied wird von seiner Verantwortung für die gesamte Geschäftsführung durch eine Aufteilung der Tätigkeitsbereiche daher nicht befreit.[78] Den Vorstandsmitgliedern obliegt auch für die ihnen nicht zugewiesenen Ressorts eine Überwachungspflicht, die sie zwingt einzugreifen, wenn sich Anhaltspunkte ergeben, dass das zuständige Vorstandsmitglied die Geschäfte nicht ordnungsgemäß führt.[79] Das bedeutet, dass ein Vorstandsmitglied stets dafür verantwortlich ist, dass die Gesellschaft entsprechend ihren Pflichten und den Gesetzen nach außen auftritt.[80] Es kann sich nicht dadurch entlasten, indem es anführt, dass die Verstöße in einer Sparte geschahen, für die ein Kollege zuständig war.[81]

---

73 *Wiesner*, Münch Hdb GesR, AG, § 19 Rdnr. 17.

74 Vgl. *Bittmann*, ZGR 2009, 931, 941.

75 *Spindler*, in MüKo, AktG, § 93 Rdnr. 131.

76 Der Grundsatz der Gesamtverantwortung besagt, dass jedes Vorstandsmitglied die Pflicht für die Geschäftsleitung im Ganzen trägt und dass dieser Allzuständigkeit eine umfassende Verantwortung für die Belange der Gesellschaft gegenübersteht. Ausführlich dazu *Fleischer*, NZG 2003, 449.

77 *Freund*, GmbHR 2009, 1185, 1188 gibt aber zu bedenken, dass wenn ein Organ unmittelbar wegen schädigenden Verhaltens, ein anderes dagegen nur wegen mangelnder Überwachung haftet, solle nach dem Rechtsgedanken des § 840 Abs. 2 BGB der unmittelbare Schädiger im Verhältnis zum mittelbaren Schädiger im Grundsatz für den vollen Betrag haften. So auch *Paefgen*, in GroßKomm GmbHG, § 43 Rdnr. 103 m.w.N.

78 BGH NJW 1986, 54, 55; 1995, 2850, 2851; BGHZ 133, 370, 377 f.; *Mertens/Cahn*, in KölnKomm, AktG, § 93 Rdnr. 92; *Hüffer* AktG, § 93 Rdnr. 13 a; *Fleischer*, NZG 2003, 449, 450 ff.; *Landwehrmann*, in Heidel, Aktienrecht und Kapitalmarktrecht, § 93 Rdnr. 76; *Heimbach/Boll*, VersR 2001, 801, 803; *Fleischer* in Spindler/Stilz, AktG, § 77 Rdnr. 48.

79 *Wiesner*, Münch Hdb GesR, AG, § 19 Rdnr. 17.

80 Vgl. zu der Problematik Haftung auch für jegliche (geringfügige) Normverstöße ausführlich unten unter C. II. 1. b. 4).

81 Vgl. *Hüffer*, AktG, § 77 Rdnr. 15.

Die Gesamtverantwortung führt zu einer Verpflichtung des Vorstandes, eine Organisation aufzubauen, die die Einhaltung der Gesetzes- und Satzungsbestimmungen gewährleistet.[82] Die Legalitätspflicht wäre aber *„zahnlos"*, wenn der Vorstand nicht geeignete Maßnahmen treffen müsste, um Rechtsverstöße innerhalb einer arbeitsteiligen Organisation zu verhindern. Es kann grundsätzlich keinen Unterschied machen, ob der Rechtsbruch durch eigenes Tun des Vorstandes oder durch sein Unterlassen zu Stande kommt, wenn er als Leitungsorgan die Möglichkeit hat, solche Verstöße zu verhindern.[83]

In der Siemens-Affäre wurde dem ehemaligen Vorstandsvorsitzenden *von Pierer* beispielsweise vorgeworfen, dass er während seiner Amtszeit die Geschäfte des Unternehmens nicht ausreichend kontrolliert habe. Durch dieses Aufsichts- und Organisationsverschulden seien die Bestechungen überhaupt erst möglich geworden.[84]

Die vorstandsinterne Selbstüberwachung bedeutet eine horizontale Überwachungspflicht der Vorstandsmitglieder. Sie ergibt sich aus dem Grundsatz der Gesamtverantwortung und verlangt von den Vorstandsmitgliedern, den Gang der Geschäfte über ihre jeweiligen Ressortgrenzen hinweg fortlaufend zu beobachten.[85] Um dieser Pflicht nachkommen zu können, steht ihnen ein Informationsanspruch über Angelegenheiten aus anderen Ressorts zu, während sie umgekehrt zur Berichterstattung über ihr eigenes Ressort verpflichtet sind.[86]

Weit schwieriger als die vorstandsinterne Überwachung, die faktisch nur Information voraussetzt, ist es, dafür zu sorgen, dass sich die gesamte, oft weltweit tätige und viele Mitarbeiter umfassende Organisation ebenfalls an Gesetze und Bestimmungen hält.[87] Denn hinter dem weitgefassten Oberbegriff

---

82 *Landwehrmann*, in Heidel, Aktienrecht und Kapitalmarktrecht, § 93 Rdnr. 75.

83 So *Thole*, ZHR 173 (2009), 504, 510, der jedoch richtigerweise einschränkend bemerkt, dass bei eigenen Rechtsverstößen ein strengerer Maßstab gelten müsste als im Bereich der Legalitätskontrolle. Hier sei entscheidend, dass geeignete Gegenmaßnahmen getroffen werden. Wenn sämtliche Verstöße von Mitarbeitern verhindert werden sollten, könnte dies zu einem Übermaß an Investitionen in Compliance-Maßnahmen führen, die gesellschaftsrechtlich ineffizient sind, da diese bei den Güterpreisen aufgeschlagen werden.

84 Vgl. *Ott*, SZ Nr. 219 vom 23.09.2009, S. 17; Siemens drohte *von Pierer* daher, ihn in Höhe von 2 bis 3 Milliarden Euro auf Schadensersatz zu verklagen, wenn er dem von der Gesellschaft vorgeschlagenen Vergleich in Höhe von 6 Millionen Euro nicht zustimmte. Im Falle einer Verurteilung hätte er mit seinem Privatvermögen für den gesamten Schaden aus der „Schmiergeldaffäre" gehaftet.
Bislang wurden in Deutschland im Gegensatz zu den Vereinigten Staaten, wo Spitzenmanager für ihnen vorgehaltene Verstöße mit teils astronomischen Forderungen konfrontiert werden, nicht allzu hohe Schadensersatzforderungen gegen ehemalige Vorstandsmitglieder geltend gemacht. Die Siemens Affäre kann auch diese Entwicklung durchaus nachhaltig zu Lasten der Vorstandsmitglieder beeinflusst haben.

85 *Hüffer*, AktG, § 77 Rdnr. 15; *Mertens/Cahn*, in KölnKomm, AktG, § 77 Rdnr. 26.

86 *Fleischer*, in Spindler/Stilz, AktG, § 93 Rdnr. 85.

87 *Hauschka*, AG 2004, 461, 465.

der organschaftlichen Überwachungspflichten verbergen sich zwei unterschiedliche Kontrolldimensionen: die vorstandsinterne Selbstüberwachung und die Überwachung nachgeordneter Unternehmensangehöriger.[88]

Im Folgenden wird vorab geklärt, wie weit die Aufsichts- und Organisationspflicht überhaupt reicht.

## 2) Überwachungspflichten bei vertikaler Arbeitsteilung

Mit der Überwachung nachgeordneter Unternehmensangehöriger existiert eine vertikale Überwachungspflicht. So steht in Ziff. 4.1.3 Deutscher Corporate Governance Kodex (DCGK) für börsennotierte Aktiengesellschaften ausdrücklich, dass jedes Vorstandsmitglied für ein gesetzestreues Verhalten seiner Mitarbeiter zu sorgen hat. Für die Ausformung dieser Überwachungspflicht liefert insbesondere § 130 OWiG wertvolle Orientierungspunkte, der die Verletzung der Aufsichtspflicht in Betrieben oder Unternehmen zur Ordnungswidrigkeit erhebt und die Organmitglieder über § 9 Abs. 1 OWiG in die Verantwortung als aufsichtspflichtige Personen einbezieht.

### a) Haftung nur für Eigenverschulden

Bei vertikaler Arbeitsteilung gilt, dass Vorstandsmitglieder gem. § 93 Abs. 2 AktG nur für eigenes Verschulden haften. Eine Zurechnung kommt mangels gesetzlicher Grundlage nicht in Betracht. Eine Haftung für fremdes Verschulden nach § 278 BGB scheidet aus, da die nachgeordneten Mitarbeiter nicht als Erfüllungsgehilfen der Vorstandsmitglieder tätig werden.[89] Geschäftsherr ist die AG und nicht das Vorstandsmitglied.[90] Die Vorstände handeln ausschließlich im Pflichtenkreis der AG. Sie nehmen mit ihren Weisungen lediglich das der Gesellschaft als Arbeitgeberin zustehende Direktionsrecht wahr.[91] Eine Inanspruchnahme des Vorstandsmitgliedes nach § 831 Abs. 1 BGB kommt ebenfalls nicht in Betracht, da wiederum nicht das Vorstandsmitglied sondern die Gesellschaft selbst als Geschäftsherr anzusehen ist.[92] Die organschaftlichen Pflichten des Vorstandsmitglieds bestehen nur gegenüber der Gesellschaft; die Organstellung lässt das Vorstandsmitglied nicht in die Pflichtenstellung des § 831 Abs. 2 BGB einrücken.[93]

Das bedeutet, dass Vorstandsmitgliedern der Gesetzesverstoß der Mitarbeiter nicht zugerechnet werden kann. Deshalb haften sie hieraus nicht. Ihnen wird jedoch ein (eigenes) Aufsichts- und Organisationsverschulden vorgewor-

---

88 *Fleischer*, in Spindler/Stilz, AktG, § 93 Rdnr. 84.

89 *Fleischer*, NZG 2003, 449, 453; *ders.* AG 2003, 291, 292; für die GmbH *Haas/Ziemons*, in Michalski, GmbHG, § 43 Rdnr. 175.

90 *Hüffer*, AktG, § 93 Rdnr. 14.

91 *Fleischer*, in Spindler/Stilz, AktG, § 93 Rdnr. 88; *Mertens/Cahn*, in KölnKomm, AktG, § 93 Rdnr. 48.

92 *Hüffer*, AktG, § 93 Rdnr. 14; vgl. BGHZ 125, 366, 367 ff.

93 *Fleischer*, in Spindler/Stilz, AktG, § 93 Rdnr. 88.

fen, das taugliche Grundlage eines Schadensersatzanspruches aus § 93 Abs. 2 AktG ist, für den sie persönlich einzustehen haben.

### b) Pflichtverletzung wegen unzulässiger Delegation

Der II. Zivilsenat des BGH hatte in seinem Urteil vom 31. März 1954 festgestellt, dass § 278 BGB zur Anwendung kommt, wenn ein Vorstandsmitglied Leitungsaufgaben delegiert, obwohl er zu deren Erfüllung selbst verpflichtet ist.[94]

Dieser Auffassung wird von der allgemeinen Meinung im Schrifttum zu Recht nicht gefolgt.[95] § 278 BGB findet auch bei der Delegation von Aufgaben, die vom Vorstandsmitglied selbst hätten ausgeführt werden müssen, keine Anwendung, da das Vorstandsmitglied bei der Delegation wiederum das Direktionsrecht der Gesellschaft ausübt.[96] Selbstverständlich kommt aber dann eine Haftung des Vorstandsmitgliedes gerade wegen der nicht gestatteten Delegation und damit aus eigener Pflichtverletzung in Betracht.[97] Im Gegensatz zu den sog. Vorbereitungs- und Ausführungsaufgaben sind die Leitungsaufgaben nicht delegierbar.[98]

Mit der unzulässigen Delegation von Überwachungspflichten begeht es damit eine eigene Pflichtverletzung.

#### (1) Organisationspflichten als Leitungsaufgaben

##### (a) Leitungsaufgaben

Unter der Leitung einer Gesellschaft versteht man abstrakt die strategischen Führungsentscheidungen, die in einem Unternehmen gefällt werden müssen.[99] Eine genaue Definition ist nicht möglich, da stets dem Charakter des entsprechenden Unternehmens entscheidender Einfluss auf die strategische Bedeutung einzelner Aufgaben zukommt. Über die betriebswirtschaftliche Organisation- und Managementlehre[100] lassen sich aber gewisse Anhaltspunkte herausstellen. Die Leitung eines Unternehmens umfasst in jedem Fall die Unternehmensplanung, -koordination und -kontrolle. Wenn man wie *Fleischer* unter den zentralen Leitungsaufgaben die Planungs-, Steuerungs-, Finanz- und Informationsverantwortung versteht, bedeutet das nicht, dass damit andere Aufgaben gemeint sind. Es werden letztendlich lediglich inhaltlich gleiche

---

94 BGHZ 13, 61, 66.

95 Heute h.M., vgl. *Fleischer*, AG 2003, 291, 292 m. w. N.

96 *Hopt*, in GroßKomm, AktG, § 93 Rdnr. 55; *Mertens/Cahn*, in KölnKomm, AktG, § 93 Rdnr. 48 f.; *Fleischer*, in Spindler/Stilz, AktG, § 93 Rdnr. 89.

97 *Hopt*, in GroßKomm, AktG, § 93 Rdnr. 59; *Mertens/Cahn*, in KölnKomm, AktG, § 93 Rdnr. 48; *Fleischer*, in Spindler/Stilz, AktG, § 93 Rdnr. 89.

98 Vgl. dazu ausführlich *Fleischer*, in Spindler/Stilz, AktG, § 93, Rdnr. 89; *ders.*, AG 2003, 291, 292.

99 Vgl. *Spindler*, in MüKo, AktG, Vor. § 76 Rdnr. 40.

100 *Fleischer*, ZIP 2003, 1, 5 m. w. N.

Funktionen und Aussagen anders bezeichnet.[101] Somit gehören zu den Leitungsaufgaben vor allem die Festlegung der Unternehmenspolitik und die – ziele, die Entscheidung über die zu übernehmenden geschäftlichen und finanziellen Risiken und die Maßnahmen, die der organisatorischen Durchsetzung dieser Politik dienen.

(b) **Organisationspflichten**

Wie bereits gezeigt, besteht eine Organisationspflicht des Vorstandes. Diese sehr wichtige Pflicht zählt zu den nicht delegierbaren Leitungsaufgaben. Nicht nur Ziffer 4.1.3. DGCK belegt den Stellenwert eines solchen Organisationssystems in der heutigen Zeit.[102]

Demzufolge kann sich der Vorstand bei der Frage der Haftung bei (nützlichen) Pflichtverletzungen anderer Vorstandskollegen oder nachgeordneter Unternehmensebenen bei nicht ausreichender Überwachung nicht durch den Einwand schützen, dass die Überwachung nicht in seinen Aufgabenbereich falle, weil er sie delegiert habe oder ein anderer Vorstandskollege zuständig sei.[103]

Daraus folgt, dass es dem Vorstand zwar gestattet ist und auch sein muss, Teile seines Pflichtenkataloges an Hilfsstellen, sei es im Vorstand selbst, auf nachgeordneten Unternehmensebenen oder gar an unternehmensfremde Dritte auszulagern. Gleichwohl bleibt die Entscheidungsverantwortung bezüglich der Leitungsaufgaben unübertragbar. Das heißt, auch wenn der Vorstand die Pflichten rechtmäßigerweise an andere Mitarbeiter und Vorstandskollegen delegiert, trifft ihn stets die Pflicht, die ausführenden Stellen ausreichend zu überwachen und sich über deren Tätigkeiten zu informieren.[104] (Nützliche) Pflichtverletzungen der ausführenden Stellen können durchaus auch als eigene (Überwachungs- oder Organisations-) Pflichtverletzung des Vorstands gewertet werden.

**(2) Pflichtengefüge bei statthafter Delegation**

Das Pflichtengefüge des Vorstandes bei statthafter Delegation ist insofern bedeutsam, als auch im Rahmen der delegierten Aufgaben nützliche Pflichtverletzungen begangen werden können. Zu klären ist, ob der Vorstand verantwortlich ist, wenn in einem delegierten Geschäftsbereich beispielsweise Bestechungsgelder gezahlt oder andere Verstöße begangen werden.

Wenn die Geschäftsleitung Aufgaben delegieren möchte, sollte dies mit Rücksicht auf die rechtlichen Anforderungen an eine Delegation so geschehen, dass der Geschäftsleiter nicht durch pflichtwidrige Verteilung sein persönliches Haftungsrisiko zusätzlich erhöht. Dazu sind in der Regel der Aufbau ei-

---

101 Vgl. *Spindler*, in MüKo, AktG, § 76 Rdnr. 16.
102 *Fleischer*, NJW 2009, 2337, 2338.
103 *Bittmann*, ZGR 2009, 931, 936.
104 Vgl. *Bittmann*, ZGR 2009, 931, 934.

ner internen Revision, Anweisungen an Mitarbeiter sowie ein lückenloses Berichtswesen erforderlich. Zudem müssen alle wirtschaftlichen und finanziellen Daten von jedem Vorstandsmitglied jederzeit einsehbar sein.[105] Das bedeutet nicht, dass sich die Vorstandsmitglieder rechtswidriges Verhalten der Mitarbeiter zurechnen lassen müssen. Das Gegenteil ist der Fall.[106] Doch sind die Vorstände selbst dafür verantwortlich, dass die betroffenen Mitarbeiter sorgfältig ausgewählt und in gebotenem Umfang überwacht werden.[107] Denn in einer solchen Konstellation entfällt, wie oben aufgezeigt[108], die Geschäftsleiterverantwortung nicht.[109] Die ausdifferenzierten Verhaltensvorgaben bei deliktischen Verkehrspflichten[110] und Einschaltung von Verrichtungsgehilfen[111] können übertragen werden.[112] Es kann daher festgehalten werden, dass zu einer ordnungsgemäßen Aufsicht Leitungs-, Koordinations-, Organisations- und Kontrollpflichten gehören.[113] Diese Pflichten lassen sich genauer konkretisieren: der Aufsichtspflichtige hat auf der ersten Stufe für eine sorgfältige Auswahl von Mitarbeitern und unter Umständen Aufsichtspersonen zu sorgen. Auf der zweiten Stufe muss er eine sachgerechte Organisation und Aufgabenverteilung vornehmen. Die dritte Stufe beinhaltet darüber hinaus die Pflicht, die Mitarbeiter angemessen über ihre Aufgaben und Pflichten zu unterrichten. Diese Mitarbeiter müssen zudem ausreichend überwacht und kontrolliert werden (vierte Stufe). Letztendlich ist der Aufsichtspflichtige gehalten, gegen Verstöße vorzugehen, gegebenenfalls Sanktionen anzudrohen und auch auszusprechen (fünfte Stufe).[114] Nach der Rechtsprechung ist für den zu überwachenden Mitarbeiter die Sorgfalt bestimmend, die von einem ordentlichen Angehörigen des jeweiligen Tätigkeitsbereiches verlangt werden kann.[115]

#### (a) **Auswahlsorgfalt**

Mit der Auswahlsorgfalt wird der Verhaltensmaßstab vorgegeben, den das Vorstandsmitglied bei der erstmaligen Übertragung neuer Aufgaben an Unternehmensangehörige anzuwenden hat. Dabei spielen sowohl die Besonderheiten und das damit verbundene Gefährdungspotenzial, als auch die Bedeutung und die Komplexität der ihnen übertragenen Aufgabe sowie die daraus resultierende Verantwortung eine maßgebliche Rolle.[116] Die sorgfältige Aus-

---

105 *Froesch*, DB 2009, 722, 725.

106 Da die Gesellschaft der Geschäftsherr ist, scheitert jeder Versuch, die Pflichtverletzung des Mitarbeiters dem Vorstand zuzurechnen. Vgl. oben unter C. I. 1. d. 2) a).

107 *Uwe H. Schneider*, FS 100 Jahre GmbHG, S. 473, 485.

108 Siehe oben unter C. I. 1. d. 2) b).

109 *Fleischer*, AG 2003, 291, 292.

110 Vgl. dazu ausführlich *Hager*, in Staudinger, § 823 BGB Rdnr. E 59 ff. m.w.N.

111 *Belling/Eberl-Borges*, in Staudinger, § 831 BGB Rdnr. 96 ff.

112 *Turiaux/Knigge*, DB 2004, 2199, 2205; *Fleischer*, AG 2003, 291, 293 ff.

113 Vgl. dazu BFH v. 28.08.2008 – VII B 240/07 = BFH/NV 2008, 1983.

114 Vgl. *Rogall*, in KK, OWiG, § 130 Rdnr. 40.

115 OLG Düsseldorf, VRS 63, 286; OLG Düsseldorf wistra 1991, 38; ebenso OLG Düsseldorf, wistra 1991, 275.

116 *Demuth/Schneider*, BB 1970, 642, 648.

wahl verlangt vom delegierenden Vorstand den Vergleich des Anforderungsprofils einer Aufgabe mit den Fähigkeiten des Mitarbeiters, an den die Aufgaben delegiert werden sollen.[117] Er muss die für die zu übertragene Aufgabe erforderlichen persönlichen und fachlichen Qualifikationen besitzen, um ausgewählt werden zu dürfen.[118] Eine generalisierende Aussage, welche Anforderungen für welche Aufgabe zu erwarten sind, ist nicht möglich. Letztendlich kann man festhalten: je schwerer und komplexer die Aufgabe ist, desto strengere Anforderungen gelten.[119]

Zwar kann der Delegierende, wenn die Auswahl des Delegierten nicht optimal verlief, diesen Makel mit verstärkter Überwachung wettmachen. Dies bindet jedoch Arbeitskapazität und leistet daher wohl der Abberufung des Delegierten Vorschub.[120] Der Auswahlsorgfalt ist daher sowohl aus haftungstechnischer als auch aus ökonomischer Sicht größte Aufmerksamkeit zu schenken.

Wenn der Mitarbeiter beispielsweise in korruptionsrelevanten Bereichen eingesetzt werden soll, hat der Vorstand diesen Umstand bei der Auswahl des Mitarbeiters zu berücksichtigen und zu bewerten, ob dieser sich rechtstreu verhalten wird oder nicht.

(b) **Einweisungssorgfalt**

Um eine Haftung für nützliche Pflichtverletzungen nachgeordneter Mitarbeiter aus Organisation- und Aufsichtsverschulden zu vermeiden, muss die Person, an die die Aufgabe delegiert werden soll, ordnungsgemäß in ihre Tätigkeit eingewiesen werden. Die Einweisungssorgfalt beinhaltet eine Pflicht des Delegierenden, dem Delegierten die Aufgabe in Grundzügen zu erläutern.[121] Geschieht dies nicht, handelt das dafür zuständige Vorstandsmitglied pflichtwidrig.[122] Empfehlenswert ist es, dass unter Berücksichtigung besonders gefährdeter Mitarbeiterpositionen bereits die Stellenbeschreibung und der Arbeitsvertrag klare Vorgaben enthalten, was im Hinblick zum Beispiel auf Korruptionsrisiken von dem Einzustellenden verlangt wird. Ferner sollten im Arbeitsvertrag bereits die dienstrechtlichen beziehungsweise allgemein die arbeits- und zivilrechtlichen Konsequenzen bei Verstößen aufgelistet werden. Wo dies unterblieben ist, ist es sinnvoll, nachträglich eine Geschäftsanweisung zu geben, in der auf die Sanktionen hingewiesen wird.[123] Die Glaubwürdigkeit

---

117 *Uwe H. Schneider*, FS 100 Jahre GmbHG, S. 473, 485; *Bertschinger*, Arbeitsteilung und arbeitsrechtliche Verantwortlichkeit, S. 92, Rdnr. 5.1.

118 BGHZ 127, 336, 347; *Hopt*, in GroßKomm, AktG, § 93 Rdnr. 59; *Uwe H. Schneider*, DB 1993, 1909, 1914; *ders.*, FS 100 Jahre GmbHG, S. 473, 485.

119 *Fleischer*, AG 2003, 291, 293; zu beachten ist ferner, dass ggf. vor der Einstellung tätigkeitsspezifische Informationen über Vorstrafen eingeholt werden sollten.

120 *Bertschinger*, Arbeitsteilung und arbeitsrechtliche Verantwortlichkeit, S. 93, Rdnr. 5.1.

121 *Bertschinger*, Arbeitsteilung und arbeitsrechtliche Verantwortlichkeit, S. 93, Rdnr. 5.2.

122 BGHZ 127, 336, 347; *Hopt*, in GroßKomm, AktG, § 93 Rdnr. 59.

123 *Hauschka/Greeve*, BB 2007, 165, 171.

wird daneben erhöht, wenn das Unternehmen Verstöße konsequent sanktioniert.[124]

Dem Betriebsinhaber obliegt zudem die Pflicht, das Personal fortlaufend über die gesetzlichen Vorschriften, die im jeweiligen Betrieb zu beachten sind, zu unterrichten. Sicherzustellen ist in jedem Fall, dass die Führungsebene und die betroffenen Mitarbeiter über die erforderlichen Rechtskenntnisse verfügen und über interne Richtlinien beziehungsweise Vorgaben nachweislich unterrichtet sind.[125] Ferner müssen die Mitarbeiter wissen, an wen sie zu berichten haben.[126] Dafür ist es sinnvoll und erforderlich, den Mitarbeitern die unternehmensinternen Regeln der Aufbau- und Ablauforganisation bekanntzugeben.[127] Aus Präventionsgesichtspunkten ist es angebracht, die Mitarbeiter auf Gefahrmomente und typische Rechtsverletzungen ausdrücklich hinzuweisen.[128] Soweit die Einhaltung der gesetzlichen Bestimmungen besonderes Fachwissen verlangt, ist dies den Mitarbeitern zu vermitteln.[129] Schließlich kann sich die Notwendigkeit einer erneuten Unterweisung ergeben, wenn es beispielsweise eine Rechtsänderung gab oder neue Produktionstechniken eingeführt wurden. In einem dynamischen Unternehmensumfeld wandelt sich die Einweisungspflicht sodann zu einer ständigen Schulungs- und Fortbildungspflicht.[130]

In Bezug auf Korruptionsdelikte muss im Unternehmen folglich klargestellt werden, dass Straftaten kein Mittel zur Erreichung des Geschäftszweckes sind. Die Grundhaltung ist im Betrieb offen zu kommunizieren, wobei die Wahl der Mittel frei bleibt. Eine entsprechende Dokumentation ist im Hinblick auf die Beweislast in möglichen Verfahren von erheblicher Bedeutung.[131]

---

124 *Pampel*, BB 2007, 1636, 1638.

125 *Hauschka/Greeve*, BB 2007, 165, 166.

126 *Froesch*, DB 2009, 722, 725.

127 *Bertschinger*, Arbeitsteilung und aktienrechtliche Verantwortlichkeit, S. 92 ff., insb. Rdnr. 174; *Fleischer*, AG 2003, 291, 293.

128 Vgl. zu verbotenen Kartellabsprachen KG, WuW 1981, 60 – „Revisionsabteilung" oder den Hinweis auf das OECD-Übereinkommen von 1997 zu Schmiergeldzahlungen im internationalen Geschäftsverkehr; *Landwehrmann*, in Heidel, Aktienrecht und Kapitalmarktrecht, § 93 Rdnr. 77.

129 *Hauschka/Greeve*, BB 2007, 165, 167.

130 So *Fleischer*, AG 2003, 291, 293; *Uwe H. Schneider*, FS 100 Jahre GmbHG, S. 473, 486; zustimmend *Landwehrmann*, in Heidel, Aktienrecht und Kapitalmarktrecht, § 93 Rdnr. 77.

131 *Hauschka/Greeve*, BB 2007, 165, 167 mit der Anmerkung, dass der Vorstand sich dem Risiko aussetzt, als Anstifter oder Gehilfe bzw. sogar als Mittäter sich strafbar zu machen, wenn es an dem ausdrücklichen Hinweis fehlt und der Eindruck bei den Mitarbeitern erweckt wird, dass auch in illegaler Weise erzielte Geschäftsabschlüsse willkommen seien, soweit sie nur Umsatz bringen.; siehe auch *Freund*, GmbHR 2009, 1185, 1187.

### (c) **Überwachungssorgfalt**

In den Verantwortungsbereich des Vorstands tritt daneben eine Überwachungspflicht, die ihm auferlegt, für eine ordnungsgemäße Überwachung zu sorgen und sicherzustellen, dass die Unternehmensangehörigen den ihnen übertragenen Aufgaben ordnungsgemäß nachkommen.[132] Die Überwachung ist Ausfluss der Führungsverantwortung des Delegierenden und soll sich namentlich auf die Befolgung der Gesetze, Statuten, Reglements und Weisungen beziehen.[133] Hiernach muss der Unternehmensleiter selbst oder durch sorgfältig ausgewählte, instruierte und wiederum kontrollierte Mitarbeiter darüber wachen, dass die jeweiligen Mitarbeiter sorgfältig und entsprechend ihren Anweisungen den ihnen übertragenen Aufgaben nachkommen.[134]

Damit kann nicht nur das Früherkennungssystem des § 91 Abs. 2 AktG gemeint sein, da es dem Wortlaut nach lediglich *„den Fortbestand gefährdende Entwicklungen"*[135] umfasst. Die allgemeinen Organisationspflichten umfassen weitaus mehr als nur dieses.[136] Das nach § 91 Abs. 2 AktG einzurichtende System ist daher (nur) Teil des allgemeinen Risikomanagements.[137]

Grundsätzlich hat sich die Intensität der Überwachung an der Art, Größe und Organisation des Unternehmens sowie der Vielzahl der vom Unternehmen zu beachtenden Vorschriften auszurichten.[138] Hinzu können die Wichtigkeit und die Risikogeneigtheit der übertragenen Aufgabe treten, die das Vorstandsmitglied an sich schon zu einer erhöhten Überwachungssorgfalt verpflichtet.[139] Ferner ist die Person, an die die Aufgabe delegiert werden soll, noch von Bedeutung: je kürzer sie im Amt ist und die ihr übertragene Aufgabe wahrnimmt, desto sorgfältiger wird die Aufsicht ausfallen müssen; umgekehrt sinken die Anforderungen an die Überwachung, wenn die Zusammenarbeit schon eine lange Zeit besteht, erfolgreich verlaufen ist und sich eine Vertrau-

---

132 BGHZ 127, 336, 347; KG NZG 1999, 400; *Fleischer*, AG 2003, 291, 293.

133 *Bertschinger*, Arbeitsteilung und aktienrechtliche Verantwortlichkeit, S. 95, Rdnr. 178.

134 *Froesch*, DB 2009, 722, 725.

135 Eine Bestandsgefährdung ist dann anzunehmen, wenn Entwicklungen potentiell geeignet sind, ein Insolvenzrisiko erheblich zu steigern oder hervorzurufen. Vgl. *Wiesner*, in Münch Hdb GesR, AG, § 25 Rdnr. 6.

136 So *Preussner*, NZG 2004, 57, 59; *ders.*, NZG 2004, 303, 305, der für die notwendige Konkretisierung des Anforderungsprofils an eine ordnungsgemäße Geschäftsleitung im Bereich des Risikomanagements einen überzeugenden, möglicherweise sogar zwingenden Ansatz im branchenspezifischen Aufsichtsrecht für die Kreditwirtschaft in der Vorschrift des § 25a Abs. 1 KWG sieht, der auch für die Diskussion um den Umfang des Pflichtenrahmens des § 91 Abs. 2 AktG nutzbar gemacht werden kann.

137 *Wellhöfer*, in Wellhöfer/Peltzer/Müller, Haftung des Vorstands, § 4 B. VII. 2. Rdnr. 168; *Preussner*, NZG 2008, 574, 575; a. A. *Schwintowski*, NZG 2005, 200, 201; *Passarge*, NZI 2009, 86, 89 f.; *Berg*, AG 2007, 271, 276.

138 *Göhler*, OWiG, § 130 Rdnr. 10.

139 Vgl. *Fleischer*, in ders., Hdb Vorstandsrecht, § 8 Rdnr. 37 f.; *Bittmann*, ZGR 2009, 931, 936.

ensgrundlage gebildet hat.[140] Stets sind daneben die Wechselwirkungen zwischen sorgfältiger Auswahl, Einweisung und Überwachung zu beachten. Das bedeutet, je qualifizierter der mit der Aufgabe Betraute ist, desto weniger bedarf er der Instruktion und Aufsicht; umgekehrt muss um so mehr Aufmerksamkeit auf die Einweisung und Überwachung verwendet werden, je oberflächlicher die Auswahl erfolgte oder je geringer sich die Qualifikation des Einzustellenden darstellt.[141]

In Anlehnung an die Rechtsprechung zu § 130 OWiG[142] ist der Vorstand im Hinblick auf Gesetzesverstöße oder Unregelmäßigkeiten bei Verdachtsmomenten verpflichtet, dem Verdacht nachzugehen und gegebenenfalls einzuschreiten.[143]

Falls der Überwachungspflichtige seine Überwachungssorgfalt ebenfalls delegiert, hat er seine dementsprechende Pflicht erst dann erfüllt, wenn er die durch ihn nicht wahrzunehmenden Aufsichtsmaßnahmen lückenlos verteilt hat und dem Aufsichtspersonal Inhalt und Umfang der ihnen obliegenden Pflichten gründlich mitgeteilt hat.[144]

### c) Compliance-System

Um als Vorstand den Vorwurf zu vermeiden, dass den Überwachungs- und Organisationspflichten nicht genügend entsprochen wurde, bietet es sich an, ein auf die jeweiligen Bedürfnisse des Unternehmens zugeschnittenes Compliance-Programm[145] einzuführen.[146] Unter dem Begriff Compliance ist die Ge-

---

140 *Fleischer*, AG 2003, 291, 293.

141 *Fleischer*, AG 2003, 291, 293 f.

142 Vgl. BGH WuW 1981, 553 – „Revisionsabteilung"; BGH WuW 1986, 400 – „Brückenbau Hopener Mühlenbach"; BGH , WuW 1986, 744 – „Aktenvermerk"; BGH WuW 1986, 513 – „Prüfergruppe"; BGH, WuW 1987, 850 – „Zweigniederlassung"; vgl. auch die weiteren Nachweise bei *Pampel*, BB 2007, 1636, Fn. 8.

143 Vgl. *Bittmann*, ZGR 2009, 931, 936.

144 Natürlich nur soweit er nicht entsprechende Kenntnisse der Aufsichtspersonen voraussetzen kann.

145 Begriff und Funktion der Compliance stammen aus der anglo-amerikanischen Bankenwelt. Der Begriff versteht sich nach heutiger Lesart aber nicht mehr als eine bankenrechtsspezifische Sondererscheinung des Kapitalmarktrechts, sondern ist vielmehr im weitesten Sinne zu verstehen. Unter Compliance versteht man die Pflicht, das Unternehmen im Einklang mit geltendem Recht zu führen.
Eine Compliance-Organisation umfasst die Gesamtheit aller Maßnahmen, um das rechtmäßige Verhalten des Unternehmens, der Organmitglieder und der Mitarbeiter im Blick auf alle gesetzlichen Ge- und Verbote zu gewährleisten. Eingebettet in ein System aus präventiver Kontrolle und repressiver Sanktionierung hat eine solche Organisation das Ziel, Mitarbeiter über regelkonformes Verhalten in typischen Konfliktsituationen zu informieren und hierzu anzuhalten. Vgl. *Fleischer*, AG 2003, 291 ff.; *Uwe H. Schneider*, ZIP 2003, 645 ff.
Hinter dem Begriff Compliance verbirgt sich aber mehr als schlichte Gesetzestreue. Compliance dient der Risikovorbeugung und der Schadensabwehr im Unternehmen. Regelmäßig ist sie geeignet, Schadensersatzansprüche Dritter gegen die Gesellschaft

samtheit aller Maßnahmen zu verstehen, die das rechtmäßige Verhalten eines Unternehmens, seiner Organe und Mitarbeiter im Hinblick auf alle gesetzlichen und unternehmenseigenen Gebote und Verbote gewährleisten sollen.[147] Mit der Implementierung eines solchen Systems wird ein positives Signal an die Außenwelt gesendet und der Vorstand kann Vorwürfe leichter entkräften. Denn hat er kein wirksames, funktionsfähiges System im Unternehmen installiert, ist es schwierig, im Einzelfall bei unternehmerischen Risikoentscheidungen anzunehmen, dass er vernünftigerweise davon ausgehen durfte, auf der Grundlage angemessener Information[148] zu handeln.[149] Somit lastet faktisch sofort der Verdacht der nicht ausreichenden Kontrolle auf dem Vorstand, wenn Gesetzesverstöße im Unternehmen geschehen sind.[150] Kann das Vorstandsmitglied nachweisen, dass ein solch funktionierendes System besteht, dass die Mitarbeiter sorgfältig ausgewählt und kontrolliert wurden, fehlt es bereits an einer Pflichtverletzung, falls ein Mitarbeiter einen Schaden verursacht.[151]

### d) Risikomanagementsystem

Daneben ist es erforderlich, ein auf die jeweiligen Bedürfnisse der Gesellschaft angepasstes sogenanntes Risikomanagementsystem einzurichten. Unter dem Begriff des Risikomanagements wird die Gesamtheit aller organisatorischer Regelungen und Maßnahmen zur Risikofrüherkennung sowie zum Umgang der Geschäftsführung mit den Risiken unternehmerischer Betätigung (Risikosteuerung) verstanden.[152] Das Risikomanagementsystem bietet die Möglich-

---

als auch Ansprüche der Gesellschaft gegen die Mitglieder der Geschäftsleitung oder des Aufsichtsorganes abzuwehren bzw. sie zu vermeiden. Vgl. *Hauschka*, NJW 2004, 257 ff.; *Lösler*, WM 2007, 676 ff.; *Vetter*, in Wecker/v. Laak, Compliance in der Unternehmenspraxis, S. 31.

Ferner beinhaltet die Compliance aber auch Maßnahmen zur Risikofrüherkennung und -minimierung im Unternehmen. Damit steht eine Compliance-Organisation sowohl zur Corporate Governance als auch zum Risikomanagement in Beziehung. Vgl. *Kort*, NZG 2008, 81 ff.

Nach einzelnen Funktionen unterteilt, hat die Compliance daher Schutz-, Beratungs- und Informations-, Qualitätssicherungs- und Innovations-, Überwachungs- und Marketingfunktion. Compliance ist somit vielmehr als die bloße Sicherstellung der Einhaltung der Regeln und Usancen. Vgl. *Lösler*, NZG 2005, 104 ff.

146 *Ringleb*, in Ringleb/Kremer/Lutter/v. Werder, Corporate Governance Kodex, Rdnr. 625 ff.

147 Vgl. *Wellhöfer*, in Wellhöfer/Peltzer/Müller, Haftung des Vorstands, § 4 B. VII. 1.; *Fleischer*, AG 2003, 291 ff.; *Uwe H. Schneider*, ZIP 2003, 645 ff.

148 Vgl. zu der Business Judgment Rule und deren Voraussetzungen ausführlich unter C. II. 1. a.

149 Vgl. OLG Frankfurt a. M., AG 2008, 453, insbesondere S. 456; *Preussner*, NZG 2008, 574, 575.

150 Vgl. auch *Duisberg/Picot*, CR 2009, 823, 828.

151 Vgl. zur entsprechenden Anwendung auf den leitenden Angestellten *Bürkle*, NZA 2007, 589, 591.

152 *Steffan*, in Oppenländer/Trölitzsch, GmbH-Geschäftsführung, § 36 Rdnr. 19.

keit, mit Risiken im Unternehmen kontrolliert umzugehen und soll die Beteiligten motivieren, Chancen konsequent umzusetzen. Wie die Corporate Compliance erfasst ein Risikomanagementsystem sämtliche Unternehmensbereiche, konzentriert sich hierbei aber nicht auf die Feststellung des rechtlichen Umfelds, sondern auf alle zur Risikoerkennung und zum Umgang mit Risiken erforderlichen organisatorischen Regelungen und Maßnahmen.[153] Es ist auf die Vorausschau und Einschätzung zukünftiger Entwicklungen und auf die Vorbereitung gegebenenfalls zu treffender Entscheidungen gerichtet. § 91 Abs. 2 AktG, der ein Früherkennungssystem fordert, um bestandsgefährdende Risiken zu erkennen, regelt einen (bedeutenden) Teilbereich des allgemeinen Risikomanagementsystems. Bereits aus der Sorgfaltspflicht resultiert aber schon für den Vorstand die Pflicht, für das Vorhandensein ausreichender (Schutz-) Systeme zu sorgen. Somit können den Vorstand auch außerhalb des Anwendungsbereichs von § 91 Abs. 2 AktG Pflichten treffen, etwa für eine ordnungsgemäße Organisation zu sorgen, die nicht nur die bestandsgefährdenden Entwicklungen im Auge hat.[154]

### 3) Zusammenfassung

Eine generelle Pflicht des Vorstands für alle Unternehmen, gleich welcher Größe, Branche[155] etc., ein umfassendes Risikomanagement- und Compliance-System einzurichten, kann nicht angenommen werden.[156] Es kommt entscheidend auf die Größe, Struktur und Lage des Unternehmens, das Risikopotential der Märkte, auf dem das Unternehmen tätig ist, sowie die Art des Kapitalmarktzugangs an.[157] Selbst die neuen Bestimmungen des DCGK, die sich für börsennotierte AG nunmehr ausdrücklich auf die Compliance beziehen, sehen keine ausdrückliche Pflicht zu einer Etablierung eines ausgefeilten Compliance-Systems vor. Dennoch ist bei der Größe vieler börsennotierter Unternehmen von einem Organisationsverschulden des Vorstands auszugehen, wenn kein oder ein nur unzureichendes System eingeführt wurde.[158] Ein besonderes Risiko für Vorstände entsteht in diesem Zusammenhang für Vorstände, wenn die Gerichte bei der Feststellung der Sorgfaltsmaßnahmen im Wesentlichen den Feststellungen der Wirtschaftsprüfer folgen, da diese als Betriebswirte eher ein umfassendes Risikomanagementsystem unabhängig von den jeweiligen, individuellen Bedürfnissen des Unternehmens fordern.[159] Unter diesem Aspekt könnte aus Gründen der anwaltlichen Vorsicht ratsam sein, die Im-

153 *Wellhöfer*, in Wellhöfer/Peltzer/Müller, Haftung des Vorstands, § 4 B. VII. 2. Rdnr. 168.

154 *Fleischer*, in ders., Hdb Vorstandsrecht, § 19 Rdnr. 6.

155 In bestimmten Branchen gibt es aber sehr wohl normierte Pflichten, vgl. § 33 Abs. 1 Nr. 1 WpHG, § 25a Abs. 1 Satz 1 KWG und § 64a Abs. 1 Satz 1 VAG.

156 So *Spindler*, in MüKo, AktG, § 91 Rdnr. 36; *Wellhöfer*, in Wellhöfer/Peltzer/Müller, Haftung des Vorstands, § 4 B. VII. 1. Rdnr. 163; *Mosiek*, wistra 2003, 370, 371; a. A. mit Darstellung des Meinungsstands *Bürkle*, BB 2005, 565, 568 f.

157 *Hauschka*, ZRP 2006, 258, 261.

158 *Kort*, NZG 2008, 81, 84.

159 Siehe *Lück* DB 1998, 8; *ders.* DB 1998, 1573; *Eggemann*, BB 2000, 503.

plementierung eines umfassenden Risikomanagementsystems zu empfehlen, obwohl dies aus ökonomischen Gründen überhaupt nicht notwendig ist.[160]

Compliance und das Risikomanagementsystem ist Teil des gesellschaftsrechtlichen Leitungsauftrages der Geschäftsleitung[161], die Beachtung der einschlägigen Regeln sicherzustellen, was überdies ein anerkannter und wesentlicher Bestandteil einer guten Corporate Governance ist.[162]

Auch wenn es keine aktienrechtliche Pflicht gibt, ein umfassendes Risikomanagement- und Compliance-System einzurichten, lässt sich nach dem oben angesprochenen Risiko nicht von der Hand weisen, dass Vorstände durch eine sorgfältige und ausführliche Organisation das Risiko der Gesetzesverletzungen durch Mitarbeiter des Unternehmens infolge ungenügender Überwachung und dadurch die Gefahr der persönlichen Inanspruchnahme merklich verringern.[163] Dieses Ergebnis wird zudem von den Bestimmungen des DCGK gestützt. In 4.1.3 wird dem Vorstand die Verantwortung dafür auferlegt, dass die gesetzlichen Bestimmungen und die Unternehmensrichtlinien eingehalten und beachtet werden. Daraus lässt sich im Umkehrschluss die persönliche Verantwortung des Vorstandes ableiten, wenn es in dem Unternehmen zu Verstößen kommen sollte.

### d. Exkurs: Problempunkt Korruption

Nach § 93 Abs. 1 Satz 1 AktG ist der Vorstand verpflichtet, korruptive Praktiken in einem Unternehmen zu verhindern. Was genau hinter dem Begriff der Korruption zu verstehen ist, ist schwer zu definieren. Korruption tritt in vielfältigen Erscheinungsformen auf.[164] Das geltende Recht sanktioniert in verschiedenen Vorschriften bestimmte Arten korrupten Verhaltens. Grundsätzlich geht es bei Korruption stets darum, dass eine Person, die bestimmte Aufgaben wahrzunehmen hat, für ein Handeln oder Unterlassen im Rahmen der Aufgabenerfüllung unzulässige Vorteile erhält.[165] Die kriminologische Forschung definiert den Begriff Korruption als *„Missbrauch eines öffentlichen Amtes, einer Funktion in der Wirtschaft oder eines politischen Mandats zugunsten eines*

---

160 Ebenfalls zur Vorsicht ratend *Preussner/Zimmermann*, AG 2002, 657, 659.

161 Kritisch *Spindler*, WM 2008, 905, 909: „Mit dieser Erkenntnis [Compliance als Leitungsaufgabe] ist nicht allzu viel gewonnen: Denn zum einen ist es selbstverständlich, dass die Organisationspflichten dem Vorstand obliegen, da das Unternehmen ohne Organisation praktisch nicht lebensfähig ist. Jede Aufgabe des Vorstandes ist naturgemäß mit einer Organisation verbunden, die bei jeder arbeitsteiligen Erfüllung erforderlich ist. Zum anderen wird trotz der ‚Chefsache' selbstverständlich eingeräumt, dass eine gewisse Delegation erforderlich ist und der Gesamtvorstand auf eine Überwachung der ordnungsgemäßen Erfüllung der Compliance-Funktion beschränken darf."

162 *Uwe H. Schneider*, ZIP 2003, 645, 647; *Lösler*, NZG 2005, 104, 106.

163 Vgl. *Wellhöfer*, in Wellhöfer/Peltzer/Müller, Haftung des Vorstands, § 7 A. I. f.

164 *Dölling*, in ders., Korruptionsprävention, S. 3, Rdnr. 2.

165 Vgl. ausführlich *Bannenberg*, in Wabnitz/Janovsky, Hdb Wirtschafts- und Steuerstrafrecht, 1. Kap., I. 1. Rdnr. 1.

*Anderen, auf dessen Veranlassung oder Eigeninitiative, zur Erlangung eines Vorteils für sich oder einen Dritten, mit Eintritt oder in Erwartung des Eintritts eines Schadens oder Nachteils für die Allgemeinheit (in amtlicher oder politischer Funktion) oder für ein Unternehmen (betreffend Täter als Funktionsträger in der Wirtschaft)"*.[166] Mit der Vorteilsgabe will der Vorteilsgeber in der Regel die Aufgabenerfüllung durch den Vorteilsnehmer in sachwidriger Weise beeinflussen.[167] Das hat zur Folge, dass sich die Erfüllung der Aufgaben nicht mehr nach den dafür geltenden Regeln vollzieht, sondern nach den unzulässigen Vorteilen ausrichtet. Die Aufgaben werden nicht mehr sachgerecht erfüllt und dem Unternehmen geschadet. Korruption ist daher ein Angriff auf die sachgerechte Aufgabenerfüllung durch eine regelwidrige Austauschbeziehung zwischen Geber und Nehmer.[168]

Auch in Deutschland ist Korruption weit verbreitet. Mehr als die Hälfte der in Deutschland tätigen Großunternehmen (61%) sind im Jahr 2009 durch Unterschlagung, Korruption, Produktpiraterie oder andere Formen von Wirtschaftskriminalität geschädigt worden.[169] Man muss davon ausgehen, dass die Wirtschaftskriminalität eher zu denn abnimmt.[170] Dabei ist jeder zweite Täter im geschädigten Unternehmen selbst beschäftigt.[171]

In den letzten zwei Jahren sind in Deutschland durch Korruption 13% der deutschen Unternehmen geschädigt worden. 16% hatten darüber hinaus in den letzten zwei Jahren das Gefühl, dass in bestimmten Situationen von ihnen ein Bestechungsgeld erwartet wurde. 29% sind zudem der Auffassung, dass ihnen vermutlich aufgrund von Bestechung durch einen anderen Wettbewerber eine Geschäftschance entgangen ist.[172] Im Korruptionswahrnehmungsindex 2009 von *Transparency International Deutschland e.V.* belegt Deutschland mit 8,0 Punkten den 14. von 180 Plätzen.[173] 2010 verbesserte sich der Wert leicht auf 7,9. Deutschland rutschte aber dennoch einen Platz auf den 15. ab.[174] Die durch Wirtschaftskriminalität verursachten Schäden sind deutlich gestiegen. Zu diesen Schäden sind die indirekten Schäden hinzuzurechnen, wobei

---

166 Zitiert nach: Korruption – Bundeslagebild 2008, S. 4.

167 *Dölling*, in ders., Korruptionsprävention, S. 3, Rdnr. 2.

168 *Dölling*, in ders., Korruptionsprävention, S. 3, Rdnr. 2.

169 Wirtschaftskriminalität 2009 – Sicherheitslage der deutschen Wirtschaft, eine Studie des Economic & Crime Research Centers der Martin-Luther-Universität und PricewaterhouseCoopers, S. 3.

170 *Bussmann/Salvenmoser*, NStZ 2006, 203, 204 unter Hinweis darauf, dass solche Aussagen nicht leicht zu treffen seien, da aus kriminologischer Sicht das Kontroll-Paradox zu berücksichtigen sei.

171 Wirtschaftskriminalität 2009 – Sicherheitslage der deutschen Wirtschaft, S. 3.

172 Wirtschaftskriminalität 2009 – Sicherheitslage der deutschen Wirtschaft, S. 23.

173 Korruptionswahrnehmungsindex 2009, einsehbar unter http://www.transparency.de/uploads/media/09-11-17-CPI_2009_Pressemappe.pdf; Korruptionswahrnehmungsindex 2010, einsehbar unter http://www.transparency.de/uploads/media/Pressemappe_CPI_2010.pdf; letzter Aufruf jeweils am 13.07.2011.

174 Einsehbar unter: http://www.transparency.de/Tabellarisches-Ranking.1745.0.html

44% der Unternehmen von einem bedeutenden Reputationsverlust sprechen.[175] Dazu kommen ferner die Kosten, die das Management eines solchen Delikts verursacht. Die Managementkosten der Korruptionsdelikte hat dabei mittlerweile in Deutschland das nordamerikanische Niveau erreicht. Verglichen mit 230.000 Euro im Jahre 2007 liegen die Managementkosten infolge einer Verwicklung des Unternehmens in Korruption mittlerweile bei durchschnittlich 1,71 Millionen Euro.[176] Hiermit wird nur allzu deutlich, welchen (auch ökonomischen) Stellenwert Korruption mittlerweile in der Gesellschaft eingenommen hat. Sie kostet nicht nur der Volkswirtschaft, den ausgestochenen Konkurrenten sondern auch den korrupten Unternehmen sehr viel Geld.

### 2. Die Treuepflicht

Neben der Sorgfaltspflicht ist die Treuepflicht die zweite wesentliche Organpflicht der Vorstandsmitglieder.[177] Die organschaftliche Treuepflicht ist gesetzlich nicht geregelt, wird aber allgemein anerkannt.[178] Allein die Verschwiegenheitspflicht (§ 93 Abs. 1 Satz 3 AktG) und das Wettbewerbsverbot für Vorstandsmitglieder (§ 88 Abs. 1 AktG) haben als Ausprägungen der Treuepflicht[179] Erwähnung im Gesetzestext gefunden. Diese gibt den Organen auf, in allen Angelegenheiten, die das Interesse der Gesellschaft berühren, allein zu deren Wohl zu handeln und nicht den eigenen Vorteil zu suchen.[180] Das Entstehen von Interessenkonflikten mit der Gesellschaft ist zu vermeiden und dennoch entstehende Interessenkonflikte sind zugunsten der Gesellschaft zu lösen.[181] Der Vorstand darf der Gesellschaft angebotene Geschäftschancen daher nicht zum eigenen Vorteil oder zum Vorteil von Dritten ausnutzen.[182] Diese Abgrenzung zeigt weiche Übergänge zur Sorgfaltspflichtverletzung, so dass ein und dieselbe Handlung zugleich die Sorgfalts- und die Treuepflicht verletzen kann.

In einer Entscheidung über die Führung von schwarzen Kassen hat der BGH ausdrücklich die Einrichtung und Unterhaltung dieser als Verletzung

175 Wirtschaftkriminalität 2009 – Sicherheitslage der deutschen Wirtschaft, S. 4, 15, 24: „Insbesondere börsennotierte Unternehmen spüren die Folgen dieses Wandels in der öffentlichen Wahrnehmung und gerichtlichen Reaktion. 2007 berichteten noch 35 % der Großunternehmen, dass es keine negativen Auswirkungen auf den Aktienkurs gegeben habe, 2009 waren es nur 7 %, 22% erlebten sogar einen deutlichen Kurseinbruch infolge von Wirtschaftskriminalität."

176 Wirtschaftkriminalität 2009 – Sicherheitslage der deutschen Wirtschaft, S. 4, 13, 24.

177 *Wellhöfer*, in Wellhöfer/Peltzer/Müller, Haftung des Vorstands, § 4 B. I.

178 BGHZ 13, 188, 192; 20, 239, 246.

179 *Wellhöfer*, in Wellhöfer/Peltzer/Müller, Haftung des Vorstands, § 4 B. II.

180 *Patzina*, in Patzina/Bank/Schimmer/Simon-Widmann, Haftung von Unternehmensorganen, S. 6, Rdnr. 20.

181 *Hopt*, in GroßKomm, AktG, § 93 Rdnr. 148.

182 *Kock/Dinkel*, NZG 2004, 441, 443 m. w. N. für diverse andere Verpflichtungen.

der gegenüber der Gesellschaft bestehenden Treuepflicht eingeordnet.[183] Das BVerfG hat diese Einschätzung jüngst bestätigt.[184]

Sachlicher Grund für diese strikte Verpflichtung auf das Gesellschaftsinteresse ist die mit einem Treuhänder vergleichbare Stellung der Organwalter.[185] Da jedem Treuhänder die Verfügungsmacht über fremdes Vermögen im Interesse des Treugebers eingeräumt ist, ist der Treuhänder gegenüber dem Treugeber zur Loyalität verpflichtet. Diese Konstellation ist mit dem Verhältnis von Vorstand und AG beziehungsweise Geschäftsführer und GmbH vergleichbar: Ihnen ist eine fast unbegrenzte Verfügungsmacht über das Gesellschaftsvermögen eingeräumt; umgekehrt sind die Aktionäre/Gesellschafter, denen dieses Vermögen wirtschaftlich zusteht, weitgehend von der unmittelbaren Verfügung ausgeschlossen, vgl. insbesondere § 76 Abs. 1 AktG. Dieses Auseinanderfallen von rechtlicher Machtzuordnung und wirtschaftlicher Vermögenszugehörigkeit macht die strikte Bindung an das Gesellschaftsinteresse erforderlich.[186] Wegen dieser Vergleichbarkeit mit einem Treuhandverhältnis stellt die Treuepflicht ein notwendiges Gegenstück zur Einwirkungsmacht des Vorstands auf die Interessen der Gesellschaft dar. Ähnlich wie bei der Sorgfaltspflicht ist eine nähere beziehungsweise engere Präzisierung nicht möglich. In der Rechtsprechung und in der Lehre haben sich neben dem gesetzlich geregelten Wettbewerbsverbot (§ 88 Abs. 1 AktG) und der Verschwiegenheitspflicht (§ 93 Abs. 1 Satz 3 AktG) daher Fallgruppen herausgebildet, die zur Lösung der Frage der Treuepflicht herangezogen werden.

### a. Pflicht zu loyalem Verhalten

Die Vorstandsmitglieder haben insbesondere ihre Arbeitskraft, Kenntnisse und Fähigkeiten vorbehaltslos in den Dienst der Gesellschaft zu stellen. Ferner sind sie auch im außerdienstlichen Bereich verpflichtet, rufschädigendes Verhalten zu unterlassen und Interessenkollisionen mit der Gesellschaft zu vermeiden.[187] Der Pflichtenmaßstab des § 93 Abs. 1 Satz 1 AktG begründet zudem auch die Pflicht des Vorstandsmitglieds zur Information und Beratung, so dass die anderen Organe die ihnen zugewiesenen Aufgaben erfüllen können.[188]

### b. Pflichten bei Geschäften mit der Gesellschaft

Sogenannte Eigengeschäfte des Organs mit der eigenen Gesellschaft sind Vorständen mittlerweile zwar gestattet; Vorstände dürfen dabei sogar Gewinne erwirtschaften. Damit der Vorstand aber keine unrechtmäßigen Vorteile er-

183 BGH AG 2010, 826, 829.
184 BVerfG NStZ 2010, 626 ff.
185 *Bedkowski*, Geschäftsleiterpflichten, S. 125 f.
186 Vgl. *Fleischer*, WM 2003, 1045, 1046.
187 *Fleischer*, in ders. Hdb. Vorstandsrecht, § 9 Rdnr. 16.
188 BGH AG 2010, 826, 829.

hält, müssen diese Geschäfte zu marktgerechten Konditionen abgeschlossen werden.[189]

### c. Geschäftschancenlehre

Hinter der Geschäftschancenlehre verbergen sich das Gebot, sich bietende Geschäftschancen zu Gunsten der Gesellschaft zu nutzen, und das Verbot, Geschäftschancen, die im Tätigkeitsbereich der Gesellschaft liegen oder an denen die Gesellschaft ein konkretes Interesse hat, privat auszunutzen.[190] Nach der herrschenden Meinung gilt dieser Grundsatz nicht nur für Geschäftschancen, die dem Vorstandsmitglied beruflich zugetragen werden, sondern auch für diese, von denen er privat Kenntnis erlangt.[191] Aus dem Rechtsgedanken des § 88 Abs. 1 AktG folgt aber, dass der Vorstand durch den Aufsichtsrat von diesem Verbot befreit werden kann.

### d. Verbot der Ausnutzung der Organstellung für private Zwecke

Hiernach ist jegliche private Nutzung gesellschaftlicher Ressourcen durch den Vorstand verboten.

### 3. Sonstige Pflichten des Vorstands

Der Vorstand hat neben den Sorgfalts- und Treuepflichten diverse andere Pflichten zu beachten. Als Beispiele lassen sich die Verpflichtung zur Führung der Geschäfte sowie Rücksichtnahmepflichten aufführen. Daneben treten aber noch viele andere unter anderem auch gesetzlich normierte Pflichten, vgl. beispielsweise §§ 83 (Vorbereitung und Ausführung von Hauptversammlungsbeschlüssen), 90 ff. AktG (Berichte an den Aufsichtsrat, Buchführung, Organisation usw.).

## II. Pflichtverstoß auch bei überwiegenden Vorteilen für die Gesellschaft

Nun ist zu problematisieren, wie nützliche Pflichtverletzungen vor diesem Hintergrund zu behandeln sind.

Grundsätzlich muss der Vorstand für gesetzmäßiges Handeln seiner Gesellschaft sorgen und sich selbst entsprechend verhalten (sog. Legalitätspflicht).[192]

---

189 Vgl. mit weitergehenden Hinweisen *Fleischer*, in Spindler/Stilz, AktG, § 93 Rdnr. 123.

190 *Fleischer*, in Spindler/Stilz, AktG, § 93 Rdnr. 124 ff.

191 BGH NJW 1986, 585, 586; OLG Frankfurt GmbHR 1998, 376, 378; *Haas/Ziemons*, in Michalski, GmbHG, § 43 Rdnr. 120; vermittelnder Ansicht *Fleischer*, in Spindler/Stilz, AktG, § 93 Rdnr. 136; zuletzt *ders.* NJW 2006, 3239 ff.; ähnlich *Hopt*, in GroßKomm, AktG, § 93 Rdnr. 169.

192 BGHZ 125, 366, 372; 133, 370, 377; *Wilsing*, in Krieger/Schneider, Hdb Managerhaftung, § 27 Rdnr. 21; *Dreher*, FS Konzen, S. 85, 92; *Hopt*, GroßKomm, AktG, § 93 Rdnr.

Nach einhelliger Auffassung stellt rechtswidriges Verhalten im Außenverhältnis in der Regel auch eine Pflichtverletzung der Vorstandsmitglieder im Innenverhältnis dar.[193]

Unklar ist aber insoweit, ob die Einhaltung gesetzlicher Anforderungen ausnahmslos Leitprinzip des Vorstandshandelns ist oder auch Durchbrechungen möglich sind.[194] Fraglich ist, ob die Gesellschaft im Rahmen eines Innenregresses dem Vorstand vorwerfen kann, dass er Pflichten verletzt, wenn er dadurch den Gewinn der Gesellschaft gesteigert hat. Kann die Gesellschaft den Vorstand auf Schadensersatz in Höhe des gezahlten Schmiergeldes in Anspruch nehmen, wenn durch die Schmiergeldzahlung ein lukrativer, gewinnbringender Auftrag gewonnen wurde?

Zu klären ist auch, ob in diesem Zusammenhang eventuell die Business Judgment Rule greift.

Zur Beantwortung dieser Frage ist zwischen der Verletzung von Rechtspflichten gegenüber der Gesellschaft und gesellschaftsfremder Dritter (zum Beispiel Vertragspartner der Gesellschaft) zu unterscheiden.[195] Zuvor wird jedoch die Frage der Anwendbarkeit der Business Judgment Rule problematisiert.

### 1. Verstoß gegen gesetzliche Bestimmungen

#### a. Anwendbarkeit der Business Judgment Rule

Die fehlende Identität zwischen Handelndem (Vorstand) und Haftendem (AG) könnte Vorstände dazu verleiten, Geschäfte der Gesellschaft nicht mit der Sorgfalt wahrzunehmen, welche sie in eigenen Angelegenheiten anzuwenden pflegen. Dem begegnet die Innenhaftung gem. § 93 AktG, indem sie Vorstände dem Risiko einer persönlichen Haftung gegenüber der Gesellschaft aussetzt.[196]

Wenn ein Vorstandsmitglied seine Pflichten gegenüber der Gesellschaft schuldhaft verletzt und der Gesellschaft dadurch ein Schaden entsteht, hat die Gesellschaft gegen den Vorstand einen Schadensersatzanspruch (vgl. § 93 Abs. 2 Satz 1 AktG, § 43 Abs. 2 GmbHG).

---

89, 99 m. w. N.; *Lutter*, FS Hüffer, S. 617; *Fleischer*, NJW 2009, 2337; *Zimmermann*, WM 2008, 433, 435.

193 *Abeltshauser*, Leitungshaftung im Kapitalgesellschaftsrecht, S. 213; *Fleischer*, BB 2008, 1070; *Wilsing*, in Krieger/Schneider, Hdb Managerhaftung, § 27 Rdnr. 22; einschränkend *Uwe H. Schneider*, FS Hüffer, S. 905, 909 f.

194 *Wilsing*, in Krieger/Schneider, Hdb Managerhaftung, § 27 Rdnr. 24.

195 Vgl. *Bayer*, FS K. Schmidt, S. 85, 88 Fn. 24: „Die Parallelität externer und interner Pflichtverletzungen gilt hingegen nicht für Vertragsverletzungen. Doch kann selbstverständlich auch eine Vertragsverletzung ein gegenüber der Gesellschaft pflichtwidriges Vorstandshandeln darstellen."

196 *Kock/Dinkel*, NZG 2004, 441.

§ 93 AktG bezweckt, der Gesellschaft einen Ausgleich für Nachteile zu verschaffen, die diese durch das Handeln (oder Unterlassen) von den eigenen Vorständen erlitten hat. Gleichzeitig soll das Haftungsrisiko schon vor Eintritt eines Schadens auf die Organmitglieder einwirken, damit sie die ihnen auferlegten Pflichten gegenüber der Gesellschaft erfüllen.[197] Mittelbar schützt § 93 AktG auch alle sogenannten Stake Holder (also Gesellschafter, Arbeitnehmer und übrige Gläubiger) der Gesellschaft. Die Haftung darf aber nicht dazu führen, dass Vorständen eine Garantiehaftung und damit das Unternehmensrisiko auferlegt wird. In diesem Spannungsfeld bewegen sich Gesetzgeber, Gerichte und Literatur.[198]

In Deutschland hat der Gesetzgeber darauf reagiert und in § 93 Abs. 1 Satz 2 AktG normiert[199], dass *„eine Pflichtverletzung dann nicht vorliegt, wenn das Vorstandsmitglied bei einer unternehmerischen Entscheidung vernünftigerweise annehmen durfte, auf der Grundlage angemessener Information zum Wohle der Gesellschaft zu handeln"* (sog. Geschäftsleiterermessen).[200]

Für die zu bearbeitende Frage der Vorteilsanrechnung bei nützlichen Pflichtverletzungen ist dies bedeutsam, da geklärt werden muss, ob nützliche Pflichtverletzungen unter den Schutz der Business Judgment Rule fallen können. Auf den klassischen Fall bezogen ist zu fragen, ob Bestechungshandlungen von der Business Judgment Rule erfasst werden. Dies wird im Folgenden bearbeitet.

### 1) Erforderlichkeit einer Business Judgment Rule im deutschen Recht

Die unternehmerische Tätigkeit ist durch die Notwendigkeit zur Entscheidung gekennzeichnet.[201] Sinn der Business Judgment Rule ist daher die Schaffung eines haftungsfreien Handlungsspielraums für Manager[202], innerhalb dessen sie auch risikobehaftete Entscheidungen ohne (persönliche) Gefahr von Regressansprüchen treffen können.[203] Hierdurch wird sichergestellt, dass den handelnden Personen nicht aus Furcht vor dem Regress *„jeder Mut zur Tat"* genommen[204], sondern respektiert wird, dass unternehmerisches Handeln das Risiko eines Fehlschlags einschließt.[205] Der Vorstand soll dazu motiviert werden, vernünftige Risiken für die Gesellschaft einzugehen.[206] Die Eigenverant-

---

197 *Hopt*, in GroßKomm, AktG, § 93 Rdnr. 11.

198 *Kock/Dinkel*, NZG 2004, 441.

199 RegBegr. UMAG, BT-Drucks. 15/5092, S. 5.

200 *Fleischer*, in ders., Hdb Vorstandsrecht, § 7 Rdnr. 45.

201 *Dauner-Lieb*, FS Röhricht, S. 83.

202 Die Argumente für eine Business Judgment Rule fast gänzlich widerlegend *Jungmann*, FS K. Schmidt, S. 831, 834 ff.

203 *Kock/Dinkel*, NZG 2004, 441, 442; *Brömmelmeyer*, WM 2004, 2065, 2066; *Lutter*, GmbHR 2000, 301, 308.

204 *Koch*, ZGR 2006, 769, 782; ähnlich BGHZ 135, 244, 255.

205 *Goette*, in Hommelhoff/Hopt/Werder, Hdb Corporate Governance, S. 767.

206 Dies als einzigen vernünftigen Grund für die Business Judgment Rule akzeptierend *Jungmann*, FS K. Schmidt, S. 831, 839 ff.; vgl. auch *Gheb/Heckelmann*, ZRP 2005, 145.

wortlichkeit des Vorstandes nach § 76 AktG bei der Wahrnehmung unternehmerischer Aufgaben und Ziele schließt notwendig einen Spielraum für das eigene unternehmerische Ermessen ein.[207] Charakteristisch für unternehmerische Entscheidungen ist, dass solche (oft kostenintensiven) hoch komplexen Entscheidungen grundsätzlich unter großem Zeitdruck und unter mehreren Handlungsalternativen mit unterschiedlichen Ertragschancen und Risiken getroffen werden.[208] Als Grund für solch eine besondere Stellung unternehmerischer Entscheidungen kann man unter anderem die sog. hindsight bias[209] anführen.[210] Würden die unternehmerischen Entscheidungen nun einer vollen richterlichen Kontrolle bzgl. ihrer Richtigkeit unterworfen, muss man bedenken, dass Menschen dazu neigen, zurückliegende Handlungen derart ergebnisbeeinflusst zu beurteilen, dass sie in Kenntnis des Ergebnisses im Nachhinein die Wahrscheinlichkeit, mit der sie das Ergebnis vorausgesagt hätten, erheblich überschätzen.[211] Dadurch ist die Gefahr nicht von der Hand zu weisen, dass die Verschuldenshaftung des § 93 Abs. 2 AktG entgegen dem gesetzgeberischen Willen[212] in eine Erfolgshaftung abgleitet.[213] Besonders deutlich zeigt sich dies an einer Entscheidung des II. Zivilsenats des BGH.[214] In diesem Fall ging es um die Haftung des Vorstands einer Genossenschaftsbank der Bank gegenüber für die Gewährung von Krediten ohne bankenübliche Sicherheiten. Dort fasst der BGH zusammen:

*„Die wirtschaftlichen Aussichten des Kreisverbandes waren zum Zeitpunkt der Darlehensvergabe auch im Hinblick auf den beabsichtigten Pflegeheimneubau nicht so positiv, wie von der Revision dargestellt. Hiergegen spricht bereits die im weiteren Verlauf trotz des Baus der Pflegeheimerweiterung eingetretene Insolvenz des Kreisverbandes."*[215]

---

207 *Spindler*, FS Canaris, S. 403, 413; *Goette*, in Hommelhoff/Hopt/Werder, Hdb Corporate Governance, S. 762.

208 *Fleischer*, FS Wiedemann, S. 827, 831; *Dauner-Lieb*, FS Röhricht, S. 83, 84.

209 Vgl. *Rachlinski*, 65 U. Chi. L. Rev. 571; *Klöhn*, ZVglRWiss 105 (2006), 455, 478; *Fleischer*, ZIP 2004, 685, 686 m. w. N.

210 Ins Deutsche übersetzt, würde man unter den *hindsight bias* „Rückschaufehler" verstehen.

211 *Fleischer*, FS Wiedemann, S. 827, 831; *ders.*, FS Immenga, S. 575, 580: „Diese *ex ante*-Sicht einzunehmen, fällt den oft Jahre später angerufenen Richtern nicht immer leicht."; ebenso *Wiedemann*, Organverantwortung und Gesellschafterklagen, S. 13; *Fleischer*, NZG 2008, 371, 372; *Dauner-Lieb*, FS Röhricht, S. 83, 89; *Koch*, ZGR 2006, 769, 782; *Klöhn*, ZVglRWiss, 205 (2006), 455, 478; vgl. auch *Schäfer*, ZIP 2005, 1253 f.; *Engel*, RabelsZ 67 (2003), 406, 409.

212 RegE UMAG, BT-Drucks. 15/5092, S. 34.

213 *Fleischer*, NZG 2008, 371, 372; ähnlich *Kock/Dinkel*, NZG 2004, 441: „Die Haftung darf aber nicht dazu führen, dass Vorstände eine Garantiehaftung und damit das Unternehmensrisiko auferlegt wird."

214 BGH NZG 2005, 562, 563.

215 Weiter führt der BGH (aaO) aus, dass sich hinsichtlich der Kreditvergabe aus dem Jahr 1995 aus einem Aktenvermerk eines anderen Betreibers des Pflegeheims aus dem Jahr 1999 ergebe, dass das Pflegeheim nicht mit Gewinn betrieben, sondern lediglich

Selbst der BGH scheut sich folglich nicht davor, aus einer nachträglichen Entwicklung Kriterien für die *ex ante*-Beurteilung abzuleiten. Das Gericht verwischt damit den Unterschied zwischen Prognose und tatsächlicher Entwicklung.[216]

Die Konsequenz einer solchen Handhabung wäre, dass ein Organmitglied künftig Marktchancen eher vermeidet und sich prinzipiell risikoavers verhält.[217] Jedoch sind gewinnorientierte Handlungen von Managern stets mit einem Risiko verbunden und das Wirtschaftswachstum ist auf riskantes Verhalten angewiesen. Eine Risikoaversion hätte negative Auswirkungen auf die gesamte Volkswirtschaft[218] und liegt auch nicht im Interesse der Aktionäre, die um ihrer Gewinnchancen willen die Eingehung vernünftiger Risiken billigen.[219] Anteilseigner, Arbeitnehmer sowie die Volkswirtschaft insgesamt sind an prosperierenden Gesellschaften interessiert, in denen die Unternehmensleiter nicht aus Haftungsgründen vom Eingehen unternehmerischer Risiken absehen.[220] Eine Möglichkeit, solche abträglichen Auswirkungen zu verhindern, liegt in der Anerkennung eines breiten Geschäftsleiterermessens, das gerichtlich nur beschränkt überprüfbar ist.[221] Dies geschieht mittels der Business Judgment Rule derart, dass der Richter (falls die Anwendungsvoraussetzungen vorliegen) nicht mehr die Richtigkeit im Sinne von erfolgreich oder nicht, sondern nur den Entscheidungsfindungsprozess auf seinen ordnungsgemäßen Verlauf hin überprüfen kann.[222] Es kommt demnach für die Entscheidung der Frage, ob eine zum Schadensersatz verpflichtende Sorgfaltswidrigkeit vorliegt, nicht auf die objektive *ex post*-, sondern auf die subjektive *ex ante*-Sicht des Handelnden an.[223]

Bereits vor Normierung der Business Judgment Rule in § 93 Abs. 1 Satz 2 AktG durch das UMAG wurde dieser Rechtsgedanke bei der Frage, ob der Aufsichtsrat verpflichtet ist, Schadensersatzansprüche gegen den Vorstand durchzusetzen, vom BGH in der ARAG/Garmenbeck-Entscheidung[224] aufgegriffen: *„Bei der Beurteilung, ob der festgestellte Sachverhalt den Vorwurf eines*

---

eine schwarze Null geschrieben wurde. Hier werden wiederrum nachträgliche Entwicklungen für die *ex ante*-Beurteilung berücksichtigt. Vorher stellt der BGH aber auch schon fest, dass aus der Gewährung der Kredite ohne übliche Sicherheiten (Blankokreditanteil von 75 %) ein hohes Schadensrisiko folgt, ohne dass es darauf ankommt, ob schon im Zeitpunkt der Kreditvergabe der Eintritt des konkreten Schadens vorhersehbar war.

216 *Sieg/Zeidler*, in Hdb Corporate Governance, § 3 A., Rdnr. 3.

217 *Sieg/Zeidler*, in Hdb Corporate Governance, § 3 B. I., Rdnr. 13.

218 *Fleischer*, FS Wiedemann, S. 827, 831.

219 *Kebekus/Zenker*, FS Maier-Reimer, S. 319, 321; *Paefgen*, AG 2004, 245, 247; *Fleischer*, ZIP 2004, 685, 686.

220 *Roth*, BB 2004, 1066, 1068.

221 *Fleischer*, NZG 2008, 371, 372.

222 *Westermann/Paefgen*, JZ 2003, 138, 140.

223 *Linnerz*, NZG 2004, 307, 311.

224 BGHZ 135, 244.

*schuldhaft pflichtwidrigen Vorstandsverhaltens rechtfertigt, [hat der Aufsichtsrat] zu berücksichtigen, dass dem Vorstand bei der Leitung der Geschäfte des Gesellschaftsunternehmens ein weiter Handlungsspielraum zugebilligt werden muss, ohne den eine unternehmerische Tätigkeit schlechterdings nicht denkbar ist. Dazu gehört neben dem bewussten Eingehen geschäftlicher Risiken grundsätzlich auch die Gefahr von Fehlbeurteilungen und Fehleinschätzungen, der jeder Unternehmensleiter, mag er auch noch so verantwortungsbewusst handeln, ausgesetzt ist. Gewinnt der Aufsichtsrat den Eindruck, dass dem Vorstand das nötige Gespür für eine erfolgreiche Führung des Unternehmens fehlt, er also keine "glückliche Hand" bei der Wahrnehmung seiner Leitungsaufgabe hat, kann ihm das Veranlassung geben, auf dessen Ablösung hinzuwirken. Eine Schadenersatzpflicht des Vorstandes kann daraus nicht hergeleitet werden. Diese kann erst in Betracht kommen, wenn die Grenzen, in denen sich ein von Verantwortungsbewusstsein getragenes, ausschließlich am Unternehmenswohl orientiertes, auf sorgfältiger Ermittlung der Entscheidungsgrundlagen beruhendes unternehmerisches Handeln bewegen muss, deutlich überschritten sind, die Bereitschaft, unternehmerische Risiken einzugehen, in unverantwortlicher Weise überspannt worden ist oder das Verhalten des Vorstands aus anderen Gründen als pflichtwidrig gelten muss."*[225]

Das Eingehen von Risiken ist also nicht aus sich heraus sorgfaltswidrig. Je höher die Risiken sind, desto strenger sind jedoch die Anforderungen an die Prüfungs- und Überwachungspflicht.[226] Festhalten lässt sich somit, dass die Haftung der Vorstandsmitglieder einer AG nicht als Sanktionierung für einen ausgebliebenen Erfolg ausgestaltet ist, sondern dass Vorstände nur für sorgfaltswidriges Verhalten einzustehen haben.[227]

## 2) Vergleich mit der Business Judgment Rule amerikanischer Prägung

Der deutsche Gesetzgeber wollte die (US-amerikanische) Business Judgment Rule nicht deckungsgleich in deutsches Recht transferiert wissen. Eine solche identische Übertragung verbietet sich, weil sich der der Business Judgment Rule zugrunde liegende Grundgedanke von demjenigen des § 93 AktG unterscheidet: Die Business Judgment Rule dient im US-amerikanischen Recht als *„Eingangstest"*, ob überhaupt eine Pflichtverletzung vorliegt.[228] Sie beruht auf dem Gedanken, dass das Vorstandsmitglied rechtmäßig gehandelt hat, ein Verstoß gegen die Business Judgment Rule muss also vom Anspruchssteller bewiesen werden.[229]

---

225 BGHZ 135, 244, 253 f.

226 *Lutter*, FS Canaris, S. 245 f.; *Kock/Dinkel*, NZG 2004, 441, 442 f.: „U. U. ist es geboten, insbesondere bei riskanten Geschäften, sachverständigen Rat einzuholen."; BGHZ 69, 207, 213 ff.: „Risiken dürfen nicht eingegangen werden, wenn sie zu einem unangemessen hohen Nachteil führen oder die Existenz des Unternehmens bedrohen können."

227 *Bosch/Lange*, JZ 2009, 225, 226.

228 *Lutter*, GmbHR 2000, 301, 308.

229 Vgl. *Hopt*, FS Mestmäcker, S. 909, 920; anders *Kock/Dinkel*, NZG 2004, 441, 445. Sie differenzieren zwischen der BUSINESS JUDGMENT RULE nach dem ALI und der Aus-

Im deutschen Recht ist derzeit noch die Meinung vorherrschend, dass demgegenüber der Anspruchssteller durch die Business Judgment Rule begünstigt wird, da das Vorstandsmitglied hinsichtlich seines ordnungsgemäßen Handelns beweisbelastet ist.[230] Es mehren sich aber derzeit die Stimmen, die – im Einklang mit dem US-amerikanischen Recht – nur eine sekundäre Darlegungs- und Beweislast der Vorstandsmitglieder befürworten.[231] Im Übrigen decken sich das deutsche Recht und die Business Judgment Rule US-amerikanischer Prägung tatbestandlich nicht, da das deutsche Recht über das US-amerikanische Recht hinausgeht: Während es der Business Judgment Rule amerikanischer Prägung ausreicht, dass sich das Vorstandsmitglied vor seiner Entscheidung hinreichend informiert hat, kein Interessenkonflikt vorliegt und nach bestem Wissen und Gewissen annehmen durfte, dass seine Entscheidung im Gesellschaftsinteresse liegt[232], verlangt § 93 Abs. 1 Satz 1 AktG weitergehend, dass das Vorstandsmitglied die Sorgfalt eines ordentlichen und gewissenhaften Geschäftsleiters gewahrt hat.[233]

Im Unterschied zum hiesigen Recht ist in Amerika die Business Judgment Rule nicht kodifiziert. Dort hat man sich gegen eine Kodifizierung entschieden, da man der Meinung war, dass die tatbestandliche Ausformung des Geschäftsleiterermessens auf Dauer besser bei den Gerichten aufgehoben sei, die es von Fall zu Fall fortentwickeln und auf neue, bislang unbekannte Sachprobleme übertragen könnten. So haben die Verfasser des US-amerikanischen *Revised Model Business Corporation Act* im Jahr 1998 davon abgesehen, die Business Judgment Rule zu kodifizieren, da es nicht wünschenswert sei, sie durch eine feste Formulierung nicht mehr flexibel anwenden zu können.[234]

---

prägung der Gerichte im Bundesstaat Delaware. In Delaware gehe man von einer Vermutung der Rechtmäßigkeit des unternehmerischen Handelns aus. Somit trügen die Kläger hiernach die Beweislast für das pflichtwidrige Verhalten. Nach dem ALI trägt aber der Vorstand die Beweislast für sein ordnungsgemäßes Verhalten. Vgl. *Branson*, The Rule that isn't a rule – The Business Judgment Rule, 36 Val. U. L. Rev., S. 631, 636.

230 BT-Drucks. 15/5092, S. 12; OLG Frankfurt a. M., AG 2008, 451, 454; *Kebekus/Zenker*, FS Maier-Reimer, S. 319, 331; *Hopt*, FS Mestmäcker, S. 909, 920 f.; *Seibert*, FS Priester, S. 763, 772; *Freund*, GmbHR 2009, 1185, 1186; *Böttcher*, NZG 2009, 1047, 1048; *Brömmelmeyer*, WM 2005, 2065 f.; *Fleischer*, ZIP 2004, 685, 688; *Roth*, BB 2004, 1066, 1067; a. A *Paefgen*, NZG 2009, 891.

231 Vgl. dazu ausführlich *Paefgen*, NZG 2009, 891; *Goette*, ZGR 1995, 648, 671 ff.; ähnlich auch *Fleck*, GmbHR 1997, 237, 239.

232 Siehe American Law Institute, Principles of Corporate Governance: Analysis and Recommendations (1994) § 4.01(c).

233 *Linnerz*, NZG 2004, 307, 312; vgl. weiter zum Unterschied zwischen BUSINESS JUDGMENT RULE und § 93 AktG: *Henze*, NJW 1998, 3309, 3311; *Westermann/Paefgen*, JZ 2003, 138, 140.

234 2 Model Bus. Corp. Act. Section 8.31 Official Commentary, 8-53, 4th ed. (2008): "Because the elements of the business judgment rule and the circumstances for its appli-

### 3) Voraussetzungen

Für eine (Haftungs-) Freistellung nach der Business Judgment Rule müssen fünf Voraussetzungen[235] gegeben sein:

1. Es muss sich um eine **unternehmerische Entscheidung** handeln.
2. Es muss aus Sicht des Vorstands zum **Wohl der Gesellschaft** gehandelt worden sein.
3. Es darf **kein Interessenkonflikt** vorliegen.
4. Die Entscheidung muss **sorgfältig vorbereitet** und aufgrund **angemessener Informationen** getroffen worden sein.
5. Ferner muss im **guten Glauben** gehandelt worden sein, unter Vermeidung von **übergroßen und unvertretbaren Risiken**.

### 4) Haftungsfreiräume

Liegen die entsprechenden Voraussetzungen der Business Judgment Rule vor, handelt der Vorstand nicht pflichtwidrig, dass heißt rechtmäßig auch dann, wenn die Handlung sich als wirtschaftlich völlig unergiebig oder sogar nachteilig darstellt.[236] Ziel der Business Judgment Rule ist es nicht, einen Entschuldigungsgrund für den Vorstand zu schaffen, sondern ihn schon vom Vorwurf eines pflichtwidrigen Handelns freizustellen.[237] Diese Feinheit ist deshalb wichtig, weil das Aktienrecht Rechtsfolgen mitunter schon an die bloße Pflichtverletzung knüpft, zum Beispiel beim Widerruf der Bestellung zum Vorstand nach § 84 Abs. 3 Satz 2 AktG.[238]

Bei Beachtung der Business Judgment Rule kommt eine gerichtliche Überprüfung der Ermessensentscheidung des Vorstandes nicht in Betracht.[239] Denn jede Geschäftsführung bedarf eines gewissen unternehmerischen Freiraums, der nicht *ex post* am wirtschaftlichen Erfolg beziehungsweise Misserfolg gemessen werden darf.[240] Die Business Judgment Rule zielt darauf ab, zu ge-

---

cation are continuing to be developed by the courts, it would not be desirable to freeze the concept in a statute"; vgl. *Fleischer*, ZIP 2005, 685, 687.

235 *Raiser/Veil*, Recht der Kapitalgesellschaften, § 14 Rdnr. 68 ff.; *Lutter*, ZIP 2007, 841, 846; vgl. ferner *S. H. Schneider*, DB 2005, 707; *Fleischer*, ZIP 2004, 684, 690; *Gehb/Heckelmann*, ZRP 2005, 145.

236 Vgl. *Mertens/Cahn*, in KölnKomm, AktG, § 93 Rdnr. 13.

237 *Lutter*, ZIP 2007, 841, 843; *Fleischer*, ZIP 2004, 684, 688: „Die vorgeschlagene Tatbestandseinschränkung ist auf der haftungsrechtlichen Stufenleiter nicht erst auf der Sprosse des Verschuldens, sondern schon auf jener der Pflichtverletzung anzusiedeln."

238 *Fleischer*, ZIP 2004, 684, 688.

239 *Lutter*, GmbHR 2000, 301, 308; *Ihrig*, WM 2004, 2098, 2103; vgl. ferner Arbeitskreis „Externe und interne Überwachung der Unternehmung" der Schmalenbach Gesellschaft für Betriebswirtschaft, 20 goldene Regeln für die unternehmerische Entscheidung, ZIP 2006, 1068.

240 *Wiedemann*, Gesellschaftsrecht Bd. I, § 6 IV 1 b), S. 345; *Goette*, in Hommelhoff/Hopt/Werder, Hdb Corporate Governance, S. 762.

währleisten, dass die gerichtliche Überprüfung von Vorstandshandeln sich als rechtliche Überprüfung im strengeren Sinne darstellt und judizielle Eingriffe in das unternehmerische Ermessen des Vorstandes im Wege von Aktionärsklagen ausgeschlossen werden.[241]

## 5) Die Tatbestandsvoraussetzungen im Einzelnen

Im Folgenden wird kurz auf die einzelnen Voraussetzungen der Business Judgment Rule[242] eingegangen werden, um dann die Frage der Anwendbarkeit dieser auf die nützliche Pflichtverletzung zu klären.

### a) Unternehmerische Entscheidung

Das kompliziertestе und problematischste Merkmal der Business Judgment Rule ist die unternehmerische Entscheidung.

#### (1) Regierungsbegründung

Im Entwurf und der Begründung zum UMAG[243] heißt es, dass die unternehmerische Entscheidung im Gegensatz zur rechtlich gebundenen Entscheidung[244] steht.[245] § 93 Abs. 1 Satz 2 AktG soll den Bereich unternehmerischer Entscheidungen aus dem Bereich der Sorgfaltspflichtverletzung nach Satz 1 ausgrenzen. Unternehmerische Entscheidungen sind infolge ihrer Zukunftsbezogenheit durch Prognosen und nicht justiziable Einschätzungen geprägt. Dies unterscheidet sie von der Beachtung gesetzlicher, vertraglicher oder satzungsmäßiger Pflichten ohne tatbestandlichen Beurteilungsspielraum.[246]

#### (2) Verschiedene Definitionsansätze

Unter unternehmerischen Entscheidungen kann man einerseits alle Entscheidungen verstehen, die in einem Unternehmen fallen, oder andererseits an den Träger der unternehmerischen Funktion, den Normadressaten von § 93 AktG, anknüpfen und hierunter jede Entscheidung auf Unternehmensebene verstehen.

Gegen diese zu allgemeinen Ansätze spricht aber, dass nicht jede Entscheidung auf Vorstandsebene zugleich eine unternehmerische sein kann, denn dann käme dem Merkmal keine den Anwendungsbereich beschränkende Funktion mehr zu.

---

241 *Paefgen*, AG 2004, 245, 248.

242 Vgl. aus der neueren Literatur zu den Voraussetzungen *Kebekus/Zenker*, FS Maier-Reimer, S. 319, 327 ff.

243 BT-Drucks. 15/5092.

244 „Gebundene Entscheidung" bedeutet anders als im Verwaltungsrecht „an gerichtliche Überprüfung gebundene Entscheidung". Vgl. *S. H. Schneider*, DB 2005, 707, 710.

245 RegBegr. UMAG, BT-Drucks. 15/5092, S. 41.

246 RegBegr. UMAG, BT-Drucks. 15/5092, S. 11.

Der Begriff unternehmerische Entscheidung lässt sich negativ als Entscheidung beschreiben, die nicht lediglich im Vollzug des Gesetzes besteht.[247] Die unternehmerische Entscheidung reflektiert eine Entscheidungsprärogative des Vorstandes; sie ist das Korrelat des unternehmerischen Ermessens.[248] Wird lediglich das Gesetz vollzogen, kann es kein Ermessen geben, denn der Vorstand muss dem Festgelegten folgen.[249] Eine unternehmerische Entscheidung liegt dann nicht vor.

Die negativ abgrenzende Definition ist aber zu eng, da sie den vielen Facetten des Wirtschaftslebens nicht gerecht wird und daher nicht ausreichend ist.

Teilweise wird erwogen, eine unternehmerische Entscheidung als bewusste Auswahl einer unternehmerischen Handlungsmöglichkeit zu verstehen, die allerdings auch in dem Entschluss bestehen kann, nichts zu tun. Damit würde der Rechtsprechung vorgegeben, Verwaltungspflichten mit unternehmerischem Ermessen und rechtlich strikt definierte Pflichtbindungen voneinander abzugrenzen.[250]

Möglich ist auch, auf die Chancen und Risiken solcher Entscheidungen abzustellen, und Entscheidungen nur dann als unternehmerisch anzuerkennen, wenn sie Chancen und Risiken begründen oder bewusst in Kauf nehmen. Hiernach wäre eine Entscheidung, die kein Risiko enthält, keine unternehmerische Entscheidung.[251]

Geht man betriebswirtschaftlich an die Definition der unternehmerischen Entscheidung heran, lässt sich darunter eine bewusste Auswahl einer unternehmerischen Handlungsmöglichkeit aus mehreren Möglichkeiten von besonderer wirtschaftlicher Tragweite verstehen.[252] Die besondere wirtschaftliche Tragweite ist gegeben, wenn die so getroffene Entscheidung entweder nach ihrem Umfang oder Risiko von hoher Bedeutung für die Vermögens- und Ertragslage des Unternehmens ist oder aufgrund ihrer andauernden Gestaltungswirkung das Unternehmen oder einen Teil desselben so prägt, dass durch diese Ausrichtung die künftige Entwicklung des Unternehmens in seiner Gesamtheit vorgezeichnet wird.[253]

Für das Vorliegen einer unternehmerischen Entscheidung spricht in jedem Fall, wenn der weitere Geschehensablauf unsicher ist und nicht mit ausrei-

---

247 Vgl. auch *Grunewald/Hennrichs*, FS Maier-Reimer, S. 147, 148, die unter einer unternehmerischen Entscheidung eine freie Entscheidung verstehen, die nicht an Vorgaben des Gesetzes bzw. der Satzung der AG oder des Anstellungsvertrages gebunden ist.

248 *Brömmelmeyer*, WM 2004, 2065, 2066.

249 *Binder*, AG 2008, 274, 277.

250 *Paefgen*, AG 2004, 245, 251.

251 *Semler*, FS Ulmer, S. 626 unter Hinweis darauf (S. 627), dass unternehmerische Entscheidungen sowohl dem Aufsichtsrat als auch dem Vorstand obliegen und daher Geschäftsführungs- und Überwachungsaufgaben beinhalten.

252 So auch *Paefgen*, AG 2004, 245, 251.

253 *Mutter*, Unternehmerische Entscheidungen und Haftung des Aufsichtsrates der Aktiengesellschaft, S. 6 ff., 23; *Heermann*, AG 1998, 201, 203.

chender Wahrscheinlichkeit vorausgesagt werden kann, ob eine bestimmte Entscheidung sich positiver oder negativer als die anderen Entscheidungsmöglichkeiten auswirkt.[254] Ferner muss es sich um Entscheidungen handeln, bei denen der Vorstand frei ist, sich so oder anders zu verhalten.[255] Somit fallen hierunter nicht die sog. Pflichtaufgaben des Vorstandes (zum Beispiel §§ 83, 90 ff. AktG)[256], ebenso nicht wie die gebundenen Entscheidungen[257].

### (3) Lösungsvorschlag

Unternehmerische Entscheidungen sind unter Berücksichtigung der aufgezeigten Ansätze infolge ihrer Zukunftsbezogenheit durch Prognosen und nicht justiziable Einschätzungen geprägt.[258] Sie enthalten daher immer ein gewisses Risiko[259] und können somit als rechtmäßige Ermessensentscheidungen nur gegeben sein, wenn sie aufgrund ihres Prognosecharakters in Ungewissheit der weiteren Entwicklung getroffen werden, so dass sich ihre Folgen – mithin die Richtigkeit der Entscheidung – allenfalls im Nachhinein beurteilen lässt.[260] Ferner muss ein Beurteilungsspielraum bestehen. Bei gesetzlich vorgesehenen Entscheidungen ist für ein Ermessen und damit für eine unternehmerische Entscheidung kein Raum.

Eine unternehmerische Entscheidung lässt sich demnach als eine bewusste Auswahl eines Organs der Gesellschaft aus mehreren tatsächlichen und rechtlich zulässigen Verhaltensmöglichkeiten definieren. Zum Zeitpunkt der Entscheidungsfindung darf aber wegen unvorhersehbarer Sachverhaltsentwicklung noch nicht absehbar sein, welche der zur Verfügung stehenden Varianten sich als die im Nachhinein für das Unternehmen wirtschaftlich vorteilhafteste herausstellen wird, weshalb die Gefahr besteht, dass die getroffene Wahl im Nachhinein von Dritten als von Anfang an erkennbar falsch angese-

---

254 *S. H. Schneider*, DB 2005, 707, 709; a. A. *Spindler*, NZG 2005, 865, 871: „Diese muss nicht immer der Fall sein, man denke nur an die Ausübung von bilanziellen Wahlrechten, die kaum prognostische Elemente enthalten, wohl aber der unternehmenspolitische Entscheidungen zuzurechnen und vom Gesetz gerade eröffnet sind."

255 *Krieger/Sailer-Coceani*, in K. Schmidt/Lutter, AktG, § 93 Rdnr. 12; *Lutter* ZIP 2007, 841, 843.

256 *Lutter*, ZIP 2007, 841, 843; *Ihrig*, WM 2004, 2098, 2103.

257 *S. H. Schneider*, DB 2005, 707, 710.

258 *Götz/Holzborn*, WM 2006, 157; so auch *Schäfer*, ZIP 2005, 1253, 1256, für den drei Merkmale charakteristisch sind: 1) die Entscheidung darf nicht von vorneherein gegen Gesetz oder Satzung verstoßen, 2) sie muss Prognosecharakter haben und 3) die Entscheidung muss in ein Handeln oder Unterlassen münden, zu dem das Organmitglied nicht verpflichtet ist.

259 *Spindler*, in MüKo, AktG, § 93 Rdnr. 40; *Fleischer*, in Spindler/Stilz, AktG, § 93 Rdnr. 64; vgl. auch *Semler*, FS Ulmer, S. 627, 628, der jedoch offen lässt, welcher Art das Risiko sein soll.

260 *Fleischer*, in ders., Hdb des Vorstandsrechts, § 7 Rdnr. 54; vgl. auch Brömmelmeyer, WM 2005, 2065, 2066.

hen wird.[261] Es ist aber klar, dass eine Entscheidung bereits begrifflich ein bewusstes Handeln oder Unterlassen voraussetzt.[262] Erkennt das Vorstandsmitglied eine Chance oder ein Risiko nicht und bleibt untätig, ist der Anwendungsbereich der Business Judgment Rule nicht eröffnet.[263]

### b) Handeln zum Wohle der Gesellschaft

Der Vorstand muss subjektiv in der Annahme gehandelt haben, seine Tätigkeit (oder sein Unterlassen) erfolge zum Wohle der Gesellschaft. Eine Maßnahme dient dem Wohle der Gesellschaft, wenn sie ihre Marktstellung, ihre finanzielle Lage oder ihre innere Verfassung stärken soll.[264] Der Handlungsbegriff ist dabei nach der Entwurfsbegründung weit zu verstehen; er umfasst alle Umsetzungen unternehmerischer Entscheidungen, gleichgültig ob durch Rechtsgeschäft oder tatsächliche Handlungen.[265] Richtigerweise muss dies auch für ein Unterlassen gelten, wenn und soweit damit eine bewusste (Negativ-) Auswahl unter mehreren Handlungsmöglichkeiten getroffen wird.[266] Ein Handeln zum Wohle der Gesellschaft soll jedenfalls dann vorliegen, wenn es der langfristigen Ertragsstärkung und Wettbewerbsfähigkeit des Unternehmens, seiner Produkte und Dienstleistungen dient.[267]

### c) Handeln ohne Sonderinteressen und sachfremde Einflüsse

Die Privilegierung entfällt, wenn die Entscheidung von Interessenkonflikten oder sachfremden Erwägungen beeinflusst wurde. Der Vorstand muss also unbefangen und unabhängig sein.[268] Nur derjenige darf annehmen, zum Wohle der Gesellschaft zu handeln, der sich in seiner Entscheidung frei von solchen Einflüssen weiß.[269] Interessenkonflikte entziehen der natürlichen Vermutung den Boden, dass Vorstandsmitglieder bei ihrem Handeln allein das Beste für die Gesellschaft im Auge haben. Problemfälle ergeben sich beispielsweise bei Spendenvergabe, Management Buyout oder bei Verteidigungsmaßnahmen gegen feindliche Übernahmeangebote.[270]

---

261 Vgl. *S. H. Schneider*, DB 2005, 707, 711; für konkrete Beispiele weiterführend *Goette*, FS 50 Jahre BGH, S. 123, 133 ff.

262 *Hauschka*, GmbHR 2007, 11, 14.

263 *Bosch/Lange*, JZ 2009, 225, 230.

264 *Kock/Dinkel*, NZG 2004, 441, 443.

265 RegBegr. UMAG, BT-Drucks. 15/5092, S. 11.

266 Treffend *Gabelli & Co. Profit Sharing Plan v. Liggett Group, Inc.*, 444 A.2d 261, 265 (Del. Ch. 1982): "A decision not to act is as much a decision as an affirmative decision to enter into a specific transaction."

267 RegBegr. UMAG, BT-Drucks. 15/5092, S. 11.

268 *Kock/Dinkel*, NZG 2004, 441, 444.

269 RegBegr. UMAG, BT-Drucks. 15/5092, S. 11.

270 *Fleischer*, ZIP 2004, 684, 691 m. w. N.

#### d) Sorgfältige Vorbereitung und angemessene Information

Das Vorstandsmitglied muss ferner ohne Pflichtenverstoß angenommen haben, die Handlung (oder das Unterlassen) erfolge auf der Grundlage angemessener Informationen.[271] Der Gesetzgeber erkennt zwar an, dass unternehmerische Entscheidungen häufig auf Instinkt, Erfahrung und einem Gespür für Entwicklungen und Märkte beruhen[272], es wird vom Vorstand auch nicht gefordert, alle nur denkbaren Daten beizuziehen, weil die Informationsbeschaffung häufig mit hohen Kosten verbunden ist und rasches Entscheiden nicht selten eine Schlüsselrolle für den Unternehmenserfolg spielt.[273] Verlangt wird vielmehr, dass der Vorstand die Entscheidung auf einer angemessenen Informationsgrundlage fällt.[274] Die Entscheidung des Organs, sich mit den ihm zur Verfügung stehenden Informationen zu begnügen, soll erst dann als unvernünftig gelten, wenn sie am Maßstab anerkannter betriebswirtschaftlicher Verhaltensmaßstäbe nicht mehr als unternehmerisch vertretbar bezeichnet werden kann.[275]

#### e) Guter Glaube

Selbstverständlich muss das Vorstandsmitglied in gutem Glauben gehandelt haben. Fehlt es hieran, glaubt es also selbst nicht an die Richtigkeit seiner Entscheidung, verdient es keinen Schutz.[276]

### 6) Subsumtion der nützlichen Pflichtverletzung unter die Business Judgment Rule

Wenn man den klassischen Fall der Schmiergeldzahlung zur (lukrativen) Auftragserlangung unter die Voraussetzungen der Business Judgment Rule subsumiert, scheitert man bereits an der ersten Hürde. Gesetzesverstöße können keine unternehmerischen Entscheidungen in diesem Sinne darstellen.[277] Der Gesetzgeber wollte für illegales Verhalten keinen *„sicheren Hafen"* im Sinne einer haftungstatbestandlichen Freistellung schaffen.[278] Mit dieser strikten Gesetzesbindung der Leitungsorgane vorentschieden ist die Ablehnung eines unternehmerischen Handlungsspielraums bei profitablen Pflichtverletzungen.[279] Die Anwendung der Business Judgment Rule auf nützliche Pflichtver-

---

271 *Kock/Dinkel*, NZG 2004, 441, 444.
272 RegBegr. UMAG, BT-Drucks. 15/5092, S. 11.
273 *Fleischer*, ZIP 2004, 684, 691.
274 *Koch*, ZGR 2006, 769, 789.
275 RegBegr. UMAG, BT-Drucks. 15/5092, S. 12.
276 *Fleischer*, ZIP 2004, 684, 691.
277 Vgl. *Kebekus/Zenker*, FS Maier-Reimer, S. 319, 328.
278 RegBegr. UMAG, BT-Drucks. 15/5092, S. 11.
279 *Paefgen*, in GroßKomm, GmbHG, § 43 Rdnr. 33; *Fleischer*, in ders., Hdb des Vorstandsrechts, § 7 Rdnr. 23; *Goette*, in Hommelhoff/Hopt/Werder, Hdb Corporate Governance, S. 762, 767; für den leitenden Angestellten vgl. *Bürkle*, NZA 2007, 589, 596.

letzungen entfällt.[280] Bei einem Verstoß gegen zwingendendes Gesetzes- oder Satzungsrecht einschließlich einer Verletzung der organschaftlichen Treuepflicht, kann eine Berufung auf den Haftungsfreiraum der Business Judgment Rule nicht in Betracht kommen.[281]

Das bedeutet aber nicht, dass zwangsläufig eine Pflichtverletzung vorliegt, wenn die Tatbestandsvoraussetzungen der Business Judgment Rule verfehlt werden.[282] Im dann eröffneten vollen (gerichtlichen) Prüfungsmaßstab kann vielmehr festgestellt werden, ob die Entscheidung gut vorbereitet, inhaltlich zumindest vertretbar war und im Unternehmensinteresse lag.[283]

### b. Verstoß gegen Gesetzespflichten im Allgemeinen

#### 1) Strikte Anwendung des Legalitätsgebots

Oft wird von einer Pflichtverletzung beziehungsweise einem rechtswidrigen Verhalten im Außenverhältnis auf eine Pflichtverletzung im Innenverhältnis geschlossen.[284] Das bedeutet, dass das Organ gegenüber der Gesellschaft dafür verantwortlich ist, dass die Gesellschaftspflichten erfüllt werden.[285] Es gehört zu den Anforderungen an einen ordentlichen und gewissenhaften Vorstand, für rechtmäßiges Verhalten der Gesellschaft zu sorgen.[286] Dafür spricht die Organisationspflicht, die manche Autoren in § 91 Abs. 2 AktG normiert se-

280 Vgl. *Schäfer*, ZIP 2005, 1253, 1256: „Die Verletzung des Gesetzes ist *a limine* keine Risikoverwirklichung. […] Damit ist der Zweck der BUSINESS JUDGMENT RULE nicht relevant und es liegt mithin keine unternehmerische Entscheidung vor."

281 *Ihrig*, WM 2004, 2098, 2103 f.

282 *Ihrig*, WM 2004, 2098, 2105; ebenso *Schäfer*, ZIP 2005, 1253, 1256.

283 *Grunewald/Hennrichs*, FS Maier-Reimer, S. 147, 149.

284 *Hopt*, in GroßKomm, AktG, § 93 Rdnr. 98; *Wilsing*, in Krieger/Schneider, Hdb Managerhaftung, § 27 Rdnr. 22, S. 708; *Paefgen*, Unternehmerische Entscheidungen und Rechtsbindung der Organe in der AG, S. 24; *Bayer*, FS K. Schmidt, S. 85, 88 f.; *Berg*, AG 2007, 271, 273; *Schäfer*, ZIP 2005, 1253, 1256; *Ihrig*, WM 2004, 2098, 2104; *Uwe H. Schneider*, AG 1983, 205, 212; *Fischbach*, die Haftung des Vorstands im Konzern, § 4 A. II. 2.; a. A. *Dreher*, FS Konzen, S. 85, 94: Zwar lege eine Gesetzesverletzung im Außenverhältnis eine Pflichtverletzung im Innenverhältnis nahe. Es seien aber durchaus Fälle vorstellbar, in denen eine Handlung im Außenverhältnis rechtswidrig sei, im Innenverhältnis gleichwohl keine Pflichtverletzung vorliege. Dies folge schon aus dem unterschiedlichen Pflichteninhalt. Die Legalitätspflicht im Außenverhältnis betreffe rechtmäßiges Verhalten im Hinblick auf vorgegebene rechtliche Standards. Die Pflicht zur sorgfältigen Unternehmensleitung im Innenverhältnis stelle dagegen einen im Einzelfall erst noch zu konkretisierenden Pflichtenstandard auf, auch wenn dabei im Regelfall bestehende Rechtsbindungen im Außenverhältnis einen dominanten Einfluss hätten.

285 *Thole*, ZHR 173 (2009), 504, 509.

286 Nach *Lohse*, FS Hüffer, S. 581, 597 f. beruht die Ausprägung der Legalitätspflicht ganz vorrangig auf § 299 StGB. Das ist aber nicht richtig. Die Legalitätspflicht ist allumfassend und hat ihr Hauptaugenmerk nicht nur auf die Verhinderung der Korruption gelegt. Das Organ ist zu umfassender Gesetzestreue verpflichtet, was vielmehr als nur die Vermeidung von Korruption bedeutet.

hen.[287] Hiervon werden ausweislich der Gesetzesbegründung[288] auch Verstöße gegen gesetzliche Vorschriften erfasst[289], so dass man daraus im Umkehrschluss erkennen kann, dass der Gesetzgeber profitable Gesetzesverstöße nicht tolerieren will.

Der Vorrang der Gesetzestreue gegenüber allen sonstigen Aspekten der Unternehmensleitung kommt in § 396 AktG zum Ausdruck, wonach eine AG aufgelöst werden kann, wenn sie durch gesetzeswidriges Verhalten ihrer Verwaltungsträger das Gemeinwohl gefährdet.[290] Das selbige gilt nach § 62 Abs. 1 GmbHG für die GmbH. Hiernach kann eine GmbH ohne Anspruch auf Entschädigung aufgelöst werden, wenn sie das Gemeinwohl dadurch gefährdet, dass die Gesellschafter gesetzeswidrige Beschlüsse fassen oder gesetzeswidrige Handlungen der Geschäftsführer wissentlich geschehen lassen. Das Aktien- und GmbH-Recht geben deutlich zu erkennen, dass Rechtsverletzungen durch Organe nicht geduldet werden.[291] Unerheblich ist dabei, ob die verletzten Gesetzesbestimmungen straf- oder bußgeldrechtlich sanktioniert sind. Rechtsnormen *„zweiter Klasse"* gibt es insoweit nicht.[292] Der BGH hat entschieden, dass der Aufsichtsrat verpflichtet ist, eine gesetzeswidrige Geschäftsführungsmaßnahme zu verhindern.[293] Korruption, illegale Waffengeschäfte und ähnliches stellen daher grundsätzlich eine Pflichtwidrigkeit im Sinne von § 93 Abs. 1 Satz 1, Abs. 2 Satz 2 AktG dar. Zutreffend hat auch der Gesetzgeber im UMAG diesen Standpunkt eingenommen[294], wonach es keine Rolle spielt, ob das Entdeckungs- und Verfolgungsrisiko im Verhältnis zum erwarteten Vorteil[295] vernachlässigbar ist. Damit sind auch Rechtsverstöße, die sich aus der *ex ante*-Beurteilung für das Unternehmen rechnen, pflichtwidrig im Sinne von § 93 Abs. 1 Satz 1, Abs. 2 Satz 1 AktG.[296] Der BGH hat in einer Entscheidung die Einrichtung und Führung schwarzer Kassen betreffend darauf hingewiesen, dass die Sorgfaltspflicht des § 43 Abs. 1 GmbHG auch die Pflicht umfasse für die Legalität der Gesellschaft Sorge zu tragen. Verstöße gegen die Legalitätspflicht könnten auch im Verhältnis zur Gesellschaft selbst nicht mit dem Vorbringen gerechtfertigt werden, sie lägen in deren Interesse. Die – sei es auch profitable – Pflichtverletzung liegt nicht im Handlungsspielraum eines

---

287 Vgl. *Schwintowski*, NZG 2005, 200, 201; *Passarge*, NZI 2009, 86, 89 f.; *Berg*, AG 2007, 271, 276.

288 Begr.RegE zum KonTraG, BT-Drucks. 13/9712, S. 15.

289 *Fleischer*, in Spindler/Stilz, AktG, § 91 Rdnr. 43; *Bayer*, FS K. Schmidt, S. 85, 88.

290 *Bayer*, FS K. Schmidt, S. 85, 90; *Rehbinder*, ZHR 148 (1984), 555, 569.

291 *Fleischer*, ZIP 2005, 141, 148; *Thole*, ZHR 173 (2009), 504, 515.

292 *Spindler*, in MüKo, AktG, § 93 Rdnr. 64; *Fleischer*, ZIP 2005, 141, 144; *Thole*, ZHR 173 (2009), 504, 520.

293 BGHZ 124, 111, 127: „wenn diese gesetzwidrige Geschäftsführungsmaßnahme des Vorstands nur noch durch Anordnung eines Zustimmungsvorbehaltes verhindert werden kann."

294 BT-Drucks. 15/5092, S. 11.

295 Dazu aus schadenspräventiver Sicht *Wagner*, Gutachten zum 66. DJT, 2006, A 98 ff., speziell zum Kartellrecht A 104.

296 BGH AG 2010, 826, 829; *Fleischer*, NJW 2009, 2337 f.

GmbH-Geschäftsführers; die Bindung an die gesetzlichen Vorgaben hat stets Vorrang.[297]

Von Bedeutung ist ferner, dass sowohl die AG als auch die GmbH als juristische Personen des Privaten Rechts in ihrem öffentlich-rechtlichen Verhältnis zum Staat ebenso wie in ihren privatrechtlichen Außenbeziehungen grundsätzlich den gleichen Bindungen an Recht und Gesetz unterliegen wie jeder andere Teilnehmer am Rechtsverkehr. Das Verbandsinnenverhältnis wird von der Rechtsbindung der Gesellschaft nach außen beeinflusst, so dass die Gesellschaftsorgane im Rahmen ihrer Leitungspflicht gehalten sind, die externen strikten Rechtsbindungen zu beachten.[298] Der Vorstand hat daher für ein gesetzmäßiges Verhalten der Gesellschaft nach außen zu sorgen.[299] Unerheblich ist dabei, ob er mit gesetzwidrigen Maßnahmen die Interessen der Gesellschaft hätte fördern können und wollen und ob diese Geschäfte sich – selbst unter Beachtung des Entdeckungs- und Verfolgungsrisikos – für die Gesellschaft zu lohnen versprachen.[300] Insoweit geht die Bindung an die gesetzlichen Vorschriften Opportunitätsüberlegungen vor.[301] Die Bindung der Vorstandsmitglieder an die gesetzlichen Pflichten kann zusätzlich auf § 93 Abs. 4 AktG gestützt werden, wonach nur ein *„gesetzmäßiger Hauptversammlungsbeschluss"* den Vorstand zu entlasten vermag.[302]

Ein striktes Verständnis der Legalitätspflicht hat zudem starke verhaltenssteuernde Wirkungen. Geht man davon aus, dass die Einhaltung von Gesetzen und Pflichten aus Sicht des Gesetzgebers sozial erwünscht ist, würde die Ablehnung der nützlichen Pflichtverletzung in der Regel gewünschte Präventions- und Verhaltenssteuerungseffekte erzielen.[303] Denn die handelnden Organe sähen sich der Gefahr einer persönlichen Haftung ausgesetzt.

Aus dem Verstoß gegen das Verbot in der Außenbeziehung folgt somit die Annahme einer Pflichtverletzung,[304] wobei es irrelevant ist, ob der Pflichtenverstoß subjektiv im Interesse der Gesellschaft oder sogar objektiv zu deren Nutzen erfolgte.[305]

---

297 BGH AG 2010, 826, 829.

298 *Zimmermann*, WM 2008, 433, 435; *Ihrig*, WM 2004, 2098, 2104; ähnlich *Schlechtriem*, in Kreuzer, Haftung der Leitungsorgane von Kapitalgesellschaften, S. 9, 21.

299 *Uwe H. Schneider*, AG 1983, 205, 212; *Spindler*, FS Canaris S. 403, 412.

300 *Hopt*, in GroßKomm, AktG, § 93 Rdnr. 99; *Mertens/Cahn*, in KölnKomm, AktG, § 93 Rdnr. 66; *Glöckner/Müller-Tautphaeus*, AG 2001, 344; ähnlich *Paefgen*, Unternehmerische Entscheidungen und Rechtsbindung der Organe in der AG, S. 24; *Fischbach*, die Haftung des Vorstands im Konzern, § 4 A. II. 3.; *Fleischer*, CCZ 2008, 1.

301 *Hopt*, in GroßKomm, AktG, § 93 Rdnr. 99; *Poelzig*, WM 2008, 1009, 1011.

302 *Spindler*, in MüKo, AktG, § 93 Rdnr. 64.

303 *Thole*, ZHR 173 (2009), 504, 516.

304 *Fleischer*, BB 2008, 1070.

305 *Riegger/Götze*, in Krieger/Schneider, Hdb Managerhaftung, § 26 Rdnr. 38, 56; *Fleischer*, BB 2008, 1070, 1071; *ders.*, BB 2004, 2645, 2646; *Zimmermann*, WM 2008, 433, 438; *Ihrig*, WM 2004, 2098, 2104.

Die Verpflichtung des Geschäftsleiters, das Unternehmen den Gesetzen und Vorschriften entsprechend zu lenken, ist aus Sicht der Gesellschaft logisch und konsequent, da die Gesellschaft als juristische Person nicht selbst handeln kann und deshalb zwangsläufig die Befolgung der nach außen bestehenden Pflichten den Mitarbeitern und den Organen übertragen muss.[306] Die Möglichkeit der Haftungsfreistellung bei rechtswidrigen Handlungen durch die Business Judgment Rule wird generell abgelehnt und wäre auch nicht praktizierbar.[307] Ausnahmen sind hierbei nicht anzuerkennen,[308] ansonsten wäre die Einheit der Rechtsordnung in Gefahr.[309]

Dieses Ergebnis wird auch von den Bestimmungen des DCGK gestützt. Auch wenn ihm keine Gesetzesqualität zukommt, kann er dennoch als Auslegungshilfe herangezogen werden. Mit der Regelung in 3.8, wonach Vorstand und Aufsichtsrat das Unternehmen nach den Regeln ordnungsgemäßer Unternehmensführung zu leiten haben, wird die Einhaltung der geltenden Gesetze und Regeln auch von der Kommission gefordert. Da es, wie nachgewiesen, zu den Regeln ordnungsgemäßer Unternehmensführung gehört, keine Gesetzesverstöße zu Gunsten der Gesellschaft zu tätigen, akzeptiert der DCGK ebenfalls keine nützlichen Pflichtverletzungen.

### 2) Ausnahme nützliche Pflichtverletzung – „efficient breach of public law"?

Gleichwohl ließe sich darüber nachdenken, ob nicht dennoch ein Handlungsspielraum in Bezug auf das fragliche Rechtsverhältnis – mit anderen Worten: die Geltendmachung des Schadensersatzanspruchs gegen den verantwortlichen Vorstand – für die betroffene Gesellschaft anzuerkennen ist, wenn und soweit das rechtswidrige Handeln für die Gesellschaft (objektiv) vorteilhaft war. Es gäbe mannigfaltige Handlungsalternativen, wie eine Gesellschaft trotz der objektiven Pflichtverletzung auf solch ein Verhalten reagieren könnte, welches den Vorstand grundsätzlich zum Schadensersatz verpflichten würde, zum Beispiel Verhandlungen, Aufrechnungen, Verzicht und gerichtliche oder außergerichtliche Vergleiche.

Wie wäre beispielsweise der Fall zu beurteilen, in dem ein allein das wirtschaftliche Wohl der Gesellschaft im Auge haltender Manager Gesetzesverletzungen wie zum Beispiel § 298 StGB – Bestechlichkeit und Bestechung im ge-

---

306 *Thole*, ZHR 173 (2009), 504, 509.

307 *Zimmermann*, WM 2008, 433, 435; *Berg*, AG 2007, 271, 274.

308 *Raiser*, NJW 1996, 552, 554.

309 Ähnlich *Riegger/Götze*, in Krieger/Schneider, Hdb Managerhaftung, § 26 Rdnr. 38; anders *Schäfer*, ZIP 2005, 1253, 1256: „ Wenn die BUSINESS JUDGMENT RULE nach ihrem Zweck nicht einmal davor bewahrt, dass die Rechtslage im Entscheidungszeitpunkt fahrlässig verkannt wird, so erscheint es im Grunde selbstverständlich, dass sie dem Vorstandsmitglied erst recht keinen kalkulierten Rechtsverstoß ermöglichen will. […] Weil dies bereits aus dem Sinn und Zweck der BUSINESS JUDGMENT RULE folgt, braucht insofern auch nicht der ja immer etwas nebulöse Grundsatz der Einheit der Rechtsordnung bemüht zu werden."

schäftlichen Verkehr – in Kauf nimmt, um den Gewinn der Gesellschaft zu steigern. Der Vorstand erwirtschaftet damit, obwohl er gegen seine Pflichten gegenüber der Gesellschaft verstößt, für die Gesellschaft einen höheren Gewinn, als wenn er sich an die geltenden Gesetze gehalten hätte. Aus rechtsökonomischer Sicht ist eine für das Unternehmen eher nützliche Verletzung von rechtlichen Pflichten durch die Organe durchaus vorstellbar, parallel zu der bekannten These des efficient breach of contract[310], wenn sich bessere Gelegenheiten für die Gesellschaft bieten.[311] Hiernach wird den handelnden Organen eine Entscheidungskompetenz zugestanden, geschlossenen Verträge oder Gesetze zu brechen, wenn sich für die Gesellschaft andere günstigere Gelegenheiten ergeben. In der US-amerikanischen Literatur wird der strenge Standpunkt der Legalitätspflicht gelegentlich in Zweifel gezogen. Beispielsweise schreiben *Easterbrook* und *Fischel*: *„Managers have no general obligation to avoid violating regulatory laws, when violations are profitable for the firm, because the sanctions set by the legislature and courts are a measure of how much firms should spend to achieve Compliance."*[312]

Zu klären gilt es nun, ob ein klarer Rechtsverstoß von Organmitgliedern auch im Innenverhältnis zur Gesellschaft (zwingend) eine Schadensersatzpflicht begründet, obwohl der Rechtsverstoß per Saldo nützlich sein mag.[313] Als Beispiel ließen sich Korruption, illegale Waffengeschäfte oder das Kartellrecht anführen, in dem profitable Pflichtverletzungen trotz drastischer Bußgelder (§ 30 OWiG, § 81 GWB) und drohender Vorteilsabschöpfung (§ 30 Abs. 3 i. V. m. § 17 Abs. 4 OWiG, § 34 GWB) durchaus denkbar sind, wenn man die zu erwartende Sanktion mit der Entdeckungswahrscheinlichkeit multipliziert[314] und sie hinter dem voraussichtlichen Verletzergewinn zurückbleibt.[315]

Manche Autoren empfinden es zwar als sehr reizvoll, sich der vereinfachten Lösung – die Verletzung einer jeden gesetzlichen Regelung stelle eine Pflichtverletzung gegenüber der Gesellschaft dar – anzuschließen.[316] Es sei aber systemwidrig, einen allgemeinen Gesetzesvollzugsanspruch in das Anstellungs- und Organverhältnis zu dem Organmitglied festzuschreiben, ohne dass dieser Gesetzesvollzugsanspruch ausdrücklich im Anstellungsvertrag geregelt sei. Es gebe durchaus nützliche Pflichtverletzungen[317], die vorteilhaft für die Gesellschaft seien. Im Ergebnis könne es deshalb keine Pflicht gegenüber der Gesellschaft geben, alle Gesetze einzuhalten, es sein denn, eine derartige Verpflich-

---

310 Vgl. unten unter C. II. 2.; *Craswell*, 61 S. Cal. L. Rev. 629 (1988); Vgl. ferner *Schäfer/Ott*, Lehrbuch der ökonomischen Analyse des Zivilrechts, S. 455 ff.

311 *Spindler*, in MüKo, AktG, § 93 Rdnr. 76; *ders.*, FS Canaris, S. 402, 425.

312 *Easterbrook/Fischel*, 80 Mich. L. Rev. 1133, 1168 n. 36 (1982); scharf ablehnend *Williams*, 76 N. C. L. Rev. 1265 (1998).

313 *Spindler*, FS Canaris, S. 402, 425.

314 *Wagner*, Gutachten A zum 66. DJT, 2006, A 98 ff.

315 *Fleischer*, BB 2008, 1070.

316 *Sieg/Zeidler*, in Hdb Corporate Governance, § 3 B. IV. 1., Rdnr. 20.

317 Vgl. die Beispielsfälle bei *Fleischer*, ZIP 2005, 141 f.

tung werde ausdrücklich im Anstellungsvertrag aufgenommen. Es sei vielmehr zu differenzieren: Bei gesetzlichen Regelungen, die direkt dem Schutz des Gesellschaftsvermögens dienen, genüge bereits die Verletzung dieser Regelungen, um eine Pflichtverletzung eines Organmitglieds zu begründen.

Der Verstoß gegen Gesetze, die lediglich mittelbar oder gar nicht auf den Schutz des Gesellschaftsvermögens abzielen, begründe allenfalls unter den engen Voraussetzungen der fehlerhaften unternehmerischen Entscheidung eine zum Schadensersatz führende Pflichtverletzung. Man dürfe hierbei nicht verkennen, dass eine Einhaltung von gesetzlichen Vorgaben häufig nicht dazu diene, Schaden von der Gesellschaft abzuwenden. Im Gegenteil bezwecke die Verletzung von Vorschriften, die Gewinne der Gesellschaft zu erhöhen.[318] Gestützt werde dieses Ergebnis durch die §§ 93 Abs. 3 AktG, 43 Abs. 3 GmbHG und § 34 Abs. 3 GenG, die alle eine Schadensersatzverpflichtung regelmäßig an die Verletzung von Normen knüpfen, die den Schutz des Gesellschaftsvermögens bezwecken und zumindest zu einer tatsächlichen Vermögensgefährdung führen würden.

Entgegen der herrschenden Lehre[319] gibt es nach diesen Auffassungen somit in Bezug auf die Befolgung von Gesetzen einen unternehmerischen Ermessensspielraum, auch wenn dieser praktisch sehr eingeengt sein kann.[320]

Einzelne Stimmen gehen sogar noch weiter und sehen selbst in einem Verstoß gegen Gesetze, die den Schutz des Gesellschaftsvermögens bezwecken, nicht zwangsläufig eine Pflichtverletzung.[321] Häufig werde durch derartige Vorschriften dem Organmitglied ein Handlungsspielraum eröffnet. Im Rahmen dieser Beurteilungs- und Handlungsspielräume komme dem Entscheidungsträger ein entsprechendes Ermessen zugute. Als Beispiel wird das Zusammenspiel von §§ 17, 18 KWG angeführt. § 18 KWG sieht vor, dass bei Krediten, die 750.000 Euro oder 10 von hundert des haftenden Kapitals überschreiten, besondere Informationspflichten durch Vorlage besonderer Unterlagen eingehalten werden müssen, von denen aber unter den Voraussetzungen des § 18 Satz 2, 3 KWG abgesehen werden kann. Im Rahmen der Beurteilung, ob die Voraussetzungen von § 18 KWG vorliegen oder nicht, müsse der unternehmerische Entscheidungsspielraum berücksichtigt werden. Für eine zum Schadensersatz führende Pflichtverletzung eines Organmitglieds genüge ein derartiger Verstoß nicht zwangsläufig. So könne es durchaus sein, dass ein Vorstandsmitglied sich die zur Kreditvergabe notwendigen Informationen

318 *Thole*, ZHR 173 (2009), 504, 512.

319 *Hopt*, in GroßKomm, AktG, § 93 Rdnr. 98; *Zöllner/Noack*, in Baumbach/Hueck, GmbHG, § 43 Rdnr. 17; *Raiser/Veil*, Recht der Kapitalgesellschaften, § 14 Rdnr. 80 ff.; *Wilsing*, in Krieger/Schneider, Hdb Managerhaftung, § 27 Rdnr. 22, S. 708; *Paefgen*, Unternehmerische Entscheidungen und Rechtsbindung der Organe in der AG, S. 24.

320 *Sieg/Zeidler*, in Hdb Corporate Governance, § 3 B. IV. 1., Rdnr. 22.

321 *Sieg/Zeidler*, in Hdb Corporate Governance, § 3 B. IV. 1., Rdnr. 23.

durch andere Dokumente oder von anderen Quellen verschaffe und deshalb keine Pflichtverletzung anzunehmen sei.[322]

Anderen geht ebenfalls die strikte Einschätzung der Legalitätspflicht zu weit. Innen- und Außenverhältnis seien grundsätzlich voneinander zu trennen.[323] Zwar lege eine Gesetzesverletzung im Außenverhältnis eine Pflichtverletzung im Innenverhältnis nahe. Dass dies aber nicht zwingend sein müsse, folge aus dem unterschiedlichen Pflichteninhalt. Die Legalitätspflicht im Außenverhältnis betreffe rechtmäßiges Verhalten im Hinblick auf vorgegebene rechtliche Standards. Die Pflicht zur sorgfältigen Unternehmensleitung im Innenverhältnis stelle dagegen einen im Einzelfall erst noch zu konkretisierenden Pflichtenstandard auf, auch wenn dabei im Regelfall bestehende Rechtsbindungen im Außenverhältnis einen dominanten Einfluss hätten.[324]

*Uwe H. Schneider* ist der Auffassung, dass es nicht richtig sei, die Einhaltung öffentlich rechtlicher Normen dem unternehmerischen Ermessen gänzlich zu entziehen und jedweden Verstoß im Außenverhältnis als Pflichtverletzung im Innenverhältnis zu qualifizieren.[325] Im Innenverhältnis sei Maßstab der Leitungspflichten des Vorstandes das Unternehmensinteresse. Daher sei es zu schlicht zu sagen, dass jedes rechtswidrige Verhalten im Außenverhältnis zugleich eine Organpflichtverletzung darstelle.[326] Gehe es um die Einhaltung solcher Normen, die der Gesellschaft oder dem Geschäftsführer ein bestimmtes Handeln im öffentlichen Interesse ge- oder verbieten, stehe dem Geschäftsführer kein Ermessensspielraum zu. Anders läge der Fall aber bei öffentlichrechtlichen Zahlungsverbindlichkeiten. Für diesen Fall könne nichts anderes gelten als für die Erfüllung zivilrechtlicher Pflichten, die die Gesellschaft kraft Vereinbarung oder aufgrund eines gesetzlichen Schuldverhältnisses treffen. Gehe es um die Befriedigung öffentlich-rechtlicher Zahlungsansprüche, sei die öffentliche Hand lediglich Teil der Gesamtheit aller Gesellschaftsgläubiger, deren Interesse die Geschäftsleitung nach pflichtgemäßem Ermessen in Ausgleich zu bringen habe.[327] Die Leitungsorgane handelten folglich nicht schon deshalb pflichtwidrig, weil sie etwa in der Unternehmenskrise liquide Mittel vorrangig zur Existenzsicherung einsetzen, anstatt sie für die Zahlung von Arbeitnehmerbeiträgen an die Sozialkassen oder zur Begleichung von Steuerschulden zu verwenden.[328] Im Einzelfall könne daher das bewusste Hinweg-

---

322 *Sieg/Zeidler*, in Hdb Corporate Governance, § 3 B. IV. 1., Rdnr. 23; *Graef*, GmbHR 2004, 327, 329. Vgl. für das Strafrecht: BGH NJW 2364, 2365; 2002, 1211, 1213 f.; *Knauer*, NStZ 2002, 399, 402.

323 *Dreher*, FS Konzen, S. 85, 93.

324 *Dreher*, FS Konzen, S. 85, 93.

325 *Uwe H. Schneider*, in Scholz, GmbHG, § 43 Rdnr. 79.

326 *Uwe H. Schneider*, FS Hüffer, S. 905, 909.

327 *Uwe H. Schneider*, in Scholz, GmbHG, § 43 Rdnr. 79.

328 Vgl. zu dem Themenkomplex der kollidierenden Geschäftsleiterpflichten *Pölzig/Thole*, ZGR 2011, 836 ff., zu dem Fall der Kollision zwischen § 64 GmbHG/§ 92 Abs. 2 AktG und § 266a StGB insbesondere Seiten 853, 864 f.

setzen über Zahlungsverbindlichkeiten kraft öffentlichen Rechts durch das Unternehmensinteresse gerechtfertigt sein.[329]

Auch bei Normen mit Ordnungscharakter gelte nichts anderes. Wenn beispielsweise Vorschriften zu Arbeitszeiten oder Parkvorschriften missachtet werden, könne es an einer Pflichtverletzung des Vorstandes fehlen, wenn das Unternehmensinteresse ein solches Vorgehen rechtfertige. Dass es keine Vorschriften zweiter Klasse gebe und das Legalitätsprinzip ausnahmslos anzuwenden sei, könne dem nicht entgegengehalten werden. Es gehe nämlich hierbei nur um die Bestimmung der Organpflicht und diese richte sich einzig und allein am Unternehmensinteresse aus.[330]

### 3) Lösungsvorschlag

Das Argument, der Gesellschaft entstünden infolge der Gesetzesverletzung Nachteile in Form von Schadensersatzleistungen, Geldbußen, ein Reputationsschaden und eine Minderung ihrer Geschäftschancen, weshalb ein rechtswidriges Verhalten im Außenverhältnis zugleich eine Pflichtverletzung im Innenverhältnis darstelle[331], ist dogmatisch unsauber, da es vom Vorliegen eines Schadens auf den Pflichtverstoß zurückschließt.[332] Richtigerweise ist die Frage einer Pflichtverletzung unabhängig von einem Schadenseintritt (vorher) zu beurteilen, weil von ihr auch schadensunabhängige Rechtsfolgen abhängen, zum Beispiel der Widerruf der Bestellung.[333] Auf der anderen Seite steht aber fest, dass nicht alles, was der Gesellschaft Vorteile bringt, zwangsläufig gesellschaftsrechtlich zulässig sein muss und kann.[334] Ferner kann sich der im Einzelfall harmlose Rechtsbruch in der Summe fatal auswirken und Investoren damit auf lange Sicht keinen Dienst leisten.[335]

Selbst wenn es durchaus anerkennenswert erscheint, der Gesellschaft einen Schadensersatzanspruch gegen das im Interesse der Gesellschaft handelnde Organ zu verweigern, lässt sich dieses Ergebnis letztlich nicht halten. Sowohl im Aktienrecht als auch im GmbH-Recht ist das Unternehmensinteresse nicht grenzenlos geschützt. Es ist stets im Rahmen der zwingenden Gesetzesvorgaben zu definieren, so dass die Theorie des efficient breach of law ausnahmslos abzulehnen ist.[336]

Zudem erscheint es zu undifferenziert, wenn man sich einzig und allein daran hält zu entscheiden, ob eine Pflichtverletzung gegeben ist, und damit über das Schicksal des Schadensersatzanspruches im Ganzen zu bestimmen. Das

---

329 *Uwe H. Schneider*, FS Hüffer, S. 905, 910.

330 *Uwe H. Schneider*, FS Hüffer, S. 905, 909 f.

331 So *Raiser/Veil*, Recht der Kapitalgesellschaften, § 14 Rdnr. 81.

332 *Sieg/Zeidler*, in Hdb Corporate Governance, § 3 B. IV. 1., Rdnr. 22; ebenso *Fleischer*, ZIP 2005, 141, 144

333 *Fleischer*, ZIP 2005, 141, 144.

334 *Uwe H. Schneider*, AG 1983, 205, 212.

335 *Bachmann/Prüfer*, ZRP 2005, 109.

336 *Fleischer*, GmbHR 2010, 1307, 1311.

Problemfeld ist zu umfangreich, als dass diese alles-oder-nichts-Lösung interessengerechte Ergebnisse hervorbringen könnte. Es gibt Fälle, in denen ein weniger starkes öffentliches Interesse an der Einhaltung der Gesetzesbindung besteht, wohingegen in anderen Fällen ein uneingeschränktes Bedürfnis nach Rechtstreue existiert. Mit der starren Anerkennung oder Versagung der nützlichen Pflichtverletzung lässt sich dieses Problem nicht lösen. Verlagert man dieses jedoch auf die Rechtsfolgenseite, kann dort flexibler und interessengerechter auf den Einzelfall eingegangen werden.[337] Da objektiv gegen Pflichten verstoßen wurde, liegt es näher und ist auch sachgerecht, den Pflichtverstoß zu akzeptieren und das Folgeproblem in die Schadensberechnung zu verlagern. Hier sind beispielsweise mit der Schadensminderung oder der Vorteilsanrechnung Möglichkeiten vorstellbar, angemessen auf die Besonderheiten des Einzelfalls zu reagieren und dadurch sachgerechte Ergebnisse zu erzielen. Dieses Problem kann man verkürzt auf die Frage reduzieren: Ist der Gesellschaft ein Schaden entstanden und wenn ja, ist der erhaltene Vorteil schadensmindernd zu berücksichtigen? Dies wird im Anschluss an die Darstellung des Pflichtenkataloges beantwortet werden. Es kann als Zwischenergebnis aber festgehalten werden, dass der Vorstand durch nützliche Pflichtverletzungen den haftungsbegründenden Tatbestand eines Anspruchs der Gesellschaft gegen ihn erfüllt. Auch bei vorteilhaften Verstößen sind hierbei keine Ausnahmen anzuerkennen.

Für den Bestechungsfall bedeutet dies, dass, auch wenn die Bestechung dem Unternehmen einen lukrativen Auftrag beschert hat, das handelnde Organ eine Pflicht der Gesellschaft gegenüber verletzt hat, für deren Verletzung es prinzipiell schadensersatzpflichtig ist.

### 4) Unbeschränkte Haftung bei jeglichen – auch geringfügigen – Normverstößen?

*Glöckner* und *Müller-Tautphaeus* werfen die Frage auf, ob es interessengerecht erscheint, den Vorstand für jeglichen schuldhaften Normverstoß voll umfänglich haften zu lassen.[338] Wenn dies so wäre, würden selbst unbedeutende Formalverstöße sanktioniert und der Vorstand müsse sogar für die gebührenpflichtige Verwarnung haften, wenn er, um einen dringenden Termin für die Gesellschaft wahrzunehmen, sich in das Halteverbot stellte.[339] Sie sind der Meinung, dass eine derart einseitige Regelung dem besonderen organschaftlichen Verhältnis zwischen Vorstand und Gesellschaft nicht gerecht werde.

Es sei vielmehr angebracht auf den Zweck der verletzten Norm abzustellen. Ratio des § 93 AktG sei der Schutz der wirtschaftlichen Interessen der AG. Diesen Gedanken konsequent weiter gedacht, seien Verstöße gegen Normen, die nicht dem Schutz der wirtschaftlichen Interessen der AG dienen, im Rah-

337 *Thole*, ZHR 173 (2009), 504, 521.
338 *Glöckner/Müller-Tautphaeus*, AG 2001, 344.
339 *Glöckner/Müller-Tautphaeus*, AG 2001, 344, 345.

men des § 93 AktG *prima facie* unerheblich.[340] Anderes könne unter dem Gesichtspunkt der Einheit der Rechtsordnung nur gelten, wenn qualifizierte Gemeininteressen betroffen seien; das allgemeine Rechtsbewährungsprinzip genüge nicht.

Demzufolge müssten auch Verstöße gegen bloße Ordnungsvorschriften haftungsrechtlich allein den allgemeinen Regeln für wirtschaftliche Entscheidungen unterworfen bleiben. Im Übrigen sollten Normverstöße als solche nur dann eine Haftung begründen, wenn die verletzten Normen Allgemeininteressen von erheblicher Bedeutung schützen.[341]

Es ist jedoch kein Grund ersichtlich, warum es einer generellen Regelung bedürfte, die Vorstände von der Haftung für geringfügige Vergehen freizusprechen. Richtig erscheint vielmehr eine konsequente Anwendung der allgemeinen Regeln. Es lässt sich nicht erklären, warum das Unternehmen berechtigte Ansprüche nicht durchsetzen kann, nur weil sie geringfügig sind und (schuldhaft) durch einen hochbezahlten Manager verursacht wurden. Das Schadensersatzrecht bietet genügend Möglichkeiten, mildernde Umstände zu berücksichtigen. Hat ein unerheblicher Verstoß beispielsweise einen größeren Schaden verhindert, entfällt nach der Differenzhypothese bereits ein Schadensersatzanspruch. Dass aber ein Anspruch nicht geltend gemacht werden kann beziehungsweise darf, der die Voraussetzungen eines Schadensersatzanspruches erfüllt, erscheint willkürlich. Des Weiteren hat die Gesellschaft mannigfaltige Möglichkeiten in der (gewünschten) Weise auf solch einen Verstoß zu reagieren, um den Vorstand aus seiner Haftung zu entlassen. Sie könnte auf den Anspruch verzichten, mit anderen Ansprüchen aufrechnen und vieles mehr. Diese Variationen der Gesellschaft zustehenden Möglichkeiten sind ausreichend. Eine generelle Regel, dass Vorstände bei geringfügigen Schäden durch schuldhafte Verstöße nur unter besonderen, zusätzlichen Voraussetzungen hafteten, würde der Gesellschaft die Entscheidung nehmen, einen berechtigten Anspruch geltend zu machen. So wird diese Entscheidung bei der Gesellschaft belassen.

Da die Gesellschaft es daher in der Hand hat, selbst darüber zu entscheiden, ob von einem Vorstand Regress gefordert werden soll oder nicht, ist ein genereller Ausschluss solcher Ansprüche nicht nur unnötig, sondern auch bedenklich, da der Gesellschaft ansonsten berechtigte Ansprüche abgeschnitten werden.

### 5) Sonderproblem: Anwendung ausländischen Rechts am Beispiel der Bestechung

Für Schmiergeldzahlungen im Inland gilt ein strafrechtlicher Rund-um-Schutz. Bei Zuwendungen an Amtsträger greifen die §§ 331 ff. StGB; Zuwendungen an Angestellte im privaten Geschäftsverkehr werden von § 299 StGB

340 *Glöckner/Müller-Tautphaeus*, AG 2001, 344, 345.
341 *Glöckner/Müller-Tautphaeus*, AG 2001, 344, 345.

erfasst.[342] Vielfach kommen Unternehmen im Ausland jedoch nur zu Vertragsbeziehungen mit dem Staat selbst oder dort ansässigen Unternehmen, wenn sie Schmiergeldzahlungen an Entscheidungsträger ihrer Geschäftspartner leisten.[343] Ein häufig anzutreffendes Beispiel ist die Zahlung von sog. kickbacks. Hiervon wird gesprochen, wenn der Vorstand einer vertragsschließenden AG einem Geschäftspartner im Zusammenhang mit dem Vertragsschluss oder der Vertragsdurchführung wirtschaftliche Vorteile gewährt, die aus den Leistungen bewirkt werden, die der Partner an die AG erbringt.[344] Diese Kickback-Zahlung wird dadurch refinanziert, dass der Zuwendende seine Kalkulation um den Zahlungsbetrag erhöht und dem Treugeber des Zahlungsempfängers ein um die Zahlung erhöhtes Entgelt in Rechnung stellt.[345] Was zum Ergebnis hat, dass der Geschäftspartner das Schmiergeld an seine eigenen Mitarbeiter letztlich selber zahlt. Hieraus resultiert ein Vermögensnachteil, da Leistung und Gegenleistung infolge des Preisaufschlages wertmäßig einander nicht mehr entsprechen, also ein für den Geschäftsherrn wirtschaftlich unausgewogenes Geschäft abgeschlossen wird.[346]

### a) Rechtslage vor dem OECD-Übereinkommen v. 17.12.1997

Der BGH hat im Jahre 1994 entschieden, dass solche Zahlungen zwar sittenwidrig sind, soweit sie gegen die Rechtsordnung des betreffenden Staates verstoßen, doch soll das Unternehmen seinen Angestellten oder Handelsvertretern, die in ortsüblicher Weise mit Schmiergeldern arbeiten, nicht den Vorwurf einer Verletzung ihrer Dienst- oder Vertragspflichten machen können.[347] Begründet wurde dies damit, dass von einem deutschem Unternehmen nicht erwartet werden könne, dass es in Ländern, in denen staatliche Aufträge nur durch Schmiergeldzahlungen zu erlangen seien, auf derartige Mittel völlig verzichtet und das Geschäft damit weniger gewissenhaften Konkurrenten überlässt.[348] Die Literatur stimmte dem überwiegend zu, wenn die Korruption auf den jeweiligen Auslandsmärkten als ein maßgebliches Sozialordnungsprinzip praktiziert wird.[349]

### b) Rechtslage seit dem OECD-Übereinkommen v. 17.12.1997

Diese Sichtweise lässt sich nach der Rechtsänderung, die korrupte Auslandstaten mit den Mitteln des deutschen Strafrechts ahndet, nicht mehr aufrechter-

---

342 *Fleischer*, in ders., Hdb Vorstandsrecht, § 1 Rdnr. 43; vgl. ausführlich *Zimmer/Stetter*, BB 2006, 1445, 1446 ff.

343 *Weidlich/Fietz*, RIW 2005, 423.

344 *Weidlich/Fietz*, RIW 2005, 362.

345 Vgl. hierzu nur beispielhaft den Bestechungsskandal bei IKEA, *Balzli/Schmitt*, in Spiegel, 35/2006, S. 59, 61: „IKEA hat die Schmiergelder an seine korrupten Mitarbeiter selber bezahlt."

346 *Dierlamm*, in MüKo, StGB, § 266 Rdnr. 231.

347 BGHZ 94, 268, 271 f.

348 BGHZ 94, 268, 272.

349 *Hopt*, in GroßKomm, AktG, § 93 Rdnr. 105 m. w. N.

halten.[350] Seit dem OECD-Übereinkommen vom 17.12.1997[351] über die Bekämpfung der Bestechung ausländischer Amtsträger im internationalen Geschäftsverkehr[352] steht die Bestechung von Amtsträgern ausländischer Staaten gem. § 334 StGB i. V. m. Art. 2 § 1 IntBestG[353] in Deutschland unter Strafe.[354] Im Zuge dieser Gleichstellung ist jede „*Bestechung, die sich auf eine künftige richterliche Handlung oder Diensthandlung bezieht und die begangen wird, um sich oder einem Dritten einen Auftrag oder einen unbilligen Vorteil im internationalen geschäftlichen Verkehr zu verschaffen oder zu sichern*", tatbestandsmäßig. Nach allgemeiner Auffassung stellt die Aussage, dass wirtschaftlicher Erfolg auf korrupten Auslandsmärkten nur mit Hilfe von Schmiergeldzahlungen möglich ist, keinen Rechtfertigungsgrund dar.[355]

Neben der Strafdrohung für den Täter droht dem Unternehmen im Inland eine Sperre bei öffentlichen Aufträgen und im Ausland der Ausschluss von Finanzierungen durch Institutionen wie die Europäische Union und die Weltbank, wodurch ein zu ersetzender Schaden erheblich sein kann.[356]

Seit Beginn der 1990er Jahre sind weitreichende und innovative internationale Regelungen zur Bekämpfung von Korruption eingeführt worden. Initiativen der *Organization of the American States*, der Europäischen Union, des Europarates und der African Union führten zum Abschluss von regionalen Anti-Korruptionsinstrumenten.[357] Dagegen erhebt die jüngste internationale Konvention – *United Nations Convention against Corruption* (UNCAC, 2005) – einen

---

350 *Fleischer*, ZIP 2004, 141, 145.

351 OECD-Übereinkommen über die Bekämpfung der Bestechung ausländischer Amtsträger im internationalen Geschäftsverkehr („OECD Convention on the Bribery of Public Officials") vom 21.11.1997, von der Bundesrepublik Deutschland am 17.12.1997 unterzeichnet und mit dem Gesetz zur Bekämpfung internationaler Bestechung (IntBestG) vom 10.09.1998 umgesetzt (am 15.02.1999 in Kraft getreten, BGBl. II 1999, 87 f.). Am gleichen Tag hat der Gesetzgeber auch das EU-Bestechungsgesetz in Umsetzung des Übereinkommens über den Schutz der finanziellen Interessen der europäischen Gemeinschaften verabschiedet (EUBestG, BGBl. II 1998, 2340 f.).

352 Vgl. BGBl. II, 1998, 2327.

353 Vgl. auch Art. 2 § 1 EUBestG. Das EUBestG trat bereits am 10.08.1998 in Kraft und regelt die Gleichstellung von Amtsträgern aus EU-Mitgliedstaaten und Gemeinschaftsbeamten bei Bestechungshandlungen mit inländischen Amtsträgern (BGBl. II 1998, 2340).

354 Für Schmiergeldzahlungen an Privatpersonen gilt § 299 Abs. 3 StGB; vgl. ferner *Brooks*, FS Peltzer, S. 27, 31.

355 Vgl. nur *Fischer*, StGB, § 299 Rdnr. 23a.

356 *Hauschka*, NJW 2004, 257, 259.

357 Inter-American Convention against Corruption (1996); European Union Convention on the Fight against Corruption involving Officials of the European Communities or Officials of Member States (1997); Council of Europe Criminal Law Convention (1999); Council of Europe Civil Law Convention (1999); African Union Convention on Preventing and Combating Corruption (2003).

universellen Anspruch. Bis zum 9.12.2005 wurde sie von 140 Staaten unterzeichnet und seither von 143 ratifiziert.[358]

Das zeigt deutlich die internationale Tendenz, entschieden gegen korrupte Praktiken vorzugehen und diese nicht mehr zu tolerieren, auch wenn sie branchenüblich sein sollten. Eine Rechtfertigung von Korruption ist nicht mehr möglich. Sie ist grundsätzlich verboten.

Mit diesen eindeutigen Gesetzesänderungen und internationalen Übereinkommen ist die Bestechung ausländischer Staatsangehöriger ausnahmslos als Pflichtverletzung gegenüber der Gesellschaft unabhängig von der Üblichkeit zu werten. Es verbleibt daher bei den allgemeinen Regeln und der strikten Anwendung des Legalitätsprinzips.

### c. Verstoß gegen kartellrechtliche Vorschriften im Besonderen

Im Kartellrecht sind nützliche Pflichtverletzungen von Entscheidungsträgern in Unternehmen in vielerlei Gestalt möglich. Insbesondere Preis-, Gebiets- oder ähnliche Absprachen, die allesamt nach § 1 GWB verboten sind[359], können sich unter anderem aufgrund der geringen Entdeckungswahrscheinlichkeit[360] für die Unternehmen lohnen. Im Rahmen dieser Arbeit erfolgt eine gesonderte Darstellung des Kartellrechts, zumal die Verstöße gegen das GWB in der Regel begangen werden, um dem eigenen Unternehmen einen Vorteil zu sichern – und damit fast ausschließlich nützliche Pflichtverletzungen darstellen – und weil dem Wettbewerbsrecht eine herausragende Bedeutung für die Allgemeinheit zukommt. Ferner handelt es sich beim Kartellrecht um eine Sondermaterie mit speziellen Normen und Wertungen, bei der die Frage der nützlichen Pflichtverletzung einer eigenständigen und genauen Untersuchung bedarf. Daher werden sowohl die Frage der Anerkennung von nützlichen Pflichtverletzungen als auch die Frage der Vorteilsanrechnung im Rahmen des Kartellrechts nach einer kurzen Einführung zur Bedeutung des Kartellrechts in der heutigen Zeit gesondert bearbeitet.

#### 1) Einleitung zum Kartellrecht

In der Fachpresse wurde das Kartellrecht als *„das Rechtsthema der nächsten Jahre“* bezeichnet.[361] Tatsächlich sorgen spektakuläre Sanktionen bei Kartellrechtsverletzungen häufig für Schlagzeilen.[362]

---

358 Homepage des United Nations Office on Drugs and Crimes und aktueller Ratifizierungsstand einsehbar unter: http://www.unodc.org/unodc/en/treaties/CAC/signatories.html, letzter Aufruf am 13.07.2011.

359 Vgl. *Zimmer*, in Immenga/Mestmäcker, GWB, § 1 Rdnr. 237 ff.

360 *Wagner*, in German Working Papers in Law and Economics, Vol. 2007, Paper 18, S. 28.

361 Wirtschaftswoche, Nr. 1/2 v. 07.01.2008, S. 42.

362 Beispielsweise 1,06 Milliarden Euro gegen Intel, Pressemitteilung IP/09/745 vom 13.05.2009; je 533 Millionen Euro gegen Eon und GdF, Pressemitteilung IP/09/1099

Das Kartellrecht wird gerne als *Magna Charta* des Wettbewerbs bezeichnet.[363] Seine herausragende Bedeutung für den Wettbewerb folgt aus der weitgehend erfolgreichen Abschottung des GWB gegen politische Einflüsse oder entsprechende Instrumentalisierung.[364] Die Gewährleistungen dieses *„Großen Freiheitsbriefs"* wirken auch auf das Aktienrecht (insbesondere § 93 Abs. 1 Satz 1 AktG: die aktienrechtliche Legalitätspflicht).[365] Wegen dieses Wechselspiels zwischen Aktienrecht und Kartellrecht in der heutigen Zeit ist die Frage der Behandlung von nützlichen Pflichtverletzungen und der daran möglicherweise anschließenden Vorteilsanrechnung besonders interessant für die Kartellrechtspraxis. Denn die dramatische Zunahme kartellrechtlicher Bußgelder gegen Aktiengesellschaften ruft zunehmend das Aktienrecht auf den Plan, um die Frage der Verantwortlichkeit und daran anschließend der Haftung zu klären.[366] So hat etwa die Europäische Kommission im Jahre 2007 gegen insgesamt 45 Unternehmen Kartellbußgelder in der neuen Rekordhöhe von insgesamt 3,334 Milliarden Euro verhängt.[367] Beim Bundeskartellamt waren es im Jahr 2007 insgesamt 435 Millionen Euro.[368] Bußgelder in Höhe von 2,27 Milliarden Euro wurden im Jahr 2008 von der Europäischen Kommission festgesetzt.[369] Im Jahr 2009 hat die Kommission unter anderem Bußen gegen Intel in Höhe von 1,06 Milliarden Euro sowie gegen Eon und GdF von je 553 Millionen Euro ausgesprochen.[370] Diese Sanktionen werden nicht einfach *„aus der Portokasse"* gezahlt, sondern haben in der Bilanz erhebliche Auswirkungen.[371] Daneben ist zu bedenken, dass unter Umständen die vom Kartell ge-

---

vom 08.07.2009; 500 Millionen US-Dollar gegen F. Hoffmann La Roche, in *U.S. v F. Hoffmann-La Roche Ltd.*, plea agreement, filed May 20, 1999, Criminal No., 3:99-CR-184-R. Für mögliche zusätzliche Belastungen aus zivilrechtlichen Schadensersatzforderungen bildete Hoffmann-La Roche darüber hinaus Rückstellungen in Höhe von 640 Millionen US-Dollar, wodurch der Konzerngewinn um nahezu 45% unter das entsprechende Vorjahresergebnis gedrückt wurde, vgl. NZZ v. 20.8.1999, S. 19: Vitamin-Affäre belastet La Roche mit 1,8 Milliarden. Zu Vergleichsabschlüssen der Mitglieder des Vitaminkartells mit Geschädigten vgl. NZZ v. 11.10.2000, S. 27; oder aber auch 225 Millionen US-Dollar gegen die BASF AG, in *U.S. v BASF AG,* plea agreement, filed May 20, 1999, Criminal No. 3:99-CR-200-R; beide Fälle abrufbar unter www.usdoj.gov/cgi-bin.

363 *Bayer*, FS K. Schmidt, S. 85, 96; *Rittner*, FS Raisch, 1995, S. 483, 485; sowie *Dreher*, FS Konzen, S. 85, 99; *ders.*, WuW 1997, 949.

364 *Dreher*, WuW 1997, 949, 951.

365 So *Fleischer*, BB 2008, 1070 m. w. N.

366 Z. B. Entscheidung der Kommission v. 21.02.2007 (Fall COMP/E-1/38.823 – Aufzüge und Treppen), ABl. EU v. 26.3.2008, C 75/19: Bußgeld von rund 480 Millionen Euro gegen Thyssen Krupp.

367 Wirtschaftswoche, Nr. 1/2 v. 07.01.2008, S. 40 ff.

368 Wirtschaftswoche, Nr. 1/2 v. 07.01.2008, S. 40 ff.

369 Die EU-Kommission führt öffentlich eine Liste der seit 2004 verhängten EG-Kartellbußen, die sie laufend aktualisiert. Einsehbar unter http://ec.europa.eu/competition/cartels/statistics/statistics.pdf.

370 Intel, Pressemitteilung IP/09/745 vom 13.05.2009, siehe auch EG-Kommission WuW 2009, 1201 und Eon/GdF, Pressemitteilung IP/09/1099 vom 08.07.09.

371 *Bayer*, FS K. Schmidt, S. 85, 87; *Fleischer*, AG 2003, 291, 299.

schädigten Konkurrenten das Unternehmen auf Schadensersatz in Anspruch nehmen können. So ist zusätzlich zu einer hohen Kartellbuße auch mit hohen Schadensersatzforderungen zu rechnen, die sich in der Summe erst recht auf die Bilanz des Unternehmens auswirken.

Gem. Art. 5 der Verordnung (EG) Nr. 1/2003[372] sind die Behörden der Mitgliedstaaten zuständig für die Verhängung von Geldbußen, Zwangsgeldern oder sonstigen im innerstaatlichen Recht vorgesehenen Sanktionen. In Deutschland ist die mit Abstand wichtigste Verbotsnorm des nationalen Kartellrechts § 1 GWB. Hiernach sind unter anderem Preis-, Gebiets- und Mengenabsprachen zwischen Wettbewerbern verboten.[373] Bei Verstößen können die zuständigen Behörden die Bußgeldbescheide auf § 81 GWB stützen. Wenn die Kommission aber das Verfahren nach Art. 11 Abs. 6 VO 1/2003 an sich zieht, endet die Zuständigkeit der nationalen Behörden.[374] Nach Art. 23 Abs. 2 VO 1/2003 werden vorsätzliche oder fahrlässige Verstöße von der Kommission mit Geldbußen geahndet. Hiernach können Bußgelder nur gegen Unternehmen und Unternehmensvereinigungen verhängt werden. Gegen natürliche Personen ist dies der Kommission nicht möglich.[375] Nach Art. 23 Abs. 1 VO (EG) Nr. 1/2003 darf die Geldbuße höchstens ein Prozent des im vergangenen Geschäftsjahr erzielten Gesamtumsatzes betragen. Im Fall des Art. 23 Abs. 2 VO (EG) Nr. 1/2003 steigt sie auf höchstens zehn Prozent. Bei der Festsetzung der Höhe einer Geldbuße ist sowohl die Schwere der Zuwiderhandlung als auch deren Dauer zu berücksichtigen.[376] Anders als dem deutschen Recht ist dem europäischen Recht keine Vorschrift zur Abschöpfung des durch einen Kartellverstoß erlangten wirtschaftlichen Vorteils bekannt. Von der Kommission verhängte Bußgelder haben daher dem Grundsatz nach reinen Sanktionscharakter.[377] Der Unterschied ist aber rein theoretischer Natur. Die Kommission kann die Geldbuße, um den Betrag der aufgrund der Verstöße unrechtmäßig erzielten Gewinne zu übertreffen, nach ihren Geldbußenleitlinien erhöhen. Jedoch wird der abschöpfende Teil der Geldbuße nicht gesondert ausgewiesen.[378]

Das deutsche Recht hingegen kennt als Normadressaten sowohl Unternehmen und Unternehmensvereinigungen als auch natürliche Personen. Dabei kann die deutsche Kartellbehörde Bußgelder nach § 81 GWB sowohl wegen Verletzung des deutschen als auch des europäischen Kartellrechts verhängen. Gegen natürliche Personen können gem. § 81 Abs. 4 Satz 1 GWB in den dort

---

372 ABl. 2003 L 1 vom 4. Januar 2003, S. 1.

373 Vgl. *Zimmer*, in Immenga/Mestmäcker, GWB, § 1 Rdnr. 237 ff.

374 Das Verhältnis des europäischen zum deutschen Kartellrecht ist durch Art. 3 VO 1/2003 (sog. Kartellverfahrensordnung) europarechtlich und seit der 7. GWB-Novelle (2005) durch § 22 GWB auch im deutschen Recht geregelt.

375 Vgl. *Bechthold/Bosch/Brinker/Hirsbrunner*, EG-Kartellrecht, 2005, VO 1/2003 Art. 23 Rdnr. 25.

376 *Dreher*, FS Konzen, S. 85, 87.

377 *Zimmermann*, WM 2008, 433, 434.

378 *Zimmermann*, WM 2008, 433, 434.

genannten Fällen Bußgelder bis zu einer Höhe von einer Million Euro erlassen werden. Für alle anderen Fälle begrenzt § 81 Abs. 4 Satz 4 GWB den Bußgeldrahmen auf 100.000,- Euro. Gegen das von den Vorstandsmitgliedern vertretene Unternehmen kann eine Verbandsgeldbuße unter den Voraussetzungen des § 30 OWiG ausgesprochen werden. Nach dieser Vorschrift kann die Ordnungswidrigkeit einer natürlichen Person dem Unternehmen zugerechnet werden.[379] Nach § 30 Abs. 2 Satz 2 OWiG bestimmt sich der Bußgeldtatbestand nach dem für die Ordnungswidrigkeit angedrohtem Höchstmaß der Geldbuße. Es gilt § 81 Abs. 4 Satz 1 und 4 GWB. Bei schwerwiegenderen Ordnungswidrigkeiten (§ 81 Abs. 4 Satz 1 GWB) kann gem. § 81 Abs. 4 Satz 2 GWB eine Erhöhung des Bußgeldes über eine Million Euro hinaus erfolgen. Höchstgrenze dafür sind – parallel zu Art. 23 Abs. 2 VO (EG) Nr. 1/2003 – 10 % des jeweiligen im vorausgegangenen Geschäftsjahr erzielten Gesamtumsatzes.

§ 17 Abs. 4 OWiG, wonach die Geldbuße den wirtschaftlichen Vorteil übersteigen soll, den der Täter aus der Ordnungswidrigkeit gezogen hat, findet über § 81 Abs. 5 Satz 1 GWB mit dieser Maßgabe Anwendung. Daneben steht es im Ermessen der Behörde[380], ob sie alternativ den Weg über das gesonderte Abschöpfungsverfahren nach § 34 GWB gehen möchte. In einem solchen Fall hat eine neben der Gewinnabschöpfung nach § 34 GWB verhängte Geldbuße ausschließlich die Funktion, den Rechtsverstoß zu sanktionieren.[381] Dies ist aber gem. § 81 Abs. 5 Satz 2 GWB bei der Bemessung zu berücksichtigen.

Für die Öffentlichkeit sind zwei Arten von Sanktionen gegen Kartelltäter besonders interessant[382]: zum einen Kartellbußen, die von den Wettbewerbsbehörden verhängt werden, zum anderen Schadensersatzansprüche, die kartellgeschädigte Marktbeteiligte gegen Kartellanten geltend machen.[383] Bei den Kartellbußen handelt es sich insbesondere um (substantielle) Bußgelder, die regelmäßig sowohl den beteiligten Unternehmen als auch den handelnden Personen auferlegt werden.[384] Angesichts solcher finanziellen Belastungen aufgrund der Teilnahme an sog. Hardcore-Kartellen und anderen Kartellrechtsverstößen drängt sich die Frage auf, ob die betroffenen Gesellschaften bei ihren verantwortlichen Organen Rückgriff nehmen können. Diese Möglichkeit ist vor allem aus rechtspolitischen Gründen interessant. Zum einen könnte sie zur Steigerung der Effektivität des Kartellrechts beitragen, zum anderen könnte ein entsprechender Anspruch dazu führen, dass zur Widerle-

---

379 Vgl. dazu näher zum europäischen Kartellrecht EuGH Slg. 1983, 1825 - MUSIQUE DIFFUSION FRANCAISE (PIONEER)/Kommission.

380 *Achenbach/Wegner*, ZWeR 2006, 1106 ff. m. w. N.

381 *Zimmermann*, WM 2008, 433, 434.

382 Die durchaus auch relevanten Straftatbestände (siehe unten unter C. II. 1.c. 4)) werden von der Öffentlichkeit in der Regel nicht wahrgenommen.

383 Je nach empirischer Studie liegt bei *Hardcore-Kartellen* der Kartellpreis um durchschnittlich 21 % bzw. 43 % über dem hypothetischen Wettbewerbspreis, siehe BKartA, Private Kartelldurchsetzung, Diskussionspapier für die Sitzung des Arbeitskreises Kartellrecht am 26.9.2005, S. 24 f.

384 *Zimmermann*, WM 2008, 433.

gung eines behaupteten Schadenseintritts die tatsächlichen Kartellgewinne offengelegt werden und der Bereich der Kartellpreise an Transparenz gewinnt.[385]

### 2) Nützliche Pflichtverletzung

Gerade im Kartellrecht können nützliche Pflichtverletzungen für Unternehmen sehr profitabel sein. Sie ermöglichen dem Unternehmen unrechtmäßige Gewinne zu erwirtschaften und die eigene Marktposition durch die Zurückdrängung oder sogar wirtschaftliche Vernichtung von Wettbewerbern zu verbessern. Der Vorstand einer AG haftet nach § 93 Abs. 2 AktG der Gesellschaft auch im Kartellrecht für den Schaden aus solchen Normverletzungen, mit denen er die Interessen der Gesellschaft zu fördern gedachte und die sich – selbst unter Beachtung des Entdeckungs- und Verfolgungsrisikos – für sie zu lohnen versprachen. Insoweit geht ebenfalls die Bindung an gesetzliche Vorschriften des Kartellrechts Opportunitätsüberlegungen vor. Das gilt namentlich für unerlaubte Wettbewerbsbeschränkungen.[386] Wie im allgemeinen Kapitalgesellschaftsrecht wird die konsequente Anwendung dieses Ansatzes nach allgemeiner Ansicht nur in besonderen Ausnahmefällen eingeschränkt, zum Beispiel wenn der Vorstand mit guten und vertretbaren Gründen von der Rechtmäßigkeit seines Handelns ausgeht.[387] Die Verpflichtung, für das rechtmäßige Handeln der Gesellschaft Sorge zu tragen, ist ebenfalls nicht auf die Einhaltung des deutschen Rechts begrenzt. Soweit das Handeln der Gesellschaft ausländischem Recht unterworfen ist, muss der Vorstand kraft seiner nach deutschem Recht gegenüber der Gesellschaft bestehenden Pflicht, geltendes Recht zu respektieren, auch für dessen Beachtung sorgen. Erfasst werden insbesondere Verstöße gegen das gemeinschaftsrechtliche oder das US-amerikanische Wettbewerbsrecht. Stehen die Anforderungen nach ausländischem und deutschem Recht in einem unauflösbaren Widerspruch, so geht das deutsche Recht vor.[388]

Eine Anwendung der Grundsätze zur eingeschränkten Kontrolle unternehmerischer Entscheidungen scheidet im Fall von eindeutigen Kartellrechtsverstößen aus. Wie oben bereits herausgearbeitet[389], liegt bei Gesetzesverletzungen keine unternehmerische Entscheidung im Sinne der Business Judgment Rule vor. Das trifft auf horizontale Absprachen über Preise, Produktionsbeschränkungen und Marktaufteilungen ebenso zu, wie auf Verstöße im Vertikalverhältnis, die keine Berücksichtigung der wirtschaftlichen Bedingungen erfordern, wie zum Beispiel die Verhinderung von Parallelimporten im

385 Vgl. *Glöckner/Müller-Tautphaeus*, AG 2001, 344.
386 *Glöckner/Müller-Tautphaeus*, AG 2001, 344.
387 Siehe unten unter C. II. 4. b.
388 *Mertens/Cahn*, in KölnKomm, AktG, § 93 Rdnr. 73.
389 Siehe oben unter C. II. 1. a. 5) a).

Gemeinsamen Markt. Insoweit bestehen keine Unsicherheiten im Hinblick auf die Rechtswidrigkeit.[390]

Letztlich gibt es im Kartellrecht im Vergleich zum Gesellschaftsrecht im Allgemeinen keine Unterschiede für die Bewertung von nützlichen Pflichtverletzungen. Der Vorstand hat bei der ihm gem. § 76 AktG obliegenden Aufgabe der Leitung der AG im Außenverhältnis sämtliche Rechtsvorschriften einzuhalten, die das Unternehmen als Rechtssubjekt treffen. Aus der Legalitätspflicht folgt auch im Kartellrecht, dass der Vorstand keine Kartellverstöße anordnen oder billigen darf.[391]

Damit sind auch Kartellverstöße, die sich aus der *ex ante*-Beurteilung für das Unternehmen rechnen, pflichtwidrig im Sinne von § 93 Abs. 1 Satz 1, Abs. 2 Satz 1 AktG und damit prinzipiell schadensersatzbegründend.[392]

### 3) Aufsichts- und Organisationsverschulden

Wenn Mitarbeiter kartellrechtswidrig handeln, können neben dem Unternehmen auch Vorstandsmitglieder persönlich bußgeldpflichtig werden, wenn sie ihre Aufsichtspflichten gegenüber den Mitarbeitern verletzt haben (vgl. §§ 130 Abs. 1, 9 Abs. 1 OWiG).[393] Aus dieser Aufsichtspflicht folgt kartellrechtlich die Pflicht zur Kartellrechtscompliance.[394] Die Kartellrechtscompliance bildet einen Teilbereich der generellen Compliance. Daher gilt auch hier, dass sich die Ausmaße und die Spezifikationen des Systems nach den Umständen des Einzelfalls und der betreffenden Branche richten. Generell lassen sich zur Verhinderung von Kartellrechtsverstößen drei Teilbereiche herausstellen: Instruktion, präventive Kontrolle und repressive Sanktionierung.[395]

Wie im allgemeinen Gesellschaftsrecht gilt im Kartellrecht folglich auch, dass der Vorstand bei nützlichen Kartellrechtsverletzungen seiner Mitarbeiter, die wegen eines nicht ausreichendem Compliance-System begünstigt oder ermöglicht wurden, persönlich einzustehen hat.

### 4) Strafbarkeit von Kartellverstößen

Viele Staaten in Europa haben ein Kartellstrafrecht nach dem US-amerikanischen Vorbild geschaffen. Wegen der internationalen Verflechtungen der Wirtschaftswelt ist es im Rahmen dieser Arbeit notwendig, die Strafbarkeit von Kartellverstößen nach deutschem Recht zu überprüfen. Dies kann bei der Abwägung von gegenläufigen Interessen durchaus von Interesse sein. Zudem lässt sich aus der strafrechtlichen Bewertung von Kartellverstößen ein

---

390 *Glöckner/Müller-Tautphaeus*, AG 2001, 344, 345.

391 *Bayer*, FS K. Schmidt, S. 85, 88, 90; *Fleischer*, CCZ 2008, 1 ff.; *ders.*, in ders., Hdb Vorstandsrecht, § 7 Rdnr. 4 ff, insbes. 13; *ders.*, BB 2008, 1070; *Dreher*, FS Konzen, S. 86, 96.

392 *Fleischer*, BB 2008, 1070, 1071; *Glöckner/Müller-Tautphaeus*, AG 2001, 344; *Krause*, BB-Spezial 8/2008, S. 1, 6; *Zimmermann*, WM 2008, 433, 435.

393 *Dreher*, FS Konzen, S. 85, 97.

394 *Dreher*, ZWeR 2004, 75, 93 ff.

395 So *Dreher*, FS Konzen, S. 85, 97.

Rückschluss auf deren Sozialschädlichkeit ziehen. Im Folgenden wird daher kurz untersucht, welche Straftatbestände verletzt werden können, wenn Organe gegen das Kartellrecht verstoßen.

### a) Strafgesetzbuch

#### (1) Submissionsbetrug

Trotz einer weltweiten Tendenz hin zur Kriminalisierung von Kartellrechtsverstößen und der deutlichen Empfehlungen der OECD[396] gibt es in Deutschland nur eine (!) Strafbarkeitsnorm, die spezielles kartellrechtswidriges Vorgehen ausdrücklich unter Strafe stellt. Auf den ersten Blick stellt es sich daher so dar, als ob Kartellrechtsverstöße in Deutschland mit Ausnahme von § 298 StGB nur als Ordnungswidrigkeiten verfolgt werden.[397]

Zu klären ist daher, ob Kartellabsprachen andere allgemein gefasste Straftatbestände des StGB verletzen.

#### (2) Untreue

Falls der Gesetzgeber in Deutschland keine eigenen Straftatbestände schaffen möchte, bleibt zu überlegen, ob es über eine Auslegung des § 266 StGB möglich wäre, den Kartellrechtsverstoß eines Organs als Treuebruch gegenüber der Gesellschaft zu begreifen.

Oft wird der Untreuetatbestand des § 266 StGB beziehungsweise die Kriterien der Rechtsprechung als „*schwammig*" kritisiert[398] und damit mangels Bestimmtheit als verfassungswidrig angesehen.[399] Dass der Tatbestand des § 266 StGB sehr abstrakt formuliert ist, ist jedoch notwendig, damit die Rechtsordnung auf das dynamische und sich wandelnde Geschehen des tatsächlichen Lebens nicht stets mit speziellen Normen nachträglich (und damit zu spät) reagieren muss. Das Rechtssystem wäre strukturell nicht in der Lage, neu auftretende Formen sozialschädlichen Verhaltens, welches zum Teil gewiss nicht weniger strafwürdig ist als das vom Strafrecht bereits erfasste, rechtzeitig zu begegnen.[400] So hat auch das BVerfG entschieden, dass es in Grenzfällen ausnahmsweise genüge, wenn lediglich das Risiko einer Bestrafung erkennbar ist; dies trägt der Unvermeidbarkeit von Randunschärfen Rechnung.[401] Der Untreuetatbestand ist daher in seiner geltenden Fassung mit dem Bestimmtheitsgebot des Art. 103 Abs. 2 GG noch zu vereinbaren. § 266 Abs. 1 StGB lässt ein Rechtsgut genauso deutlich erkennen wie die Gefahren, vor denen der Gesetzgeber dieses mit Hilfe dieses Tatbestandes schützen will. Vor diesem Hintergrund kann der Tatbestand trotz seiner Weite und damit ein-

396 OECD, Cartels, Sanctions Against Individuals, 2005, S. 112.
397 *Biermann*, ZWeR 2007, 1.
398 *Bittmann*, NStZ 1998, 495, 497.
399 Vgl. hierzu *Hamm*, NJW 2005, 1993 ff.
400 *Bittmann*, ZGR 2009, 931, 955.
401 BVerfG NStZ 2010, 626, 627.

hergehenden relativen Unschärfe hinreichend restriktiv und präzisierend ausgelegt werden, um den unter dem Gesichtspunkt ausreichender Bestimmtheit bestehenden Bedenken angemessen Rechnung zu tragen.[402]

Bei Kartellverstößen scheidet die Missbrauchstatbestandsalternative des § 266 StGB von vorneherein aus. Sie setzt voraus, dass wirksam über fremdes Vermögen verfügt oder ein anderer verpflichtet wurde.[403] Die (rechtswidrige) Kartellabsprache verstößt aber gegen die Verbotsnorm des § 1 GWB. Bei dieser handelt es sich um ein Verbotsgesetz im Sinne des § 134 BGB[404], so dass eine Verfügung oder Verpflichtung eines Dritten nicht wirksam wäre.[405] Möglich wäre demnach nur, die (verbotene) Kartellabsprache unter die Treuebruchalternative zu fassen. Notwendig für den Treuebruchtatbestand ist das Bestehen eines Verhältnisses, das seinem Inhalt nach wesentlich durch die Besorgung fremder Vermögensangelegenheiten bestimmt wird. Die konkret verletzte Pflicht muss in einem funktionalen Zusammenhang mit dem Aufgabenkreis stehen, der sich als Wahrnehmung fremder Vermögensinteressen darstellt und von dieser deshalb wesentlich mitgeprägt sein. Hiernach besteht sowohl zwischen einer AG und ihrem Vorstand als auch zwischen Geschäftsführer und GmbH ein Treueverhältnis.[406]

Für eine Strafbarkeit ist aber erforderlich, dass das Organ gegen eine aus diesem Treueverhältnis resultierende Pflicht verstößt. Um eine tatbestandliche Pflichtverletzung handelt es sich insbesondere dann, wenn der Täter die ihm übertragene Geschäftsbesorgung nicht oder nicht ordnungsgemäß ausführt.[407] Dies ist zum Beispiel der Fall, wenn er bei der Ausübung seiner Tätigkeit ihm gegebene Weisungen, gesetzliche Bestimmungen oder Richtlinien verletzt oder nicht befolgt.[408] Nach der Rechtsprechung des BGH war zunächst für die

402 So BVerfG NStZ 2010, 626, 627.

403 *Lackner/Kühl*, StGB, § 266 Rdnr. 6.

404 *Zimmer*, in Immenga/Mestmäcker, GWB, § 1 Rdnr. 211 ff.

405 *Acker/Froesch/Kappel*, BB 2007, 1509, 1514.

406 OLG Hamm NStZ 1986, 119; *Fischer*, StGB, § 266 Rdnr. 48 m. w. N.; *Perron*, in Schönke/Schröder, StGB, § 266 Rdnr. 23, 25.

407 *Schünemann*, in LK, StGB, § 266 Rdnr. 94: „Allgemeinere Maßstäbe setzt bei rechtsgeschäftlichen Betreuungsverhältnissen die Sorgfalt, die der Geschäftsverkehr und das Interesse des Geschäftsherrn erfordern; [...] bei der Führung der Geschäfte von Kapitalgesellschaften die Sorgfalt eines ordentlichen und gewissenhaften Geschäftsleiters."; vgl. auch Rdnr. 125: „Entsprechend den allg. Grundsätzen zur Begründung der Pflichtwidrigkeit bestimmt sich diese bei der GmbH nach folgender Reihenfolge: der gesetzlichen Regelung, der Satzung, dem Anstellungsvertrag, den von den Gesellschaftern festgelegten Grundsätzen der Geschäftspolitik, den rechtsverbindlichen Weisungen, der rechtswirksamen Einverständniserklärung der Gesellschafter und dem allg. Schädigungsverbot."

408 *Perron*, in Schönke/Schröder, StGB, § 266 Rdnr. 35a, 46; differenzierend *Fischer*, StGB, § 266 Rdnr. 59: „Zivilrechtlich zulässiges Verhalten schließt i.d.R. eine Pflichtwidrigkeit aus; zivilrechtlich (oder gesellschaftsrechtlich) pflichtwidriges Verhalten wird von § 266 I StGB erfasst, wenn es den strafrechtlichen Schutzbereich verletzt. [...] zi-

Anwendung des § 266 StGB im Unternehmensrecht erforderlich, dass ein gravierender Verstoß vorlag.[409] Ob eine Pflichtverletzung gravierend ist, bestimmt sich auf Grund einer Gesamtschau insbesondere der gesellschaftsrechtlichen Kriterien.[410] Bedeutsam sind dabei: fehlende Nähe zum Unternehmensgegenstand, Unangemessenheit im Hinblick auf die Ertrags- und Vermögenslage, fehlende innerbetriebliche Transparenz sowie Vorliegen sachwidriger Motive, namentlich Verfolgung rein persönlicher Präferenzen. Jedenfalls dann, wenn bei der Vergabe sämtliche dieser Kriterien erfüllt sind, liegt eine Pflichtverletzung im Sinne des § 266 StGB vor.[411] Diese Anforderung wurde aber nicht ausdrücklich aufrechterhalten. Nunmehr wird es als ausreichend angesehen, dass die weit zu ziehenden äußersten Grenzen unternehmerischer Entscheidungsfreiheit überschritten und damit eine Hauptpflicht gegenüber dem zu betreuenden Unternehmen verletzt wird, so dass eine Verletzung gesellschaftsrechtlicher Pflichten vorliegt, die so gravierend ist, dass sie zugleich eine Pflichtwidrigkeit im Sinne von § 266 StGB begründet.[412] Wenn man die Bedeutung und die Wichtigkeit eines funktionierenden Wettbewerbs für die Allgemeinheit betrachtet, wird man den Kartellrechtsverstoß als Überschreitung der äußersten Grenzen unternehmerischer Entscheidungsfreiheit ansehen können.[413] Stimmen in der Literatur sehen diese Rechtsprechung kritisch, da hierdurch eine einfache zivilrechtliche Pflichtverletzung mit der strafrechtlichen Pflichtverletzung im Sinne des § 266 StGB gleichgesetzt werde.[414] So wird eine gesonderte Prüfung gefordert, ob die gesellschaftsrechtliche Pflichtverletzung auch strafrechtlich hinreichend gravierend sei, um eine Sanktionierung zu rechtfertigen.[415]

Würde man Kartellrechtsverletzungen als Risikogeschäft begreifen[416], bei denen unter dem Risiko von Vermögensverlusten versucht wird, (höhere) Gewinne zu erwirtschaften, könnte man auch die Pflichtwidrigkeit dieses Handelns begründen. Befremdlich an der Betrachtung der Kartellrechtsverletzung als Risikogeschäft ist aber, dass grundsätzlich unter Risikogeschäfte nur erlaubte Risiken fallen.[417] Nähme man hingegen an, dass ausnahmsweise auch hier ein Risikogeschäft vorliegt, so muss man in der Regel von einem groben

---

vilrechtlich Zulässiges ist stets pflichtgemäß; zivilrechtlich Unzulässiges nicht stets pflichtwidrig."

409 BGH NJW 2002, 1211, 1213 f.

410 BGH NJW 2002, 1585.

411 BGH NJW 2002, 1585.

412 BGH NJW 2006, 453, 454 f.; kritisch *Kutzner*, NJW 2006, 3541, 3542 f.

413 Vgl. zur Rechtsgutsqualität des Wettbewerbs ausführlich *Biermann*, ZWeR 2007, 1, 25 ff.

414 So *Kutzner*, NJW 2006, 3541, 3542; *Schünemann*, NStZ 2006, 196, 198.

415 *Kutzner*, NJW 2006, 3541, 3543; *Kubiciel*, NStZ 2005, 353, 357 ff.

416 Dies ist aber eher abzulehnen. Risikogeschäfte setzen einen unternehmerischen Handlungsspielraum voraus. Dort, wo gegen das Gesetz verstoßen wird, existiert ein solcher aber nicht, so dass man bei Kartellverstößen wohl nicht von Risikogeschäften im rechtlichen Sinn sprechen kann.

417 Vgl. *Fischer*, StGB, § 266 Rdnr. 63 ff. und 69.

Verstoß gegen das Kartellrecht ausgehen, so dass dadurch bereits erhebliche Indizien für eine Pflichtwidrigkeit des Handelns sprechen.[418]

Ein relevanter Treubruch kann auch im Unterlassen liegen.[419] Da die Treuepflicht im Sinne des § 266 Abs. 1 StGB eine gesteigerte Garantenpflicht darstellt, kann sowohl das Auslassen von Gewinnchancen, als auch die Verhinderung von Schäden des Unternehmens, sei es durch natürliche Ursachen oder durch Handlungen Dritter, ein tatbestandliches Unterlassen darstellen.[420] Wenn der Kartellrechtsverstoß grundsätzlich für den Untreuetatbestand relevant sein sollte, wäre eine Strafbarkeit des Vorstands auch für Kartellrechtsverletzungen nachgeordneter Mitarbeiter möglich. Eine Treupflichtverletzung kann ferner darin liegen, dass der Pflichtige bei der Wahrnehmung seiner besonderen, die Täterqualität begründenden Aufgaben dem Schutz Dritter dienende Normen verletzt und dadurch den zu Betreuenden Schadensersatzansprüchen Dritter aussetzt.[421] Dies ist zum Beispiel der Fall, wenn er als Geschäftsführer eines Unternehmens unlauteren Wettbewerb betreibt oder gewerbliche Schutzrechte anderer verletzt.[422]

Durch den Treuebruch ist der Gesellschaft in Form der Kartellbuße ein Schaden entstanden, der als Nachteil im Sinne des § 266 StGB gelten könnte. Der Begriff des Nachteils ist gleichbedeutend mit dem des Vermögensschadens in § 263 StGB.[423] Einen Nachteil stellt bereits die konkrete, wirtschaftlich schon zu einer Minderbewertung führende Vermögensgefährdung dar.[424] Das bedeutet, dass ein Nachteil auch vorliegen kann, wenn eine erfolgreiche Inanspruchnahme auf Schadensersatz zu befürchten ist.[425] Bei einem Kartellverstoß kann somit bereits in der Kartellabsprache eine ausreichende Gefährdung des Vermögens der Gesellschaft gegeben sein. Es besteht die ausreichend konkrete Gefahr von immens hohen Bußgeldern, gepaart mit Schadensersatzansprüchen Dritter und Reputationsschäden.

Erforderlich ist, dass die verletzte Pflicht (zumindest auch) den Vermögensinteressen der Gesellschaft zu dienen bestimmt ist.[426] § 266 StGB bezweckt gerade den Schutz des Vermögens. *Schünemann* formuliert es deutlich als *„Missbrauch dieses Straftatbestandes, wenn man mit seiner Hilfe Verletzung von Gemeininteressen pönalisieren wolle"*.[427] Zwar verfolgt das GWB wichtige Interessen der Allgemeinheit, jedoch gehen Verstöße gegen das GWB mit erheblichen, bilanziell relevanten Sanktionen einher, so dass diese auch den Vermögensinteres-

---

418 Vgl. *Fischer*, StGB, § 266 Rdnr. 68.
419 *Fischer*, StGB, § 266 Rdnr. 55.
420 *Perron*, in Schönke/Schröder, StGB, § 266 Rdnr. 35a.
421 Vgl. RG DR 40, 792, OLG Köln NJW 1966, 1374
422 *Perron*, in Schönke/Schröder, StGB, § 266 Rdnr. 37.
423 BGHSt 15, 343, *Lackner/Kühl*, StGB, § 266 Rdnr. 17.
424 BVerfG NStZ 2010, 626.
425 BGH NStZ 2000, 376, 377; vgl. auch OLG Köln NJW 1966, 1373, 1374 f.
426 Vgl. *Dierlamm*, in MüKo, StGB, § 266 Rdnr. 37, 174.
427 *Schünemann*, NStZ 2006, 196, 198.

sen der Gesellschaft zuwiderlaufen. Die Sorgfaltsgeneralklauseln des Gesellschaftsrechts sind zwar als Anknüpfungspunkt zur Bestimmung einer Vermögensbetreuungspflicht im Sinne des § 266 StGB geeignet, weil durch fallgruppenspezifische Konkretisierung die Vorhersehbarkeit der Strafbarkeit im Regelfall gesichert ist.[428] Sie haben aber nicht zur Folge, dass die verletzte Rechtsnorm, wenn sie primär nicht das Vermögen schützt, allein dadurch vermögensschützend wird, weil ihre Verletzung zugleich eine Verletzung aktienrechtlicher Vorschriften darstellt. Der BGH formuliert es deutlich, indem er ausführt, dass keine Untreue vorliegt, wenn ein Verstoß gegen die §§ 93, 116 AktG allein darin liegt, dass eine nicht vermögensschützende Norm außerhalb des AktG verletzt wird. Dies hat nämlich gerade nicht zur Folge, dass die Verletzung einer vermögensschützenden Norm im Sinne einer Pflichtverletzung gemäß § 266 Abs. 1 StGB vorliegt, nur weil die primär verletzte Pflicht durch die §§ 93, 116 AktG zu einer aktienrechtlichen Pflicht der Organe der Aktiengesellschaft wird.[429]

Gegen eine grundsätzliche Strafbarkeit der Kartellabreden nach § 266 StGB spricht, dass die verletzte Pflicht gerade die Wahrnehmung fremder Vermögensinteressen umfassen muss.[430] Diese Verhaltenspflicht muss primär darauf abzielen, das Vermögen des Geschäftsherrn zu schützen. Es reicht nicht aus, dass das Verhältnis zum Geschäftsherrn allgemein den Interessen des Dienstherrn dienen soll.[431] Daraus folgt, dass die Verletzung nicht spezifisch vermögensschützender Normen grundsätzlich unter den Tatbestand des § 266 StGB fällt, selbst wenn dadurch Schadensersatzverbindlichkeiten gegen den Geschäftsherrn ausgelöst werden oder mit einer Sanktionierung des Verhaltensverstoßes als Straftat oder Ordnungswidrigkeit zu rechnen ist.[432] Die Pflicht, das Vermögen des Geschäftsherrn nicht durch strafrechtliche oder bußgeldrechtliche Sanktionen zu belasten, beinhaltet keine spezifische Pflichtenstellung zum Schutz des Vermögens, sondern ergibt sich allenfalls als Rechtsreflex aus den verletzten Bestimmungen.[433] Kartellrechtsverstöße sind daher nicht an sich bereits als untreuerelevantes Verhalten zu bewerten. Das bedeutet aber nicht, dass Verstöße gegen das Kartellrecht für § 266 StGB vollkommen ohne Belang sind.

### (3) Sonstige Straftatbestände

Auch wenn die grundsätzliche Strafbarkeit der Kartellabsprachen nach § 266 StGB wegen der weiten Auslegung gegen das Bestimmtheitsgebot verstoßen würde, ist es doch fernliegend zu behaupten, dass mit § 298 StGB nur ein kleiner Teil der Kartellverstöße strafrechtlich relevante Bereiche berührt. *Danne-*

---

428 BGH AG 2010 826, 829.
429 BGH AG 2010, 874, 875.
430 *Kubiciel*, NStZ 2005, 353, 354 f.
431 *Mosiek*, wistra 2003, 370, 373.
432 *Dierlamm*, in MüKo, StGB, § 266 Rdnr. 37 m. w. N.
433 *Dierlamm*, in MüKo, StGB, § 266 Rdnr. 174.

*cker* und *Biermann* sind sogar der Auffassung, dass § 82 GWB[434] nur deshalb eingeführt wurde, da inzwischen eine erheblich höhere Wahrscheinlichkeit bestehe, dass eine Kartellordnungswidrigkeit zugleich auch einen Straftatbestand verwirkliche.[435] Kartellverstöße können gegen eine Vielzahl von Straftatbeständen verstoßen:

Neben dem § 298 StGB, der Submissionsabsprachen unter Strafe stellt, was vor Schaffung dieser Regelung immerhin 10 % aller Bußgeldverfahren des Bundeskartellamts ausmachte[436], können Kartellabreden durchaus einen Betrug gem. § 263 StGB darstellen.[437] Bei kollusivem Zusammenarbeiten können neben § 298 StGB auch die Tatbestände der Bestechlichkeit und Bestechung im geschäftlichen Verkehr gem. § 299 StGB und die Vorteilsnahme und Bestechlichkeit beziehungsweise Vorteilsgewährung und Bestechung gem. §§ 331 ff. StGB in Betracht kommen. Die Anzahl der nach § 298 StGB verfolgten Delikte ist durchaus beachtlich. In den Jahren 1998 bis 2008 wurden insgesamt 282 Fälle abgeurteilt.[438] § 266 StGB ist nicht grundsätzlich ausgeschlossen. Die verletzte Pflicht muss nur primär das Vermögen des Geschäftsherrn schützen. Das bedeutet, dass durchaus eine Strafbarkeit wegen Untreue bei Kartellverstößen möglich ist. Ein Geheimnisverrat nach § 203 StGB und/oder eine Geheimnishehlerei nach § 17 Abs. 2 Nr. 2 UWG kann bei Weitergabe von Bieterunterlagen neben § 266 StGB gegeben sein, wenn das Angebot in Kenntnis unbefugt erlangter Konkurrenzangebote kalkuliert wird.[439] Sogar Nötigung und Erpressung werden *„klassische"* Berührungspunkte mit dem Kartellrecht nachgesagt.[440] Wenn mit der Androhung von Nachteilen, wie zum Beispiel mit einer Liefersperre, erkennbar der Zweck der Willensbeugung verfolgt wird, ist zumindest der Tatbestand der Nötigung, § 240 StGB, erfüllt.

### b) Exkurs: Strafbarkeit von Verstößen gegen Risikominimierungspflichten

Gerichtlich noch nicht geklärt, aber für Unternehmensorgane von enormer Bedeutung ist die Frage, inwieweit eine Strafbarkeit nach § 266 StGB bei Ver-

---

434 Nach § 82 GWB ist die Kartellbehörde zwar nicht für die Verfolgung der Straftat, wohl aber für die Festsetzung der Geldbuße gegen eine juristische Person oder Personenvereinigung ausschließlich zuständig, selbst wenn gegen die natürliche Person ein Strafverfahren durchgeführt wird.

435 *Dannecker/Biermann*, in Immenga/Mestmäcker, GWB, Vor. § 81, Rdnr. 7.

436 *Dannecker/Biermann*, in Immenga/Mestmäcker, GWB, Vor. § 81, Rdnr. 144 ff. und Rdnr. 30 unter Hinweis darauf, dass die Zahl auf Landesebene durchaus höher sein dürfte, da diese Erscheinung stark auf den regionalen (Bau-)Markt bezogen sei.

437 Vgl. dazu *Dannecker/Biermann*, in Immenga/Mestmäcker, GWB, Vor. § 81, Rdnr. 136 ff.

438 Vgl. Polizeiliche Kriminalstatistik, einsehbar unter http://www.bka.de/pks/, letzter Aufruf am 13.07.2011; zu beachten ist hierbei aber, dass bei tateinheitlicher oder tatmehrheitlicher Begehung ein Fall nur unter dem Delikt mit der höchsten Strafdrohung erscheint. Da die Wechselbeziehung mit Verurteilungen zu banden- und /oder gewerbsmäßigen Betrug hoch sein dürfte, ist die Zahl solcher nicht in der Statistik zu § 298 StGB erfassten Fälle potenziell sehr hoch.

439 Vgl. BGH NJW 1997, 3034, 3038.

440 *Dannecker/Biermann*, in Immenga/Mestmäcker, GWB, Vor. § 81 Rdnr. 161 ff.

stößen gegen gesetzliche Risikosteuerungspflichten denkbar ist.[441] Wie bereits erwähnt[442], verpflichtet § 91 Abs. 2 AktG den Vorstand nicht, ein umfassendes Risikomanagementsystem einzuführen.[443] Nach § 91 Abs. 2 AktG müssen lediglich organisatorische Maßnahmen zur Früherkennung bestandsgefährdender Risiken getroffen, sowie eine unternehmerische Kontrolle eingeführt werden, ob die Maßnahmen auch tatsächlich umgesetzt werden.[444] Dass Vorstände und Geschäftsführer ihren Gesellschaften gegenüber vermögensbetreuungspflichtig sind, steht außer Frage.[445] Zu klären ist, ob die Risikosteuerungspflichten als solche geeignet sind, eine treuhänderische Vermögenssorge im Sinne des § 266 StGB zu begründen. Bei § 91 Abs. 2 AktG handelt es sich ausweislich der Gesetzesbegründung um *„eine gesetzliche Hervorhebung der allgemeinen Leitungsaufgabe des Vorstands gem. § 76 AktG, zu der auch die Organisation gehört.“*[446] Damit unterstreicht der Gesetzgeber die besondere Bedeutung dieses Überwachungssystems. Daraus ließe sich bereits herleiten, dass es sich hierbei um eine treuhänderische Sorge im Sinne von § 266 StGB handeln muss.[447] Daneben spricht für eine Einordnung der Risikosteuerungspflichten als treuhänderische Sorge, dass diese dem wirtschaftlichen Wohl des Unternehmens dienen und damit ausschließlich und direkt die Vermögensinteressen des Unternehmens betreffen. Da die Leitungsorgane mit der erforderlichen Selbständigkeit und Bewegungsfreiheit hinsichtlich der Umsetzung dieser Pflichten ausgestattet sind, fallen die Risikosteuerungspflichten nach alledem unter die treuhänderische Sorge des Untreuetatbestands.[448] Wird der Bestand eines Unternehmens durch eine mangelhafte Durchführung eines Risikomanagementsystems gefährdet, ist folglich eine Strafbarkeit nach § 266 StGB möglich.[449] Das hat natürlich für jegliche Formen der Risikosteuerungspflichten eine Bedeutung, vgl. § 91 Abs. 2 AktG, § 25a Abs. 1 KWG, § 64a Abs. 1 VAG, § 33 WpHG. Ganz besonders deutlich wird dies aber bei der Vermeidung von Korruption und Kartelldelikten von zu überwachenden Mitarbeitern. Nach § 91 Abs. 2 AktG sollen den Fortbestand der Gesellschaft gefährdende Entwicklungen frühzeitig erkannt werden. Ausweislich der Gesetzesbegründung gehören zu diesen den Fortbestand der Gesellschaft gefährdenden Entwicklungen insbesondere Verstöße gegen gesetzliche Vorschriften, die sich auf die Vermögens-, Finanz- und Ertragslage des Unternehmens wesent-

---

441 Vgl. dazu ausführlich *Mosiek*, wistra 2003, 370; *Windolph*, NStZ 2000, 522; *Preussner/Pananis*, BKR 2004, 347.

442 Siehe oben unter C. I. 1. d. 3).

443 *Wellhöfer*, in Wellhöfer/Peltzer/Müller, Haftung des Vorstands, § 4 B. VII. 2. Rdnr. 167.

444 *Mosiek*, wistra 2003, 370, 372.

445 *Bittmann*, ZGR 2009, 931, 947.

446 BT-Drucks. 13/9712, S. 15.

447 So *Eidam*, Unternehmen und Strafe, S. 149; ebenso *Preussner/Pananis*, BKR 2004, 347, 351 f.

448 *Mosiek*, wistra 2003, 370, 374.

449 *Bank*, in Patzina/Bank/Schimmer/Simon-Widmann, Haftung von Unternehmensorganen, S. 153, Rdnr. 325; *Eidam*, Unternehmen und Strafe, S. 149; *Windolph*, NStZ 2000, 522 ff.

lich auswirken.[450] Zwar ist umstritten, welche Bedeutung *„wesentlich"* in der Gesetzesbegründung und *„den Fortbestand gefährdende Entwicklungen"* im Gesetzestext haben.[451] Jedoch lässt sich bei den derzeitigen Höhen der Bußgelder, den Reputationsschäden und den Schadensersatzforderungen Dritter nicht von der Hand weisen, dass nach dem Willen des Gesetzgebers solche Kartellverstöße von dem Überwachungssystem hätten entdeckt und verhindert werden müssen.[452] Daran ändert auch nichts, dass die Kommission bei Geldbußen unter Umständen Rücksicht auf die wirtschaftliche Lage der Gesellschaft nimmt, um eine Insolvenz zu vermeiden.[453] Das bedeutet, dass Kartellverstöße von Mitarbeitern, die ein mangelhaftes Überwachungssystem ermöglichte, durchaus zu einer Untreuestrafbarkeit der verantwortlichen Vorstandsmitglieder führen können. Auch insoweit können natürliche Personen für Kartellverstöße durch das Strafrecht bestraft werden.

#### c) Zwischenergebnis zur Strafbarkeit nach dem StGB

Auch wenn der Gesetzgeber in Deutschland sich gegen die Schaffung eines Kartellstrafrechts ausgesprochen hat, erscheint schon jetzt eine Vielzahl von Kartellrechtsverstößen als strafrechtlich relevant. Es besteht daher für Vorstände die stete Gefahr, dass mit dem Kartellverstoß eine Straftat begangen wurde, die, falls die Staatsanwaltschaft Ermittlungen aufnehmen und bei hinreichendem Tatverdacht Klage erhöben, sogar eine Haftstrafe nach sich ziehen könnte. Insbesondere die gerichtlich noch nicht geklärte Frage der Strafbarkeit von Verstößen gegen Risikominimierungspflichten aus § 266 StGB birgt für Organe ein erhebliches strafrechtliches Risiko.

#### d) Strafbarkeit von Kartellverstößen im Ausland

In Anbetracht der internationalen Verflechtungen der Wirtschaftswelt gilt für Vorstände ständig zu bedenken, dass Kartellverstöße im Ausland strafrechtliche Folgen haben können.[454]

---

450 BT-Drucks. 13/9712, S. 15.

451 Zum Teil wird angenommen, dass von § 91 Abs. 2 AktG nur solche Entwicklungen erfasst werden, die das Unternehmen tatsächlich an den Rand einer Insolvenz bringen, vgl. *Mertens/Cahn*, in KölnKomm, AktG, § 91 Rdnr. 23 m. w. N. Andere wiederum meinen, dass ausweislich der Gesetzesbegründung bereits für § 264 Abs. 2 HGB relevante Tatsachen den Tatbestand verwirklichen können; vgl. *Hüffer*, AktG, § 91 Rdnr. 6.

452 Das Erfordernis der bestandsgefährdenden Entwicklung wird aber nur von § 91 Abs. 2 AktG aufgestellt. Das bedeutet, dass bei den anderen Normen, die Risikosteuerungspflichten dem Vorstand auferlegen, dieser Streit überhaupt nicht relevant wird und der Verstoß gegen die gesetzlichen Vorschriften tatbestandsmäßig bereits ausreicht. Eine *existenzielle* Gefährdung ist dort keine Voraussetzung.

453 *Dannecker/Biermann*, in Immenga/Mestmäcker, GWB, § 81, Rdnr. 387.

454 Vgl. zum britischen Strafrecht *Reimann/Krohs*, WuW 2003, 739, 748 ff.

### (1) Rechtslage in Großbritannien und USA

Vor allem in den USA bestehen langjährige Erfahrungen mit der kriminalrechtlichen Erfassung von Kartellverstößen.[455] Damit lässt sich die Wirkungsweise von (Kriminal-) Strafen gegen Kartelltäter anschaulich verdeutlichen. Im Jahr 2008 wurde beispielsweise gegen ausländische Kartelltäter eine durchschnittliche Haftstrafe von 18 Monaten ausgesprochen.[456] Das zeigt klar, mit welchen drastischen Strafen (deutsche) Organe in den Vereinigten Staaten bei Verstößen gegen das Kartellrecht rechnen müssen. Das Kartellverbot ist in den Vereinigten Staaten sehr allgemein formuliert. *Sec. 1 Sherman Antitrust Act* steht für die umfassende Strafbewehrung von kartellrechtswidrigem Handeln.[457] Schon früh bildete sich in Amerika eine Kombination aus drei Säulen zur Bekämpfung von Wettbewerbsverstößen heraus: Sanktionierung der beteiligten Unternehmen, die strafrechtliche Verfolgung von natürlichen Personen einschließlich der Verhängung von Freiheitsstrafen sowie die zivilrechtliche Verfolgung, die aufgrund der besonderen Ausgestaltung in Amerika mit den treble damages, des Pre-Trial-Discovery-Verfahrens usw. eine besondere (wirkungsvolle) Bedeutung hat.[458] In Deutschland steht die Resozialisierung des Strafens im Vordergrund. Daher werden kurze Freiheitsstrafen in der Regel in Deutschland nicht (§§ 47, 56 StGB), in Amerika hingegen unter dem Schlagwort short sharp shock vor allem für Wirtschaftsstraftäter vollstreckt.[459]

Mehrere Mitgliedstaaten der Europäischen Union sehen mittlerweile ebenfalls Kriminalstrafen für schwerwiegende Verstöße gegen Wettbewerbsregeln vor.[460] Anders als in den USA sind im Vereinigten Königreich oder in Irland die Straftatbestände auf bestimmte Verhaltensweisen beschränkt. Nach ss. 188-190 *Enterprise Act 2002* stehen beispielsweise Preisfestsetzungen, Markt- und Kundenaufteilungen, Produktions- und Vertriebsbeschränkungen sowie die Submissionsabsprachen unter Strafe. Als Sanktion ist zum einen die Strafbarkeit von den Personen, die sich an den Hardcore-Kartellen beteiligt haben, als auch Berufsverbote gegenüber den verantwortlichen Entschei-

---

455 Im Rekordjahr 2007 wurden beispielweise insgesamt 31.391 Tage Haft wegen Kartellverstößen ausgesprochen. Vgl. dazu die vom Department of Justice zur Verfügung gestellte Tabelle über Antitrust Division Workload Statistics für die Jahre 1990-1999 unter http://www.justice.gov/atr/public/246419.pdf und für die Jahre 2000-2010 unter http://www.justice.gov/atr/public/workload-statistics.html; letzter Aufruf jeweils am 13.07.2011.

456 Vgl. *S. Barnett*, Criminalization of Cartel Conduct – The Changing Landscape, Rede v. 3.4.2009, einsehbar unter http://www.justice.gov/atr/public/speeches/247824.htm, letzter Aufruf am 13.07.2011.

457 Vgl. *Wagner-von Papp*, WuW 2009, 1236, 1237.

458 Vgl. zu der Geschichte der Kartellstrafen in Amerika *Baker*, 69 Geo. Wash. L. Rev. (2001), 693.

459 *Dannecker/Biermann*, in Immenga/Mestmäcker, GWB, § 81, Rdnr. 17.

460 Siehe hierzu die Landesberichte in *Dannecker/Jansen*, Competition Law Sanctioning, S. 305 ff.

dungsträgern vorgesehen.[461] In Irland sieht der *Competition Act 2002* Ähnliches vor.

### (2) Vergleich mit deutschem Recht

Dass andere Staaten spezielle Kartellstraftatbestände geschaffen haben, bedeutet aber nicht, dass diese zwingend drastischer gegen Kartellrechtstäter vorgehen. Denn vergleicht man die (strafrechtliche) Kartellrechtsdurchsetzung in Deutschland mit dem Ausland, die ein Kartellstrafrecht eingeführt haben, erkennt man, dass die ss. 188-190 des *Enterprise Act* des Vereinigten Königreichs, denen einen Vorreiterrolle zugesprochen wird[462], durch eine wirkungsvolle Bekanntgabe eine ausreichende Abschreckungswirkung entfalten, obwohl sie tatsächlich erst ein einziges Mal mit drei Angeklagten angewendet wurden.[463] In Deutschland ist § 298 StGB weit weniger bekannt. Tatsächlich werden in Deutschland bereits seit 2002 Haftstrafen verhängt, die zwar zum größten Teil zur Bewährung ausgesetzt wurden, wobei 2006 eine Person zu einer bedeutenden Freiheitsstrafe von 2 Jahren und zehn Monaten verurteilt wurde.[464] Das ist im internationalen Vergleich sehr bemerkenswert. In Deutschland werden pro Jahr ca. 30 Personen wegen Verstoßes gegen § 298 StGB abgeurteilt.[465] Dies ist im Vergleich zum Vereinigten Königreich mit insgesamt bisher drei Verurteilungen gewaltig und selbst im Vergleich mit den Vereinigten Staaten durchaus beachtlich.[466] In Deutschland besteht folglich in Teilbereichen bereits eine konsequente (strafrechtliche) Durchsetzung des Kartellrechts. Dies wird von der Öffentlichkeit aber nicht genügend wahrgenommen beziehungsweise wird in der Öffentlichkeit nicht deutlich genug kommuniziert.

Die OECD schlägt schon länger vor, aus Abschreckungsgründen (Kriminal-) Sanktionen gegen natürliche Personen einzuführen.[467] Auch wenn die Hinweise der OECD in keiner Weise bindend sind, so dürfen ihre Wirkungen nicht unterschätzt werden. Die Relevanz wird ganz besonders bei dem Einfluss, den die OECD auf die Umgestaltung des deutschen Korruptionsstrafrechts hatte, deutlich. Die Erhebungen der OECD kommen zu dem Ergebnis, dass reine finanzielle Sanktionen nur bedingt geeignet seien, Verstößen gegen das Kartellrecht vorzubeugen.[468] Das Weißbuch des britischen *Department of*

---

461 Ausführlich dazu *Reimann/Krohs*, WuW 2003, 739 ff.

462 *Federmann*, Kriminalstrafen im Kartellrecht, S. 28.

463 Vgl. dazu ausführlich *Wagner-von Papp*, WuW 2009, 1236, 1240 ff. Ein weiteres Verfahren ist gerade anhängig, siehe http://www.oft.gov.uk/oft_at_work/enforcement_regulation/Cartels/fuel-surcharges2/ und die Pressemitteilung: http://www.oft.gov.uk/news/press/2008/93-08.

464 LG München II v. 3.5.2006, AZ.: W5 KLs 567 Js 30966/04, BeckRS 2008 00736.

465 Zitiert nach *Wagner-von Papp*, WuW 2009, 1236, 1245.

466 So *Wagner-von Papp*, WuW 2009, 1236, 1245.

467 OECD, Hard Core Cartels – Recent Progress and Challenges Ahead, Second Cartel Report, 2003, S. 46.

468 OECD, Cartel Sanctions against Individuals, 2003, S. 7 ff.

*Trade and Industry*[469] stellt fest, dass eine Verhängung einer optimalen Geldbuße in ca. 50 % der Fälle zu einer Insolvenz der betroffenen Unternehmen führen würde.[470] Daher wird die 10 %-Hürde auch als eine Belastungsgrenze verstanden, da die Insolvenz des betroffenen Unternehmens nicht das erstrebte Ziel ist.

#### e) Zwischenergebnis zur Strafbarkeit von Kartellverstößen

Berücksichtigt man nun den für das Ordnungswidrigkeiten- und für das Strafrecht unvergleichlich hohen Bußgeldrahmen des Kartellrechts, die (deutschen) Straftatbestände, die von Kartelltätern neben den Ordnungswidrigkeiten verwirklicht werden können, die internationalen Bestrebungen und den möglicherweise bei internationalen Verknüpfungen im Ausland verwirklichten Straftatbestand, ist daran zu denken, das Kartellrecht als einen aus dem allgemeinen Ordnungswidrigkeitenrecht herausgelösten (Sonder-) Bereich zu begreifen, der in Teilen eine große Ähnlichkeit mit Strafnormen aufweist.[471] Das kann später bei der Frage der Vorteilsanrechnung noch im Rahmen der Abwägung widerstreitender Interessen von Bedeutung sein.

Für die Ähnlichkeit des Kartellrechts mit strafbewehrten Normen spricht ferner, dass der Gesetzgeber zum Beispiel in § 5 Abs. 1 KorruptionsbG NRW den Verstoß gegen § 81 GWB auf die selbe Stufe (Nr. 3) wie Verstöße gegen das KrWaffKontrG und anderen Straftaten wie beispielweise §§ 331-335, 263, 266, 298 StGB (Nr. 1) stellt. In § 5 Abs. 1 Nr. 3 KorruptionsbG NRW werden sogar ausdrücklich Preisabsprachen und Absprachen über die Teilnahme am Wettbewerb nach § 14 GWB erwähnt, die deutlich zeigen, dass der Gesetzgeber diese Art von Kartellverstößen auf einer Ebene mit den gerade erwähnten Straftatbeständen sieht.

Es gibt Autoren, die der Auffassung sind, dass in Deutschland im Kartellrecht trotz fehlender ausdrücklicher Strafregelung eine erheblich aktivere strafrechtliche Durchsetzung existiert, als beispielweise im Vereinigten Königreich.[472] In Deutschland werden also Verstöße gegen das Kartellrecht im internationalen Vergleich häufiger mit strafrechtlichen Mitteln geahndet.

Diese Betrachtung der strafrechtlichen Konsequenzen kartellrechtswidrigen Handelns macht die Bedeutung solcher Verstöße für die Allgemeinheit deutlich.

---

469 A World Class Competition Regime, July 2001, CM 5233.

470 Zitiert nach *Biermann*, ZWeR 2007, 1, 14.

471 Vgl. dazu *Klocker/Ost*, FS Bechthold, S. 229, 241 ff. (insbes. 244), die eine solche Herauslösung des Kartellordnungswidrigkeitenrechts für die Zukunft erwarten.

472 *Wagner-von Papp*, WuW 2009, 1236, 1237, der Deutschland aber erheblichen Aufholbedarf bei der Effektivität attestiert.

#### 5) Zwischenergebnis

Das Kartellrecht verläuft demzufolge in der Frage der nützlichen Pflichtverletzung parallel zum allgemeinen Gesellschaftsrecht. Es gibt keine speziellen Gesichtspunkte, die eine andere Entscheidung rechtfertigen würden.

### 2. Verletzung von Aufsichts- und Organisationspflichten

Wie oben aufgezeigt wurde, kann pflichtwidriges Verhalten untergeordneter Mitarbeiter eine eigenständige Pflichtverletzung des verantwortlichen Vorstandsmitglieds darstellen.[473] Fraglich ist aber, wie in diesem Zusammenhang nützliche Pflichtverletzungen dieser Mitarbeiter zu behandeln sind. Diesem Risiko kann der Vorstand grundsätzlich durch die Einführung eines angemessenen Compliance-Programms und eines Risikomanagementsystems entgehen. Die Frage des Umfangs und der Reichweite des Compliance-Programms und des Risikomanagements fällt als unternehmerische Entscheidung grundsätzlich in den Schutzbereich der eingeschränkten Überprüfbarkeit der Business Judgment Rule.[474]

Als Ergebnis für die Frage der Haftung von Vorständen bei nützlichen Pflichtverletzungen der eigenen Mitarbeiter lässt sich festhalten, dass, wenn solche Verstöße im Unternehmen bei unzureichender oder gar fehlender Compliance beziehungsweise Überwachung geschehen, ein Organisations- beziehungsweise Überwachungsverschulden des Vorstandes nahe liegt. Das bedeutet aber nicht, dass dann zwangsläufig eine zu verschuldende Überwachungs- und Organisationspflichtverletzung vorliegen muss. Es besteht nur die (erhöhte) Gefahr – parallel zu den sog. hindsight bias[475] –, dass die Überwachungsmaßnahmen aufgrund des Verstoßes als nicht ausreichend angesehen werden, obwohl es unzulässig ist, aus der *ex post*-Perspektive dem Unternehmen vorzuschreiben, welche Maßnahmen nötig und möglich gewesen wären.[476] Kommt ein Gericht zu dem Ergebnis, dass die Überwachungs- und Organisationsmaßnahmen nicht ausreichend waren, hat der Vorstand aus eigener Pflichtverletzung für den Pflichtenverstoß des Unternehmensangehörigen einzustehen.

Für den Fall, dass ein ordnungsgemäßes Überwachungssystem eingerichtet wurde, sieht dies anders aus. Hat der Vorstand mit der Implementierung dessen das von ihm Erforderliche zur Verhinderung beispielsweise der Zahlung von Schmiergeldern getan, handelte dieser nicht pflichtwidrig. Zwar ist es in

---

473 Siehe oben unter C. I. 1. c.

474 *Hauschka*, GmbHR 2007, 11, 13.

475 Zu den *hindsight bias* siehe ausführlicher unter C. II. 1. a. 1).

476 BGH WuW/E 1986, 744: „Allein daraus, dass der Betriebsangehörige vorsätzliche Zuwiderhandlungen gegen gesetzliche, den Betriebsinhaber treffende Pflichten begehen konnte, ohne dass der Betriebsinhaber oder die für ihn handelnde Person dies bemerkte, folgt noch nicht, dass die betriebliche Aufsicht i.S. von § 130 OWiG unzureichend organisiert oder durchgeführt wurde."; *Fleischer*, CCZ 2008, 1, 3.

der Praxis schwer, den Grad der Überwachungspflicht festzustellen, der gerade für dieses Unternehmen nötig gewesen wäre. In Zweifelsfällen könnte man den begangenen Verstoß als Indiz dafür ansehen, dass das Risikomanagement- und Compliance-System für dieses Unternehmen nicht ausreichend ist, was eine Haftung des Vorstands zur Folge hätte. Auf der anderen Seite kann jedoch das Verschulden bei objektiv ausreichenden Programmen insgesamt verneint werden.[477] Die Qualität der Unternehmensorganisation ist somit die entscheidende Stellschraube für die Haftungssituation des Vorstandes.[478]

Ein Fehlen geeigneter Maßnahmen zum Risikomanagement kann zudem einen wichtigen Grund im Sinne des § 626 Abs. 1 BGB darstellen.[479] Das LG Berlin[480] hatte eine außerordentliche Kündigung einer Hypothekenbank gegenüber einem ihrer Vorstandsmitglieder für wirksam erklärt, da das Risikofrüherkennungssystem zur Kreditsteuerung nicht die gesetzlichen Anforderungen erfüllte. Wegen des Grundsatzes der Gesamtverantwortung konnte sich das Vorstandsmitglied nicht mit dem Einwand entlasten, dass das Risikomanagement nicht in sein Verantwortungsbereich fiel.[481] Auch unter diesem Aspekt empfiehlt sich für ein Vorstandsmitglied größtmögliche Sorgfalt bei der Überwachung und Organisation der Gesellschaft.

Festzuhalten bleibt somit, dass der Vorstand – zumindest vom theoretischen Standpunkt aus –bei unzureichendem oder fehlendem Risikomanagement- und Compliance-System für nützliche Pflichtverletzungen von Unternehmensangehörigen haftet und bei einem ausreichendem Compliance-System eine Haftung entfällt. Wie aufgezeigt, ergeben sich aber in der Praxis Schwierigkeiten, den erforderlichen Grad eines Überwachungsprogrammes exakt zu bestimmen. Wenn wegen einer unzureichenden Organisation und Überwachung nützliche Pflichtverletzungen von Mitarbeitern begangen werden, stellt sich anschließend die Frage, ob der Vorteil schadensmindernd berücksichtigt werden kann. Diese Frage wird im schadensrechtlichen Teil aufgegriffen.[482]

### 3. Verletzung von Vertragspflichten der Gesellschaft

Bisher noch nicht angesprochen wurde die Frage, ob eine Pflicht des Vorstands besteht, Vertragspflichten der Gesellschaft einzuhalten, und ob er sich schadensersatzpflichtig macht, wenn er zum Vorteil der Gesellschaft Verträge der Gesellschaft mit Dritten bricht.[483]

---

477 Ähnlich über die Risikominimierung allgemein *Turiaux/Knigge*, DB 2004, 2199.

478 So *Turiaux/Knigge*, DB 2004, 2199.

479 *Preussner/Zimmermann*, AG 2002, 657, 658.

480 LG Berlin AG 2002, 682.

481 LG Berlin AG 2002, 682, 683; *Preussner/Zimmermann*, AG 2002, 657, 661.

482 Vgl. unter E. III. 6. c.

483 Vgl. für das US-amerikanische Recht *efficient breach of contract-theory*, *Easterbrook/Fischel*, 80 Mich. L. Rev. 1133, 1168 n. 36 (1982); *Schäfer/Ott*, Lehrbuch der ökonomischen Analyse des Zivilrechts, S. 455 ff.

Erfüllt ein Vorstand einen Vertrag mit einem Dritten nicht, weil er nach Vertragsschluss von einem für seine Gesellschaft günstigerem Angebot erfährt, ist die haftungsrechtliche Konstellation unklar. Haftet der Vorstand der Gesellschaft gegenüber persönlich, wenn sie von dem Dritten auf Schadensersatz in Anspruch genommen wird?

### a. Vertragstreue als Pflichteninhalt

Manche Stimmen der Literatur sind der Auffassung, dass nicht nur Gesetzesverletzungen sondern ebenso Verletzungen von Vertragspflichten, die der Gesellschaft Dritten gegenüber obliegen, Organpflichtverletzungen darstellen.[484] Die Pflichten, die der Gesellschaft nach außen auferlegt seien, würden sich pflichtenbestimmend auf das Innenverhältnis auswirken.[485] Daher habe der Vorstand auch für die Einhaltung und Erfüllung der aus rechtsgeschäftlichen Bindungen entstehenden Pflichten einzustehen. Der Vertragsverband begründe keine Pflichten minderen Rechts und der Vertragsbruch schade der Reputation des Unternehmens unter Umständen mehr als mancher Gesetzesverstoß.[486]

### b. Effizienter Vertragsbruch

Zur Frage des effizienten Vertragsbruchs sind jedoch andere Ansatzpunkte denkbar.

#### 1) Keine Einhaltungs- und Erfüllungspflicht

Teilweise wird auch vertreten, dass die Vorstandsmitglieder im Innenverhältnis keine Rechtspflicht treffe, sämtliche Vertragspflichten der Gesellschaft gegenüber Dritten einzuhalten.[487] Die Auffassung, dass jede Vertragspflichtverletzung zugleich eine Organpflichtverletzung darstelle, differenziere nicht zwischen den Rechtsbeziehungen der Gesellschaft zu Dritten und der Rechtsbeziehung der Gesellschaft zu ihrem Organmitglied. Diese Rechtsbeziehungen hätten unterschiedliche Ziele, Pflichtenträger und –inhalte. Die Vertragspflichten würden nur das Unternehmen binden, das Vertragspartner sei. Die Pflichten des Vorstandes würden diesem im Unternehmensinteresse und dies nur der Gesellschaft gegenüber obliegen.[488] Der Vorstand sei hingegen nicht ge-

---

484 *Wiedermann*, ZGR 2011, 183, 199; vgl. noch *Zöllner*, in Baumbach/Hueck, GmbHG, 17. Aufl. § 43 Rdnr. 16; ähnlich *Zöllner/Noack*, in Baumbach/Hueck, GmbHG, § 43 Rdnr. 17, zugleich aber einschränkend in Rdnr. 23b; *Windbichler*, ZGR 1989, 434, 437.

485 *Raiser/Veil*, Recht der Kapitalgesellschaften, § 14 Rdnr. 81 f.

486 *Wiedermann*, ZGR 2011, 183, 199.

487 *Uwe H. Schneider*, in Scholz, GmbHG, § 43 Rdnr. 78 f; *Wiesner*, in Münch Hdb GesR, AG, § 25 Rdnr. 4; *Hellgardt*, WM 2006, 1514, 1519; *Fleischer*, ZIP 2005, 141, 144 m. w. N.

488 *Uwe H. Schneider* FS Hüffer, S. 905, 911.

genüber den Vertragspartnern des Unternehmens verpflichtet.[489] Die Vertragstreue als Pflichteninhalt zu begreifen, sei daher nicht richtig.

Wenn dem so sei, könne man aber nicht die Pflichten des Unternehmens im Verhältnis zu den Vertragspartnern mittelbar über die drohende persönliche Haftung des Vorstands auf das Innenverhältnis zwischen Vorstand und Gesellschaft übertragen.[490] Aufgrund der unterschiedlichen Pflichtenträger und Berechtigten sei diese strikte Auffassung daher abzulehnen. Es bleibe dabei, dass gesetzliche Handlungsgebote und -verbote nicht zur Disposition stünden. Die Vertragstreue sei zwar ein wichtiges Rechtsgut, dies ändere aber nichts daran, dass die Leitungspflichten des Vorstandes nur gegenüber der Gesellschaft existierten und Maßstab ihres Handelns das Interesse des Unternehmens sei. Vorrangig seien danach der Schutz öffentlicher Interessen und absoluter Rechtsgüter. Das bloße Erfüllungsinteresse Dritter aufgrund vertraglicher Verpflichtungen der Gesellschaft falle nicht darunter und genieße dementsprechend keinen Vorrang.[491]

### 2) Flankierende gesetzliche Schutzmechanismen

*Spindler* ist der Auffassung, dass der Vorstand nach sorgfältiger Abwägung der Risiken und Chancen für das Unternehmen es auch auf einen Schadensersatzanspruch gegen das Unternehmen ankommen lassen dürfe.[492] Gleichzeitig schränkt er sein Ergebnis aber ein, indem er die flankierenden gesetzlichen Schutzmechanismen betrachtet[493]: Ein vorsätzlicher Vertragsbruch verstoße oftmals gegen die guten Sitten und könne einen Schadensersatzanspruch nach § 826 BGB nach sich ziehen. Ferner könne auch unter bestimmten Bedingungen ein Betrug nach § 263 StGB (welcher Schutznormcharakter im Sinne des § 823 Abs. 2 BGB hat[494]) in Betracht kommen. Hiernach könne man nicht behaupten, dass derartige Verdikte des Delikts- oder gar des Strafrechts im Lichte der Legalitätspflicht der Organmitglieder irrelevant seien. Entscheidend sei, ob die Gesellschaft allein vertraglichen Schadensersatzansprüchen ausgesetzt wäre oder aber aufgrund solcher Tatbestände in Anspruch genommen werde, die allgemeine gesetzliche Wertungen zum Ausdruck bringen.[495]

### 3) Unternehmerischer Handlungsspielraum

Andere Stimmen sind der Auffassung, dass den Vorstandsmitgliedern ein unternehmerischer Handlungsspielraum zusteht.[496] Zwar werde die Nichterfüllung in aller Regel pflichtwidrig sein, wenn der Gesellschaft durch den Ver-

---

489 Vgl. *Wiesner*, in Münch Hdb GesR, AG § 26 Rdnr. 34.
490 *Uwe H. Schneider*, FS Hüffer, S. 905, 911 f.
491 *Uwe H. Schneider*, FS Hüffer, S. 905, 912.
492 *Spindler*, FS Canaris, S. 402, 423.
493 *Spindler*, in MüKo, AktG, § 93 Rdnr. 73; *ders.*, FS Canaris, S. 402, 423.
494 *Wagner*, in MüKo, BGB, § 823 Rdnr. 369.
495 *Spindler*, FS Canaris, S. 402, 423 f.
496 *Fleischer*, ZIP 2005, 141, 144, 150.

tragsbruch erhebliche Nachteile drohten. In besonderen Fällen könne es aber durchaus im Gesellschaftsinteresse liegen, einen Prozess und eine Verurteilung zum Schadensersatz abzuwarten.[497] So könne es für die Gesellschaft günstiger sein, bei einem Liquiditätsengpass, eine Verpflichtung erst später zu erfüllen.[498] Aber auch außerhalb einer Unternehmenskrise könne es der Gesellschaft unter Umständen zum Vorteil gereichen, statt Erfüllung Schadensersatz zu leisten.[499]

Komme ein Vorstandsmitglied nach sorgfältiger Abwägung der unternehmerischen Risiken zu einem solchem Ergebnis, liege kein Pflichtverstoß vor.[500]

### c. Lösungsvorschlag

Letztendlich ist die Auffassung, dass es dem Vorstand möglich sein muss, Verträge der Gesellschaft nicht zu erfüllen, richtig und systemgerecht.[501] Anderenfalls wäre die Gesellschaft (über ihren Vorstand) zu einer Vertragstreue gezwungen, die andere Verkehrsteilnehmer nicht in gleicher Weise trifft.[502] Da Gesellschaften die Rechtsfähigkeit kraft Gesetzes zugesprochen wird (§ 1 Abs. 1 AktG, § 13 Abs. 1 GmbHG), müssen sie im Rechtsverkehr wie natürliche Personen behandelt werden, so dass für sie dieselben Regeln gelten[503], solange der Gesetzgeber nicht entsprechende Sonderregeln für sie vorsieht. Kann eine natürliche Person Verträge (mit den entsprechenden rechtlichen Konsequenzen) brechen, muss dies juristischen Personen ebenso möglich sein. Wenn der Vorstand, der die juristische Person nach außen vertritt und überhaupt erst handlungsfähig macht, über den Innenregress zu einer Vertragstreue gezwungen würde, die mittelbar auch die juristische Person träfe, behandelte man juristische und natürliche Personen in dieser Beziehung grundlos unterschiedlich.

Dagegen könnte man vorbringen, dass dieses Argument sich genauso gut für einen Verstoß gegen gesetzliche Pflichten heranziehen lassen ließe. Jeder könne ebenso frei entscheiden, ob er gegen gesetzliche Verbote verstoßen möchte; er müsse nur gewillt sein, die daraus folgende Sanktion zu akzeptieren. Doch besteht bei Vertragsbrüchen ein entscheidender Unterschied. Ein Vertrag mit den daraus resultierenden Pflichten wird freiwillig eingegangen. Die (vertraglichen) Pflichten werden somit freiwillig begründet. Die gesetzliche Verpflichtung besteht dagegen unabhängig von Freiwilligkeitserwägungen. Vom

---

497 Vgl. *Paefgen*, Unternehmerische Entscheidungen und Rechtsbindung der Organe in der AG, S. 25.

498 *Hopt*, in GroßKomm, AktG, § 93 Rdnr. 100 m. w. N.

499 Vgl. *M. Roth*, Unternehmerisches Ermessen und Haftung des Vorstandes, S. 132 f.

500 *Fleischer*, ZIP 2005, 141, 145; *Hopt*, in GroßKomm, AktG, § 93 Rdnr. 100; *M. Roth*, Unternehmerisches Ermessen und Haftung des Vorstandes, S. 132; für die GmbH: *Uwe H. Schneider*, in Scholz, GmbHG, § 43 Rdnr. 79.

501 So auch *Bedkowski*, Geschäftsleiterpflichten, S. 176.

502 *Koch*, ZGR 2006, 769, 786.

503 Vgl. *Hueck/Fastrich*, in Baumbach/Hueck, GmbHG, § 13 Rdnr. 3, 5.

Grundsatz der Einhaltung gesetzlicher Pflichten ausgehend, existiert im Vertragsrecht eine größere (Gestaltungs-) Freiheit mit allen daraus resultierenden rechtlichen Konsequenzen. Diese Freiwilligkeitskomponente schafft einen deutlichen Unterschied, der dazu führt, dass sich gesetzliche und vertragliche Pflichten für den Fall des Vertrags- beziehungsweise des Gesetzesbruchs nicht vergleichen lassen.

Daneben wird oft die fehlende Gesetzesqualität von Verträgen als Argument herangezogen.[504] Dagegen ließe sich einwenden, dass der Vorstand auch an die Satzung[505] gebunden ist, der ebenfalls keine Gesetzesqualität zukommt, sondern eher einen rechtsgeschäftlichen Charakter aufweist, vgl. § 82 Abs. 2 AktG. Ein Vertrag ist keine Rechtsquelle im materiell-rechtlichen Sinn und nicht mit der Bindungskraft eines Gesetzes oder einer Satzung zu vergleichen, daher darf der Vorstand Verträge brechen, wenn dies für die Gesellschaft von größerem Nutzen ist.[506]

Ein Vergleich mit § 396 Abs. 1 AktG beziehungsweise § 62 Abs. 1 GmbHG untermauert die Unterscheidung zwischen Gesetzes- und Vertragsverletzungen. Hiernach kann eine Aktiengesellschaft durch Urteil aufgelöst werden, wenn sie durch gesetzwidriges Verhalten ihrer Verwaltungsträger das Gemeinwohl gefährdet und der Aufsichtsrat und die Hauptversammlung nicht für die Abberufung der Verwaltungsträger sorgen. § 396 Abs. 1 AktG und § 62 Abs. 1 GmbHG knüpfen allein an ein gesetzeswidriges Verhalten an und sind bei bloßen Vertragsverletzungen nicht anwendbar.[507] Dadurch wird deutlich, dass auch der Gesetzgeber zwischen Gesetzes- und Vertragsverletzungen differenziert und sie nicht gleich behandelt werden müssen.

Ferner greifen die von *Spindler* angeführten gesetzlichen Schutzmechanismen[508] zumindest nicht direkt. In einem einfachen Vertragsbruch liegt kein Verstoß gegen die guten Sitten,[509] ebenso ist die vorsätzliche Vereitelung eines Vertrages nicht per se sittenwidrig.[510] Eines Rückgriffes auf § 826 BGB bedarf es nicht, weil Schadensersatz aus dem Leistungsstörungsrecht der §§ 280 ff. BGB geschuldet wird.[511] Da die Verletzung vertraglicher Pflichten gesondert in den §§ 280 ff. BGB geregelt wurde, setzt der sittenwidrige Vertragsbruch ein *Mehr* voraus, wie zum Beispiel die wirtschaftliche Vernichtung eines Geschäftspartners mittels systematisch durchgeführter Vertragsbrüche oder die

---

504 *Fleischer*, ZIP 2005, 141, 150.

505 Auch der Satzungsverstoß ist stets eine Pflichtverletzung des Vorstandsmitglieds, vgl. *Hüffer*, AktG, § 93 Rdnr. 4f.; siehe auch oben unter C. I. 1. b.

506 *Thole*, ZHR 173 (2009), 504, 518.

507 *Fleischer*, ZIP 2005, 141, 150; ebenso *Uwe H.* Schneider, in Scholz, GmbHG, § 43 Rdnr. 79.

508 *Spindler*, in MüKo, AktG, § 93 Rdnr. 73; *ders.*, FS Canaris, S. 402, 423; vgl. ferner oben unter C. II. 2. b. 2).

509 Vgl. *Wagner*, in MüKo, BGB, § 826 Rdnr. 52; *Hefermehl*, in Soergel, BGB, § 138 Rdnr. 184; *Schiemann*, in Erman, BGB, § 826 Rdnr. 28; *Schaub*, in PWW, BGB, § 826 Rdnr. 18.

510 Vgl. *Wagner*, in MüKo, BGB, § 826 Rdnr. 52 ff.

511 *Schiemann*, in Erman, BGB, § 826 Rdnr. 28.

widerrechtliche Verletzung einer außervertraglichen, sich aus der Sozialordnung ergebenden, allgemeinen Rechtspflicht.[512] Ansonsten würde § 826 BGB auf eine reine Vorsatzhaftung ohne Rücksicht auf den Sittenverstoß reduziert werden.[513]

Somit lässt sich festhalten, dass der bloße Vertragsbruch in der Regel nicht gegen die guten Sitten verstößt. Die Gegenmeinung verkennt den Zweck von § 826 BGB, der gerade nicht darin liegt, das Leistungsstörungsrecht in das Deliktsrecht zu implementieren.[514]

Für einen Verstoß durch den vorsätzlichen Vertragsbruch gegen § 823 Abs. 2 BGB i. V. m. § 263 StGB muss die Täuschungsabsicht bereits im Zeitpunkt des Vertragsschlusses vorliegen. Das heißt, dass das Organ bereits beim Vertragsschluss wissen muss, dass es beziehungsweise die Gesellschaft diesen Vertrag nicht erfüllen wird. Wie bereits bei der Frage der sittenwidrigen Schädigung durch Vertragsbruch ist auch hier einschränkend zu bemerken, dass das Gesetz Regeln über die Vorgehensweise und Entschädigung bei Vertragsverletzungen geschaffen hat. Diese würden unterlaufen werden, versuchte man sie mit Hilfe von Schutzgesetzen zu umgehen. Auf der anderen Seite ist wohl in den meisten Fällen des Vertragsbruchs davon auszugehen, dass im Zeitpunkt des Vertragsschlusses keine Täuschung vorlag, da in der Regel erst ein später nach Vertragsschluss hinzutretender Grund die Ursache für den Vertragsbruch darstellt.[515] Daher scheidet ein Anspruch aus § 823 Abs. 2 BGB i. V. m. § 263 StGB zumeist tatbestandlich aus.

Es existiert kein zwingender Grund, aus der Organbeziehung zwischen Vorstand und Gesellschaft eine Schutzwirkung zugunsten des Vertragspartners herzuleiten.[516]

Natürlich muss allgemein berücksichtigt werden, dass den Vorständen bei der Entscheidung, einen Vertrag zu brechen, ein unternehmerischer Handlungsspielraum zusteht.[517] Werden dessen Grenzen bei dieser Entscheidung überschritten, bestand in der Regel kein schützenswertes unternehmerisches Ermessen und der Vorstand handelte pflichtwidrig. Auch wenn angeführt wird, dass sich diese Ansicht mit der ausdrücklichen Gesetzesbindung nicht vereinbaren lässt, da dort ausdrücklich die Rechtsbindung des Vorstandes postuliert wird und somit auch nützliche Pflichtverletzungen nicht anerkannt werden könnten, kann es nicht dazu führen, dass der Vorstand abgeschlossene Verträge stets zu erfüllen hat, wenn er sich nicht einer persönlichen Haftung ausgesetzt sehen will.[518] Gerade hierbei muss der unternehmerische Hand-

512 *Hefermehl*, in Soergel, BGB, § 138 Rdnr. 184.
513 *Spindler*, in Bamberger/Roth, BGB, § 826 Rdnr. 26.
514 *Wagner*, in MüKo, BGB, § 826 Rdnr. 52.
515 Vgl. ferner auch *Bittmann*, ZGR 2009, 931, 954.
516 So *Thole*, ZHR 173 (2009), 504, 519.
517 *Fleischer*, in ders., Hdb Vorstandsrecht, § 7 Rdnr. 20.
518 Vgl. *Spindler*, in MüKo, AktG, § 93 Rdnr. 73.

lungsspielraum herangezogen werden können, damit der Vorstand, wie jeder andere Verkehrsteilnehmer auch, die Möglichkeit hat, Verträge zu brechen. Hinzuzufügen ist aber, dass hierbei eine klare Grenze zwischen Vertragsverletzungen und Rechtsverletzungen zu ziehen ist. Rechtsverletzungen sind im Rahmen einer nützlichen Pflichtverletzung nicht anzuerkennen. Vertragsverletzungen sind zu tolerieren, zumal es sich bei privaten Verträgen nicht um allgemeingültige Rechtsnormen im technischen Sinne handelt.[519] Mit dem geltenden Recht hat der Gläubiger mit den §§ 280 ff. BGB genügend Möglichkeiten, den bei sich entstandenen Schaden auszugleichen. Zum Beispiel kann er nach § 280 Abs. 1 BGB Schadensersatz neben und in Verbindung mit den §§ 280 Abs. 3; 281 ff. BGB auch statt der Leistung verlangen. Zudem verbleibt ihm die Möglichkeit nach § 285 BGB die Herausgabe des Surrogates zu fordern, über §§ 280 Abs. 1, 2; 286 BGB den Verzugsschaden oder anstelle eines Schadensersatzanspruches statt der Leistung vergebliche Aufwendungen nach § 284 BGB ersetzt zu bekommen.

Das bedeutet aber nicht, dass jeder Vertragsbruch seitens des Vorstandes pflichtgemäß ist. Es geht nur um den effizienten Vertragsbruch, womit deutlich gemacht wird, dass davon positive Aspekte für das Unternehmen auszugehen haben beziehungsweise sollten, damit diese Grundsätze greifen können. Aus dogmatischer Sicht ist es aber nicht richtig, wirtschaftliche Aspekte bereits beim Merkmal der Pflichtverletzung auf der Tatbestandsebene zu berücksichtigen. Dies kann grundsätzlich nur auf der haftungsausfüllenden Seite im Rahmen des Schadens geschehen.[520] Wenn dies konsequent weiter gedacht wird, müsste daher entschieden werden, ob es im Innenverhältnis zwischen Vorstand und Gesellschaft auf Tatbestandsseite eine Pflicht gibt, Verträge mit Dritten grundsätzlich durchzuführen. Abhilfe schafft hier der im Gesellschaftsrecht geltende unternehmerische Ermessenspielraum. Dieser Grundsatz ermöglicht es, den effizienten Vertragsbruch bereits auf Tatbestandsebene unter Berücksichtigung der wirtschaftlichen Aspekte zu behandeln und den Vorstand von einer Pflichtverletzung freizusprechen. Wird die Entscheidung, den Vertrag nicht einzuhalten beziehungsweise zu erfüllen, von den Voraussetzungen der Business Judgment Rule erfasst, scheidet eine haftungsbegründende Pflichtverletzung aus.[521]

Bei der Frage, ob der Vertrag durchgeführt werden soll oder nicht, handelt es sich um eine unternehmerische Entscheidung. Wenn der Vorstand auf Grundlage ausreichender Information, in gutem Glauben zum Wohle der Gesellschaft (das bedeutet, dass der Vorstand davon ausgegangen sein muss, dass dieser Vertragsbruch für die Gesellschaft günstiger ist) und ohne Interessenskonflikte gehandelt hat, entfällt ohne Berücksichtigung der weiteren wirtschaftlichen Entwicklung die Pflichtverletzung. Somit wird unabhängig vom

519 *Fleischer*, ZIP 2005, 141, 148, 150.
520 Vgl. *Schwarz/Wandt*, Gesetzliche Schuldverhältnisse, § 22 Rdnr. 1.
521 *Grunewald/Hennrichs*, FS Maier-Reimer, S. 147, 148.

wirtschaftlichen Nutzen des Bruches der Schadensersatzanspruch der Gesellschaft gegen den Vorstand bereits auf Tatbestandsebene scheitern.

Es kann daher festgehalten werden, dass der unternehmerische Ermessensspielraum es ermöglicht, den effizienten Vertragsbruch bereits auf der Tatbestandsseite zu berücksichtigen und – bei Vorliegen der Voraussetzungen – auch zu akzeptieren.

Danach kann der Vorstand folglich eine Entscheidung sowohl in Richtung Einhaltung der Vertragstreue als auch in Richtung Vertragsbruch treffen. Diese Zweckmäßigkeitsentscheidung ist von dem unternehmerischen Handlungsspielraum gerade gewollt. Es lässt sich festhalten, dass die Entscheidung, ob vertragliche Pflichten eingehalten werden oder nicht, eine unternehmerische Entscheidung im Sinne der Business Judgment Rule ist und der vorsätzliche Vertragsbruch daher nicht zwingend den Tatbestand eines Schadensersatzanspruchs erfüllt.[522]

## 4. Verstoß gegen die unternehmensinterne Kompetenzordnung

Weiterhin hat der Vorstand die aktienrechtliche Kompetenzverteilung zu wahren. § 82 Abs. 2 AktG formuliert dies dahin, dass alle Vorstandsmitglieder im Verhältnis zur Gesellschaft verpflichtet sind, die Beschränkungen einzuhalten, die im Rahmen der Vorschriften über die Aktiengesellschaft die Satzung, der Aufsichtsrat, die Hauptversammlung und die Geschäftsordnungen des Vorstands und des Aufsichtsrats für die Geschäftsführungsbefugnis getroffen haben.[523] Ähnliches gilt über § 37 Abs. 1 GmbHG für den Geschäftsführer einer GmbH. Er ist intern den Weisungen und Beschränkungen der Gesellschafter und des Gesellschaftsvertrages unterworfen. Ein Pflichtverstoß liegt daher selbst dann vor, wenn der Kompetenz- beziehungsweise der Satzungsverstoß zum Vorteil der Gesellschaft begangen wurde. Denn der Gesellschaft würden im Falle nützlicher Kompetenzverstöße im Zweifel Geschäfte aufgedrängt werden, die nicht in ihr Geschäftsfeld fallen oder ihr sonst keinen gesteigerten Nutzen bringen. Sowohl der BGH[524] als auch bereits das RG[525] sahen in solchen Fällen tatbestandliche Pflichtverletzungen als gegeben an. Dies ist interessengerecht. Ähnlich wie bei der Frage, ob die Vorstände vollumfänglich für jegliche Normverstöße haften sollen[526], muss es der Gesellschaft möglich bleiben, nach freier Entscheidung ein solches Geschäft zu akzeptieren oder gegen die verantwortlichen Personen vorzugehen. Wegen des für die AG geltenden Grundsatzes der Satzungsstrenge gemäß § 23 Abs. 5 AktG ist nicht ersichtlich, warum die Gesellschaft Rechtsgeschäfte, die aus Satzungsverstößen des Vorstands entstanden sind, zwingend gegen sich gelten lassen muss. Auch für die

---

522 *Uwe H. Schneider*, FS Hüffer, S. 905, 912.

523 *Spindler*, in MüKo, AktG, § 93 Rdnr. 63; siehe oben unter C. I. 1 .c).

524 BGH NJW-RR 1988, 995, 996.

525 RGZ 109, 56, 60.

526 Siehe oben unter C. II. 1. b. 4)

GmbH ist kein Grund erkennbar, warum der Gesellschaft, die sich mittels des Gesellschaftsvertrages gerade diese Kompetenzordnung gegeben hat, vergleiche §§ 2, 37 Abs. 1 GmbHG, ohne Einschränkungen Reaktionsmöglichkeiten genommen werden sollen und sie dieses Geschäft schlichtweg zu akzeptieren hat. Gleiches gilt, wenn das Gesetz bestimmte Mitwirkungsbefugnisse der Gesellschafter- beziehungsweise der Hauptversammlung oder des Aufsichtsrates vorschreibt. Es liegt daher stets ein Verstoß gegen § 93 Abs. 1 AktG vor, wenn der Vorstand beispielweise ohne Rücksichtnahme auf satzungsmäßige Zustimmungsvorbehalte des Aufsichtsrats (§ 111 Abs. 4 S. 2 AktG) Verträge mit Dritten abschließt[527] oder sich eigenmächtig über die ungeschriebenen Mitwirkungsbefugnisse der Hauptversammlung bei Strukturentscheidungen[528] hinwegsetzt.[529] Wie oben bereits herausgearbeitet, sind auf der haftungsausfüllenden Seite viel flexiblere und daher interessengerechtere Ergebnisse möglich, so dass der nützliche Kompetenzverstoß auf Tatbestandsebene nicht toleriert werden muss. Zudem ist die Feststellung einer Pflichtverletzung für die Gesellschaft insofern noch von Bedeutung, da auch ein grober Kompetenzverstoß bereits ausreicht, die Bestellung des Vorstandsmitglieds zu widerrufen, vergleiche § 84 Abs. 3 Satz 1, 2 AktG, § 38 Abs. 2 GmbHG.[530]

### 5. Sonstige mögliche nützliche Pflichtverstöße

#### a. Verstoß gegen die Grundsätze der Geschäftsmoral

Es können sich aber Fallgestaltungen ergeben, in denen der Vorstand weder gegen Gesetze verstößt, noch Verträge der Gesellschaft mit Dritten bricht, um den Gewinn der Gesellschaft zu steigern und dennoch sein Handeln fragwürdig ist. Theoretisch ist es möglich, dass der Vorstand gegen Grundsätze der Geschäftsmoral zu Gunsten des eigenen Unternehmens verstößt, ohne einen Vertrags- oder Gesetzesbruch zu begehen. Denkbar wären zum Beispiel unlautere Finanztransaktionen.[531] Der Frage, wie ein solches Vorgehen haftungsrechtlich zu beurteilen ist, wird im Folgenden nachgegangen.

#### 1) Pflichtverletzung

*Mertens* und *Cahn* sind der Auffassung, dass der Vorstand über ein gesetzmäßiges Verhalten der Gesellschaft nach außen hinaus dafür zu sorgen habe, dass auch die allgemein akzeptierten Grundsätze der Geschäftsmoral eingehalten werden.[532]

---

527 Vgl. OLG München NZG 2000, 741, 742 f.; *Goette*, FS 50 Jahre BGH, S. 123, 133.

528 Vgl. BGHZ 83, 122; BGHZ 159, 30.

529 Vgl. *Goette*, FS 50 Jahre BGH, S. 123, 133.

530 Vgl. *Spindler*, in MüKo, AktG, § 84 Rdnr. 120.

531 Vgl. die Beispielsfälle bei *Hopt*, FS 500jähriges Bestehen der Tübinger Juristenfakultät, S. 279, 299 ff.

532 *Mertens/Cahn*, in KölnKomm, AktG, § 93 Rdnr. 71; ebenso *Schlechtriem*, in Kreuzer, Haftung der Leitungsorgane von Kapitalgesellschaften, S. 9, 21.

### 2) Differenzierende Sicht

Der nicht die Grenzen des § 138 BGB überschreitende Verstoß gegen die Grundsätze der Geschäftsmoral oder rechtlich nicht verpflichtende Verhaltenskodizes führt nach teilweise vertretener Auffassung nicht per se zur gesellschaftsrechtlichen Unzulässigkeit der Handlung.[533] Die Pflichtwidrigkeit könne sich jedoch daraus ergeben, dass der Gesellschaft Nachteile für ihre zukünftige Geschäftstätigkeit oder ihr Ansehen allgemein entstehen.

Erforderlich ist mit anderen Worten eine Abwägung von Nutzen und Schaden.[534]

### 3) Stellungnahme

Die Geschäftsmoral entfaltet dann eine erhebliche Wirkung auf das Verhalten der Gruppenmitglieder, wenn innerhalb der Gruppe Konsens herrscht und abweichendes Verhalten nicht unbemerkt bleibt. Jedoch ist zu bedenken, dass je internationaler das Geschäftsleben wird, umso mehr auch die Gruppengröße wächst, was eine Kontrolle durch die anderen Gruppenmitglieder erschwert. Es ist bekannt, dass sich unter dem Druck der Konkurrenz tendenziell die *„lockerere"* Geschäftsmoral durchsetzt.[535] Ein Organmitglied für die Missachtung der „Geschäftsmoral" haftbar machen zu wollen, ist daher verfehlt.[536] Ferner existieren bei einer Haftung für Verstöße gegen die Geschäftsmoral enorme praktische Probleme und Ungenauigkeiten. Solche Verhaltensstandards sind inhaltlich kaum fassbar. Sind sie ausnahmsweise schriftlich fixiert, entfalten sie dennoch über die §§ 138, 242 BGB hinaus keine rechtlichen Wirkungen.[537]

Die Vorstandsmitglieder müssen bei ihren unternehmerischen Entscheidungen jedoch berücksichtigen, dass Verstöße gegen die Geschäftsmoral häufig zu Ansehensverlusten bei Geschäftspartnern und in der breiten Öffentlichkeit führen und daher nur selten im Geschäftsinteresse liegen.[538]

## b. Entscheidung unter rechtlicher Unsicherheit

Ausnahmsweise könnte eine Durchbrechung der Legalitätspflicht anzuerkennen sein, wenn das Organmitglied mit erheblichen rechtlichen Unsicherheiten konfrontiert ist, die es auch mit Hilfe von (internem und/oder externem)

533 *Hopt*, in GroßKomm, AktG, § 93 Rdnr. 101 f.; *Riegger/Götze*, in Krieger/Schneider, Hdb Managerhaftung, § 26 Rdnr. 51.
534 *Riegger/Götze*, in Krieger/Schneider, Hdb Managerhaftung, § 26 Rdnr. 51.
535 *Hopt*, FS 500jähriges Bestehen der Tübinger Juristenfakultät, S. 279, 280 f.
536 *Sieg/Zeidler*, in Hdb Corporate Governance, § 3 B. IV., Rdnr. 17.
537 *Fleischer*, ZIP 2005, 141, 144.
538 *Fleischer*, ZIP 2005, 141, 144 f.

Rechtsbeistand[539] nicht zu lösen vermag oder die begründete Aussicht auf die Änderung einer bislang gefestigten Rechtsprechung besteht.[540]

### 1) Verletzung von Rechtspflichten bei unklarer Rechtslage

In einer Gruppe von Fällen finden sich bei der Wahl zwischen einem für die Gesellschaft günstigen und einem für sie ungünstigen Rechtsstandpunkt keine gerichtlichen Entscheidungen und entweder keine oder jedenfalls umstrittene Rechtsauffassungen in der Literatur. Die Rechtslage ist entweder offen und/oder ungeklärt.

Nach Einholung eines umfassenden (gegebenenfalls auch externen[541]) sachkundigen Rechtsrates und einer sorgfältigen Prüfung darf der Vorstand auf der Grundlage angemessener Information bei einem entsprechenden Ergebnis mit guten Gründen von der Rechtmäßigkeit seines Handelns ausgehen.[542] Hier wird man dem Vorstand einen Handlungsspielraum zubilligen müssen.[543] Wichtig ist jedoch, dass der Vorstand im Rahmen der Abwägung von Chancen und Risiken gerade zu berücksichtigen hat, welche Nachteile der Gesellschaft drohen, wenn sich seine – gutachterlich gestützte – Rechtsauffassung nachträglich als unrichtig herausstellt.[544] Kann das Vorstandsmitglied auf der Grundlage eines solchermaßen eingeholten Rechtsrates davon ausgehen, dass eine der Gesellschaft günstige Auslegung vertretbar erscheint, handelt es im Rahmen seines unternehmerischen Ermessens, wenn es eine solche Auslegung seiner Entscheidung zu Grunde legt, auch wenn später ein Gericht zu einem anderen Ergebnis kommen sollte.[545] Es gilt der Grundsatz, dass dem mit dem Geschäft bezweckten Vorteil für die Gesellschaft umso mehr Gewicht zukommt, *„je gefestigter die Rechtslage ist und je mehr höhere Gerichte hierzu beigetragen haben"*.[546] Bei einer solchen Vorgehensweise entfällt die mögliche Pflichtwidrigkeit des Vorstandshandelns.[547] Andere sind der Auffassung, dass es

---

539 Ausführlich zu der Frage der Qualifikation und den Fähigkeiten des Rechtsberaters *Fleischer*, FS Hüffer, S. 187 ff.

540 *Spindler*, FS Canaris, S. 402, 415, 421.

541 Vgl. *Spindler*, FS Canaris, S. 402, 421: „Je nach Komplexität der Frage und nach Größe des Unternehmens kann er [der Vorstand] sich hierbei auf einen internen Rechtsrat beschränken, wobei er jedoch stets die Gefahr einer „Betriebsblindheit" von untergeordneten Abteilungen im Auge behalten muss."; vgl. auch *ders.* in MüKo, AktG, § 93 Rdnr. 67.

542 *Dreher*, FS Konzen, S. 85, 93.

543 *Fleischer*, ZIP 2005, 141, 149; ähnlich *Mertens/Cahn*, in KölnKomm, AktG, § 93 Rdnr. 75; so auch *Zimmermann*, WM 2008, 433, 435: „Der Vorstand darf jedoch nicht das Risiko, dass ein Gericht möglicherweise anders entscheiden wird, außer Acht lassen."

544 *Fleischer*, FS Hüffer, S. 187, 199.

545 *Riegger/Götze*, in Krieger/Schneider, Hdb Managerhaftung, § 26 Rdnr. 54; *Spindler*, FS Canaris, S. 402, 421; *Fleischer* BB 2008, 1070, 1071; *ders.*, ZIP 2005, 141, 149; *Krause*, BB-Special 8/2007, S. 2, 6.

546 *Uwe H. Schneider*, in Scholz, GmbHG, § 43 Rdnr. 79.

547 *Hopt*, in GroßKomm, AktG, § 93 Rdnr. 99; *Wilsing*, in Krieger/Schneider, Hdb Managerhaftung, § 27 Rdnr. 28; ähnlich auch *Paefgen*, Unternehmerische Entscheidungen

ausreiche, wenn die jeweilige Rechtsposition nicht geradezu unvertretbar sei.[548]

Der Vorstand wird durch juristische Gefälligkeitsgutachten, mögen sie auch von prominenter Seite zur Verfügung gestellt worden sein, nicht entlastet. Dies gilt insbesondere dann, wenn die Rechtswidrigkeit offensichtlich ist.[549]

### 2) Herbeiführung einer Rechtsprechungsänderung

In einer zweiten Gruppe von Fällen ist die Rechtslage zwar nicht vollständig ungeklärt, es gibt jedoch Anlass, sie zur Überprüfung zu stellen. Wann bei einem solchem (fehlgeschlagenem) Vorgehen die Pflichtwidrigkeit entfallen soll, ist umstritten.

#### a) Vertretbarkeitsschwelle

Teilweise wird vertreten, dass dem Vorstand die Möglichkeit offen stehen müsse, sich mit vertretbaren Gründen über Rechtsvorschriften hinwegzusetzen, um ihre Gültigkeit oder die vorherrschende Auslegung durch die Verwaltungsbehörden oder Gerichte überprüfen zu lassen.[550] Erforderlich sei hiernach nur eine Vertretbarkeitsschwelle.[551]

#### b) Externe Pflichtenbindung nur in Ausnahmefällen

Noch niedriger setzen manche diese Schwelle und halten eine Pflicht für eine externe rechtliche Überprüfung nur in besonders schwerwiegenden Fällen für angebracht. Falls eine nur zweifelhafte Rechtslage gegeben sei, dürfe sich der Vorstand (ohne Weiteres) die für das Unternehmen günstigste Version zu Eigen machen, sofern sie vertretbar sei.[552]

---

und Rechtsbindung der Organe in der AG, S. 24 Fn. 45: „Bei nachweislich unklarer Rechtslage wird man allerdings eine strikte Bindung nur dann annehmen können, wenn bei Abwägung gegen die bei Annahme der Rechtswidrigkeit des Handelns drohenden Konsequenzen die in Aussicht stehenden Vorteile für die Gesellschaft nicht lohnend erscheinen."

548 *Zimmermann*, WM 2008, 433, 435 unter Hinweis darauf, dass der Vorstand jedoch das Risiko, dass ein Gericht möglicherweise anders entscheiden werde, nicht außer Acht lassen dürfe. Er habe dieses und die mit einem etwaigen Gesetzesverstoß für die Gesellschaft verbundenen Nachteile zu gewichten oder durch Berater gewichten zu lassen und auf dieser Basis eine Abwägungsentscheidung zu treffen. In diese seien auch die durch die Entscheidung in Aussicht stehenden Vorteile für die Gesellschaft einzubeziehen. Eine Pflichtverletzung scheide dann aus, wenn das in Kauf genommene Risiko zu den Vorteilen nicht außer Verhältnis stehe.

549 *Bayer*, FS K. Schmidt, S. 85, 92.

550 *Fleischer*, ZIP 2005, 141, 150; vgl. auch *Krause*, BB-Special 8/2007, S. 2, 6.

551 So ähnlich auch *Paefgen*, Unternehmerische Entscheidungen und Rechtsbindung der Organe in der AG, S. 24

552 *Raiser/Veil*, Recht der Kapitalgesellschaften, § 14 Rdnr. 81; noch weiter *Klaue/Schwintowski* ZNER 2004, 342, 346 über kartellrechtliche Vorgaben: „In diesen – schwierigen – Fällen muss die Geschäftsleitung eine Entscheidung treffen. Einen Bußgeldvorwurf wird man ihr nur machen können, wenn sie sich über die kartell-

#### c) Lösungsvorschlag

Die bloße Vertretbarkeitsschwelle bei Abweichung von einer gefestigten verwaltungsbehördlichen Praxis ist sehr niedrig.[553] Vollkommen unzureichend ist diese Meinung aber, wenn eine in der Rechtsprechung vorherrschende Ansicht oder gar eine solche der höchstrichterlichen Rechtsprechung abgeändert werden soll. Diesen Differenzierungen kann keine starre, allgemeine Vertretbarkeitsschwelle, sondern nur eine bewegliche Schranke gerecht werden.[554] Die Schwelle liegt daher – ebenso wie bei der unklaren Rechtslage[555] – umso höher, je gefestigter die Rechtslage ist und je mehr höhere Gerichte hierzu beigetragen haben.[556] Hinzukommen muss ebenfalls, dass im Hinblick auf das rechtliche Risiko und gegebenenfalls die Öffentlichkeitswirkung eines bewussten Rechtsverstoßes ein derartiges Vorgehen im überwiegenden Interesse der Gesellschaft liegen muss und auch – im Sinne der Verhältnismäßigkeit – kein milderes Mittel zur Verfolgung dieses Interesses gegeben ist.[557]

Dem Vorstand muss es natürlich unbenommen bleiben, neue Ansätze aufzunehmen, um die bislang als gefestigt geltenden Rechtsmeinungen und Gesetze *„aufbrechen"* zu können. Allerdings kann der Vorstand derartige Verfahren nicht *„ins Blaue hinein"* führen, sondern muss sich vorher sorgsam informieren, Risiken und Chancen gegeneinander abwägen und zu einem für die Gesellschaft vertretbaren Ergebnis kommen.[558]

### c. Auslegung unbestimmter Rechtsbegriffe

Der Vorstand hat bei seinen Geschäftsführungsentscheidungen den Rahmen des Unternehmensgegenstandes zu beachten, das allgemeine Unternehmensziel zu verfolgen und das Unternehmensinteresse zu berücksichtigen. Die Angemessenheit des Gewinns und das Unternehmensinteresse sind unbestimmte Rechtsbegriffe. Bei der Entscheidung über den Inhalt eines unbestimmten Rechtsbegriffes hat der Vorstand einen Beurteilungsspielraum, den er gleich-

---

rechtliche Selbsteinschätzung überhaupt keine Gedanken gemacht hat, wenn sie also kein System der Selbsteinschätzung praktiziert."

553 Ebenso *Dreher*, FS Konzen, S. 85, 93; vgl. auch *Spindler*, in MüKo, AktG, § 93 Rdnr. 70: „Allein auf die Vertretbarkeit wird es daher nicht ankommen können."

554 *Spindler*, in MüKo, AktG, § 93 Rdnr. 70; *ders.*, FS Canaris, S. 402, 423; *Dreher*, FS Konzen, S. 85, 93.

555 Vgl. oben unter C. II. 4. b.

556 *Spindler*, in MüKo, AktG, § 93 Rdnr. 70; nach *Dreher*, FS Konzen, S. 85, 93 bedeutet das, wenn die höchstrichterliche Rechtsprechung geändert werden soll, dass entweder sehr gute und nicht nur im Sinne einer Einzelmeinung vertretene Gründe für eine Neuausrichtung vorliegen und die Rechtsprechung selbst bereits älteren Datums ist oder dass ein Senat selbst zur Überprüfung seiner Rechtsprechung eingeladen bzw. eine Überprüfung bei nächster Gelegenheit angedeutet hat.

557 *Dreher*, FS Konzen, S. 85, 93 f.

558 *Spindler*, FS Canaris, S. 402, 423.

falls dank der ihm eingeräumten Eigenverantwortlichkeit eigenständig ausfüllen darf.[559]

### d. Tatbestandlicher Beurteilungsspielraum

Ermessen besteht, wenn eine Norm selbst einen tatbestandlichen Beurteilungsspielraum enthält und damit Prognosen und Wertentscheidungen voraussetzt.[560] Die Ermessensentscheidung kann nur nach den oben dargestellten Grundsätzen[561] vom Gericht überprüft werden.

## III. Rechtfertigung und tatbestandausschließendes Einverständnis

### 1. Tatbestandausschließendes Einverständnis bzw. Einwilligung

### a. GmbH

In einer Entscheidung die Strafbarkeit die Einrichtung und Unterhaltung schwarzer Kassen betreffend hat der 2. Strafsenat des BGH[562] entschieden, dass ein die Pflichtwidrigkeit im Sinne des § 266 StGB ausschließendes Einverständnis der Gesellschafter einer GmbH auch dann in Betracht kommt, wenn die Vermögensverfügung des Geschäftsführers unter Verstoß gegen Buchführungsvorschriften erfolgt. Im Zivilrecht gilt parallel hierzu ähnliches bei einem Einverständnis des Aufsichtsrates oder sogar der Hauptversammlung im Rahmen eines Schadensersatzanspruches.[563] Bei Vorliegen eines Einverständnisses entfällt auch im Zivilrecht die Pflichtwidrigkeit (gegenüber der Gesellschaft), vgl. § 43 Abs. 3 Satz 3 GmbHG. Nach dem BGH reicht hierfür jedoch nicht bereits das Einverständnis des Mehrheitsgesellschafters aus, unabhängig davon ob überhaupt eine Willensbildung aller Gesellschafter erfolgt ist. Nach der neueren Rechtsprechung des BGH kommt nur dem Einverständnis sämtlicher Gesellschafter einer Kapitalgesellschaft oder einem (Mehrheits-) Beschluss des die Gesamtheit der Gesellschafter repräsentierenden Gesellschaftsorgans tatbestandsausschließende Wirkung zu.[564] In dieser Entscheidung hat der BGH offen gelassen, ob nur der Mehrheitsentscheidung der Gesellschafter tatbestandsausschließende Wirkung beigemessen werden könne, die im Wege eines förmlichen Beschlusses herbeigeführt worden sei, oder ob tatbestandsausschließende Wirkung auch solchen Mehrheitsentscheidungen zukomme, die nicht unter Einhaltung der Formalien der §§ 47 ff. GmbHG ge-

---

559 *Semler*, FS Ulmer, S. 626, 628 f.; *Spindler*, NZG 2005, 865, 872.

560 *Wilsing*, in Krieger/Schneider, Hdb Managerhaftung, § 27 Rdnr. 29; *Hopt/Roth*, in GroßKomm, AktG, § 116 Rdnr. 98; *M. Roth*, Unternehmerisches Ermessen und Haftung des Vorstands, S. 103 ff.

561 Vgl. oben unter C. II. 1. a.

562 BGHSt 35, 333, 335 ff.; anders noch BGHSt 34, 379, 384 ff.

563 Vgl. *Trölitzsch*, in Oppenländer/Trölitzsch, GmbH-Geschäftsführer, § 16 Rdnr. 27.

564 BGH AG 2010, 826, 830.

troffen worden seien.[565] Nach der Rechtsprechung ist in jedem Fall Voraussetzung für die Erteilung eines tatbestandsausschließendem Einverständnisses, stets die inhaltliche Befassung auch der Minderheitsgesellschafter mit der Frage der Billigung der betreffenden Pflichtwidrigkeit.[566]

### b. Aktiengesellschaft

Bei der AG[567] gilt wegen der unterschiedlichen Organisation folgendes: Das Verhältnis der drei Organe der AG ist ein solches der Gewaltenteilung und wechselnden Kontrolle, in dem die Führung der laufenden Geschäfte ausschließlich dem Vorstand anvertraut ist. Im Hinblick auf diese Kompetenzverteilung kommt eine eigene Befugnis des Vorstands zur Einwilligung in eigenes pflichtwidriges Handeln jedenfalls dann nicht in Betracht, wenn es um ein eigenes pflichtwidriges Handeln geht, das – im Fall von schwarzen Kassen – gerade in der Verschleierung der von ihm selbst vorgenommenen Vermögensverfügungen gegenüber den zu seiner Kontrolle berufenen anderen Gesellschaftsorganen sowie den für diese tätigen Abschlussprüfer besteht.[568] Dem Aufsichtsrat beziehungsweise der Hauptversammlung ist es möglich, sich gegen die Geltendmachung von Schadensersatzansprüchen oder sonstige Sanktionen gegen den Vorstand zu entscheiden und damit sich mit der Pflichtverletzung des Vorstands einverstanden zu erklären. Eine Schadensersatzverpflichtung des Vorstands besteht dann nicht mehr. Jedoch birgt ein solches Vorgehen für den Aufsichtsrat ein hohes Risiko selbst wegen des Einverständnisses auf Schadensersatz in Anspruch genommen zu werden, §§ 93, 116 AktG.

## 2. Rechtfertigung

Möglicherweise ist der (nützliche) Pflichtverstoß des Vorstandes gegenüber der Gesellschaft aber gerechtfertigt und kann daher nicht Grundlage eines Schadensersatzanspruches sein. Dies wird im Folgenden untersucht.

### a. Besondere zivilrechtliche Rechtfertigungsgründe

Zwar indiziert im Deliktsrecht ein Verstoß gegen die organschaftliche Legalitätspflicht[569] die Rechtswidrigkeit des Vorstandshandelns. Fraglich ist aber, ob

---

565 Vgl. zusammenfassend *Hoffmann*, Untreue und Unternehmensinteresse, S. 190 ff.

566 BGH AG 2010, 826, 830.

567 Siehe hierzu auch BGH AG 2010, 826, 830.

568 Ob der der Gesellschaftsrechtssenat des BGH den Ergebnissen des 2. Strafsenats folgt, bleibt indes abzuwarten.

569 Die Legalitätspflicht ist nicht auf die Einhaltung allein deutscher Vorschriften begrenzt. Vgl. differenzierend *Riegger/Götze*, in Krieger/Schneider, Hdb Managerhaftung, § 26 Rdnr. 48 ff.: Soweit sich die Anwendbarkeit ausländischen Rechts aus deutschen (Kollisions-) Normen ableiten lässt, steht einer Erstreckung der Legalitätspflicht auf die Beachtung ausländischen Rechts nichts entgegen. Geht es aber um die Überschreitung sonstigen nicht durch deutsches Kollisionsrecht berufenen ausländischen

auch die Zwangslage ausreichend berücksichtigt wird, in der das handelnde Organ möglicherweise steckt. Oft wird dessen bedrängende Situation vom Unternehmen selbst maßgeblich verursacht, zum Beispiel wenn es unter hohem Umsatzdruck steht und in den von ihm verantworteten (Auslands-) Märkten korruptive Praktiken üblich sind.[570] Es ist daher nicht ausgeschlossen, dass diese besondere Zwangslage Auswirkungen auf die Frage der Behandlung solcher Pflichtverletzungen gerade im Innenverhältnis hat.

Daher könnten dem Vorstand möglicherweise besondere Rechtfertigungsgründe zugutekommen. Solche Erlaubnissätze lassen sich aus aktienrechtlichen Sonderwertungen, aber auch aus den anerkannten Rechtfertigungsgründen des Straf- und Zivilrechts gewinnen.[571] Zivilrechtlich ließe sich eine solche rechtfertigende Sichtweise an § 71 Abs. 1 Nr. 1 AktG anlehnen, der dem Vorstand erlaubt, entgegen dem Verbot der Einlagenrückgewähr zur Abwehr von schweren Schäden für die AG Zahlungen an Aktionäre zu leisten.[572] Um dieses Ergebnis dogmatisch zu untermauern, lassen sich zwei Überlegungen anführen: Zum einen könnte man die Figur der rechtfertigenden Pflichtenkollision heranziehen. Zum anderen ist an die Figur des Notstandes zu denken.[573]

Solch eine Rechtfertigung ist aber nur vorstellbar, wenn dem Vorstand keine andere Handlungsalternative zur Schadensabwehr zur Verfügung steht.[574]

Für den Standardfall der nützlichen Pflichtverletzung hat diese Überlegung nur eine geringe Relevanz. Wie bereits zuvor ausgeführt,[575] wird die Zwangslage von international tätigenden Unternehmen, die in Ländern operieren, in denen man die großen Aufträge nur durch Zahlung von Schmiergeldern bekommt, nicht mehr als Rechtfertigungsgrund anerkannt.

Diese Überlegung kann deswegen bei der nützlichen Pflichtverletzung ohnehin nicht generell geltend gemacht werden, da nur solche Rechtsverstöße des Vorstandes gerechtfertigt sind, die zur Abwendung eines Schadens der Gesellschaft begangen werden. Davon wird ein – ohne den Rechtsverstoß – entgangener Gewinn nicht erfasst. Gemeint ist nur ein substantieller Schaden. Somit haben diese Aussagen für das Gros der Fälle der nützlichen Pflichtver-

---

Rechts, lässt sich ihre gesellschaftsrechtliche Unzulässigkeit nicht ohne Weiteres unter Berufung auf die Legalitätspflicht begründen. Vielmehr kommt es in diesen Fällen darauf an, ob das betreffende Verhalten des Vorstandes nach dem Maßstab des § 138 BGB als sittenwidrig einzustufen ist – bejahendenfalls es ihm wiederum untersagt ist.

570 *Zimmer*, BB-Special 8/2007, S. 1.

571 *Fleischer*, ZIP 2005, 141, 150.

572 *Spindler*, FS Canaris, S. 402, 424; a. A. *Poelzig*, WM 2008, 1009, 1011 bezogen auf den Fall des Abkaufs räuberischer Anfechtungsklagen: „§ 71 Abs. 1 Satz 1 AktG legitimiert lediglich den Erwerb eigener Aktien durch die Aktiengesellschaft und ist auf den vorliegenden Sachverhalt der verbotenen Rückgewähr von Einlagen gemäß § 57 Abs. 1 AktG nicht anwendbar."

573 *Raiser/Veil*, Recht der Kapitalgesellschaften, § 14 Rdnr. 79: „übergesetzlicher Rechtfertigungsgrund"; *Schlaus*, AG 1988, 113, 116: „übergesetzlicher Notstand".

574 *Fleischer*, ZIP 2005, 141, 150; *Poelzig*, WM 2008, 1009, 1012.

575 Siehe oben unter C. II. 1. b. 5).

letzung keine Relevanz, da diese in der Regel nur zur Mehrung des Gewinns der Gesellschaft begangen werden und nicht, um einen schweren Schaden abzuwenden.

Eine andere Wertung könnte aber für den Fall gelten, dass der nützliche Pflichtverstoß gerade zur Rettung der Gesellschaft begangen wurde und auch werden musste. Begeht ein Vorstandsmitglied eine Bestechung, um seiner Gesellschaft einen existenziell notwendigen Auftrag zu beschaffen, erscheint es unbillig, dass die Gesellschaft im Anschluss im Wege des Schadensersatzes gegen das damals handelnde Organ vorgeht und diesem somit mittelbar die Rettung zum Vorwurf macht. Eine solche Vorgehensweise könnte gegen den aus § 242 BGB hergeleiteten Grundsatz des *venire contra factum proprium* verstoßen. Die Gesellschaft geht gegen etwas vor, das sie vorher zur Rettung angenommen hat.

Dieses nur scheinbar widersprüchliche Verhalten ist Konsequenz aus einer Vielzahl an Gesetzen zur Bekämpfung der Korruption.[576] Die Zwangslage des Vorstands, der der Gesellschaft gegenüber verpflichtet ist, alles zu unternehmen, um sie zu retten, kann keine andere Wertung begründen. Die Pflicht des Vorstands, zu Gunsten der Gesellschaft zu handeln, endet dort, wo das Gesetz ihm ein solches Vorgehen verbietet. Daher ist auch eine nützliche Pflichtverletzung zur Rettung des Unternehmens nicht zu rechtfertigen.

### b. Strafrechtliche Rechtfertigungsgründe

Auf einen die Strafbarkeit ausschließenden rechtfertigenden Notstand (§ 34 StGB) wird sich der Zuwendende beziehungsweise der Bestechende nicht berufen können.[577] Soweit das Schmiergeld der Bevorzugung eines qualitativ minderwertigen geschäftlichen Angebots dienen soll, ist es nicht das mildeste Mittel zum Schutz der Vermögensinteressen des Zuwendenden. Resultiert die Zuwendung hingegen aus einem vom Zuwendungsempfänger ausgehenden Druck, dann handelt der Zuwende zwar womöglich in einem sogenannten Nötigungsnotstand, dieser führt aber in aller Regel nicht zur Rechtfertigung der Tat.[578] Ein entschuldigender Notstand (§ 35 StGB) hat die (nicht vorliegende) Bedrohung von Leib, Leben oder Freiheit des Zuwendenden zur Voraussetzung.[579]

Zwar ähnelt die Konfrontation des Vorstandes mit einer Handlungs- und einer Unterlassungspflicht der Situation, die dem strafrechtlichen Notstandsbegriff gemäß § 34 StGB und dem zivilrechtlichen Angriffsnotstand gemäß § 904 BGB zugrunde liegt. Eine entsprechende Anwendung dieser Regelungen

---

576 Vgl. nur IntBestG, EUBestG, KorruptionsbG NRW.

577 Notwehr gem. § 32 StGB scheidet von vorneherein aus, vgl. *Wittig*, wistra 1998, 7, 10.

578 *Perron*, in Schönke/Schröder, StGB, § 34 Rdnr. 41b; sowie *Heine*, in Schönke/Schröder, StGB, § 299 Rdnr. 30: „§ 34 auf Grund wirtschaftlicher Bedrängnis wird kaum jemals in Betracht kommen."

579 *Riegger/Götze*, in Krieger/Schneider, Hdb Managerhaftung, § 26 Rdnr. 46.

begegnet allerdings erheblichen Bedenken, da das Aktienrecht als Organisationsrecht anderen Funktionen und Grundgedanken folgt als das Strafrecht und auch das Sachenrecht.[580]

### c. Zwischenergebnis

Es ist somit festzuhalten, dass strafrechtliche Rechtfertigungsgründe grundsätzlich nicht einschlägig sind. Zwar sind durchaus zivilrechtliche Rechtfertigungsgründe vorstellbar, doch wird das Gros der Fälle bereits an der fehlenden Rechtfertigungslage des Unternehmens scheitern, da die meisten Bestechungsfälle oder andere Arten von Verstößen nicht zur Vermeidung eines Schadens, sondern zur Mehrung des Gewinns begangen werden. Aber auch, wenn der Verstoß zur Rettung des Unternehmens begangen wurde, ist eine Rechtfertigung nicht vorstellbar. Es gibt keine Rettung um jeden Preis.

Eine Rechtfertigung der nützlichen Pflichtverletzung scheidet daher aus.

## IV. Anwendung auf den GmbH-Geschäftsführer

Für die GmbH ergeben sich insoweit keine Unterschiede zur AG.[581] Zwar wird im GmbHG die Geschäftsleitung nicht explizit den Geschäftsführern zugewiesen, jedoch obliegt auch in der GmbH die Pflicht der Geschäftsleitung – unter dem Vorbehalt der besonderen Gesellschafterrechte – den Geschäftsführern.[582] Ebenso wie der Vorstand einer AG ist auch der GmbH-Geschäftsführer zu rechtmäßigem Handeln verpflichtet.[583] Auch Zahlungen von Bestechungsgeldern sind ihm nicht erlaubt. Das gilt zugleich, wie oben dargestellt[584], für Fälle mit Auslandsbezug.

Die Regelung des § 93 Abs. 1 Satz 2 AktG findet auf den Geschäftsführer ebenfalls grundsätzlich Anwendung.[585] Diese Ansicht ist aber nicht unwidersprochen geblieben.[586] Im Rahmen dieser Arbeit soll dieser Streit aber nicht

---

580 Vgl. *Martens*, AG 1988, 118, 120, der den in § 71 Abs. 1 Ziff. 1 AktG enthaltenen Rechtfertigungsgrund als Ausdruck der allgemeinen Schadensverminderungspflicht des Vorstandes versteht.

581 Vgl. ausführlich zur ergänzenden Anwendung von Aktienrecht auf die GmbH *Fleischer*, GmbHR 2008, 673 (zur Geschäftsleiterverantwortung S. 679).

582 *Froesch*, DB 2009, 722, 723.

583 *Hommelhoff/Kleindiek*, in Lutter/Hommelhoff, GmbHG, § 43 Rdnr. 16; *Zöllner/Noack*, in Baumbach/Hueck, GmbHG, § 43 Rdnr. 17.

584 Siehe oben unter C. II. 1. b. 5).

585 Ganz herrschende Meinung vgl. *Zöllner/Noack*, in Baumbach/Hueck, GmbHG, § 43 Rdnr. 22 ff.; *U. H. Schneider*, in Scholz, GmbHG, § 43 Rdnr. 54; *Paefgen*, in GroßKomm GmbHG, § 43 Rdnr. 22; *Grunewald/Hennrichs*, FS Maier-Reimer, S. 147, 150; *Kebekus/Zenker*, FS Maier-Reimer, S. 319, 321 f.; *Freund*, GmbHR 2009, 1185, 1186; *Kuntz*, GmbHR 2008, 121; *Hauschka*, GmbHR 2007, 11, 12; *Fleischer*, GmbHR 2008, 673, 679; *ders.*, ZIP 2004, 685, 692.

586 Zweifelnd *K. Schmidt*, Gesellschaftsrecht, § 28 II 4 a); eine Anwendung außerhalb der AG ablehnend *Jungmann*, FS K. Schmidt, S. 831 ff.

problematisiert und von einer Geltung der Business Judgment Rule auf den GmbH-Geschäftsführer ausgegangen werden.[587] Zudem geht auch der BGH von einer entsprechenden Anwendung auf den GmbH-Geschäftsführer aus.[588]

An den Ausführungen zur nützlichen Pflichtverletzung ändert im GmbH-Recht auch eine entgegenstehende Weisung der Gesellschafterversammlung nichts. Zwar hat der Geschäftsführer grundsätzlich dieser Folge zu leisten[589], jedoch erstreckt sich diese Folgepflicht nicht auf gesetzeswidrige Beschlüsse.[590]

## V. Sonderproblem: Objektive Zurechnung und Kausalität bei Kollegialentscheidungen

Der Schaden der Gesellschaft muss gerade durch die nützliche Pflichtverletzung verursacht worden sein. Erforderlich ist somit ein nach allgemeinen schadensrechtlichen Grundsätzen zu bestimmender Zurechnungszusammenhang.[591]

Vorstandsmitglieder haften nicht nur für eigene Entscheidungen, sondern tragen innerhalb des Vorstandes eine Gesamtverantwortung. Ein Vorstandsmitglied kann deshalb für Entscheidungen anderer Vorstandsmitglieder haften, obwohl nach der internen Geschäftsverteilung ein anderes Mitglied zuständig ist. Dies gilt insbesondere, wenn gesetzliche Organisationspflichten in das Ressort eines Mitgliedes verwiesen sind und die übrigen Vorstände ihre internen Prüfungs- und Aufsichtspflichten verletzen.[592]

Wird eine Pflichtverletzung des Vorstandes bejaht, liegt ein großes Problem solch einer Kollegialentscheidung in der Kausalität zwischen Stimmabgabe und Schaden beziehungsweise Rechtsgutsverletzung. Wendet man bei soliden Beschlussmehrheiten die Äquivalenztheorie[593] strikt an, könnte man meinen, dass sich jedes Vorstandsmitglied damit verteidigen könne, dass sein Ab-

---

587 Die Meinung von Jungmann, aaO, überzeugend widerlegend *Kebekus/Zenker*, FS Maier-Reimer, S. 319, 325 f.

588 BGH NJW 2003, 358, 359; NZG 2008, 751.

589 *Zöllner/Noack*, in Baumbach/Hueck, GmbHG, § 37 Rdnr. 20 ff.

590 H.M. siehe *Zöllner/Noack*, in Baumbach/Hueck, GmbHG, § 37 Rdnr. 22; *Riegger/Götze*, in Krieger/Schneider, Hdb Managerhaftung, § 26 Rdnr. 61; *Menzer*, GmbHR 2001, 506, 510.

591 *Bayer*, FS K. Schmidt, S. 85, 93.

592 Siehe oben unter C. I. 1. d. 1).

593 Eine Schadensersatzpflicht setzt voraus, dass der Schaden ohne das Verhalten des in Anspruch Genommenen nicht eingetreten wäre: Das Verhalten muss für den Schaden kausal geworden sein. Ein vollständiger naturwissenschaftlicher Kausalitätsnachweis unterbleibt jedoch. Stattdessen wird abgekürzt danach gefragt, ob das Verhalten des in Anspruch Genommenen hinweg gedacht werden kann und damit zugleich auch der Erfolg entfallen würde. Das Verhalten des in Anspruch Genommenen ist deshalb für den Schaden nicht kausal geworden, wenn sein Verhalten hinweg gedacht werden kann, ohne dass damit der konkrete Erfolg entfiele. So *Oetker*, in MüKo, BGB, § 249 Rdnr. 98.

stimmungsverhalten problemlos hinweg gedacht werden könnte, ohne dass der Erfolg entfiele. In der Kausalitätsdogmatik wird von überbedingten oder überbestimmten Erfolgen gesprochen.[594] In der strafrechtlichen Literatur werden zur Vermeidung des überbedingten Erfolges verschiedene Theorien vertreten, die im Zivilrecht für deliktische Ansprüche durchaus relevant sein können.[595] Viele nützliche Pflichtverletzungen stellen zugleich Verstöße gegen Straftatbestände dar (vgl. nur §§ 299 ff. StGB), sind damit in der Regel Schutzgesetze im Sinne von § 823 Abs. 2 BGB[596] und damit Grundlage einer deliktischen Haftung.

### 1. Strafrechtliche Ansätze

Im Strafrecht werden verschiedene Ansätze vertreten, wie mit dem Problem der Kollegialentscheidung verfahren werden soll. Diese Ansätze können auf deliktische Ansprüche gegen die Gesellschaft übertragen werden und daher zumindest für diese von Interesse sein.

#### a. BGH: Behandlung wie Mittäterschaft

Der BGH neigte in der sog. Lederspray-Entscheidung dazu, die zustimmenden Vorstandsmitglieder als Mittäter zu bestrafen.[597] Auf die Kausalität der Einzelstimme für den (Beschluss-) Erfolg kommt es danach wegen der wechselseitigen Zurechnung der Tatbeiträge nicht mehr an.[598] Die Problematik der Kollegialentscheidung ist nach dem BGH daher eine Frage der objektiven Zurechnung und nicht der Kausalität. Im zugrunde liegenden Sachverhalt entschied die Konzernleitung, ein Lederspray weiter herzustellen und zu vertreiben, obwohl sie Kenntnis davon hatte, dass erhebliche gesundheitliche Risiken bei der Verwendung dieses Mittels bestanden. Damit sich nicht jedes Vorstandsmitglied darauf berufen konnte, dass seine (einzelne) Stimme für den Gesamtbeschluss (bei soliden Beschlussmehrheiten) keine Bedeutung habe, wurden die Vorstandsmitglieder als Mittäter betrachtet.

Auf nützliche Pflichtverletzungen angewendet, bedeutet dies, dass bei Vorstandsbeschlüssen jeder Vorstand für diese Pflichtverletzung als Mittäter persönlich einzustehen hat. Erforderlich ist aber, dass es sich bei der verletzten Norm um ein Schutzgesetz im Sinne des § 823 Abs. 2 BGB oder um einen sonstigen deliktischen Tatbestand handelt. Ob die Haftung dann ähnlich wie bei der Gesamtschuld nach § 840 Abs. 1 BGB in Verbindung mit § 426 Abs. 2 BGB behandelt wird, so dass die Gesellschaft ein beliebiges Vorstandsmitglied auf

---

594 *Röckrath*, Kausalität, Wahrscheinlichkeit und Haftung, S. 29 ff.

595 Vgl. auch *Fleischer*, in ders., Hdb Vorstandsrecht, § 11 Rdnr. 39; *Spindler*, in Fleischer, Hdb Vorstandsrecht, § 13 Rdnr. 39.

596 *Wagner*, in MüKo, BGB, § 823 Rdnr. 369; *Sprau*, in Palandt, BGB, § 823 Rdnr. 69.

597 BGHSt 37, 106, 129.

598 *Beulke/Bachmann*, JuS 1992, 737, 742 f.; *Hilgendorf*, NStZ 1994, 561, 563; kritisch *Spindler*, Unternehmensorganisationspflichten, S. 892.

vollen Ersatz in Anspruch nehmen kann und dieses sich dann bei seinen Kollegen anteilig schadlos hält, wird hier nicht weiter vertieft.

### b. Kumulative Kausalität

Andere begreifen Mehrheitsentscheidungen in Kollegialorganen schlicht als ein Anwendungsfall der kumulativen Kausalität.[599] Kumulative Kausalität bedeutet, dass sich nicht ermitteln lässt, welchen Schadensanteil der einzelne Beteiligte verursacht hat, sein Verhalten aber für den gesamten Schaden kausal sein kann.[600] Diese kumulative Kausalität (auch Anteilszweifel genannt) lässt sich durch folgende vier Kriterien[601] kennzeichnen:

(1) Mehrere Personen haben unabhängig voneinander eine für den Rechtskreis des Geschädigten gefährliche Handlung begangen.
(2) Eine dieser Handlungen hat den Schaden tatsächlich verursacht, oder mehrere dieser Handlungen haben den Schaden gemeinsam tatsächlich verursacht.
(3) Die Handlung einer jeden Person kann den gesamten Schaden verursacht haben.
(4) Welchen Anteil jeder einzelne an dem Schaden wirklich hat, ist nicht zu ermitteln.

Mit dieser Ansicht würde sich ebenfalls die Haftung für nützliche Pflichtverletzungen des Vorstandsmitgliedes begründen lassen.

### c. NESS-Test

Teilweise wird der sogenannte NESS-Test (Necessary Element of a Sufficient Set)[602] herangezogen, der die Kriterien der notwendigen und hinreichenden Bedingung in spezifischer Weise miteinander kombiniert.[603] Danach sind sämtliche Elemente kausal, die zusammen mit anderen Elementen eine hinreichende Mindestbedingung für den Erfolg bilden.[604]

---

599 Vgl. *Roxin*, Strafrecht Allgemeiner Teil, Bd. I, § 11 Rdnr. 19 ff.

600 *Eberl-Borges*, in Staudinger, BGB, § 830 Rdnr. 68.

601 Vgl. hierzu BGHZ 33, 286, 292 f; 55, 86, 92 f; 72, 355, 358; 85, 375, 383.

602 *Röckrath*, NStZ 2003, 641, 643: „Der NESS-Test kombiniert die Kriterien der notwendigen und hinreichenden Bedingung in spezifischer Weise miteinander. Die Einzelbedingung muss nur insoweit notwendig sein, als sie einen Bedingungskomplex zur hinreichenden Bedingung ergänzt, aber nicht im Hinblick auf den Erfolg. Der NESS-Test kann demnach die Fälle der Mehrfachkausalität dadurch lösen, dass bei der Bildung der hinreichenden Mindestbedingung überbestimmende Faktoren hinweg gedacht werden."

603 *Puppe*, Strafrecht Allgemeiner Teil im Spiegel der Rechtsprechung, Rdnr. 68 ff.

604 Wagner, in MüKo, BGB, § 830, Rdnr. 54; grundlegend *Wright* 73 Iowa Law Review 1001 (1988).

Hiernach würde die einzelne Zustimmung eines Vorstandsmitgliedes ebenfalls als hinreichende Mindestbedingung für die (Gesamt-) Beschlussfassung aufgefasst werden, so dass der Einwand des Vorstandsmitglieds, dass seine Stimme nicht kausal für den Beschluss sei, nicht durchgriffe.

## 2. Zivilrechtliche Ansätze

### a. § 830 BGB

Wenn man mit der herrschenden Meinung in der Mittäterschaft eine kausalitätsersetzende Zurechnungsfigur erblickt[605], lässt sich bei deliktischer Außenhaftung eine Zurechnung über § 830 BGB begründen.[606] Da Rechtsprechung[607] und Literatur[608] eine Mittäterschaft bei Fahrlässigkeitsdelikten ablehnen, hilft dieser Ansatz nur in den Fällen eines bewussten und gewollten Zusammenwirkens der Vorstandsmitglieder weiter. Darüber hinausgehend ist der Schlüssel zur Problemlösung in einer analogen Anwendung des § 830 Abs. 1 Satz 2 BGB zu finden.[609] Hiernach braucht der Geschädigte den Kausalitätsnachweis nicht zu erbringen, wenn (1) bei jedem der Beteiligten eine Pflichtverletzung vorliegt, (2) die Kausalität der Verursachungsbeiträge feststeht und (3) nicht feststellbar ist, welcher von den Beteiligten den Schaden ganz oder teilweise verursacht hat.[610] Dies gilt auch für Kollegialentscheidungen nach dem Mehrheitsprinzip, bei denen eine Mischung von kumulativer und alternativer Kausalität gegeben ist.[611]

### b. Spezielle aktienrechtliche Wertungen

Die aus dem Strafrecht aufgezeigten, für deliktische Ansprüche bedeutsamen Lösungswege und die für das Zivilrecht richtige Lösung über § 830 BGB sind lediglich im Deliktsrecht anzuwenden. Im vertraglichen beziehungsweise im Bereich der organschaftlichen Binnenhaftung lässt sich dieses Problem zudem durch spezifische aktienrechtliche Wertungen lösen. In § 93 Abs. 2 AktG ist eine Solidarhaftung angeordnet. Daraus lässt sich entnehmen, dass die einzelnen Organwalterpflichten nebeneinander bestehen und parallel erfüllt werden müssen.[612] Ein Vorstandsmitglied kann der Gesellschaft im Innenverhältnis das Mitverschulden anderer Vorstandskollegen nicht entgegenhalten. Ebenso wenig kann es sich darauf berufen, dass sein pflichtgemäßes Stimmverhalten zur Vermeidung des schädlichen Beschlusses nicht ausgereicht hätte.[613] Ähnli-

---

605 Vgl. nur *Eberl-Borges*, in Staudinger, BGB, § 830 Rdnr. 11 ff.
606 BGH NJW 1984, 1226; 1998, 377; *Fleischer*, BB 2004, 2645, 2647.
607 BGHZ 63, 124, 126; 89, 383, 389.
608 Im Ansatz zustimmend *Wagner*, in MüKo, BGB, § 830 Rdnr. 5.
609 So auch *Röckrath*, NStZ 2003, 641, 644.
610 BGHZ 72, 355, 358; *Wagner*, in MüKo, BGB, § 830 Rdnr. 35.
611 *Fleischer*, BB 2004, 2645, 2647.
612 Vgl. BGH NJW 1983, 1856; *Fleischer*, in Spindler/Stilz, AktG, § 93 Rdnr. 204.
613 *Röckrath*, NStZ 2003, 641, 646.

che Überlegungen gelten auch für Vorstandsmitglieder, die sich ihrer Stimme pflichtwidrig enthalten haben.[614] Rechtsvergleichend ließen sich die vom *American Law Institute* herausgegebenen *Principles of Corporate Governance*[615] heranziehen. Dort wird das Problem unter dem Gesichtspunkt der konkurrierenden Kausalität behandelt.[616]

614 *Fleischer*, in Spindler/Stilz, AktG, § 93 Rdnr. 204.

615 American Law Institute, Principles of Corporate Governance: Analysis and Recommendations (1994) § 7.18 (b): „It is not a defense to liability in such cases that damage to the corporation would not have resulted but for the actions or omissions of other individuals. Vgl. auch ALI, Principles of Corporate Governance, 1994, § 7.18, Comment d, S. 227: „When multiple corporate officials fail to perform a duty whose omission is a legal cause of the loss, a problem of concurrent causation arises. Potentially, each defendant might claim that his or her conduct was less causally significant than that of others."

616 *Fleischer*, BB 2004, 2645, 2647.

## D. Verschulden

Eine Verpflichtung zum Schadensersatz besteht nur, wenn das Vorstandsmitglied seine Verpflichtung zu gesetzmäßigem Verhalten beziehungsweise Überwachung schuldhaft verletzt hat. Dem Verschulden kommt aber kaum eine eigene Bedeutung zu, wenn tatsächlich eine Pflichtverletzung vorliegt.

Nach objektivem Maßstab hat das Vorstandsmitglied für die Fähigkeiten und Kenntnisse einzustehen, welche die ihm anvertraute Tätigkeit erfordert. Da im Falle einer nützlichen Pflichtverletzung in der Regel den objektiven Fähigkeiten nicht entsprochen wurde, ist das Verschulden grundsätzlich gegeben.

Daneben wird im Rahmen von § 93 Abs. 2 Satz 2 AktG das Verschulden vermutet. Diese Beweislastumkehr betrifft neben dem Verschulden auch die Pflichtwidrigkeit.[617] Das heißt jedoch nicht, dass eine Erfolgshaftung der Verwaltungsorgane besteht. Im Rahmen von § 93 Abs. 2 Satz 2 AktG ist trotz der Beweislastumkehr die Klägerseite nicht davon befreit, den Eintritt eines Schadens und dessen Verursachung durch ein möglicherweise pflichtwidriges Verhalten eines Organmitglieds nachzuweisen. Dieser Auffassung hat sich auch der BGH angeschlossen.[618]

---

617 *Krieger/Sailer-Coceani*, in K. Schmidt/Lutter, AktG, § 93 Rdnr. 31; *Westermann/Paefgen*, JZ 2003, 138, 140.

618 Vgl. BGHZ 152, 280, 284; *Paefgen*, AG 2004, 245, 257.

## E. Schaden

Damit bleibt zu klären, welche Rechtsfolgen mit der Verletzung der Legalitätspflicht verbunden sind. Grundsätzlich haftet das Vorstandsmitglied gem. § 93 Abs. 2 AktG der Gesellschaft auf Schadensersatz, wenn es seine Pflichten verletzt. Erforderlich ist aber, dass der Gesellschaft durch das schädigende Handeln tatsächlich ein Schaden entstanden ist.

### I. Allgemein

Der Rechtsbegriff des Schadens, den jemand einem anderen zufügt, ist ein gedankliches, durch Rechtsregeln geschaffenes Gebilde.[619] Unter einem Schaden wird allgemein jede Einbuße verstanden, die jemand infolge eines bestimmten Ereignisses an seinen Lebensgütern wie Gesundheit, Ehre, Eigentum oder Vermögen erleidet.[620] Im Rahmen des § 93 Abs. 2 AktG ist unter Schaden die Minderung des Gesellschaftsvermögens zu verstehen, ohne dass diese durch einen damit im Zusammenhang stehenden Vermögenszuwachs ausgeglichen wird.[621]

#### 1. Grundprinzipien des Schadensrechts

Im Bürgerlichen Gesetzbuch wird der Schadensersatz in den §§ 249 ff. BGB geregelt. Der bürgerlichrechtliche Schadensbegriff ist auch auf die Schadensersatzansprüche der Gesellschaft gegen die handelnden Organe anwendbar.[622] Diese Normen finden unabhängig davon Anwendung, ob es sich um Rechtsguts- oder Vertragsverletzungen handelt. Der Schaden wird in den §§ 249 ff. BGB nicht definiert, es werden aber Leitlinien vorgegeben, dass mittels der Naturalrestitution die Totalreparation erreicht werden soll.

Nach wie vor wird das Schadensersatzrecht von der Differenzhypothese beherrscht.[623] Nach der klassischen Formulierung von *Mommsen* wird als Schaden *„die Differenz zwischen dem Betrage des Vermögens einer Person, wie derselbe in einem gegebenen Zeitpunkt ist, und dem Betrage, welchen dieses Vermögen ohne die Dazwischenkunft eines bestimmten beschädigenden Ereignisses in dem zur Frage stehenden Zeitpunkt haben würde"*.[624]

---

619 *Henke*, FS Hagen, S. 371, 373.

620 *Heinrichs*, in Palandt, BGB, Vorb v § 249 Rdnr. 8.

621 *Hopt*, in GroßKomm, AktG, § 93 Rdnr. 261.

622 *Wilsing*, in Krieger/Schneider, Hdb Managerhaftung, § 27 Rdnr. 32.

623 Diese ist auch international als Ausgangspunkt der Schadensberechnung anerkannt, vgl. *Wagner*, in German Working Papers in Law and Economics, Vol. 2007, Paper 18, S. 13; für das deutsche Recht *Lange/Schiemann*, Schadensersatz, § 1 III. 4., S. 43; *Wendehorst*, Anspruch und Ausgleich, S. 64.

624 *Mommsen*, Beiträge zum Obligationenrecht, 2. Abteilung, Zur Lehre von den Interessen, § 1, S. 3.

Schaden ist keine abstrakte Erscheinung, kein unmittelbar einsehbarer Tatbestand, sondern ein Funktionsbegriff, der folglich nur im Kontext seiner jeweiligen Verwendung verstanden werden kann.[625] Die Differenzhypothese kann aber nicht allen Fallgestaltungen des täglichen Lebens gerecht werden. Daher betont die ständige Rechtsprechung: *„Ob ein Vermögensschaden anzuerkennen ist, darf […] nicht allein nach der sog. Differenzhypothese […] beurteilt werden […]. Geboten ist vielmehr eine wertende, an wirtschaftlichen Gesichtspunkten orientierte Betrachtung"*.[626]

Das deutsche Schadensrecht wird dominiert von dem Ausgleichsprinzip[627], das als Totalreparation verstanden wird, wonach der Umfang der Ersatzpflicht nicht vom Verschuldensgrad abhängt.[628] Einem strikt verstandenen Ausgleichsprinzip korrespondiert das sog. Bereicherungsverbot des Schadensersatzrechts.[629] Eine Straf- oder Sühnefunktion ist dem Schadensrecht fremd.[630] Die verhaltenssteuernde Wirkung von Haftungsandrohungen wird zwar nicht grundsätzlich bestritten, doch in ihrem Ausmaß in Frage gestellt.[631]

## 2. Der zu ersetzende Schaden

Eine umfassende Darstellung der unterschiedlichen Schadensbegriffe soll hier nicht erfolgen.[632] Zusammenfassend lässt sich festhalten, dass der Schaden im rechtlichen Sinne als eine rechtlich missbilligte Abweichung der Ist- von der Sollverteilung beschrieben werden kann.[633]

---

625 *Esser/Schmidt*, Schuldrecht AT Bd. I/2, § 31 I. 1., S. 180.

626 BGHZ 76, 179, 184.

627 *I. Ebert*, in Erman, BGB, Vor § 249 Rdnr. 1; *Westermann/Bydlinski/Weber*, Schuldrecht AT, § 13 I. 2. Rdnr. 13/5, S. 236.

628 *Schiemann* in Staudinger, BGB, § 249 Rdnr. 2; *Esser/Schmidt*, Schuldrecht AT Bd. I/2, § 30 I., S. 167; *Westermann/Bydlinski/Weber*, Schuldrecht AT, § 13 I. 2. Rdnr. 13/7, S. 237.

629 *Wagner*, Gutachten A zum 66. DJT 2006, S. 14.

630 *Larenz*, SchR Bd. I, § 27 I, S. 393: „Der Gedanke der Sanktion im Sinne einer Reaktion der Rechtsordnung auf das Unrecht als solches gehört dem Strafrecht an; dem Zivilrecht ist er fremd."; ebenso *Westermann/Bydlinski/Weber*, Schuldrecht AT, § 13 Rdnr. 13/2, S. 234.

631 *Esser/Schmidt*, § 30 II, S. 171 ff. (S. 175/176): „Die hier erfolgte Anbindung des Schadensersatzrechts an den Ausgleichszweck will durchaus nicht den Gedanken an die präventive Funktion von Ersatzansprüchen völlig in den Bereich der Irrealität abdrängen. Entscheidend ist jedoch, dass man sich vorweg Klarheit über die tatsächlichen Möglichkeiten einer derartigen Funktion verschafft und sie vor allen Dingen von psychologisierenden und individualisierenden Vorstellungen freimacht, die den Begriff der Prävention allzu schnell in die Nähe der persönlichen Vergeltung und Sanktion bringen. […] Eher akzeptabel mag es hingegen sein, den Präventionszweck unprätentiöser als potentiellen Faktor zur adäquaten Verteilung ökonomischer Ressourcen zu verstehen." Vgl. ausführlicher dazu unter E. III. 3. a. und b.

632 Vgl. hierzu *Magnus*, Schaden und Ersatz, 1987, S. 9 ff.; *Schiemann*, Argumente und Prinzipien bei der Fortbildung des Schadensrechts, S. 164 ff.; *Lange/Schiemann*, Schadensersatz, § 1 I bis III, S. 26 ff.

633 *Wendehorst*, Anspruch und Ausgleich, S. 66 f.

Bei Verstößen gegen die Sondertatbestände der § 93 Abs. 3 AktG und § 43 Abs. 3 GmbHG findet keine Gesamtvermögensbetrachtung statt. Der Schaden der Gesellschaft liegt dort bereits im Abfluss der Mittel.[634] Bei erhaltenen Schmiergeldern liegt wegen der oben aufgezeigten kick-back-Methode[635] in der Regel auch in der umgekehrten Situation ein Schaden der eigentlich bestochenen Gesellschaft in Höhe des erhaltenen Bestechungsgelds vor.[636]

Schäden der Gesellschaft könnten sowohl durch Geldbußen oder –strafen als auch durch Schadensersatzansprüche Dritter oder durch Veruntreuung beziehungsweise Zweckentfremdung von Geldern durch den Vorstand entstehen.

### 3. Bußgeldzahlung des Unternehmens als Vermögensschaden

Bei Geldbußen, die der Gesellschaft zum Beispiel in Kartellverfahren auferlegt werden, ist zu differenzieren: Zunächst können sie ihrer Funktion nach der Abschöpfung eines durch Normverletzung eingetretenen wirtschaftlichen Vorteils dienen (vgl. § 81 Abs. 5 GWB). Soweit eine Geldbuße lediglich eine solche Bereicherung ausgleicht, fehlt es nach der Differenztheorie bereits an einem Schaden. Denkt man die Pflichtverletzung weg, wäre der Vorteil bei der Gesellschaft gar nicht eingetreten und das Vermögen der Gesellschaft hätte sich nicht verändert. Der Vermögensstand der Gesellschaft ist nach der Geldbuße genauso hoch wie vor der (nützlichen) Pflichtverletzung. Dies dürfte aber ein seltener Ausnahmefall sein, da sowohl § 81 Abs. 5 GWB über § 17 Abs. 4 OWiG, als auch § 17 Abs. 4 OWiG alleine davon ausgehen, dass die Geldbuße den wirtschaftlichen Vorteil übersteigen soll.

Wenn man der Auffassung ist, dass der Vorteil untrennbar in das Gesellschaftsvermögen geflossen ist und sich dieses durch die Geldbuße reduziert hat, kommt man über eine wertende Entscheidung zum selben Ergebnis, dass es bereits an einem Schaden fehlt, wenn man mit der Geldbuße nur die Bereicherung ausgeglichen hat. Hierfür lassen sich die gerade angestellten Überlegungen übertragen.

Grundsätzlich könnte man die Pflicht zur Zahlung eines Bußgeldes als Schaden der Gesellschaft begreifen.[637] Dies wird jedoch mit (im Detail) unterschiedlichen Begründungsansätzen in Zweifel gezogen. So ist umstritten, ob die Ersatzfähigkeit von Geldbußen wegen deren Höchstpersönlichkeit eingeschränkt ist. Gerade für kartellrechtliche Ordnungswidrigkeiten wird wegen des Nebeneinanders von persönlicher Geldbuße und Verbandsgeldbuße und den unterschiedlichen Regeln bei der Bußgeldbemessung die Auffassung vertreten, deren Sanktionszweck werde verfehlt, wenn die Gesellschaft ihre

---

634 *Paefgen*, in GroßKomm, GmbHG, § 43 Rdnr. 94; *Haas/Ziemons*, in Michalski, GmbHG, § 43 Rdnr. 204; *Fleischer*, DStR 2009, 1204, 1206.

635 Siehe oben unter C. II. 1. b. 5).

636 *Haas/Ziemons*, in Michalski, GmbHG, § 43 Rdnr. 254a.

637 So auch *Bayer*, FS K. Schmidt, S. 85, 91; *Zimmermann*, WM 2008, 433, 438.

Geldbuße als Schaden bei dem verantwortlichen Organmitglied liquidieren könnte.

### a. Keine Einschränkung der Ersatzfähigkeit wegen Höchstpersönlichkeit der Geldbuße

#### 1) Widerspruch zur Rechtsordnung

Manche argumentieren, dass ein Schadensersatzanspruch einen der Rechtsordnung nicht entsprechenden Zustand voraussetze. Dieser würde fehlen, wenn der Täter zu Recht sanktioniert wurde.[638]

#### 2) Andere Bewertung bei Ordnungswidrigkeiten

Auf der anderen Seite wird wiederum angenommen, dass bei Ordnungswidrigkeiten oder geringfügigem kriminellen Unrecht die Geldstrafe oder –buße ausnahmsweise ersatzfähig sei.[639]

#### 3) Zweckverfehlung

Teilweise wird vertreten, dass eine Geldstrafe den Täter höchstpersönlich treffen solle. Dieser Zweck werde verfehlt, wenn er die Summe bei einem anderen als Schaden liquidieren könnte.[640]

#### 4) Stellungnahme

Das OLG Dresden hat 1919 einen geschäftsführenden Gesellschafter einer offenen Handelsgesellschaft zur Rückerstattung der von der Gesellschaft bezahlten Strafe verurteilt und verneinte einen Erstattungsanspruch gegen die Gesellschaft.[641] Der Geschäftsführer war wegen Preistreiberei verurteilt worden und hatte die gegen ihn verhängte Strafe aus Gesellschaftsmitteln beglichen.[642] Der Erstattungsanspruch wurde verneint, da die Geldstrafe eine höchstper-

---

638 Vgl. RGZ 169, 267, 268; *Holly/Friedhofen*, NZA 1992, 145, 149 f.

639 *Schiemann*, in Staudinger, BGB, § 249 Rdnr. 203; a. A. *Bastuck*, Enthaftung des Managements, S. 132 f.

640 Vgl. RGZ 169, 267, 268; *Schiemann*, in Staudinger, BGB, § 249 Rdnr. 203; *I. Ebert*, in Erman, BGB, § 249 Rdnr. 57: „Kein Vermögensschaden ist schließlich die Belastung mit einer Geldstrafe, die sich grundsätzlich der schadensrechtlichen Bewertung durch ihren Zweck als kriminalpolitisch zu verstehende staatliche Sanktion entzieht."; grundsätzlich auch *Mertens/Cahn*, in KölnKomm, AktG, § 84 Rdnr. 92: „Das strafrechtliche und ordnungswidrigkeitenrechtliche Sanktionensystem schließt prinzipiell einen zivilrechtlichen Rückgriff des Täters auf Dritte wegen der Mitverantwortlichkeit an einer Straftat aus"; a. A. BGHZ 23, 222, 224 f.

641 Zur Frage der Erstattungsfähigkeit von Geldbußen und –strafen des handelnden Organs durch das Unternehmen ausführlich *Krieger*, FS Bezzenberger, S. 211 ff.

642 OLG Dresden, JW 1919, 837.

sönliche Leistung sei und für den Verurteilten ein persönliches Strafübel darstelle.[643] In der damaligen Literatur stimmte man diesem Ergebnis zu, weil eine *„Sabotierung des Strafrechts durch das Zivilrecht"* nicht möglich sei.[644] Zum Teil wird diese Auffassung heute noch vertreten, da das straf- und ordnungswidrigkeitenrechtliche Sanktionssystem Vorrang genieße.[645] Diese Begründung ist jedoch spätestens seit der Entscheidung des BGH, dass die Übernahme einer Geldstrafe durch einen Dritten keine Strafvollstreckungsvereitelung im Sinne des § 258 Abs. 2 StGB darstellt[646], nicht mehr haltbar.[647] Die Rechtsprechung qualifiziert Geldstrafen und –bußen stets als ersatzfähigen Vermögensschaden.[648] Ein möglicher Regress des Vorstandes scheitert in der Regel an der organinternen Sorgfaltspflicht, die mit der Gesetzesübertretung zugleich in den meisten Fällen verletzt wurde, so dass die Wertungen des § 93 Abs. 2 und 4 AktG einem Regress entgegenstehen.[649]

### b. Zwischenergebnis

Somit kann festgehalten werden, dass einem Regress der Gesellschaft gegen das handelnde Organ wegen der vom Unternehmen gezahlten Bußgelder nicht das Prinzip der Höchstpersönlichkeit entgegensteht.[650] Unabhängig von der Sanktionierung eines Verhaltens durch Geldstrafe oder -buße besteht eine zivilrechtliche Pflicht, ein solches Verhalten zu verhindern. Dazu kommt, dass für den Bereich des Strafrechts in der Rechtsprechung inzwischen anerkannt ist, dass bei einer Geldstrafe die reine Zahlungspflicht von der persönlichen Betroffenheit durch die Strafe zu unterscheiden ist. Bezahlt ein Dritter freiwillig die Geldstrafe, lässt dies den staatlichen Strafanspruch unberührt und verwirklicht nicht den Tatbestand der Strafvereitelung (§ 258 StGB).[651] Wenn aber die Höchstpersönlichkeit der Strafe einer freiwilligen Erfüllung der Zahlungspflicht durch Dritte nicht widerspricht, muss dies genauso gelten, wenn die Geldstrafe oder –buße als Schaden auf einen Dritten abgewälzt werden soll. Dasselbe muss dann konsequenter Weise auch für den Regress gegen einen Ersatzpflichtigen gelten.

---

643 OLG Dresden, JW 1919, 837, 838.

644 *Geiler*, JW 1919, 837, 838.

645 Vgl. *Martens*, in Schlegelberger, HGB, § 110 Rdnr. 25; vgl. auch *Mertens/Cahn*, in KölnKomm, AktG, § 84 Rdnr. 92.

646 Vgl. BGH NJW 1991, 990.

647 Kritisch, im Ergebnis zustimmend *Krieger*, FS Bezzenberger, S. 211, 213.

648 RAGE 27, 43 ff.; BGH NJW 1997, 518, 519.

649 *Fleischer*, WM 2005, 909, 917.

650 So aber noch *Bastuck*, Enthaftung des Managements, S. 127 ff.

651 BGH NJW, 1991, 990; kritische Auseinandersetzung mit der Entscheidung bei *Scholl*, NStZ 1999, 599 ff.

### c. Einschränkung der Ersatzfähigkeit wegen Verfehlung des Sanktionszwecks

Kritische Stimmen in der Literatur haben Bedenken gegen eine Abwälzung von Unternehmensgeldbußen auf Vorstandsmitglieder erhoben. Die einhergehende Belastung der Vorstandsmitglieder liefe dem Sanktionszweck der Unternehmensgeldbuße zuwider.[652] Nach deutschem Kartellrecht könnten Geldbußen sowohl gegen das Unternehmen als auch gegen die verantwortlichen Vorstandsmitglieder verhängt werden. In beiden Fällen unterscheide sich jedoch der Bußgeldrahmen gem. § 81 Abs. 4 GWB beträchtlich.[653] Aus diesen Gründen sei ein Regressausschluss bei Unternehmensgeldbußen zu befürworten. Der entstandene Schaden liege nicht mehr im Schutzbereich des § 93 Abs. 2 Satz 1 AktG.[654]

#### 1) Keine Abwälzung von Unternehmensbußen auf Verwaltungsmitglieder

Gegen eine Überwälzung der Geldbuße wird zum einen angeführt, dass auf diese Weise der Sanktionszweck unterminiert werde. Das Unternehmen als bußgeldpflichtige Person werde zu Unrecht entlastet.[655] Damit liege die Inanspruchnahme der Vorstandsmitglieder außerhalb des Schutzbereichs des § 93 Abs. 2 AktG.[656] Soweit das deutsche Kartell- und Ordnungswidrigkeitenrecht auch Vorstandsmitglieder persönlich zu Adressaten von Bußgeldverpflichtungen wegen Verstößen gegen das Kartellrecht machen könne, erweitere es zwar den Kreis der potentiell Bußgeldpflichtigen, wolle aber nicht die Unternehmen von der sie treffenden Bußgeldpflicht entlasten. Die praktische Wirksamkeit gebiete es, dass sich die Unternehmen nicht selbst über Regressansprüche von eigenen Bußgeldverpflichtungen entlasten können. Da nach deutschem Kartellrecht sowohl das Unternehmen als auch die Organmitglieder und nach europäischen Kartellrecht nur die Unternehmen von einer Spezialprävention erfasst werden sollten, würde sich die praktisch alleinige Zuweisung von Geldbußen an die Organmitglieder im Wege der Regressansprüche in Widerspruch zur bußgeldrechtlichen Betonung des Unternehmens selbst im EG-Kartellrecht setzen.[657]

Ferner spreche gegen eine Überwälzung der Buße, dass gem. § 17 Abs. 3 OWiG bei der Bemessung der Höhe des Bußgeldes der Grundsatz der Verhältnismäßigkeit beachtet werden müsse. Hierbei sei u. a. auch die Wirtschaftskraft des Adressaten zugrundezulegen, die bei Vorstandsmitglied und Gesellschaft deutlich voneinander abweichen dürfte. In der Regel würde das der Gesellschaft auferlegte Bußgeld auch ohne die Berücksichtigung der Abschöpfungsmöglichkeit nach § 81 Abs. 5 Satz 1 GWB wesentlich höher ausfal-

652 *Mertens/Cahn*, in KölnKomm, AktG, § 93 Rdnr. 56.
653 *Horn*, ZIP 1997, 1129, 1136; *Dreher*, FS Konzen, S. 85, 104 f.
654 *Horn*, ZIP 1997, 1129, 1136.
655 *Mertens/Cahn*, in KölnKomm, AktG, § 93 Rdnr. 56.
656 *Dreher*, FS Konzen, 85, 105; *Krause*, BB-Special 8/2007, 2, 13.
657 So *Dreher*, FS Konzen, S. 85, 105.

len als die vom Vorstand zu zahlende Summe. Da aber § 30 OWiG die Begehung einer Ordnungswidrigkeit durch eine natürliche Person voraussetze, würde die Bußgeldverhängung gegen die Gesellschaft in den allermeisten Fällen zu einem Rückgriff auf die handelnden Organmitglieder führen. Auf diese Weise könnten die Beschränkungen des Verhältnismäßigkeitsgrundsatzes, die ihren Ausdruck in § 17 Abs. 3 Satz 2 OWiG und den unterschiedlichen Bußgeldrahmen finden, ihre Schutzfunktion verlieren.[658]

Ein weiteres Argument sieht *Horn* in einem Vergleich mit der Erstattung von Geldbußen oder gar Geldstrafen der Organmitglieder durch die Gesellschaft.[659] Zwar führt er aus, dass grundsätzlich kein Anspruch des Vorstandes auf Erstattung derartiger Kosten bestehe[660], aber nach herrschender Meinung sei die Erstattung bereits gezahlter Geldbußen und –strafen der Vorstandsmitglieder durch die AG möglich.[661] Daher bestünden ernsthafte rechtliche Zweifel daran, ob, wenn die Erstattung von Bußgeldern, die einem Vorstandsmitglied auferlegt seien, durch die AG für rechtlich wirksam gehalten werde, der umgekehrte Weg, Geldbußen der AG auf Vorstandsmitglieder abzuwälzen, überhaupt rechtlich zulässig sei.[662]

### 2) Differenzierung zwischen staatlicher Sanktion und zivilrechtlicher Beurteilung

Die vorstandsfreundliche Auslegung ist nicht unwidersprochen geblieben.[663] So wird vertreten, dass zwischen der staatlichen Sanktionierung einerseits und der zivilrechtlichen Beurteilung andererseits zu differenzieren sei. Aus öffentlich-rechtlicher Sicht würden die Geldbußen gegen das Organmitglied und

658 Vgl. zur Argumentation *Zimmermann,* WM 2008, 433, 437.

659 *Horn,* ZIP 1997, 1129, 1136.

660 *Rehbinder,* ZHR 148 (1984), 555, 558; differenzierender *Mertens,* in KölnKomm, AktG, 2. Aufl., § 84 Rdnr. 79: „Es ist zweifelhaft, ob die Entwicklung des Ordnungswidrigkeitenrechts dadurch gefördert werden sollte, dass man Ordnungswidrigkeiten mehr oder minder als Teil des Betriebsrisikos ansieht, das die Vorstandsmitglieder im Interesse der Gesellschaft laufen und dessen finanzielle Auswirkungen sie auf diese abwälzen können. Wo allerdings ein Bußgeld der Höhe nach nicht nur auf das Vorstandsmitglied, sondern auch auf die Gesellschaft gemünzt ist, muss in dem entsprechenden Umfang auch ein Erstattungsanspruch gegeben sein."; ebenso *Horn,* ZIP 1997, 1129, 1136.

661 So auch und weiter *Marsch-Barner/Diekmann,* in Münch Hdb GesR, GmbH, § 43, Rdnr. 54: „Zulässig ist allerdings ein Freistellungsversprechen durch die Gesellschaft vor der Tat, soweit es sich auf eine fahrlässige Begehung von Ordnungswidrigkeiten bezieht."; a. A. *Mertens/Cahn,* in KölnKomm, AktG, § 84 Rdnr. 92; *Hopt,* in Baumbach/Hopt, HGB, § 110 Rdnr. 14.

662 *Horn,* ZIP 1997, 1129, 1136; einschränkend *Krause,* BB-Special 8/2007, S. 2, 13: „Erwägen ließe sich lediglich, den Regress hinsichtlich einer ausschließlich gegenüber der Gesellschaft verhängten Geldbuße in der Höhe gegenüber dem (ehemaligen) Vorstandsmitglied oder Mitarbeiter zuzulassen, die bei einer direkten Sanktion angemessen gewesen wäre."

663 *Glöckner/Müller-Tautphacus,* AG 2001, 344, 345 f.; *Wilsing,* in Krieger/Schneider Hdb Managerhaftung, § 27 Rdnr. 32 ff. und 39 ff.; *Zimmermann,* WM 2008, 433, 436 ff.

gegen die Gesellschaft in der Höhe unabhängig voneinander festgesetzt. Wer das Bußgeld im Ergebnis tatsächlich zu tragen habe, werde von der Kartellbehörde nicht entschieden[664] und vom Kartell- und Ordnungswidrigkeitenrecht auch nicht vorgegeben. Somit bleibe es dabei, dass der öffentlich-rechtliche (Sanktions-) Zweck bereits mit der Festsetzung, d. h. mit der Zahlungspflicht der Gesellschaft erfüllt sei. Wer im Einzelfall diese Pflicht letztendlich erfülle, könne aus dieser öffentlich-rechtlichen Perspektive nicht von Belang sein. Ob ein ersatzfähiger Schaden vorliege, bestimme allein das Zivilrecht.[665]

Wenn dann nach dem einschlägigen Zivilrecht ein Schaden der Gesellschaft besteht, haftet das Organ nach dieser Auffassung für diesen.

### 3) Reduktion der Schadensersatzpflicht

#### a) Reduktion auf den für das Vorstandsmitglied vorgesehenen Bußgeldrahmen

Eine andere Auffassung will die Schadensersatzpflicht auf den Betrag begrenzen, den die Organperson selbst zu tragen gehabt hätte, wenn sie persönlich Bußgeldadressat gewesen wäre.[666] Sinnvoll sei es in diesem Zusammenhang, nicht auf das im Einzelfall hypothetisch verhängte Bußgeld zu schauen, sondern den für das Vorstandsmitglied geltenden Bußgeldrahmen als Obergrenze anzusehen.[667] Da der Vorstand bereits durch das Legalitätsprinzip im Außenverhältnis zur Gesetzestreue gezwungen sei, könne es zu einer Übermaßhaftung kommen, wenn der Vorstand neben der drohenden persönlichen Haftung wegen des Rechtsbruches auch noch die dem Unternehmen drohende Sanktion in vollem Umfang einkalkulieren müsse. Wenn das Unternehmen die gesamte Buße vom Vorstand im Regresswege nicht erhalten kann, würden damit die Aktionäre am Schaden der Gesellschaft beteiligt werden, was positive Markteffekte generieren könne.[668] Aktionäre würden dann ihre Beteiligung von der Rechtstreue der Vorstände abhängig machen und damit über

---

664 *Glöckner/Müller-Tautphaeus*, AG 2001, 344, 346; a. A. wohl *Horn*, ZIP 1997, 1129, 1136 mit dem Hinweis auf den sehr viel höheren Betrag des gegen das Unternehmen verhängten Bußgeldes sowie die allgemein als zulässig anerkannte Praxis, nach der Unternehmen ihren Organmitgliedern Geldbußen und selbst Geldstrafen erstatten, die diesen im Zusammenhang mit ihrer Organtätigkeit auferlegt werden.

665 *Zimmermann*, WM 2008, 433, 437.

666 *Dreher*, FS Konzen, S. 85, 105.

667 *Dreher*, FS Konzen, S. 85, 106, der aber letzten Endes einen vollständigen Regress favorisiert, denn die Geldbuße müsse endgültig beim Unternehmen verbleiben und damit die Unternehmensträger treffen. Denn diese hätten die Vorstandsmitglieder ausgewählt, angestellt und bestellt und trügen daher letztlich die finanzielle Verantwortung für alle Folgen des Organhandelns.

668 *Thole*, ZHR 173 (2009), 504, 534.

kurz oder lang durch ihr Investmentverhalten auf eine Rechtstreue hinwirken.[669]

### b) Reduktion auf angemessene Höhe

*Bayer* ist der Ansicht, dass Verstöße gegen das Kartellrecht streng zu ahnden seien. Ein gravierender Kartellverstoß wiege aber in seiner Konsequenz nicht so schwer, dass er die Verhängung einer „*wirtschaftlichen Todesstrafe*" rechtfertigen könne.[670] Deswegen berücksichtige jede Geldstrafe oder Geldbuße neben der Schwere der Schuld auch die wirtschaftliche Leistungsfähigkeit des Täters. Diese Grenzen würden jedoch überschritten, wenn gezahlte Bußgelder generell und unbegrenzt als Schadensersatzleistungen von dem für den Kartellverstoß verantwortlichen Vorstand eingefordert werden könnten.

Diesen Bedenken könne nicht mit einem generellen Regressausschluss Rechnung getragen werden.[671] Vielversprechender wäre die Erwägung, den Regress auf eine angemessene Höhe zu begrenzen.[672] Wenig hilfreich sei es, diese Begrenzung an irgendwelchen Bußgeldrahmen zu orientieren beziehungsweise hypothetisch zu fragen, welches Bußgeld gegen den Vorstand persönlich hätte verhängt werden dürfen.[673] Die Maßstäbe der öffentlichrechtlichen Kartell- und Bußgeldvorschriften seien für die zivilrechtliche Regressfrage vielmehr völlig irrelevant. Auch der Schutzbereich der Haftungsnorm des § 93 Abs. 2 Satz 1 AktG sei nicht berührt. Dogmatisch treffender sei es, wenn die AG aufgrund der Fürsorgepflicht nur in einem angemessenen Rahmen Regress geltend machen dürfe, wenn die Haftungsansprüche nicht auf einem illoyalen, eigennützigen Verhalten des Vorstandsmitglieds beruhen, sondern aus der betrieblichen Sphäre herrühren und auch nicht – wie regelmäßig im Fall von Kartellverstößen – im Rahmen einer D&O-Versicherung[674] versicherbar seien.[675] Anleihe nehme diese Überlegung bei den Grundsätzen über die Beschränkung der Arbeitnehmerhaftung, in Kenntnis davon, dass diese Haftungsbeschränkung nach herrschender Meinung grundsätzlich nicht auf die Mitglieder der Unternehmensleitung anwendbar sei.[676] Ausgeschlossen sei dadurch jedoch nur die Heranziehung der arbeitsrechtsdogmatischen Grundlage der Haftungsbeschränkung, nicht jedoch das Ergebnis einer Haf-

---

669 *Thole*, ZHR 173 (2009), 504, 534 schränkt dieses Ergebnis aber ein, indem er richtigerweise annimmt, dass Anleger, die ihr Portfolio diversifizieren, den Einzelverlust nicht so sehr scheuen würden und daher dieser Effekt eher gering ausgeprägt ist.

670 *Bayer*, FS K. Schmidt, S. 85, 96 f.

671 So aber *Dreher*, FS Konzen, S. 86, 103 ff., 106; ähnlich auch *Horn*, ZIP 1997, 1129, 1136.

672 *Bayer*, FS K. Schmidt, S. 85, 97.

673 So aber erwogen von *Krause*, BB-Spezial 8/2008, S. 1, 13, ähnlich *Fleischer*, BB 2008, 1070, 1073.

674 Zum Ausschluss von Kartellbußen in der D&O-Versicherung: *Hauschka*, VGR Bd. 13, S. 51, 56; *Wilsing*, in Krieger/Schneider, Hdb Managerhaftung, § 27 Rdnr. 52 ff., 55.

675 *Bayer*, FS K. Schmidt, S. 85, 97.

676 Dazu grundlegend BAG, NJW 1995, 210.

tungsbeschränkung als solche, wenn allein dieser Rechtszustand mit übergeordneten Gerechtigkeitsvorstellungen vereinbar sei.[677]

### 4) Lösungsvorschlag

Gegen die Bedenken, die gegen eine Überwälzung auf das Vorstandsmitglied vorgebracht werden, spricht, dass in der Rechtsprechung des BGH im Bereich des Strafrechts inzwischen anerkannt ist, dass bei einer Geldstrafe die reine Zahlungspflicht von der persönlichen Betroffenheit durch die Strafe zu unterscheiden ist.[678] Wenn aber die Höchstpersönlichkeit der Strafe einer freiwilligen Erfüllung der Zahlungspflicht durch Dritte nicht entgegensteht, muss dies genauso gelten, wenn die Geldstrafe oder -buße als Schaden auf einen Dritten abgewälzt werden soll.[679]

Daher liegt in der sog. Abwälzung der Buße auf das handelnde Organ kein Argument gegen den Innenregress. Die Bußgeldzahlung des Unternehmens stellt damit für dieses einen Vermögensschaden dar und ist demnach taugliche Grundlage eines Schadensersatzanspruches.

Es ist aber einzugestehen, dass bei einem Regress des Unternehmens gegen das handelnde Vorstandsmitglied die eigentlich von § 17 Abs. 3 Satz 2 OWiG vorgesehene Verhältnismäßigkeit, welche auch bei der gegebenenfalls erfolgten Sanktion gegen das Vorstandsmitglied persönlich berücksichtigt werden konnte und wurde, nicht beachtet wird. Diese vom Ordnungswidrigkeitenrecht vorgesehenen Schutzmechanismen werden damit faktisch umgangen. Fraglich ist aber, ob das als Argument ausreicht, den Regress des Unternehmens komplett zu versagen oder zumindest auf eine gewisse Höhe zu beschränken.

Einschränkend ist zunächst hervorzuheben, dass nach dem Wortlaut des § 17 Abs. 3 Satz 2 OWiG die Verhältnismäßigkeit lediglich *„auch“* *„in Betracht“* kommen kann. Damit wird schon vom Gesetzgeber aufgezeigt, dass es sich hierbei nicht um ein Hauptkriterium der Zumessung handelt. Es ist nur ein Hilfskriterium, das im Einzelfall nicht berücksichtigt werden muss. Den wirtschaftlichen Verhältnissen kommt somit bei der Bußgeldbemessung nur eine nachrangige Bedeutung zu.[680] Ferner ist zu bedenken, dass § 17 OWiG mit dem darin enthaltenen Verhältnismäßigkeitsgrundsatz nur den Staat und seine Einrichtungen bindet. Es wäre somit vorab zu klären, ob § 17 OWiG auf der privatrechtlichen Ebene im Rahmen des Innenregresses überhaupt Auswirkungen hat.

Hierfür ist eine Norm erforderlich, die die Anwendung im Innenregress gebietet beziehungsweise erlaubt. Jedoch ist eine solche nicht ersichtlich. Ähnlich wie *Bayer* ließe sich die Anwendung des Verhältnismäßigkeitsgrundsatzes

677 *Bayer*, FS K. Schmidt, S. 85, 97.
678 Siehe oben unter E. I. 3. a.
679 *Zimmermann*, WM 2008, 433, 437; *Krause*, NStZ 2000, 225, 229.
680 *Mitsch*, in KK, OWiG, § 17 Rdnr. 84.

mangels einer Norm daher nur konstruieren, wenn man sie mit *„übergeordneten Gerechtigkeitsempfindungen"*[681] (§ 242 BGB) begründet.

In diesem Fall ist jedoch zwischen zwei Ebenen zu differenzieren. Auf der ersten Ebene möchte der Staat gegen das Unternehmen und das handelnde Organ einen Sanktionsanspruch wegen eines rechtswidrigen Verhaltens durchsetzen. Auf der zweiten Ebene steht die hier interessierende Frage des Anspruches des Unternehmens gegen das handelnde Organ. Auf der ersten Ebene des Sanktionsanspruches des Staates gegen eine natürliche und eine juristische Person trifft den Staat das Übermaßverbot. Das Übermaßverbot ist freilich in erster Linie grundrechtliche Schranken-Schranke. Es bestimmt die vom Rechtsstaatsprinzip determinierte Beziehung des Bürgers gegenüber dem Staat.[682] Auf der zweiten Ebene, die sich zwischen zwei (gleichgestellten) Subjekten des Privatrechts abspielt, geht es um eine davon zu trennende Frage: Wer soll den daraus entstandenen Schaden tragen? Diese Problemstellung hat hingegen mit dem Sinn und Zweck des § 17 Abs. 3 OWiG nichts zu tun. Nach § 17 Abs. 3 Satz 2 OWiG soll der Täter nur im Verhältnis zum Staat aufgrund des Übermaßverbotes angemessen behandelt werden, indem seine wirtschaftlichen Verhältnisse in die Bemessung der Höhe der Buße mit einfließen. § 17 Abs. 3 Satz 2 OWiG hat aber nicht zusätzlich den Sinn, dass zivilrechtliche Ansprüche eines Gläubigers gegen seinen Schuldner begrenzt oder gar abgeschnitten werden. Ansonsten käme es zu einer doppelten Besserstellung des handelnden Organs, da es auf der ersten Ebene (Staat – Organ) mittels einer niedrigeren Geldbuße und auf der zweiten Ebene (Gesellschaft – Organ) mittels einer Anspruchskürzung oder gar eines Anspruchsausschlusses, aufgrund seiner im Verhältnis zur Gesellschaft beschränkten wirtschaftlichen Verhältnisse, begünstigt werden würde.

Somit kann festgehalten werden, dass sich aus § 17 Abs. 3 Satz 2 OWiG keine Privilegierung des Organs im Innenverhältnis zur Gesellschaft ziehen lässt. § 17 OWiG beinhaltet ein anderes Rechtsverhältnis, das sich auf einer anderen Ebene abspielt und somit keine Ausstrahlungswirkung auf den zivilrechtlichen Innenregress hat. *Bayer*, der normlosgelöst von Grenzen spricht, die bei jeder Strafe und Buße zu berücksichtigen seien und bei einem uneingeschränkten Regress überschritten werden würden[683], übersieht dies ebenfalls. Die Frage der Höhe des Schadensersatzes hat vielleicht faktisch etwas mit einer Bestrafung zu tun, dogmatisch soll aber nur der *status quo ante* wiederhergestellt werden. Mit der Leistung von Schadensersatz (§ 249 BGB) soll gerade nicht bestraft, sondern ungerechtfertigte Vermögenseinbußen und -verschiebungen wieder rückgängig gemacht werden. Ein Mehr an Strafe ist nicht gewollt.

---

681 *Bayer*, FS K. Schmidt, S. 85, 97.

682 *Bethge*, in Maunz/Schmidt-Bleibtreu/Klein/Bethge, BVerfGG, § 91 Rdnr. 20.

683 *Bayer*, FS K. Schmidt, S. 85, 96 f.

Ob ausnahmsweise eine aus übergeordneten Gerechtigkeitsempfindungen[684] herrührende Reduzierung der Schadensersatzpflicht nach § 242 BGB in Betracht kommen kann, ist im Ergebnis eine Frage des Einzelfalls und dürfte wohl eher restriktiv zu behandeln sein.[685]

## II. Die Vorteilsanrechnung im Allgemeinen

### 1. Einleitung

Bei der endgültigen Bemessung des erstattungsfähigen Schadens kann es notwendig sein, gewisse Faktoren, die in der bisherigen Aufstellung nicht enthalten waren, als schadensmindernd zu berücksichtigen, um zu verhindern, dass der Geschädigte durch den Schadensersatzanspruch per Saldo bereichert wird.[686]

Führt man sich erneut den klassischen Beispielsfall einer nützlichen Pflichtverletzung – die Bestechung eines Mitarbeiters von einem Dritten durch einen eigenen Mitarbeiter, um an einen lukrativen Auftrag zu bekommen –, vor Augen, wird deutlich, dass das schadenstiftende Ereignis (Zahlung des Bestechungsgeldes) dem Geschädigten neben Nachteilen auch Vorteile (Erlangung des Auftrages und dadurch einen gesteigerten Gewinn) bringen kann. Das wird ganz offensichtlich, wenn der Bestechende das gezahlte Schmiergeld zudem auf die Auftragssumme aufschlägt, so dass er es letztlich nicht zahlen muss (sog. Kickbacks).[687]

Hieran knüpft die Frage nach der Vorteilsanrechnung an. Betrachtet man die Leistung des Bestechungsgeldes aus dem Gesellschaftsvermögen als primären Schaden, da er als erster und sofort eintritt[688], werden in der Praxis wahrscheinlich die sekundären Schäden wie Schadensersatzansprüche Dritter oder der Reputationsschaden diesen deutlich übersteigen. Das ändert aber nichts daran, dass dennoch Raum für die Anwendung der Vorteilsanrechnung verbleibt. Es ließe sich argumentieren, dass, solange die Behörden den Vorteil aus dem rechtswidrigen Geschäft nicht in Gänze abschöpfen[689], ein Teil des Vorteils der Gesellschaft verbleibt und dieser auf die ihn übersteigenden

684 *Bayer*, FS K. Schmidt, S. 85, 97.

685 Hierbei ist gerade zu bedenken, dass das Organ willentlich in Kenntnis der Konsequenzen gegen seine Pflichten verstoßen hat.

686 *Larenz*, Schuldrecht AT Bd. I, § 30, S. 480.

687 Vgl. hierzu bereits oben C. II. 1. a. 3) b).

688 *Uwe H. Schneider*, in Scholz, GmbHG, § 43 Rdnr. 226; so auch *Lange*, WuB II E. § 115 HGB 1.88; vgl. *Haas/Ziemons*, in Michalski, GmbHG, § 43 Rdnr. 204.

689 Vgl. *Uwe H. Schneider*, in Scholz, GmbHG, § 43 Rdnr. 229: „Ist danach die Gesellschaft etwa wegen Verletzung des Kartellverbots mit einer Geldbuße belastet und will sie aus diesem Grund Schadensersatz von ihrem Geschäftsführer, so muss sie sich die Vorteile aus dem Kartell anrechnen lassen. Wenn allerdings die Vorteile abgeschöpft sind, ist der Geschäftsführer in vollem Umfang haftbar."

Schadensersatzansprüche mindernd angerechnet werden könnte. Die Frage der Vorteilsanrechnung bei nützlichen Pflichtverletzungen stellt sich daher immer dann, wenn irgendein Vorteil aus dem Pflichtverstoß noch in der Gesellschaft vorhanden ist. Somit muss geklärt werden, ob der Vorteil, der den primären Schaden übersteigt, schadensmindernd angerechnet werden kann oder nicht.

Diese Frage ist im Zusammenhang mit der Durchbrechung der Legalitätspflicht noch wenig diskutiert worden. Diejenigen, die bisher etwas dazu geschrieben haben, haben die Möglichkeit der Vorteilsanrechnung in der Regel bejaht.[690]

## 2. Definition

Abstrakt versteht man unter der Vorteilsanrechnung die Anrechnung solcher Vorteile auf die Schadensersatzschuld, die ohne das schädigende Ereignis nicht eingetreten wären.[691] Der Begriff des Vorteils in dem hier interessierenden Sinne muss alle günstigen Veränderungen erfassen, die im Zusammenhang mit einer Schädigung entstehen.[692] Genauer gesagt wird der Vorteil definiert als die für den Geschädigten günstige Veränderung, die sich beim Vergleich der Lage nach vollzogener, allein die nachteiligen Veränderungen erfassender Ersatzleistung, mit der Lage wie sie ohne das schädigende Ereignis bestünde, ergibt.[693] Vorteile im Sinne der Vorteilsanrechnung sind nicht nur die mit dem Schadensfall eintretenden Gewinne des Geschädigten, sondern auch die vermiedenen Verluste.[694] Der Vorteil muss, um überhaupt berücksichtigt werden zu können, rechtlichen Bestand haben.[695]

*Lohse* differenziert weitergehend im Rahmen des Vorteils danach, ob die von der Gesellschaft aufgrund der Schmiergeldvereinbarung erlangten Zulieferungsaufträge entweder nur den marktüblichen Gewinn oder auch einen Korruptionserlös umfassen würden.[696] Diese Unterscheidung ist aber nicht überzeugend und hilft nicht weiter. Es ist kein Grund ersichtlich, eine solche Differenzierung vorzunehmen. Sie würde vielmehr nur zu praktischen Prob-

---

690 *Brouwer*, Zustimmungsvorbehalte des Aufsichtsrats im Aktien- und GmbH-Recht, § 6, C. II. 1. b) cc), S. 270 f.; *Wilsing*, in Krieger/Schneider, Hdb Managerhaftung, § 27 Rdnr. 37; *Bayer*, FS K. Schmidt, S. 85, 94; *Horn*, ZIP 1997, 1129, 1136; *Fleischer*, BB 2008, 1070, 1073 (offengelassen *ders.*, noch in ZIP 2005, 141, 151 f.); *ders.*, DStR 2009, 1204, 1210; *Zimmermann*, WM 2008, 433, 439; *Glöckner/Müller-Tautphaeus*, AG 2001, 344, 346; einschränkend *Thole*, ZHR 173 (2009), 504, 526 ff.; *Uwe H. Schneider*, Börsenzeitung, Nr. 134 v. 17.7.2009, S.8; die Frage ausführlich bearbeitend *Lohse*, FS Hüffer, S. 581 ff., die die Vorteilsausgleichung bei Schmiergeldern ablehnt.

691 *Westermann/Bydlinski/Weber*, Schuldrecht AT, § 14 III. 2. Rdnr. 14/28, S. 264.

692 *Cantzler*, AcP 156 (1957), 29, 31.

693 *Cantzler*, AcP 156 (1957), 29, 32.

694 *Schubert*, in Bamberger/Roth, BGB, § 249 Rdnr. 105.

695 *Lohse*, FS Hüffer, S. 581, 585; ebenso *Lüderssen*, FS Müller-Dietz, S. 467, 470.

696 *Lohse*, FS Hüffer, S. 581, 588 ff.

lemen führen, da die Gerichte sodann stets den marktüblichen Preis von Verträgen feststellen müssten.

### 3. Ausgangspunkt Differenzhypothese

Der Gesellschaft ist der durch die nützliche Pflichtverletzung erlittene Schaden zu ersetzen. Auszugehen ist beispielsweise vom Betrag der von Dritten erfolgreich geltend gemachten Schadensersatzforderung beziehungsweise von der Höhe des Bußgeldes.[697] Besondere Schwierigkeiten bereitet die Ermittlung des Schadens dann, wenn der Rechtsverstoß nicht zu einer Geldbuße der Gesellschaft führt oder die Gesellschaft nur in geringem Ausmaß für den Rechtsverstoß in Anspruch genommen wird, sie aber gleichwohl wegen des Umsatzrückgangs aufgrund des immensen Reputationsverlustes einen sehr hohen Schaden erleidet. Die Anforderungen an die Ermittlung des hypothetischen Kausalverlaufs können sehr kompliziert und umfangreich sein. Mit einer ordnungsgemäßen Anwendung des § 287 ZPO, der die Schadensschätzung erlaubt, kann eine sach- und interessengerechte Entscheidung getroffen werden.[698]

Für die Frage, ob und inwieweit die positiven Folgen eines Schadensfalles im Hinblick auf den vom Schädiger zu leistenden Schadensersatz zu berücksichtigen sind, ist der Ausgangspunkt § 249 Abs. 1 BGB und die aus dieser Vorschrift abgeleitete Differenzhypothese. Man darf jedoch im Rahmen der Auslegung des § 249 BGB nicht bei der Verpflichtung des Schädigers zur Beseitigung der von ihm verursachten Nachteile haften bleiben, sondern muss dieser Bestimmung ein umfassenderes Prinzip entnehmen: Schadensersatz heißt Herstellung des Zustandes, der bestehen würde, wenn der zum Ersatz verpflichtende Umstand nicht eingetreten wäre.[699] In diesem Zusammenhang bedeutet Schadensersatz ganz allgemein die Bereinigung der vom Schädiger sowohl zuungunsten als auch zugunsten des Geschädigten geschaffenen Situation.[700]

Die Berücksichtigung von schadensmindernden Faktoren liegt dabei in der Konsequenz der Differenztheorie.[701] Denn bei der Bestimmung der hypothetischen Vermögensgesamtlage sind der hypothetische weitere Geschehensverlauf und die dem Geschädigten günstigen Folgen des die Ersatzpflicht begründenden Ereignisses in die Rechnung einzubeziehen.[702]

Die Differenztheorie wird ergänzt durch die Wertungen des ebenfalls aus § 249 Abs. 1 BGB abgeleiteten Bereicherungsverbotes, das eine Besserstellung

697 *Glöckner/Müller-Tautphaeus*, AG 2001, 344, 346.
698 *Thole*, ZHR 173 (2009), 504, 525.
699 Statt vieler *Heinrichs*, in Palandt, BGB, § 249 Rdnr. 2.
700 *Cantzler*, AcP 156 (1957), 29, 31.
701 Ebenso *Medicus*, Bürgerliches Recht, § 33 VI., Rdnr. 854, S. 544; ähnlich *Cantzler*, AcP 156 (1957), 29, 31.
702 *Larenz*, Schuldrecht AT Bd. I, § 30, S. 480.

des Geschädigten infolge eines Schadensfalles verhindern will.[703] Die Notwendigkeit einer Vorteilsanrechnung folgt schon aus dem das BGB beherrschenden Grundsatz, dass *„der Geschädigte durch das Schadensereignis nicht schlechter, aber auch nicht besser stehen soll, als ohne das Schadensereignis"*.[704] Es ist anerkannt, dass die Differenztheorie zwar den Ausgangspunkt der Schadensberechnung darstellt. In vielen Fallgruppen ist sie aber zur Ergebniskontrolle durch wirtschaftliche oder normative Wertungen zu korrigieren.[705] Das bedeutet, dass die Differenztheorie nicht als wertneutrale Rechenoperation missverstanden werden darf. Sie ist stets am Schutzzweck der Haftung und an der Ausgleichsfunktion des Schadensersatzes auszurichten, so dass die in die Differenzbilanz einzusetzenden Rechnungsposten wertend bestimmt werden.[706] Ebenso unumstritten ist, dass die undifferenzierte rechnerische Berücksichtigung beziehungsweise Anrechnung aller Vorteile zu unangemessenen Ergebnissen führt[707] und daher jeweils im Einzelfall entschieden werden muss, ob eine Vorteilsanrechnung stattfindet oder nicht.[708]

Der nach der Differenztheorie erforderliche Vergleich zweier Vermögenslagen, um den es sich bei der Feststellung eines Vermögensschadens stets handelt, wird vielfach als rein logische Gedankenoperation verstanden[709], bei der jene faktisch vorgegebenen Zustände des ganzen Vermögens als Beziehungspunkte einzusetzen sind. Als Folge dieser Betrachtungsweise ergibt sich dann aber auch, dass alle durch das schädigende Ereignis verursachten Vorteile mit logischer Notwendigkeit ebenfalls in die Differenzrechnung einzusetzen sind.[710] Hieraus folgt das Erfordernis der Suche nach Prinzipien, die eine Einschränkung einer allzu weitgehenden Vorteilsanrechnung erlauben.[711]

## 4. Wertende Betrachtung

In der neueren Schadenslehre hat sich immer mehr die Erkenntnis durchgesetzt, dass aus der Differenzhypothese allein noch keine Anhaltspunkte dafür

---

703 *Viewig*, in Eckpfeiler des Zivilrechts, Schadensersatzrecht, E. V. 1.

704 BGH NJW 1995, 389, 391; vgl. hierzu ferner *Hirsch*, Schuldrecht AT, Rdnr. 1062.

705 *Heinrichs*, in Palandt, BGB, Vorb v § 249 BGB Rdnr. 13; *v. Koppenfels-Spies*, VersR 2005, 1511.

706 *Thole*, FS Hüffer, S. 581, 589.

707 So auch *Looschelders*, Schuldrecht AT, § 46 VIII. Rdnr. 929.

708 *v. Koppenfels-Spies*, VersR 2005, 1511; ähnlich *Larenz*, Schuldrecht AT Bd. I, § 30, S. 480: „Es hat sich […] gezeigt, dass eine unterschiedslose Anrechnung solcher Faktoren als schadensmindernd mit dem Sinn und Zweck des Schadensrechts nicht vereinbar ist. Die Differenztheorie hat sich zur Lösung auch dieser Probleme als wenig hilfreich erwiesen."; *Medicus*, Bürgerliches Recht, § 33 VI. Rdnr. 854, S. 544; „wertende Entscheidung"; ebenso *Grunewald*, Bürgerliches Recht, § 34, II. 2. Rdnr. 10, S. 235.

709 Vgl. *Oertmann*, Die Vorteilsausgleichung beim Schadensersatzanspruch, S. 9.

710 Vgl. *Lange*, JuS 1978, 649; *Oertmann*, Die Vorteilsausgleichung beim Schadensersatzanspruch, S. 59 f.; ferner *Mommsen*, Zur Lehre von dem Interesse und dem Vermögensschaden, S. 192.

711 So *Medicus*, id quod interest, S. 309 f.

zu gewinnen sind, auf welche Posten die Schadensrechnung jeweils zu erstrecken ist.[712] Ausschlaggebend ist vielmehr eine der Schadensfeststellung vorgelagerte wertende Betrachtung der einzelnen Veränderungen im Vermögen des Verletzten. Die Vorteile, die das schadenstiftende Ereignis verursacht hat, sind daher nicht ohne Weiteres in die Differenzrechnung einzusetzen. In jedem Einzelfall muss sorgsam geprüft werden, ob eine Einbeziehung sach- und interessengerecht ist.[713]

Deshalb stellt sich die Frage der Vorteilsanrechnung ähnlich der Problematik der nützlichen Pflichtverletzungen auf Tatbestandsebene dann, wenn der Gesellschaft infolge der Pflichtverletzung durch das handelnde Vorstandsmitglied vermögenswerte Vorteile zufließen, die sie sonst ohne das schadenstiftende Ereignis nicht erhalten hätte, oder ihr Verluste erspart bleiben, die sie sonst erlitten hätte.

Für die Vorteilsanrechnung spricht, dass der Zweck des Schadensersatzes der Ausgleich erlittener Nachteile ist. Er soll nicht zu einer Bereicherung des Geschädigten führen.[714] Das spricht für die Vorteilsanrechnung. Dagegen spricht, dass es nicht immer gerechtfertigt erscheint, den Vorteil dem Schädiger statt dem Geschädigten zugutekommen zu lassen. Wann der eine, wann der andere Gesichtspunkt den Ausschlag geben soll, lässt sich nicht generell sagen.[715]

Das Institut der Vorteilsanrechnung bezweckt mithin einerseits den Ersatzanspruch um die mit einem Eingriff *„zusammenhängenden"* oder *„sachentsprechenden"* Vorteile zu mindern, damit der Geschädigte nicht aus den rechnerisch erlittenen Einbußen Kapital schlägt. Andererseits möchte es *„unzusammenhängende"* oder *„sachfremde"* Gewinne von der Anrechnung ausschließen, damit sich der Schädiger nicht dadurch entlasten kann, indem er Vorteile für sich in Anspruch nimmt, die dem Geschädigten und nicht ihm zukommen sollen.[716] Einen allgemeinen Grundsatz, der den Fällen der Vorteilsanrechnung zugrunde zu legen wäre, gibt es nach überwiegender Ansicht[717] nicht. Insbesondere ist dem Schadensrecht eine einheitliche Anrechnung jeglicher Vorteile fremd.

Man könnte darüber nachdenken, dass die Vorteile, die durch das schädigende Ereignis eingetreten sind, bereits in der Differenzrechnung berücksichtigt werden und das Institut der Vorteilsanrechnung mithin unnötig wäre.

---

712 Siehe auch OLG Karlsruhe GRUR 2004, 883, 884.
713 *Thiele*, AcP 167 (1967), 193, 195.
714 *Viewig*, in Eckpfeiler des Zivilrechts, Schadensersatzrecht, E. V. 1.
715 *Larenz*, Schuldrecht AT Bd. I, § 30 II., S. 486 f.
716 *Henke*, FS Hagen, S. 371, 373.
717 *Mertens*, in Soergel, BGB, vor § 249 Rdnr. 205 m. w. N.

Das ist aber nicht stichhaltig. Die Vorteilsanrechnung und die Differenzrechnung sind zwei voneinander getrennt zu behandelnde Denkfiguren.[718] In einem ersten Schritt wird in einer wertenden Schadensbetrachtung zwischen auszugleichenden und nicht auszugleichenden Vorteilen differenziert. Die auszugleichenden Vorteile fließen sodann im zweiten Schritt im Rahmen der Schadensberechnung in die Differenzrechnung von Plus und Minus ein.[719] Hierbei werden Vorteilsanrechnung und Schadensberechnung zum Teil vermengt.[720] Wegen der *„weichen Übergänge"* zwischen den beiden Bereichen ist dies im Ergebnis aber unschädlich.[721]

Ein Schaden liegt bereits vor bei Leistungen der Gesellschaft, auf die Dritte keinen Anspruch haben und für die keine gleichwertige Gegenleistung zu erwarten ist.[722] Das bedeutet, dass der Gesellschaft bei Bestechungsfällen bereits mit deren Zahlung ein Schaden entsteht.[723]

Das Problem einer Anrechnung von Vorteilen kann nicht allein auf die sonst übliche Weise mittels strikter Anwendung der Differenzhypothese gelingen. Bei dieser müssten die Vorteile in allen Fallgestaltungen angerechnet

---

718 *Henke*, FS Hagen, S. 371, 378 f.: „Hat also die Lehre von der Vorteilsausgleichung mit ihrer langen, bis auf das römische Recht zurückführenden Geschichte gar keinen Sinn? Doch: Sie macht bewusst, dass der erlittene „Schaden" in seinen nachteiligen und vorteilhaften Posten nicht nur wie in einer Buchhaltung zusammengestellt, sondern auch nach Rechtsregeln beurteilt werden muss."; *Larenz*, Schuldrecht AT Bd. I, § 30 II., S. 530: „Auch die ersparten Lebenshaltungskosten während des vom Schädiger bezahlten Krankenhausaufenthaltes stellen keine durch das Schadensereignis selbst verursachten „Vorteile", sondern lediglich Abzugsposten der Schadensberechnung dar. Um diese Fälle geht es im Folgenden nicht. Vielmehr geht es um die Frage, ob auch ein tatsächlich eingetretener Vermögenszuwachs oder eine zusätzliche Ersparnis zu berücksichtigen sind."; ebenso behandelt *Heinrichs,* in Palandt, BGB, die Differenzrechnung (Vorb v § 249 Rdnr. 8 ff.) und die Vorteilsausgleichung (Vorb v § 249 Rdnr. 119) in weit voneinander getrennten Abschnitten.

719 BGHZ 49, 56, 61: „Ist ein Vermögensschaden eingetreten, so beurteilt sich die Frage, ob eine spätere Beseitigung des Schadens den einmal entstandenen Schadensersatzanspruch beeinflusst, nach den Grundsätzen der sogenannten Vorteilsausgleichung"; ebenso BGH NJW 1997, 2378; *Henke*, FS Hagen, S. 371, 378 f.; ähnlich *Lange*, JuS 1978, 649: „Der Schadensberechnung und nicht der Vorteilsausgleichung ist danach alles zuzuordnen, was den Schaden als von vorneherein nicht oder nur in bestimmter Höhe entstanden erscheinen lässt."; einschränkend aber *ders.*, JZ 1998, 98: „Rechtstheoretisch kann man in vielen Fällen zweifeln, ob es sich bei der Einbeziehung der Wertsteigerung um Vorteilsausgleichung handelt oder ob man sagen muss, dass der Schaden, ohne dass es einer Kompensation bedarf, nur in verminderter Höhe eingetreten ist; die Schadensentwicklung ist ja in jedem Falle bis zur letzten Tatsachenverhandlung zu berücksichtigen. Die Grenzen von Vorteilsausgleichung und einer von vorneherein vorgenommenen Einbeziehung sämtlicher positiver und negativer Berechnungsfaktoren sind flüssig."

720 So *Rawert*, in MüKo, HGB, § 114 Rdnr. 65.

721 *Fleischer*, DStR 2009, 1204, 1209 f.

722 Siehe dazu auch unter E. III. 3. c.

723 *Uwe H. Schneider*, in Scholz, GmbHG, § 43 Rdnr. 226; so auch *Lange*, WuB II E. § 115 HGB 1.88.

werden.[724] Die Entscheidung, wann ein Vorteil anrechenbar ist und wann nicht, lässt sich nicht mit rein logischen Erwägungen finden, da man jeden positiven Faktor als Vermögensvorteil ansehen kann.

Der Schadensberechnung und nicht der Vorteilsanrechnung ist demnach alles zuzuordnen, was den Schaden als von vorneherein nicht oder nur in bestimmter Höhe entstanden erscheinen lässt.[725]

Nicht im Rahmen von nützlichen Pflichtverletzungen, sondern bei Pflichtverletzungen im Allgemeinen haben sowohl das OLG München als auch das KG entschieden, dass der Wert des vom Vorstand pflichtwidrig abgeschlossenen Geschäftes beziehungsweise der erhaltenen Gegenleistung nicht in die Differenzberechnung mit einbezogen werden dürfe.[726] Beiden Fällen war gemein, dass in der Satzung oder im Anstellungsvertrag geregelt war, dass bestimmte Geschäfte, die den betriebsgewöhnlichen Geschäftsumgang überschritten, nur mit Zustimmung abgeschlossen werden durften. Diese wurden jedoch von den handelnden Organen nicht eingeholt. Das OLG München und das KG waren der Auffassung, dass der Geschäftsleiter wegen der Kompetenzüberschreitung die von der Gesellschaft zur Vertragserfüllung aufgebrachten Mittel in voller Höhe zu ersetzen habe, da sonst der Gesellschaft ein nicht gebilligtes Geschäft aufgedrängt werden würde. Nach allgemeinen Grundsätzen stünde dem Geschäftsführer aber die Herausgabe der erlangten Gegenleistung gem. § 255 BGB zu.[727]

Andere Stimmen in der Literatur bestehen indes darauf, dass ein Ersatzanspruch gegen das Leitungsorgan einen (zu berechnenden) Schaden voraussetze. Ein bloß pflichtwidriges, aber nicht schadenstiftendes Fehlverhalten reiche dafür nicht aus.[728] Wenn durch das pflichtwidrige Verhalten des Organs kein (rechnerischer) Schaden entstanden ist, scheide ein Schadensersatzanspruch aus.[729]

---

724 *Thüsing*, Wertende Schadensberechnung, § 2 I., S. 10: „Eine strikte Anwendung der Differenzhypothese würde eine Erörterung der Vorteilsausgleichung überflüssig machen: jeder Vorteil wäre anzurechnen. Dies schwebte den Vätern des Bürgerlichen Gesetzbuchs jedoch nicht vor."; *Lange*, JuS 1978, 649.

725 So *Lange*, JuS 1978, 649.

726 OLG München NZG 2000, 741, 743; KG GmbHR 2005, 477, 479; ähnlich *Paefgen*, in GroßKomm, GmbHG, § 43 Rdnr. 94 „ [Es ist] der Organhaftung widersprechend, ein vom Geschäftsführer pflichtwidrig eingegangenes Geschäft der Gesellschaft aufzudrängen".

727 OLG München NZG 2000, 741, 743 f.; ähnlich KG GmbHR 2005, 477, 479.

728 *Hommelhoff/Kleindieck*, in Lutter/Hommelhoff, GmbHG, § 43 Rdnr. 25; *Zöllner/Noack*, in Baumbach/Hueck, GmbHG, § 43 Rdnr. 15; *Gehrlein/Witt*, in GmbH-Recht in der Praxis, 5. Kap. Rdnr. 93; einschränkend *Mayen*, in Ebenroth/Boujong/Joost/Strohn, HGB, § 114 Rdnr. 40.

729 Hierfür ist dann wiederum entscheidend, ob der Vorteil, den die Gesellschaft erlangt hat, schadensmindernd berücksichtigt werden darf oder nicht. Sobald er nicht berücksichtigt werden kann, liegt auch rechnerisch ein Schaden vor, so dass auch hiernach ein Schadensersatzanspruch gegeben wäre.

Die Ansichten des OLG München und des KG sind im Ergebnis abzulehnen. Grundlos werden die allgemeinen Regeln des Schadensersatzrechts gebrochen, ohne dass dies wegen sonst nicht zu lösender gesellschaftsrechtlicher Probleme indiziert wäre.[730] Bei sachgerechter Anwendung der Differenzhypothese kann die Problematik der aufgedrängten Gegenleistung system- und interessengerecht gelöst werden. Da die §§ 249 ff. BGB den Vermögensschutz bezwecken, wird dieser gerade für solche Fälle um Elemente des Dispositionsschutzes erweitert.[731] Damit wird verhindert, dass der Gesellschaft Gegenstände durch die pflichtwidrigen Geschäfte aufgedrängt werden, die sie nicht sinnvoll einsetzen kann. Eine vom KG und OLG München befürwortete Modifikation des Schadensrechts ist daher nicht notwendig.

Somit bleibt festzuhalten, dass die Gesellschaft bei sachgerechter Anwendung der Differenzhypothese einen weit- und ausreichenden Schutz vor Vermögensminderungen und aufgedrängten Geschäften genießt. Sowohl bei objektiv unausgeglichenen Geschäften als auch bei nicht sinnvoll nutzbaren Gegenleistungen steht ihr ein Schadensersatzanspruch gegen ihren Vorstand zu. Die vollständige Nichtberücksichtigung der Gegenleistung im Rahmen des Schadensersatzes beziehungsweise der Differenzhypothese ist dagegen nicht möglich, aber auch nicht nötig.[732]

## 5. Allgemeine Kriterien der Vorteilsanrechnung

Im Gesetz sind die Vorteilsanrechnung, ihre Voraussetzungen, die Folgen und zugrunde liegenden Wertungen nicht geregelt. Das Problem, welche schädigungsbedingten Vorteile bei einem Schaden anzurechnen sind, sollte nach der Intention des Gesetzgebers Rechtsprechung und Lehre überlassen bleiben.[733] In den Motiven zum BGB wird ausgeführt[734]: *„Die Entscheidung der Frage, ob und inwiefern bei Schadensersatzansprüchen der Vorteil, welcher dem Beschädigten durch den schadenbringenden Umstand zugefallen ist, von der Ersatzsumme in Abrechnung zu bringen sei (compensatio lucri et damni), muss der Rechtswissenschaft und Praxis überlassen werden. […] Es versteht sich wohl von selbst, […] dass, wenn aus einer und derselben Maßregel oder aus einem Komplexe von Maßregeln, für welche dieselbe Person einzustehen hat, schädliche und nützliche Folgen entstanden sind, diese nicht voneinander getrennt werden dürfen, sondern auf das Gesamtresultat ge-*

730 Ebenso *Fleischer*, DStR 2009, 1204, 1207.

731 Vgl. BGH NJW 1994, 2357, 2359: „Im Hinblick darauf kann eine auf den Ausgleich von Vermögensschäden ausgerichtete Differenzrechnung nicht außer Acht lassen, dass Wesen und Bedeutung des Vermögens sich nicht in dessen Bestand erschöpfen, sondern dass sie auch die im Vermögen verkörperten Möglichkeiten für den Vermögensträger umfassen, mit ihm im Sinne der im Vermögensgegenstand angelegten Funktionsbestimmung zu verfahren und darüber zu verfügen."

732 *Fleischer*, DStR 2009, 1204, 1207 m. w. N.

733 Motive zu dem Entwurf eines bürgerlichen Gesetzbuches für das Deutsche Reich, Bd. 2, Recht der Schuldverhältnisse (Mot. II), Amtliche Ausgabe, 1888, S. 18 f.

734 Mot. II, S. 18 f.

*sehen werden muss. Allein der Versuch einer Entscheidung der Frage durch einen Ausspruch im Gesetze wäre insbesondere für Deliktsfälle bedenklich. Ihre Lösung hängt wesentlich mit der Feststellung des Schadensbegriffes zusammen, welche ohnedies nicht für alle Fälle nach allen möglichen auch sonst zweifelhaften Seiten hin durch das Gesetz erfolgen kann. Der Versuch müsste zu einer weitgehenden Kasuistik führen, von welcher keine befriedigenden Resultate zu erwarten wären. Die Praxis wird, uneingeengt durch eine gesetzliche Vorschrift, auch fernerhin im Einzelfalle sich zu Recht finden."*

Welche Kriterien aber für eine Vorteilsanrechnung tatsächlich erforderlich sind, ist seit langem umstritten.

### a. Ansicht des Reichsgerichts

Die Rechtsprechung des RG stützte sich im Wesentlichen auf Kausalitätserwägungen. Schon früh legte das RG sich fest, dass *„ein und dasselbe Ereignis"* nicht zu eng verstanden werden dürfte[735] und eine Vorteilsanrechnung stattfinde, wenn Vor- und Nachteil im Rechtssinne mit dem schädigenden Ereignis im ursächlichen Zusammenhang stehen.[736] Das RG führte aus, dass *„im natürlichen Sinne der ursächliche Zusammenhang dadurch bedingt sei, dass der Nachteil ohne das beschädigende Ereignis nicht eingetreten wäre, im rechtlichen Sinne aber wird hierdurch allein noch nichts hergestellt; vielmehr ist er in diesem Sinne nur vorhanden, wenn der Nachteil nicht zugleich durch eine selbständige von dem beschädigenden Ereignisse unabhängige Ursache bewirkt worden ist."*[737]

Nach Ausbildung der Lehre vom adäquaten Kausalzusammenhang versuchte man das Problem zusätzlich mit dem Adäquanzkriterium zu bewältigen.[738] Den Richtern war aber damals schon klar, dass eine feste, allgemein gültige Norm für die Schadensausgleichung sich kaum aufstellen lassen könnte; es müssten stets die Umstände des konkreten Falles entscheiden.[739] Zusammenfassend stellte das RG in einem Urteil vom 14. Juni 1918 fest: *„Die Verfolgung der Ersatzforderung eines Geschädigten darf nie zu dessen Bereicherung führen. Dieser Rechtsgedanke liegt auch der Vorteilsanrechnung zu Grunde. Danach ist ein Schaden im Rechtssinn insoweit nicht vorhanden, als die eingetretene Vermögensminderung durch einen Nutzen wieder aufgehoben wird, welchen das zugleich schädigende Ereignis für den Geschädigten mit sich gebracht hat. Unerlässliche Voraussetzung einer solchen Aufrechnung von Nachteilen und Vorteilen ist also, dass beide einer einheitlichen Quelle entspringen. Dabei ist indessen, wie das RG wiederholt ausgesprochen hat, der Begriff „Einheit" nicht zu eng zu fassen, sondern überall*

---

735 So auch *Seelig/Hacke*, JW 1911, 640, 644 Nr. 8: „auf diese Weise darf nichts Zusammenhängendes auseinandergegriffen werden, vielmehr seien gerade auf dem Gebiet der Vorteilsausgleichung die Natur der Sache und die Billigkeit zu berücksichtigen."; *Seelig/Scheele/Hacke*, JW 1909, 43, 46; *Kaiser/Lehmann/Schall*, JW 1912, 788, 791.

736 RGZ 65, 57, 60; 84, 386, 388; 93, 144, 145; 100, 255, 257.

737 RGZ 10, 50, 51.

738 Als Beispiele RGZ 80, 155, 159 ff.; 84, 386, 388; 93, 144, 145.

739 Vgl. RGZ 93, 144, 145; ähnlich RGZ 80, 155, 162.

*da gegeben, wo die Schadensursache nach dem gewöhnlichen Laufe und der natürlichen Entwicklung der Dinge, wenn auch nur mittelbar und in Verbindung mit anderen für sich allein betrachtet selbständigen Ereignisse, mit dazu beigetragen hat, dem Geschädigten auch einen Nutzen zu verschaffen, mit diesem also in adäquaten Zusammenhange steht. Bei der Prüfung des letzteren ist daher nicht die schadenstiftende Tatsache für sich allein, sondern sind vielmehr die Gesamtumstände des Falles und das wirtschaftliche Ergebnis zu berücksichtigen, welches diese in ihren verschiedenen Einzelwirkungen für das Vermögen des Schadenersatz Fordernden gehabt haben.*"[740] In der Folgezeit gewann das Kriterium der Billigkeit immer mehr an Bedeutung.[741]

## b. Ansicht des Bundesgerichtshofs

Der BGH hat das Adäquanzkriterium für das Problem der Vorteilsanrechnung übernommen.[742] Dass der Vorteil adäquat kausal durch das schädigende Ereignis entstanden ist, ist für das Gericht gleichwohl nur eine Mindestvoraussetzung.[743] Erforderlich ist nach Ansicht des BGH heute ferner, dass die „*Anrechnung dem Sinn und Zweck der Ersatzpflicht entspricht*".[744] Hierfür ist eine „*Gesamtschau der Interessenlage*" vorzunehmen. Bei der Anrechnung adäquat erlangter Vorteile müssen die „*Grenzen der Zumutbarkeit*" beachtet werden.[745] Weiter darf die Berücksichtigung der Vorteile den Schädiger unter Würdigung aller Umstände nicht unbillig entlasten.[746] Ob dies der Fall ist, kann vor einer Gesamtsaldierung der Vermögenslagen allerdings nur in Bezug auf die einzelnen Schadenspositionen beurteilt werden, weil grundsätzlich nur solche Vorteile anrechenbar sind, die mit einem bestimmten Nachteil korrespondieren.[747] Die Vorteilsanrechnung erfolgt also nicht bei der Endsaldierung aller Aktiv- und Passivposten gegenüber dem Gesamtbetrag des Schadens, sondern betrifft nur den Schadensposten, „*dem der Vorteil seiner Art nach entspreche*", das heißt der mit dem Vorteil „*kongruent*" ist.[748] Vor- und Nachteile müssen in einem qualifizierten Zusammenhang stehen, der beide „*gleichsam zu einer Rechnungseinheit verbindet*".[749] Diese „*Rechnungseinheit*" ist nicht die Folge einer be-

740 RGZ 93, 144, 145.

741 Kritisch dazu damals *Stoll*, JW 1928, 2478.

742 BGHZ 8, 325, 328; 10, 107, 108; 49, 56, 61; BGH NJW 1990, 1360. Zweifelnd BGH NJW 1979, 760; offen gelassen in BGHZ 77, 151, 153.

743 *Schubert*, in Bamberger/Roth, BGB, § 240 Rdnr. 103.

744 BGHZ 8, 325, 329; 10, 107, 108; 30, 29, 33; 136, 52, 54; BGH NJW 2004, 3557 zuletzt BGH NJW-RR, 2009, 1030, 1031.

745 BGHZ 30, 29, 33; ebenso *Westermann/Bydlinski/Weber*, Schuldrecht AT, § 14 III. 2. Rdnr. 14, 28, S. 264: „Auf diese Weise kann insbesondere verhindert werden, dass Vorteile angerechnet werden, die auf eigenen – u. U. auch bloß ideellen – Opfern des Geschädigten beruhen und nicht von seiner Obliegenheit erfasst sind, den Schaden möglichst gering zu halten."

746 BGHZ 49, 56, 61 f.;74, 103, 113 f.; 77, 151, 153; 81, 271, 275; 91, 206, 209 f.; 136, 52, 54.

747 BGH NJW 1997, 2378.

748 BGHZ 136, 52, 54.

749 BGHZ 77, 152, 154; 91, 206, 210; 136, 52, 54 f.; BGH NJW 1989, 2117; 2004, 3557.

stimmten Art der Schadensberechnung, sondern das Ergebnis einer wertenden Zuordnung von bestimmten Vor- und Nachteilen aus dem Schadensereignis.[750] Erforderlich ist ferner ein gewisser zeitlicher Zusammenhang mit dem schädigenden Ereignis.[751] Dementsprechend ist die Rechtsprechung bemüht, Fallgruppen zu bilden und ihren jeweiligen Eigenarten durch möglichst spezielle rechtliche Wertungsmaßstäbe Rechnung zu tragen.[752] Als Beispiele für Fallgruppen[753] wären hier zu nennen: Erwerb in der Zwangsversteigerung[754], freiwillige Leistungen Dritter[755], eigener Arbeitsverdienst[756] sowie Leistungen aus einer Privat-[757] und Sozialversicherung[758]. Diese Fallgruppen helfen aber für den hier zu klärenden Spezialfall nicht weiter.

### c. Ansichten der Rechtslehre

Der Tradition der Pandektenwissenschaft entsprechend[759], ging man in der früheren Rechtslehre im Allgemeinen von der Anrechnung der erzielten Vorteile aus. Die Nichtanrechnung erschien als zu begründende Ausnahme.[760] Heutzutage gehen die Meinungen auseinander, ob die Anrechnung oder die Nichtanrechnung die Regel darstellt[761] und nach welchen Kriterien sich dies bemisst.

#### 1) Besondere Art des Zusammenhangs zwischen Vor- und Nachteil

Teilweise wird in der Literatur, ähnlich wie in der Rechtsprechung, ein besonderer Zusammenhang zwischen dem Vor- und Nachteil gefordert.

---

750 BGHZ 136, 52, 55.

751 BGH VersR 1967, 187; NJW 1980, 2187, 2188; WM 1970, 633, 637.

752 BGHZ 77, 152, 154.

753 Vgl. ferner die Aufstellung bei *Grüneberg*, in Palandt, BGB, Vorb v § 249, Rdnr. 77 ff.

754 Hat der Geschädigte bei Durchsetzung seiner Ansprüche eine in der Zwangsversteigerung unter Wert ersteigert, ist der Vorteil in der Regel nicht anzurechnen. Vgl. BGH VersR 1967, 189; NJW-RR 1987, 246.

755 Freiwillige Leistungen Dritter sind grundsätzlich nicht anzurechnen, wenn sie – wie in der Regel – nicht den Schädiger entlasten, sondern dem Geschädigten zugutekommen sollen. Vgl. BGH NJW 1956, 1473.

756 Wegen der Kongruenz zwischen Vor- und Nachteil kommt eine Anrechnung nur auf den Verdienstausfallschaden oder den Anspruch aus § 844 Abs. 2 BGB in Frage. Maßstab für die Frage der Anrechnung ist jeweils § 254 Abs. 2 BGB. Vgl. BAG NJW 1968, 221; BGH NJW 1974, 602.

757 Für die Schadenversicherung: Eine Vorteilsausgleichung scheidet von vorneherein aus, da der Ersatzanspruch gem. § 86 VGG auf den Versicherer übergeht. Vgl. BGH VersR 1967, 774; OLG Karlsruhe, NJW-RR 2005, 462. Für die Summenversicherung gilt dies nicht: Vgl. BGH NJW 1979, 760.

758 BGH NJW 1952, 299; 2001, 754.

759 *F. Mommsen*, Zur Lehre von dem Interesse, S. 192: „Das natürliche und eigentlich ganz von selbst sich Verstehende ist, dass beides zusammengerechnet wird."

760 *Lange/Schiemann*, Schadensersatz, § 9 II. 4., S. 490.

761 Von dem Grundsatz der Nichtanrechnung ausgehend *Hirsch*, Schuldrecht AT, Rdnr. 1063 ff.; ebenso *Medicus*, Schuldrecht AT, § 54 III. 3. a), Rdnr. 606, S. 226; von einer grundsätzlichen Anrechnung ausgehend *Lange*, WuB II E. § 115 HGB 1.88.

### a) Ansicht von Thiele

*Thiele* kritisiert die Auffassung des BGH, dass die allein maßgebenden Kriterien der Vorteilsanrechnung – der Sinn und Zweck des Schadensersatzanspruchs und die Zumutbarkeit – weder ausreichend noch in jedem Fall zur Lösung geeignet seien.[762] Man könne den Sinn und Zweck des Schadensersatzes nicht allein darin sehen, dass der Ersatz nicht zu einer wirtschaftlichen Besserstellung des Geschädigten führe, andererseits der Schädiger aber auch nicht unbillig begünstigt werden dürfe.

Gegen das Kriterium der Zumutbarkeit macht er Bedenken dahingehend geltend, ob nicht das Problem zu früh in den Bereich der Billigkeitsentscheidung verwiesen werde. Die bisher jedenfalls streng objektiv verstandene Zurechnung der Folgen eines Haftungstatbestandes werde dadurch zugunsten einer mehr *„individuell-elastischen"* Lösung aufgelöst.[763] Als Regel für die An- oder Nichtanrechnung dürfe sie nicht geeignet sein.[764]

Da ein genereller Anrechnungsgrund nicht vorhanden sei, müsse geklärt werden, welchen Anrechnungsgrund es gebe.

Die formale Differenztheorie und das (ebenso formale) Prinzip der Gewinnabwehr müssten als mögliche Ansätze von vorneherein ausscheiden, da sie keine Wertungen enthalten, sondern sie voraussetzten. Ebenso sei die Kausalität als Anrechnungsgrund alleine ungeeignet. Denn die Verantwortlichkeit für einen Schaden werde nicht allein durch den ursächlichen Zusammenhang mit einem Schadensereignis bestimmt. Die Kausalität sei nach unserer Rechtsordnung zwar Voraussetzung, aber nicht Rechtsgrund der Verantwortlichkeit für die Folgen einer Handlung.[765]

Bei der Frage der Vorteilsanrechnung gehe es nicht um die Verantwortlichkeit für die verursachten Folgen, die grundsätzlich nur bejaht oder verneint werden könne, sondern um die Frage, ob ein neben den Nachteilen verursachter Vorteil den zu ersetzenden Schaden verringere und dadurch den Schädiger entlaste, oder aber dem Geschädigten als Gewinn verbleiben solle. Nach *Thiele* seien demnach weder die Differenzhypothese noch das Bereicherungsverbot als Anrechnungsgrund in Betracht zu ziehen.[766] Einen generellen Anrechnungsgrund gebe es nicht und werde es wahrscheinlich auch nicht geben. Deswegen müsse im Ansatz davon ausgegangen werden, dass die nachteiligen wie die vorteilhaften Folgen eines Ereignisses grundsätzlich denjenigen belasteten oder begünstigten, der von diesem Ereignis betroffen werde. Wo von dieser Regel zu Lasten Dritter Ausnahmen gemacht werden sollen, bedür-

---

762 *Thiele*, AcP 167 (1967), 193, 195.

763 *Thiele*, AcP 167 (1967), 193, 195.

764 *Thiele*, AcP 167 (1967), 193, 196.

765 Erforderlich ist vielmehr die Verletzung eines gesetzlichen Tatbestandes, ferner muss die Schadensfolge adäquat kausal versursacht worden sein und sich im Schutzbereich der verletzten Norm halten; vgl. *Thiele*, AcP 167 (1967), 193, 198.

766 *Thiele*, AcP 167 (1967), 193, 199.

fe es des Nachweises eines nach den anerkannten Prinzipien der Schadenszurechnung gesetzlich ausgeformten oder von Rechtsprechung und Lehre fixierten besonderen Haftungsgrundes.[767]

Maßgebend sei, ob zwischen Vor- und Nachteil, die durch dasselbe haftungsbegründende Ereignis herbeigeführt worden sind, ein unlösbarer – unter dem Aspekt der Schadensberechnung – innerer Zusammenhang bestehe.[768]

Als Minderungsposten würden nach Ansicht *Thieles* ganz allgemein nur solche Vorteile des Verletzten in die Schadensberechnung gehören, die mit einem bestimmten Nachteil in einem unlösbaren Zusammenhang stünden, der beide, Vor- und Nachteil, zu einer Rechungseinheit im Rahmen der Schadensfeststellung verbinde. Voraussetzung sei dabei, dass sowohl der Nach- als auch der Vorteil Folge gerade des haftungsbegründenden Ereignisses seien. Die Frage nach dem inneren Zusammenhang der nachteiligen und der vorteilhaften Folgen des haftungsbegründenden Ereignisses bedinge weiter, dass jeweils ein bestimmter Nach- mit einem bestimmten Vorteil in Beziehung gesetzt werden müsse. Es sei hierbei von den Einzelschäden sowie von bestimmten Nachteilen auszugehen und zu fragen, ob ein bestimmter einzelner Vorteil mit einem von ihnen organisch oder wirtschaftlich so eng verbunden sei, dass sie unter dem Gesichtspunkt der Bestimmung des zu ersetzenden Schadens nur als (rechnerische) Einheit gewertet werden könnten.[769]

Somit bedarf es nach *Thiele* für die Einbeziehung der Vorteile in die Schadensberechnung einer positiven Begründung, die aus der Einheit von Vor- und Nachteil unter dem Aspekt der Schadensberechnung, aus dem notwendigen inneren Zusammenhang beider heraus zu entwickeln sei.[770] Wann diese Einheit gegeben sei, könne nicht einheitlich bestimmt werden. Vor- und Nachteil könnten auf die verschiedensten Weisen zu einer Rechnungseinheit verbunden sein, sei es durch Gesetz, durch ein Rechtsgeschäft oder auf Grund der natürlichen oder wirtschaftlichen Zusammengehörigkeit beider. Deshalb sei es nicht möglich eine allgemeingültige, konkretere Formulierung des Anrechnungskriteriums als die weit gefasste Regel des notwendigen inneren Zusammenhangs zu geben.[771] Maßgebend seien stets die Umstände des Einzelfalls und deren rechtliche Wertung.

Die Vorteilsanrechnung ist letztendlich für *Thiele* ein Problem der Schadensberechnung.[772] Weder die Differenzhypothese noch das Prinzip der Gewinnabwehr seien zielführend. Die Lösung sei vielmehr in einem sachlich unlösbaren inneren Zusammenhang von Vor- und Nachteil zu finden. Ferner

767 *Thiele*, AcP 167 (1967), 193, 199 f.
768 *Thiele*, AcP 167 (1967), 193, 201.
769 *Thiele*, AcP 167 (1967), 193, 202.
770 *Thiele*, AcP 167 (1967), 193, 206.
771 *Thiele*, AcP 167 (1967), 193, 206.
772 Ebenso *Thüsing*, Wertende Schadensberechnung, § 9 I., S. 487; ähnlich BGH NJW 1997, 2378.

müsse für eine Vorteilsanrechnung der Vorteil dem Geschädigten endgültig zugefallen sein.

### b) Ansicht von Henke

*Henke* lehnt das Kriterium des adäquaten Zusammenhangs als *„zwar nicht fehlerhaft aber unzureichend"* ab.[773] Ließe man den adäquaten Zusammenhang allein über die Berücksichtigung von Vorteilen entscheiden, würden die Haftung und die Entlastung des Schädigers undifferenziert *„zusammengeworfen"* werden. Der adäquate Zusammenhang werde als Zurechnungs- und Haftungsmaßstab durch Erfahrungssätze bestimmt, mithin durch allgemeingültige Gegebenheiten. Die Schadensberechnung diene dagegen dem individuellen Ausgleich zwischen dem Schädiger und dem Geschädigten, weil der Schadensersatz immer auf die Person des Geschädigten bezogen sei. Zwar knüpfe die Adäquanz an den erfahrungsgemäßen Zusammenhang zwischen dem adäquat verursachten Schaden und dem eingetretenen Vorteil an[774], gehe aber über diese empirische Verbindung hinaus, um auf den Einzelfall bezogen zu fragen: Stehen Vor- und Nachteil auch in einem *„inneren"*, *„natürlichen"* oder *„sachgemäßen"* Zusammenhang?[775] Die die Fallentscheidung vorbereitende Frage laute nicht nur: *„Welche Einbuße hat ein solcher, sondern dieser Gläubiger erlitten und welche für ihn günstigen Umstände sind auf den erlittenen Schaden anzurechnen?"*[776] Mithin setze die Vorteilsanrechnung die zweimalige Feststellung eines Zusammenhangs voraus: Einmal müsse der *„erfahrungsgemäße"* Zusammenhang zwischen dem Eingriff und dem Vorteil und zum anderen die *„individuelle Verbindung"* zwischen der Einbuße und dem Vorteil, der dem Geschädigten nach Auffassung des Schädigers zufallen solle, festgestellt werden.[777] *Henke* ist der Ansicht, dass das Kriterium des inneren Zusammenhangs *„mystisch und daher unjuristisch"* anmute. Setze man aber an diese Stelle den Sachzusammenhang in Gestalt der jeweils in Rede stehenden *„wirtschaftlichen"*, *„familiären"*, *„zeitlichen"* oder *„organisatorischen"* Verknüpfung oder des vom Geschädigten zu tragenden allgemeinen Lebensrisikos, werde der Anrechnungsmaßstab nüchterner und fassbarer, da diese Verknüpfungen auf den Fall und seine Fragen bezogen seien.[778] Sinn und Zweck, Zumutbarkeit und Billigkeit müssten, sollten sie keine Zufallsentscheidungen hervorbringen, in den sachlichen Gegebenheiten eines Falles zum Ausdruck kommen. Mit dem Begriff des Sachzusammenhangs zwischen Nach- und Vorteil wären Entscheidungen fassbarer zu begründen, als es die Leerformeln von Sinn und Zweck, Zumutbarkeit und Billigkeit ermöglichen würden.[779]

---

773 *Henke*, FS Hagen, S. 371, 389 f.
774 BGH NJW 1979, 760: Der Filter der Adäquanz eignet sich nur dazu, völlig ungewöhnliche Vorteile von vorneherein von der Anrechnung auszuschließen.
775 *Henke*, FS Hagen, S. 371, 389 f.
776 *Henke*, FS Hagen, S. 371, 390 f.
777 *Henke*, FS Hagen, S. 371, 391.
778 *Henke*, FS Hagen, S. 371, 396.
779 *Henke*, FS Hagen, S. 371, 397.

### c) Ansicht von Larenz

Ähnlich fordert *Larenz* einen ursächlichen Zusammenhang zwischen dem Schadensereignis und der Erlangung des Vorteils, wobei das Kriterium der Adäquanz keine Rolle spiele. Die Adäquanz sei lediglich ein Maßstab der Zurechnung zum Verantwortungsbereich des Ersatzpflichtigen; die Frage der Berücksichtigung von Vorteilen als schadensmindernd habe damit nichts zu tun.[780] Er stimmt mit *Thiele* darin überein, dass es über die äußerliche Verknüpfung durch den bloßen Ursachenzusammenhang hinaus ein gewisser *„innerer Zusammenhang"* zwischen dem Schadensereignis und dem Vorteil gefordert werden müsse, der es rechtfertige gerade diesen Vorteil dem Schädiger zugute zu halten. Ein solcher *„innerer Zusammenhang"* liege im Allgemeinen vor, wenn der Vorteil durch das die Ersatzpflicht begründende Ereignis *„ohne weiteres"*, das heißt ohne dass es hierfür der Handlung eines Dritten oder des Verletzten selbst oder eines neuen Ereignisses bedürfe, herbeigeführt werde.[781]

### d) Ansicht von Hirsch

*Hirsch*, der davon ausgeht, dass die Tendenz eher zur Nichtanrechnung von Vorteilen gehe, prüft die Anrechenbarkeit ähnlich wie die Rechtsprechung[782]: Vorteil und schadenstiftendes Ereignis müssten in einem adäquat-kausalen Verhältnis zueinander stehen. Ferner entscheide nicht die rein kausale Sicht, sondern eine wertende Betrachtung[783] und die Interessenlage im Einzelfall[784]. Dies geschehe insoweit, als dass drei Gesichtspunkte besonderer Beachtung bedürften. Erstens dürfe die Vorteilsanrechnung den Geschädigten nicht unzumutbar belasten. Dabei sei auf den Sinn und Zweck der Schadensersatzpflicht abzustellen.[785] Zweitens sei eine unangemessene Entlastung des Schädigers zu vermeiden.[786] Drittens käme eine Vorteilsanrechnung nur in Betracht, wenn Vorteil und Schaden so miteinander verknüpft seien, dass sie als *„die beiden Seiten derselben Medaille"*[787] erscheinen.[788] *Hirsch* folgt damit der Rechtsprechung, weist aber ausdrücklich darauf hin, dass diese Voraussetzungen zu unbestimmt seien, um sichere Ergebnisse zu ermöglichen. Sie würden vielmehr dazu dienen, einer Einzelfallentscheidung den Anschein einer Systematik zu geben.[789]

---

780 *Larenz*, Schuldrecht AT Bd. I, § 30 II. a), S. 487.
781 *Larenz*, Schuldrecht AT Bd. I, § 30 II. a), S. 487.
782 *Hirsch*, Schuldrecht AT, Rdnr. 1063 ff.; ebenso *Medicus*, Schuldrecht AT, § 54 III. 3. a), Rdnr. 606, S. 226.
783 BGH NJW 1992, 3175.
784 BGH NJW 1994, 511.
785 BGH NJW 1992, 3167, 3175.
786 BGH NJW 1989, 2117; 1994, 511.
787 *Hirsch*, Schuldrecht AT, Rdnr. 1068.
788 BGH NJW 1989, 2117; 1990, 1360; 2000, 734: „gleichsam zu einer Rechnungseinheit verbunden" oder BGH NJW 1997, 2378: „miteinander korrespondieren"; ähnlich *Thiele*, AcP 167 (1967), 193, 201: „sachlich unlösbarer innerer Zusammenhang".
789 *Hirsch*, Schuldrecht AT, Rdnr. 1068.

### 2) Zweck der verletzten Norm

Andere Stimmen in der Literatur stellen auf den Zweck der verletzten Norm beziehungsweise des Schadensrechts allgemein ab, um über die Anrechnung zu entscheiden.

#### a) Ansicht von Grunsky

*Grunsky* ist der Meinung, dass das maßgebliche Kriterium allein die Frage sei, ob eine Anrechnung des Vorteils vom Zweck der verletzten Norm her geboten sei. Danach richte sich nicht nur, ob ein Nachteil zu ersetzen sei, sondern auch, ob ein Vorteil auf die Höhe der Ersatzpflicht angerechnet werden müsse.[790]

Ferner behandelt er schwerpunktmäßig die Frage, inwieweit die hypothetische Kausalität ein Unterfall der Vorteilsanrechnung (Vorteil: Vermeidung der schädigenden Reserveursache[791]) sei.[792] Die Lösung des Problems der Vorteilsanrechnung müsse über eine Wertung in den einzelnen Fallgruppen gefunden werden, wobei diese ihrerseits durch Grundsätze beeinflusst würden, die sich der Rechtsordnung entnehmen ließen. Unabhängig davon, wie die Bewertungen jeweils ausfielen, bleibe doch festzuhalten, dass die Lösung über eine Einschätzung gesucht werden müsse. Insbesondere seien bloße Kausalitätserwägungen nicht ausreichend und zwar auch nicht, sofern diese ihrerseits Wertungen beinhalten.[793] Ferner müsse in der Wertung der Sinn und Zweck der vom Schädiger verletzten Norm berücksichtigt werden.[794]

#### b) Ansicht von Sonnenberger

Nach *Sonnenberger* kann, wie sonst auch bei der Präzisierung des Schadensersatzanspruchs, alleinige Richtschnur für die Anrechnung oder Nichtanrechnung von Vorteilen nur der Zweck des Schadensersatzanspruchs – der Schadensausgleich – sein. Soweit es sich bei dem Thema der Vorteilsanrechnung um Vermögensschäden handele, sei die hierfür maßgebliche Richtschnur der § 249 Abs. 1 Satz 1 BGB.[795]

### 3) Verhalten des Schädigers – Förderung der verletzten Rechtspflicht

Ein ganz anderer Ansatzpunkt ist dagegen das Abstellen auf das Verhalten des Schädigers, um über die Anrechnung zu entscheiden.

Aus der älteren Literatur ist insbesondere *Cantzler*[796] hervorzuheben. Nach ihm ist die reine Kausalität zwischen dem zum Ersatz verpflichtenden Umstand und dem Vorteil eine wesentliche Voraussetzung für die Ausgleichung

790 *Grunsky*, in MüKo, BGB, 3. Aufl., Vor § 249 Rdnr. 95.
791 *Grunsky*, FS Lange, S. 469, 473.
792 *Grunsky*, FS Lange, S. 469 ff.
793 *Grunsky*, FS Lange, S. 469, 474.
794 *Grunsky*, FS Lange, S. 469, 476, 481.
795 *Sonnenberger*, FS Trinkner, S. 723, 726.
796 *Cantzler*, AcP 156 (1957), 29.

des Vorteils. Da diese jedoch nichts anderes sei, als der bereits mit seiner Definition der Vorteile erfasste Zusammenhang zwischen Schädigung und Vorteil, reiche die Kausalität ebenso wenig wie dieser Zusammenhang als Anrechnungskriterium aus.[797] Weiter lehnt er das Adäquanzkriterium *„als nicht einmal billig"*[798] ab. Die Übertragung der Adäquanztheorie als Maßstab auch für Vorteile bewirke unglückliche Ergebnisse.[799] Voraussetzung der Steuerung einer Kausalentwicklung sei deren Vorhersehbarkeit. Unvorhergesehenes könne daher nicht zugerechnet werden. Der Gedanke der Vorteilsanrechnung stehe daher in keinem inneren Zusammenhang mit dem Wesen der Adäquanz, da zufällige Entwicklungen hiermit eben nicht zugerechnet werden könnten. Die von der Rechtsprechung gefundene Lösung dieses Problems, eine interessengerechte Entscheidung im Einzelfall vorzunehmen, sei auch nicht zielführend, da gerade das einheitliche Prinzip dadurch verloren ginge, um dessentwillen die Adäquanztheorie verwendet werden sollte.[800] Maßgeblich für die Anrechnung von Vorteilen ist für ihn, ob der Ersatzpflichtige das verletzte Rechtsgut – oder vielmehr die verletzte Vertragspflicht – zugleich gefördert habe.[801] Jedoch seien solche Vorteile vom Ausgleich auszunehmen, die auf einer eigenen Ersatzvornahme des Geschädigten oder eines Dritten beruhen, deren Zweck es sei, allein dem Geschädigten zugute zu kommen.[802] Weder die Anrechnung noch die Nichtanrechnung sei die Regel. Entscheidend sei, wem der Vorteil *„von Rechts wegen gebühre"*[803].

### 4) Art des Vorteils

#### a) Ansicht von Rudloff

*Rudloff* kommt bei seiner Suche nach einem angemessenen Ausgleich zwischen *„Gewinnabwehr und Glücksteilhabe"* zu dem Ergebnis, dass durch die schädigende Handlung entstehende Vorteile danach zu sortieren seien, ob sie durch Zufall, durch Sorge des Geschädigten oder durch Fürsorge Dritter entstanden seien.[804]

#### b) Ansicht von Esser und Schmidt

*Esser* und *Schmidt* fordern für die Anrechnung eines Vorteils zunächst eine sog. *„Ereignisidentität"*.[805] Dies bedeutet, dass der Vorteil auf demselben Schadensereignis beruht, das den Nachteil verursacht hat. Weitere Anforderungen an die Kausalität seien nicht vonnöten. Namentlich könne auf das Merkmal

797 *Cantzler*, AcP 156 (1957), 29, 43.
798 *Cantzler*, AcP 156 (1957), 29, 45.
799 *Cantzler*, AcP 156 (1957), 29, 45, 51; ebenso *Thiele*, AcP 167 (1967), 193, 196.
800 *Cantzler*, AcP 156 (1957), 29, 45.
801 *Cantzler*, AcP 156 (1957), 29, 51 ff., 59.
802 *Cantzler*, AcP 156 (1957), 29, 51 ff., 59.
803 Zitiert nach *v. Koppenfels-Spies*, VersR 2005, 1511, 1512.
804 *Rudloff*, FS v. Hippel, S. 423 ff.
805 *Esser/Schmidt*, Schuldrecht AT Bd. I/2, § 33 V. 3., S. 252.

der Adäquanz verzichtet werden.[806] Der Anwendungsbereich der Adäquanz sei – wenn überhaupt – der haftbar machende Tatbestand, nicht der entlastende.[807] Die auf dieses Merkmal abstellende Judikatur selbst käme mit diesem Stichwort alleine nicht aus. Sie verlange zusätzlich *„Allerweltsformeln"*, die *„jegliche Rationalitätsgarantien vermissen lassen"*.[808]

Es könne nur eine Differenzierung nach der Art des Vorteils weiterhelfen. Habe sich dieser direkt, also ohne weiteres menschliches Zutun, eingestellt, wirke er sich entlastend aus. In diesem Zusammenhang lehnen *Esser* und *Schmidt* das von *Thiele* befürwortete Kriterium des *„unlösbaren inneren Zusammenhangs"*[809] ab. Es berge nur neue Wertungserfordernisse und sei ohne weitere von *Thiele* nicht mitgelieferte Orientierungspunkte kaum hilfreich.[810]

### 5) Kein allgemeingültiges Kriterium

#### a) Ansicht von Lange und Schiemann

Auch für *Lange* und *Schiemann* kommt eine Anrechnung von Vorteilen nur in Betracht, wenn zwischen dem zum Ersatz verpflichtenden Umstand und dem Vorteil ein Ursachenzusammenhang im Sinne einer *conditio sine qua non* bestünde.[811] Das hinzutretende Adäquanzkriterium halten sie aber ebenfalls für nicht ausreichend. Der innere Grund für die Adäquanztheorie lasse eine Ausweitung ihres Anwendungsgebietes über die Zurechnung von Nachteilen nicht zu. Die Adäquanztheorie nehme die Folgen aus, die außerhalb des Beherrschbaren lägen, da solche Folgen nicht dem Verantwortungsbereich eines Menschen für einen Geschehensablauf zugerechnet werden könnten und weil sie als Steuerungsmittel für menschliches Verhalten absolut ungeeignet seien. Diese Erwägungen träfen nur auf nachteilige Folgen zu. Weshalb ein außerhalb aller Wahrscheinlichkeit liegendes *„Glück im Unglück"* grundsätzlich dem Geschädigten (der es nicht verursacht habe) und nicht dem Ersatzpflichtigen zufallen solle, lasse sich aus jenem Grundgedanken der Adäquanztheorie nicht ableiten.[812]

Die vom BGH geforderten Kriterien gäben für die Prüfung einzelner Sachprobleme ebenso wenig her, wie der von *Thiele* geforderte sachlich unlösbare innere Zusammenhang.[813] Die entscheidende Frage nach den Kriterien für die sachliche Unlösbarkeit bleibe offen. Der von *Cantzler* aufgeführte Gesichtspunkt, ob der Ersatzpflichtige das verletzte Rechtsgut oder die verletzte Vertragspflicht auch gefördert habe, sei zwar konkreter, aber nur für die Fälle

---

806 Ebenso *Grunsky*, in MüKo, BGB, 3. Auflage, Vor § 249 Rdnr. 95.

807 *Esser/Schmidt*, Schuldrecht AT Bd. I/2, § 33 V. 3., S. 252; ebenso schon *Cantzler*, AcP 156 (1957), 29, 45 ff.

808 *Esser/Schmidt*, Schuldrecht AT Bd. I/2, § 33 V. 3., S. 252.

809 Vgl. oben unter E. II. 5. c. 1) a).

810 *Esser/Schmidt*, Schuldrecht AT Bd. I/2, § 33 V. 3., S. 252, Fn. 246.

811 *Lange*, JuS 1978, 649, 651.

812 *Lange*, JuS 1978, 649, 651.

813 *Lange/Schiemann*, Schadensersatz, § 9 III. 3., S. 494.

verwertbar, in denen der Vorteil ohne Zutun des Geschädigten oder eines Dritten eintrete.[814] Eine Differenzierung nach der Würdigkeit des Schädigers verbiete sich, da ein solches Kriterium ein unserem Schadensrecht fremdes pönales Element mit sich bringe.[815]

Ferner lasse sich auch kein allgemeiner Grundsatz aufstellen, dass man von der Anrechnung oder Nichtanrechnung auszugehen habe und das jeweilige Gegenteil besonderer Begründung bedürfe.[816]

Die Gruppe der von-selbst-entstehenden Vorteile zeige weiche Übergänge zu reinen Berechnungsfaktoren, die den Schaden von vorneherein als überhaupt nicht oder als nicht in der sich sonst ergebenden Höhe entstanden erscheinen lassen. Ebenso wie diese seien auch Vorteile, die ohne Zutun des Geschädigten oder eines Dritten erwachsen seien, fast stets angerechnet worden, da bei ihnen die Tendenz des Gesetzes zur Gewinnabwehr für überwiegend erachtet werde. Eindeutig spreche die Rechtsüberzeugung für die Anrechnung dann, wenn der Ersatzpflichtige das verletzte Rechtsgut oder die verletzte Vertragspflicht zugleich auch gefördert habe.[817] Als Beispielsfall führt *Lange* den Fall des RG vom 15.12.1936[818] an: *„Der Bürgermeister einer Landgemeinde war als solcher Leiter der von ihr betriebenen Girokasse und Vorsitzender des in der Darlehenskasse bestehenden Kreditausschusses. Er gewährte einem notleidenden Unternehmen Kredite, die wirtschaftlich nicht zu verantworten waren. Das Unternehmen brach später zusammen und die gewährten Gelder waren zum größten Teil verloren. Gegenüber dem Schadensersatzanspruch der Gemeinde wendete der Bürgermeister mit Erfolg ein, dass die Gewährung von Krediten die Fortführung des Unternehmens ermöglicht habe und der Gemeinde dadurch die Zahlung von Arbeitslosenunterstützung erspart geblieben sei."*

Ebenso liege der Fall des Angestellten, der vertragswidrig mit Firmengeldern für Rechnung der Firma spekuliere und dabei teils verliere, teils gewinne.[819]

*Lange* und *Schiemann* sind letztendlich aber der Auffassung, dass es kein allgemeingültiges Kriterium für die Vorteilsanrechnung gebe.[820] Zwar hätten sich in der Praxis für einige Fallgestaltungen beziehungsweise -gruppen praktische Grundsätze durchgesetzt, ein allgemeingültiges Kriterium gebe es aber nicht.

814 *Lange*, JuS 1978, 649, 651.
815 *Lange/Schiemann*, Schadensersatz, § 9 III. 3., S. 494.
816 *Lange*, JuS 1978, 649, 651; a. A. *Thiele* AcP 167 (1967), 193, 199 f.
817 *Lange*, Jus 1978, 649, 652; *Lange/Schiemann*, Schadensersatz, § 9 IV. 1., S. 502; ebenso *Cantzler*, AcP 156 (1956), 29, 51 ff., 59.
818 RG JW 1937, 740.
819 *Lange*, JuS 1978, 649, 653.
820 *Lange/Schiemann*, Schadensersatz, § 9 III. 3., S. 494 f.

### b) Ansicht von Medicus

Nach *Medicus* bedarf es einer *„wertenden Entscheidung"* vor dem Vermögensvergleich darüber, welche Posten in die Differenzhypothese eingestellt werden dürfen.[821] Welches Kriterium für diese Entscheidung tauglich ist, lässt er im Ergebnis offen.

Das Adäquanzkriterium lehnt er ab.[822] Im Rahmen des ausgleichsbegründenden Zusammenhangs stellt er klar, dass eine positive Formulierung der Anrechnungsvoraussetzungen schwierig sei. Hierbei kritisiert er die Formulierung *Thieles*, da es zum Beispiel auch Fälle gebe, auf die sie nicht passe.[823] Er empfindet die Formulierungen des BGH als zu allgemein, als dass man aus ihnen bestimmte Ergebnisse ableiten könne.[824] Es sei derzeit überhaupt nicht klar, ob die Anrechnung die Regel oder die Ausnahme bilde. Die Tendenz geht nach *Medicus* aber wohl eher zur Nichtanrechnung, wobei er dieses Ergebnis nicht begründet.[825] Einen eigenen Vorschlag zur Lösung der Anrechnungsproblematik macht er dementsprechend nicht.

### c) Ansicht von Büdenbender

Nach *Büdenbender* ist die Lösung nach den im BGB angelegten Grundsätzen zu suchen. Die bisherige Behandlung dieser Problematik leide darunter, dass sie ohne Anbindung an gesetzliche Grundlagen diskutiert werde.[826] Anhand dieser seien einzelne Fallgruppen der Vorteilsanrechnung zu bilden. Hierbei weist er insbesondere auf § 254 Abs. 2 BGB für die Erträge aus eigenen Anstrengungen des Geschädigten, auf § 267 Satz 2 BGB für die Vorteile durch Leistungen Dritter, auf Folgerungen aus der Relativität von Schuldverhältnissen und auf die Grundgedanken hin, die den gesetzlichen Legalzessionen zu entnehmen seien.

Ein mitwirkendes Verschulden sei etwa das Unterlassen einer nach § 254 Abs. 2 BGB gebotenen Schadensminderungsmaßnahme. Dies ließe sich auf den Fall der Vorteilsanrechnung übertragen so verstehen, dass sich der Gläubiger des Schadensersatzanspruches die infolge der von ihm geschuldeten Schadensminderung erzielten Vorteile im Sinne eines geminderten Schadens anrechnen lassen müsse. Der Gläubiger sei zur Vornahme der schadensbe-

---

821 *Medicus*, Bürgerliches Recht, § 33 VI. Rdnr. 854, S. 544.

822 *Medicus*, Bürgerliches Recht, § 33 VI. 1. Rdnr. 855, S. 545: „Aber es ist sinnlos, ihm [den Schädiger] einen Vorteil, deshalb nicht zugutekommen zu lassen, weil er diesen nicht vorhersehen konnte."

823 *Medicus*, Bürgerliches Recht, § 33 VI. 3. Rdnr. 860, S. 547 f. mit Hinweis auf BGHZ 49, 56 ff. und RGZ 91, 213 ff; 100, 255 ff.

824 *Medicus*, Schulrecht AT, § 54 III. 3. a), Rdnr. 606, S. 226.

825 Ebenso *Hirsch*, Schuldrecht AT, Rdnr. 1060; wohl a. A. *Esser/Schmidt*, Schuldrecht AT Bd. I/2, § 33 V. 1., S. 248; *Lange/Schiemann*, Schadensersatz, § 9 II. 4., S. 490; *Westermann/Bydlinski/Weber*, Schuldrecht AT, § 14 III. 2. Rdnr. 14/28, S. 265; *Roth*, FS Huber, S. 1133, 1162.

826 *Büdenbender*, JZ 1995, 920, 922.

grenzenden Maßnahmen verpflichtet, so dass eine Nichtbeachtung dieser Pflicht zu einer Anspruchsminderung führte. Daher wäre in § 254 Abs. 2 BGB folglich eine indirekte Regelung der Vorteilsanrechnung zu finden.[827]

§ 267 BGB ließe sich zudem für die Fallgruppe der freiwilligen Leistungen Dritter heranziehen. Hiernach sei der Wille des Leistenden, der im Zweifel durch Auslegung bestimmt werden müsse, entscheidend, ob dem Geschädigten oder dem Schädiger die Leistung zugutekommen solle.[828]

Ähnlich gelagert seien die Fälle, in denen per Legalzession der Anspruch des Geschädigten gegen den Schädiger auf den Leistenden (zum Beispiel eine Versicherung oder der Arbeitgeber) übergehe. Durch alle Vorschriften, die eine solche anordnen (vgl. bspw. § 116 SGB X, § 86 VVG), unterstelle der Gesetzgeber zwingend, dass die Leistungen der Versicherung oder des Arbeitgebers nicht auf den Schadensersatzanspruch angerechnet würden. Ansonsten liefe die Legalzession mangels Schaden leer.[829]

Ferner könne man aus dem Aspekt der Relativität der Schuldverhältnisse eine weitere Folgerung für die Vorteilsanrechnung ziehen. Die Relativität der Schuldverhältnisse könne für die Frage eine Lösung bieten, inwieweit Vor- und Nachteile aus rechtsgeschäftlichen Schadensverlagerungen auf Dritte anrechnungspflichtig seien.[830] Hiernach gehe das Rechtsgeschäft zwischen dem Geschädigten und einem Dritten den Schädiger nichts an, so dass alle Vor- und Nachteile aus diesem Geschäft den Geschädigten als Vertragspartner träfen.

*Büdenbender* weist zusammenfassend darauf hin, dass es keine einheitliche, pauschale Antwort auf die Frage der Anrechnungspflicht von Vorteilen gebe. Entscheidend sei jenseits spezialgesetzlicher Regelungen die Beachtung von Wertungen, die sich aus allgemein-schuldrechtlichen Vorschriften, Spezialnormen eines gesetzlichen Forderungsübergangs oder aus tragenden Prinzipien des Schuldrechts ergeben würden.[831]

### d. Stellungnahme

Auf das Mindesterfordernis der Adäquanz im Sinne eines reinen Wahrscheinlichkeitsurteils kann nicht verzichtet werden.[832] Nach dem Wahrscheinlichkeitsurteil wird festgestellt, dass eine Tatsache geeignet ist, im allgemeinen und nicht nur unter besonders eigenartigen, ganz unwahrscheinlichen und nach dem regelmäßigen Verlauf der Dinge außer Betracht zu lassenden Um-

827 *Büdenbender*, JZ 1995, 920, 922.
828 *Büdenbender*, JZ 1995, 920, 923.
829 *Büdenbender*, JZ 1995, 920, 923.
830 *Büdenbender*, JZ 1995, 920, 924.
831 *Büdenbender*, JZ 1995, 920, 925.
832 Mit ausführlicher Begründung *Thüsing*, Wertende Schadensberechnung, § 7 II. 1., S. 438 f.; ebenso *Wendehorst*, Anspruch und Ausgleich, S. 121.

ständen einen Erfolg herbeizuführen.[833] Damit nicht ganz und gar inadäquate und bloß zufällige Folgeerscheinungen für beachtlich gehalten werden, muss die Adäquanz weiterhin als Mindestanforderung gelten. Dem widerspricht auch nicht der Hinweis darauf, dass letztlich der Zweck der betroffenen Norm maßgebend sein müsse.[834] Wenn der Normzweck tatsächlich zusätzliche Einschränkungen ergeben sollte, wird die Berücksichtigung ganz und gar inadäquater und zufälliger Folgeerscheinungen nicht erlaubt sein, weil ihnen ein spezifisches Bindeglied zum erfüllten Normtatbestand gerade nicht anhaftet.[835]

Mit geringfügigen Abweichungen in der Formulierung fordert die Rechtsprechung zudem, dass *„die Anrechnung dem Zweck des Schadensersatzes entspreche, dem Geschädigten zumutbar sei und den Schädiger nicht unbillig entlaste."*[836] Trotz vielfacher Kritik in der Literatur an dieser Formel ist es nicht gelungen, dem ein wirksames Alternativkonzept entgegenzusetzen. Wiederholt wird die Lösung in der Bildung von Fallgruppen gesucht, innerhalb derer dann wiederum nach nicht konkreten Kriterien die Entscheidung getroffen wird. Auch nachdem von *Thiele* eingebrachten Kriterium, dass *„Vor- und Nachteil bei wertender Betrachtung gleichsam zu einer Rechnungseinheit verbunden"* sein müssen[837], welches der BGH aufgegriffen hat[838], bleibt vage, wonach sich das Vorliegen einer Rechnungseinheit bestimmen soll. Die Rechtsprechung zieht unterschiedliche Ansätze zur Bestimmung des Zusammenhangs von Vor- und Nachteil heran. Die Begründungen weichen zudem voneinander ab.[839] Ein besseres, griffigeres Ergebnis konnte aber die Literatur bis jetzt nicht liefern.

Somit ist es weiterhin sinnvoll, auf einer ersten Stufe mittels der Kausalität und Adäquanz völlig ungewöhnliche und unvorhersehbare Geschehensabläufe von der Vorteilsanrechnung auszuschließen. Auf der zweiten Stufe muss sodann geklärt werden, ob Vor- und Nachteil eng miteinander verknüpft sind, dass heißt die gewünschte *„Rechnungseinheit"*[840] beziehungsweise der *„notwendige innere Zusammenhang"*[841] gegeben ist. Da diese Kriterien nicht trennschärfer formuliert werden können, muss auf die Bildung von Fallgruppen zurückgegriffen werden, die dieses Kriterium fassbarer machen. Eine andere, deutlichere Lösung ist derzeit nicht in Sicht.[842] Auf der dritten Stufe muss dann letzten Endes noch das Ergebnis anhand des Kriteriums der Billigkeit überprüft werden. Es ist zu hinterfragen, ob die Anrechnung den Schädiger oder den

833 Grundlegend RGZ 133, 126, 127.
834 *Grunsky*, in MüKo, BGB, 3. Aufl., Vor § 249 Rdnr. 95.
835 *Wendehorst*, Anspruch und Ausgleich, S. 34.
836 Siehe oben unter E. II. 5. b.
837 *Thiele*, AcP 167 (1967), 193, 201 ff.; ebenso *Schiemann*, in Staudinger, BGB, § 249 Rdnr. 144.
838 BGH NJW 1997, 2378; 1979, 760.
839 *Thüsing*, Wertende Schadensberechnung, § 3 II. 2. b) aa) (a), S. 57.
840 BGHZ 77, 152, 154; 91, 206, 210; 136, 52, 54 f.; BGH NJW 1989, 2117; 2004, 3557.
841 *Thiele*, AcP 167 (1967), 193, 201; ähnlich *Larenz*, Schuldrecht AT Bd. I, § 30 II. a), S. 487.
842 Vgl. *Schiemann*, in Staudinger, BGB, § 249 Rdnr. 140.

Geschädigten unzumutbar begünstigt oder belastet. Zwar ist und bleibt damit die Frage der Vorteilsanrechnung sehr konturlos, jedoch ist mit Hilfe der Kriterien der Rechtsprechung und den Stimmen aus der Literatur durch die Einteilung in Fallgruppen ein auf den jeweiligen Einzelfall zugeschnittenes, interessengerechtes Ergebnis möglich.

## III. Vorteilsanrechnung bei nützlichen Pflichtverletzungen

Einleitend zur Problematik der Vorteilsanrechnung bei nützlichen Pflichtverletzungen ist zu erwähnen, dass diese Frage überhaupt nicht gestellt werden müsste, wenn die gesetzlichen Schutzmechanismen wie beispielsweise die Vorteilsabschöpfung oder Geldbußen ihren Zweck erfüllten und ordnungsgemäß angewendet werden könnten. Denn bei völliger Abschöpfung der Bereicherung bliebe kein Vorteil in der Gesellschaft zurück[843], für die Vorteilsanrechnung kein Raum und der Vorstand würde nicht zu einer Gesetzesverletzung verleitet werden.

### 1. Bestandsaufnahme

#### a. Rechtsprechung

Urteile, die die Frage der Vorteilsanrechnung bei nützlicher Pflichtverletzung behandeln, liegen derzeit – soweit ersichtlich – nicht vor. Allerdings haben sowohl das RG[844] als auch der BGH[845] bei der Frage der Schadensersatzpflicht bei pflichtwidriger Kompetenzüberschreitung zur Vorteilsanrechnung Stellung bezogen. Während der Fall des RG einen Gesellschafter einer offenen Handelsgesellschaft behandelte, der ohne Rücksprache mit dem anderen Teilhaber Bauaufträge im Namen der Gesellschaft vergab und daraufhin vom anderen Teilhaber auf Schadensersatz in Anspruch genommen wurde, wurde im Fall des BGH unter Überschreitung der internen Kompetenzen von einem Gesellschafter einer offenen Handelsgesellschaft ein Anstellungsvertrag mit einem Rechtsanwalt abgeschlossen. Sowohl in dem einen wie auch in dem anderen Fall übertritt ein Gesellschafter seine Kompetenzen aus dem Innenverhältnis im Außenverhältnis und macht sich daher prinzipiell der Gesellschaft gegenüber schadensersatzpflichtig.[846]

#### 1) Reichsgericht

Das RG urteilte hierzu, dass auf die Schadensersatzverpflichtung die Regeln der Vorteilsanrechnung grundsätzlich anzuwenden seien. Der Beklagte sei demnach an sich mit der Behauptung zu hören, dass der der Gesellschaft ent-

843 Vgl. *Uwe H. Schneider*, in Scholz, GmbHG, § 43 Rdnr. 229 a. E.
844 RGZ 109, 56, 60.
845 BGH NJW-RR 1988, 995, 996.
846 *Hopt*, in Baumbach/Hopt, HGB, § 114 Rdnr. 8, 15.

standende Nachteil durch den Vorteil, den sie durch die Bauausführung erlangt habe, mehr als aufgewogen sei.[847] Jedoch ließ das RG diesen Einwand in diesem konkreten Fall letztendlich nicht durchgreifen, da vorläufig feststehe, dass der Gesellschaft flüssige Mittel entzogen seien und sie mit Verbindlichkeiten belastet worden sei. Es könne aber zum Zeitpunkt des Urteils unmöglich schon festgestellt werden, ob die Eingriffe in das Gesellschaftsvermögen wieder gut gemacht würden, so dass der Beklagte zur Leistung des vollen Schadensersatzes verurteilt wurde. Dies wurde aber verbunden mit der Feststellung, dass ihm für den Fall, dass er später in der Lage sei, die Nützlichkeit der Bauausführung nachzuweisen, ein Bereicherungsanspruch vorbehalten sei.[848]

### 2) Bundesgerichtshof

Zur Frage der Vorteilsanrechnung stellte der BGH fest, dass es Sache des Gesellschafters ist, darzutun, dass die Gesellschaft wegen der empfangenen Gegenleistung einen ihren Schaden ausschließenden oder mindernden Vermögensvorteil erlangt hat.[849] Der BGH schränkte seine Aussage aber sofort ein, indem er feststellte, dass es nicht ausreiche, wenn zwischen den wechselseitig geschuldeten Leistungen ein ausgewogenes Werteverhältnis bestehe. Dabei bliebe nämlich unberücksichtigt, dass vor dem Vermögensausgleich eine wertende Entscheidung getroffen werden müsse, welche Posten überhaupt in die Vorteilsanrechnung eingestellt werden dürften. Im zu entscheidenden Fall sei zu beachten, dass die Gesellschaft das Geschäft völlig unfreiwillig eingegangen und noch völlig offen sei, ob sie die ihr praktisch aufgedrängte Gegenleistung sinnvoll nutzen könne.[850] Daher müsse der Schädiger beweisen, dass die Gesellschaft die Gegenleistung beziehungsweise Teile davon ohnehin beansprucht hätte oder dass sie aus der verbotenen Maßnahme andere vermögenswerte Vorteile erlangt habe, die ihr sonst vorenthalten geblieben wären.[851]

Der BGH macht somit deutlich, dass eine einfache Verrechnung von Vor- und Nachteilen auch nicht im Rahmen von nützlichen Pflichtverletzungen gestattet ist. Dass ein Vorteil in der Gesellschaft verblieben ist, muss der Schädiger zunächst beweisen. Erst danach wäre eine wertende Entscheidung zu treffen, ob diese Vorteile angerechnet werden dürften. Dies bedeutet, dass die allgemein für die Vorteilsanrechnung geltenden Regeln auch im Rahmen nützlicher Pflichtverletzungen angewandt werden können beziehungsweise sollen.

## b. Zwischenergebnis

Die Problematik der nützlichen Pflichtverletzung ist derzeit noch keine gängige Frage der Vorteilsanrechnung. Eine fallgruppenspezifische Bearbeitung hat es noch nicht gegeben, so dass die für die Vorteilsanrechnung allgemein vor-

---

847 RGZ 109, 56, 60.
848 RGZ 109, 56, 60 f.
849 BGH BB 1988, 1205, 1206.
850 BGH BB 1988, 1205, 1206 f.
851 BGH BB 1988, 1205, 1207.

geschlagene Lösung nicht zwangsläufig zu einem sachgerechten Ergebnis führen muss.

Die Vorteilsanrechnung kommt nur dann in Betracht, wenn nach dem Schadensersatz, den das Unternehmen zahlen musste, noch ein Gewinn aus dem pflichtwidrigen Geschäft in der Gesellschaft vorhanden ist. Ist der gesamte Gewinn abgeschöpft, ist für die Vorteilsanrechnung kein Raum mehr.[852] Hierbei ist dann aber zu klären, sofern nur der Vorteil abgeschöpft worden sein sollte, ob das Organ überhaupt schadensersatzpflichtig ist, da das pflichtwidrige Verhalten kausal für den (abgeschöpften) Vorteil war. Bei einer konsequenten Anwendung der §§ 249 ff. BGB kann die Gesellschaft den Gewinnabschöpfungsanteil nicht vom ersatzpflichtigem Vorstandsmitglied ersetzt verlangen. Denkt man nämlich das pflichtwidrige Verhalten hinweg, hätte die Gesellschaft den Gewinn auch nicht erlangt.[853]

Bei der Vorteilsanrechnung im Allgemeinen werden grundsätzlich Vorteile, die ohne ein Zutun des Geschädigten oder eines Dritten entstehen, angerechnet.[854] Zwar kommen die Vorteile, die der Vorstand seiner Gesellschaft durch den Gesetzesbruch verschafft, ebenfalls ohne Zutun des Geschädigten zustande. Diese Fallgruppe hilft aber im Rahmen der nützlichen Pflichtverletzung nicht weiter, da die Vorteile mit Zutun des geschädigten Unternehmens erwirtschaftet wurden, da das Handeln des Vorstandes und dasjenige seiner Gesellschaft ineinander übergehen.[855] Bei dem hier zu diskutierenden Fall der Vorteilsanrechnung handelt es sich um einen Sonderfall, der nicht zwangsläufig nach denselben Kriterien wie die Vorteilsanrechnung im Allgemeinen zu behandeln ist.

### c. Subsumtion unter die verschiedenen Auffassungen zur Vorteilsanrechnung

Nach der Rechtsprechung des BGH wäre für die Frage der Vorteilsanrechnung bei nützlichen Pflichtverletzungen zu fragen, ob die Anrechnung dem Sinn und Zweck der Ersatzpflicht entspricht. Dafür müsste die Interessenlage vom Unternehmen und die des Organs untersucht werden. Des Weiteren müssten nach der Rechtsprechung die Grenzen der Zumutbarkeit beachtet werden. Spätestens dann ließe sich mit guten Gründen zugunsten des handelnden Organs entscheiden, da die Grenzen der Zumutbarkeit wohl überschritten wären, wenn bei einem Regress die wirtschaftlichen Verhältnisse des Organs völlig außer Acht gelassen werden und es unbesehen mit der vollständigen Schadensersatzforderung des Unternehmens konfrontiert wird.

---

852 Ebenso *Uwe H. Schneider*, in Scholz, GmbHG, § 43 Rdnr. 229.

853 *Mertens/Cahn*, in KölnKomm, AktG, § 93 Rdnr. 56.

854 Vgl. hierzu *Lange*, JuS 1978, 649, 652 f., wobei bei Erbschaften danach zu differenzieren ist, ob der Ersatzberechtigte durch den Anfall der Erbschaft Vorteile erhält, die er nach dem wahrscheinlichen Lauf der Dinge ohne das schädigende Ereignis nicht erhalten hätte.

855 *Thole*, ZHR 173 (2009), 504, 526.

Stellt man auf das Kriterium des Zusammenhangs zwischen Vor- und Nachteil beziehungsweise schädigendem Ereignis ab, so käme man letztendlich zum Ergebnis, dass die Vorteile schadensmindernd angerechnet werden müssten. Da das handelnde Organ gerade diese Vorteile erreichen wollte, ist ein engerer Zusammenhang zwischen schädigendem Ereignis beziehungsweise Vor- und Nachteil nicht vorstellbar. Die schädigende Handlung bezweckte gerade den Vorteil.

Würde man den Schutzzweck der verletzten Norm oder gar den Sinn und Zweck des Schadensersatzrechts als ausschlaggebendes Kriterium anerkennen, müsste man die Organhaftung näher betrachten. Sinn und Zweck dieser ist neben anderen Gründen auch der Schutz des Vermögens der Gesellschaft. Dieses wurde durch die pflichtwidrigen Handlungen letztlich nicht beschädigt, wenn beispielsweise nach der Schadensersatzleistung noch Vorteile in der Gesellschaft vorhanden sind. Zu bedenken ist aber, dass mit der (persönlichen) Organhaftung Signale in die Geschäftswelt gesendet werden, die dazu anhalten sollen, Gesetze und Pflichten zu erfüllen. Auch wenn im Fall der positiven Pflichtverletzung der Verstoß gegen geltende Regeln zu Gunsten der Gesellschaft geschehen sollte, dürfte dies von der Rechtsordnung und dem Sinn und Zweck der Organhaftung nicht toleriert und die Vorteilsanrechnung müsste dementsprechend abgelehnt werden.

Wäre das Verhalten des Schädigers vor, bei oder nach der schädigenden Handlung das maßgebende Kriterium, müsste man bedenken, dass das Organ einzig das Wohl und Fortkommen der Gesellschaft im Blick hatte. Primär wollte es nur ihren Gewinn erhöhen. Daher müsste die Vorteilsanrechnung zugelassen werden. Jedoch ist hierbei zu bedenken, dass dieses Verhalten sowohl vom Gesetzgeber als auch von der Allgemeinheit nicht erwünscht ist. Diesen Gesichtspunkt darf man nicht übersehen, zumal die Allgemeinheit wegen der negativen Begleiterscheinungen berechtigte Gründe gegen eine solche Handhabung hat.

### d. Zwischenergebnis

Folgt man der hier vertretenen Auffassung zur Vorteilsanrechnung im Allgemeinen, müsste man im ersten Schritt die Kausalität und die Adäquanz zwischen Handlung und Vorteil bejahen. Auf der zweiten Stufe wäre der notwendige innere Zusammenhang erforderlich. Der Vorteil war mit der schädigenden Handlung bezweckt. Ein engerer Zusammenhang ist kaum vorstellbar. Drittens wäre sodann zu prüfen, wem der Vorteil gebührt und wen die Anrechnung oder die Verneinung der Anrechnung unzumutbar belastet oder begünstigt. Hier lassen sich sowohl für die Gesellschaft als auch für das Organ überzeugende Argumente finden. Was für und was gegen eine Anrechnung spricht, wird nun im Folgenden ausführlich herausgearbeitet. Es ist nochmals darauf hinzuweisen, dass es sich bei der Frage der Anrechenbarkeit von Vorteilen aus profitablen Pflichtverletzungen um einen Sonderfall der Vorteilsanrechnung handelt. Ein signifikanter Unterschied zu den klassischen

Falgruppen der Vorteilsanrechnung liegt darin, dass bei der profitablen Pflichtverletzung der Vorteil nicht zufälligerweise und unerwartet eintritt, sondern von vorneherein gewollt und bezweckt ist. Diese bedeutende Eigenart im Gegensatz zum Normalfall könnte möglicherweise zu anderen Ergebnissen führen. Es ist daher notwendig, diesen Fall gesondert zu überprüfen, da die allgemeinen Kriterien den Besonderheiten unter Umständen nicht in Gänze gerecht werden.

## 2. Argumente für die Vorteilsanrechnung

### a. Dogmatische Begründung

Heutzutage sind nach Ansicht des BGH neben Kausalitätserwägungen und der Adäquanz noch weitere Kriterien erforderlich. Eines der entscheidenden Kriterien ist, dass Vor- und Nachteil in einem eng verknüpften Zusammenhang miteinander stehen müssen[856] – sie müssen miteinander korrespondieren. Auch in der Literatur wird ein solcher Zusammenhang immer wieder gefordert.[857] Im hier zu diskutierenden Rahmen eines etwa gezahlten Bestechungsgeldes ist dieser Zusammenhang eindeutig. Denn der Vorstand als Schädiger hat unter Abwägung des Risikos/Schadens und des Erfolgs gerade diesen Vorteil herbeiführen wollen. Ein engerer Zusammenhang zwischen Handlung, Schaden und Vorteil ist nicht denkbar. Die vom BGH geforderte Rechnungseinheit[858] ist somit vorhanden. Vor- und Nachteil sind demnach *„die beiden Seiten derselben Medaille"*[859]. Wenn insofern nach der Rechtsprechung und der Literatur bei solch einem engen Zusammenhang und bei Vorliegen der weiteren Voraussetzungen die Vorteilsanrechnung zugelassen wird, muss dies erst recht für den (dann wohl atypischen Fall der Vorteilsanrechnung) gelten, in dem der Schädiger gerade diesen Vorteil herbeiführen wollte. Ferner ist bei dieser Fallgestaltung besonders, dass der Vorteil ohne weiteres Handeln eines Dritten unmittelbar und gewollt eintritt. Manche Stimmen in der Literatur fordern für eine Anrechnung solch einen *„automatischen"* Zusammenhang[860], der hier vorliegt.

Anderer Auffassung ist hierbei aber *Lohse*. Sie vertritt am Beispiel von Bestechungen die Ansicht, dass die Zulieferverträge tatsächlich nur abgeschlossen und damit die marktüblichen Gewinne aus diesen Verträgen nur realisiert

---

856 Ebenso *Thiele*, AcP 167 (1967), 193, 201.

857 *Thiele*, AcP 167 (1967), 193, 201: „unlösbarer innerer Zusammenhang"; *Larenz*, Schuldrecht AT Bd. I, § 30 II. a), S. 487: „ursächlichen Zusammenhang"; *Hirsch*, Schuldrecht AT, Rdnr. 1068: „beide Seiten derselben Medaille"; *Henke*, FS Hagen, S. 371, 391: „erfahrungsmäßiger Zusammenhang zwischen Eingriff und Vorteil und individuelle Verbindung zwischen Einbuße und Vorteil".

858 BGHZ 77, 152, 154; 91, 206, 210; 136, 52, 54 f.; BGH NJW 1989, 2117; 2004, 3557.

859 *Hirsch*, Schuldrecht AT, Rdnr. 1068.

860 Vgl. bspw. *Esser/Schmidt*, Schuldrecht AT Bd. I/2, § 33 V. 3., S. 252, Fn. 246; *Larenz*, Schuldrecht AT Bd. I, § 30 II. a), S. 487.

wurden, weil Schmiergeldvereinbarungen abgeschlossen wurden.[861] Dies begründe zwar einen Kausalzusammenhang zwischen den Schmiergeldvereinbarungen und den marktüblichen Gewinnen, aber keinen inneren Zusammenhang zwischen diesen und den Schmiergeldern. Auf der Schmiergeldvereinbarung beruhe nämlich nicht der marktübliche Gewinn selbst, sondern nur der Umstand, dass gerade dieser Zulieferer diesen Gewinn erzielt habe. Dadurch werde keine Beziehung zwischen den Schmiergeldern und dem marktüblichen Gewinn hergestellt.[862]

*Lohse* liegt insoweit richtig, als dass der notwendige innere Zusammenhang mehr als nur die bloße Kausalität sein muss. Sie verkennt aber, dass die Schmiergeldabrede eben nicht nur kausal für die marktüblichen Gewinne war. Es besteht ferner der notwendige innere Zusammenhang zu dem Gewinn, der auf dem aufgrund der Schmiergeldabrede abgeschlossenen Vertrag beruht, und einer Vorteilsanrechnung daher nicht im Wege steht. Stellt man wie *Lohse* auf den von *Thiele* begründeten notwendigen inneren Zusammenhang[863] ab und möchte – wie sie – zwischen dem Korruptionserlös und dem marktüblichen Gewinn differenzieren[864], darf man nicht außer Acht lassen, dass es sich bei dem notwendigen inneren Zusammenhang um einen unbestimmten Rechtsbegriff handelt, der der Auslegung bedarf. *Thiele* selbst erkennt an, dass der notwendige innere Zusammenhang nicht einheitlich für alle Fälle bestimmt werden könne. Vor- und Nachteil könnten auf verschiedenste Weise zu einer Rechnungseinheit verbunden sein. Maßgebend seien stets die Umstände des Einzelfalls und deren rechtliche Wertung.[865] Die Differenzierung von *Lohse* ist daher sehr fragwürdig und wenig hilfreich, da grundlos etwas Zusammengehörendes in zwei Teile aufgeteilt wird. Es ist nicht ersichtlich, wozu diese Differenzierung nötig ist, vielmehr wird sie den praktischen Gegebenheiten nicht gerecht. In der Wirtschaftswelt wird bestochen, um an Aufträge zu gelangen, die man ohne die Leistung von Bestechungsgeldern im freien Wettbewerb wohl nicht bekommen hätte. Kein Unternehmen zahlt Schmiergelder, wenn es den Auftrag woanders ohne Schmiergeld zu marktüblichen Konditionen bekommen könnte. Zieht man nun den notwendigen inneren Zusammenhang zwischen Vor- und Nachteil hinzu, den *Lohse* bei den marktüblichen Gewinnen verneint, so verkennt sie, dass dieses Kriterium am Einzelfall beurteilt wird und dessen rechtliche Wertungen einer Konkretisierung bedürfen. Hierbei ist es nur billig, die praktischen Erwägungen mit einfließen zu lassen, so dass vor diesem Hintergrund im Rahmen des inneren Zusammenhangs eine Differenzierung zwischen dem Korruptionserlös und dem marktüblichen Gewinn nicht richtig ist. Die beiden Teile sind untrennbar mit-

861 *Lohse*, FS Hüffer, S. 581, 594.
862 *Lohse*, FS Hüffer, S. 581, 594.
863 *Thiele*, AcP 167 (1967), S. 193, 201 ff.
864 *Lohse*, FS Hüffer, S. 581, 594 f.
865 *Thiele*, AcP 167 (1967), S. 193, 206.

einander verknüpft. Ein Grund für diese Differenzierung ist nicht ersichtlich und hilft bei der Lösung dieser Frage nicht weiter.[866]

Daher bleibt es dabei, dass im Fall der nützlichen Pflichtverletzung ein innerer, notwendiger Zusammenhang zwischen dem Vorteil und dem Schaden besteht, so dass die Vorteile hiernach streng genommen angerechnet werden müssten.

### b. Ungerechtfertigter Vorteil für die Gesellschaft

Unter Umständen könnte die nahliegende Ansicht, dass die Vorstände vollumfänglich haften sollten, da sie schließlich diejenigen gewesen seien, die die Pflichtverletzungen begangen hätten, etwas vorschnell sein. Es bietet sich in diesem Fall an, nicht bei der vollen Schadensersatzpflicht des Organs stehen zu bleiben, sondern die Situation weiter zu verfolgen. Nicht nur im Rahmen der Differenztheorie, sondern auch und gerade hier interessiert die Vermögenslage nach der Schadensersatzleistung ungemein. Unter der Voraussetzung dass das Organ den Schaden der Gesellschaft aus seinem persönlichen Verhältnissen komplett erstatten könnte und Raum für eine Vorteilsanrechnung gewesen wäre, da sich noch Vorteile in der Gesellschaft befanden hätten, sieht es nur auf den ersten Blick so aus, als wäre die Vermögenslage, die vor dem schädigenden Ereignis bestand, wieder herbeigeführt worden. Tatsächlich könnte es aber so sein, dass sich die nun vorhandene Vermögenslage möglicherweise noch weiter vom gesetzlichen Idealzustand als vor der Schadensersatzleistung entfernt hat. Wenn man davon absieht, dass in der Praxis ein Organ oftmals wirtschaftlich nicht in der Lage sein wird, einen Schaden der Gesellschaft zu erstatten, ist im Folgenden zu untersuchen, ob der Gesetzgeber den (zumindest theoretischen) Rückfluss des Vorteils zurück zu der Gesellschaft überhaupt zulassen und dadurch eine – zumindest faktische – Bevorzugung der Gesellschaft bewirken wollte.

Der Gesetzgeber hat in § 17 Abs. 4 OWiG eine eindeutige Regelung getroffen. Diese gilt nach § 30 Abs. 3 OWiG und § 81 Abs. 5 GWB sowohl für Straftaten und Ordnungswidrigkeiten als auch für Kartellordnungswidrigkeiten. Diese Vorschrift besagt, dass die Geldbuße den wirtschaftlichen Vorteil, den der Täter aus der Tat gezogen hat, übersteigen soll. Sinn und Zweck dieser Regelung ist zu verhindern, dass sich die Begehung von rechtswidrigen Taten in irgendeiner Art und Weise für den Täter lohnt.[867] Der Täter soll bei der Saldierung erkennen, dass der Verstoß ihm keinen Nutzen gebracht hat. Nur in diesem Falle wird er dazu bestimmt werden, von der Begehung weiterer Ordnungswidrigkeiten dieser oder anderer Art abzusehen. Daneben dient die Maßnahme aber auch der Einwirkung auf andere potentielle Täter sowie der Bewährung der Rechtsordnung in der Weise, dass klar zu verstehen gegeben

---

866 *Lohse* kommt später ebenfalls zum Ergebnis, dass diese Differenzierung nicht weiterhilft. Vgl. *Lohse*, FS Hüffer, S. 581, 599.

867 *Brenner*, NStZ 1998, 557.

wird, dass der Staat nicht gewillt ist, einem Täter den Profit aus seiner verbotenen Handlung zu belassen.[868] Das gesetzliche Höchstmaß soll einer solchen gebotenen Maßnahme nicht im Wege stehen, vgl. § 17 abs. 4 Satz 2 OWiG.

Der Gesetzgeber gibt damit deutlich zu erkennen, dass grundsätzlich weder der Täter noch sonst irgendwelche Beteiligte aus der rechtswidrigen Tat einen Vorteil erhalten sollen. Kommt es aber im Rahmen eines Innenregresses zwischen der Gesellschaft und dem handelnden Organ zu der Frage der Vorteilsanrechnung, sind trotz der Möglichkeit des Verfalls gemäß §§ 73 ff. StGB (insbesondere § 75 StGB, der unter anderem den Verfall regelt, wenn Organe für juristische Personen gehandelt haben) oder der Gewinnabschöpfung nach (§ 81 Abs. 5 GWB oder § 30 Abs. 3 OWiG in Verbindung mit) § 17 Abs. 4 OWiG Vorteile aus der Tat in der Gesellschaft verblieben. Der Gesetzgeber hat sich dabei mit § 17 Abs. 4 OWiG deutlich hinsichtlich des Rückflusses positioniert. Fraglich ist aber, ob die Gesellschaft als handlungsunfähige juristische Person unter den Täterbegriff des § 17 Abs. 4 OWiG fällt. Diese Frage kann letztlich dahinstehen, da Sinn und Zweck dieser Norm ist, dass die begangene Tat weder dem Täter oder Beteiligten noch einem an der Tat unbeteiligten Dritten einen vermögensrechtlich erfassbaren Vorteil belassen soll.[869] Die Gesellschaft wird von dieser Vorgabe des Gesetzgebers somit mit umfasst. Sowohl diese deutliche Positionierung spricht zum einen für die Anwendung der Vorteilsanrechnung beim Innenregress, als auch die moralischen Überlegungen dahinter. Da der Vorstand für das Wohl der Gesellschaft handelte und er sich bei einer nützlichen Pflichtverletzung nicht persönlich bereicherte, erscheint es neben § 17 Abs. 4 OWiG als auch moralisch verwerflich, dass der Vorstand den Vorteil bei der Gesellschaft wieder ersetzt, den sie rechtlich nicht hätte erwirtschaften dürfen, obwohl er selbst nicht bereichert war und somit von § 17 Abs. 4 OWiG persönlich nicht betroffen wäre.

Nach alledem ist es nur konsequent, die Vorteilsanrechnung zuzulassen.

### c. Bereicherungsverbot

Ferner könnte für eine Berücksichtigung der in der Gesellschaft verbleibenden Vorteile das im BGB geltende Bereicherungsverbot sprechen. Dies stellt eine besondere Ausprägung der Differenzhypothese dar.[870] Dadurch soll verhindert werden, dass der Geschädigte durch den Schadensfall besser als ohne das schädigende Ereignis steht.[871] Für die Frage der Vorteilsanrechnung ist dieser Gesichtspunkt insoweit interessant, da man hier überlegen könnte, ob nicht das Unternehmen oder das Vorstandsmitglied durch die An- oder Nichtanwendung der Vorteilsanrechnung bereichert werden würde. Daher wird im Folgenden geklärt, inwieweit das Bereicherungsverbot als allgemeiner Grund-

868 *Mitsch*, in KK-OWiG, § 17 Rdnr. 112.
869 *Brenner*, NStZ 1998, 557.
870 *Oetker*, in MüKo, BGB, § 249 Rdnr. 20.
871 BGHZ 118, 312, 338 ff; *Oetker*, in MüKo, BGB, § 249 Rdnr. 20.

satz des Schadensrechts akzeptiert wird und welche Auswirkungen dieses auf die Vorteilsanrechnung hat.

Das Bereicherungsverbot hat der BGH in einer Entscheidung aus dem Jahr 1992 als Teil des deutschen *ordre public* beim Schadensersatz behandelt.[872] Durchbrechungen hat es vor allem durch die Rechtsprechung zu den Schadensersatzansprüchen der GEMA und zur dreifachen Schadensberechnung bei der Verletzung von Immaterialgüterrechten erfahren.[873]

In der Literatur ist das Bereicherungsverbot nicht unumstritten.

### 1) Keine Anwendung des Bereicherungsverbots

*Wagner* hält es für vertretbar, das Bereicherungsverbot im Allgemeinen im Zuge der Anerkennung des Präventionszwecks teilweise zu missachten. Es sei im Interesse wirksamer Prävention in Kauf zu nehmen, wenn ein einzelner Geschädigter mehr zugesprochen erhält, als ihm persönlich Nachteile entstanden seien.[874] Bei der einzelfallbezogenen Anwendung des schadensersatzrechtlichen Bereicherungsverbotes werde übersehen, dass es in Wahrheit nicht darum gehe, eine systemwidrige Bereicherung abzuwehren, sondern lediglich zu bestimmen sei, wer bereichert bleibe. Soweit wegen des Bereicherungsverbotes darauf verzichtet werde, dem Schädiger die gesamten von ihm zu verantworteten Schadenskosten anzulasten, käme letzterer mit einer Bereicherung davon, die ihm rechtlich nicht zustehe, während bei Anwendung der präventiven Funktion der Geschädigte unter Umständen mehr erhalte, als ihm persönlich an Nachteilen entstanden sei. Wenn also notwendig und unausweichlich die Wahl getroffen werden müsse zwischen einer Bereicherung des Schädigers oder einer Bereicherung des Geschädigten, solle es nicht allzu schwer fallen, sich zugunsten des Letzteren zu entscheiden.[875] Als Beleg wird ein Zitat aus dem amerikanischen Recht beigefügt: *„It is more just that the windfall should inure to the benefit of the injured party than that it should accrue to the tortfeasor."*[876]

Konkret für die Frage der Vorteilsanrechnung ist *Thiele* der Auffassung, dass das Bereicherungsverbot für die Frage der Anrechnung von Vorteilen nichts hergebe.[877] Zwischen der Gefahrenabwehr beziehungsweise dem Bereicherungsverbot und der Differenztheorie gebe es im Prinzip keinen Unterschied. So zutreffend und selbstverständlich dieser Gedanke auch sei, würde er im Grunde doch nichts anderes besagen als die Differenzhypothese auch: der Geschädigte habe Anspruch auf Ersatz seines Schadens, dass heißt auf

872 BGHZ 118, 312, 343 ff.

873 BGHZ 44, 372, 374; 59, 286, 288 ff.; 60, 206, 208; 122, 262, 266; *Schubert*, in Bamberger/Roth, BGB, § 249 Rdnr. 15.

874 *Wagner*, AcP 206 (2006), 352, 470.

875 *Wagner*, AcP 206 (2006), 352, 470 f.

876 Adams vs. Turner, 238 F.Supp. 643, 644 f. (D.D.C. 1965); Olivas vs. United States, 506 F.2d 1158, 1163 (9th Cir. 1974); vgl. auch *Thüsing*, Wertende Schadensberechnung, § 5 I. 2. c) bb), S. 167 f.

877 *Thiele*, AcP 167 (1967), 193, 197.

Ausgleich der Vermögensdifferenz, nicht jedoch auf mehr. Eine darüberhinausgehende Bedeutung komme dem Prinzip nicht zu. Es besage insbesondere nicht, dass der Geschädigte nach der Ersatzleistung schlechthin nicht besser gestellt sein dürfe, als es ohne das haftbar machende Ereignis der Fall gewesen wäre. Denn was im Einzelnen bei der zu vergleichenden Vermögenslage des Verletzten zu berücksichtigen sei, welche Vorteile insbesondere dabei mit zu erfassen seien, das müsse auch hier geklärt werden, bevor das Bereicherungsverbot überhaupt eingreife. Es sei insofern ebenfalls nur ein formales Prinzip ohne Wertungsgehalt, das über die Bewertung und Anrechnung von Vorteilen infolgedessen nichts aussagen könne.[878]

## 2) Anwendung des Bereicherungsverbotes

Der BGH[879] erhebt das Bereicherungsverbot dagegen in den Rang des *ordre public*[880]. Damit tritt der Stellenwert des Bereicherungsverbots im deutschen Schadensrecht sehr deutlich hervor.

Ebenso hält *Oetker* am Bereicherungsverbot fest. Der ablehnenden Auffassung sei einzuräumen, dass die §§ 249 ff. BGB das Bereicherungsverbot nicht ausdrücklich festlegen. Seiner Anerkennung stehe dies indes nicht entgegen. Das Bereicherungsverbot sei das mit der Ausgleichsfunktion der §§ 249 ff. BGB notwendig verbundene Korrektiv, das verhindere, dass der Geschädigte durch das zum Schadensersatz verpflichtende Ereignis einen über den Ausgleich hinausgehenden Gewinn erziele. Damit stehe es im Einklag mit dem Zweck der §§ 249 ff. BGB. Die Vorschriften bezweckten, dass der Geschädigte in die jetzige Lage ohne das schädigende Ereignis versetzt werde, und würden deshalb in § 249 Abs. 1 BGB die Naturalrestitution an den Ausgangspunkt des Regelungsgefüges stellen. Damit sei es unvereinbar, wenn der Geschädigte infolge des zum Ersatz verpflichtenden Ereignisses besser stünde als ohne dieses.[881]

## 3) Stellungnahme

Es kann im Zuge der Präventivwirkung des Schadensersatzrechts zwar durchaus nützlich sein, das Bereicherungsverbot nicht als einen allumfassenden Rechtsgrundsatz des deutschen Schadensersatzrechts anzusehen, letzt-

---

878 *Thiele*, AcP 167 (1967), 193, 197.

879 BGHZ 118, 312, 343 ff., vgl. zum *ordre public Blumenwitz*, in Staudinger, Art. 6 EGBGB, Rdnr. 61 ff.

880 Der *ordre public* ist in Art. 6 EGBGB normiert. Wenn Kollisionsnormen auf ausländisches Recht verweisen, geschieht dies ohne Rücksicht auf dessen Inhalt und den Inhalt entsprechender deutscher Regelungen. Daher kann eine solche Verweisung zu Ergebnissen führen, die aus deutscher (Rechts-) Ansicht nicht hinnehmbar sind. Damit dies verhindert wird, stellt die *ordre public*-Klausel des Art. 6 EGBGB die Anwendung des ausländischen Rechts unter den Vorbehalt der Vereinbarkeit des Verweisungsergebnisses mit der nicht nur intern, sondern auch international unverzichtbaren inländischen Ordnung.

881 *Oetker*, in MüKo, BGB, § 249 Rdnr. 20.

endlich handelt es sich jedoch um einen wesentlichen Grundgedanken des deutschen Rechts. Gem. § 249 Abs. 1 BGB hat der zum Ersatz Verpflichtete den Zustand herzustellen, der ohne das schädigende Ereignis vorläge. Hieraus lässt sich deutlich ablesen, dass der Gesetzgeber weder auf der einen noch auf der anderen Seite eine Bereicherung durch das schädigende Ereignis zulassen wollte. Bereits das RG stellte klar, das *„die Verfolgung der Ersatzforderung eines Geschädigten nie zu dessen Bereicherung führen darf"*.[882] Auch eine Präventionswirkung kann diesen Grundsatz nicht erweichen. Es soll nach dem deutschen Schadensersatzrecht der *status quo* wieder hergestellt werden, so wie er ohne das schädigende Ereignis bestünde.[883] Eine Bereicherung des einen oder anderen Teiles ist hierbei nicht zu tolerieren.

Damit ist weiterhin von einer Geltung des Bereicherungsverbotes auszugehen. Dies auf die vorliegend zu beantwortende Frage übertragen, führt zu dem Schluss, dass die Ablehnung der Vorteilsanrechnung bei der nützlichen Pflichtverletzung eine nicht gerechtfertigte Bereicherung der Gesellschaft zur Folge hat. Nicht nur, dass der Gesellschaft der Vorteil aus der Pflichtverletzung verbliebe, sie kann auch einen ungeschmälerten Schadensersatzanspruch gegen das handelnde Organ durchsetzen. Somit würde sie doppelt begünstigt, was nicht im Sinne des Bereicherungsverbotes sein kann. Die von *Wagner* angeführte Zwangssituation[884], dass entweder der Geschädigte oder der Schädiger bereichert wird, je nachdem, wie man sich entscheidet, stellt sich im Fall der nützlichen Pflichtverletzung nicht. Mit der Ablehnung der Vorteilsanrechnung bleibt der Gesellschaft der Gewinn erhalten. Sie hat damit über den *status quo*, den das Schadensrecht wieder erreichen will, hinaus Vermögen erhalten und durfte es behalten. Das Vermögen des Schädigers verringerte sich im Falle der Ablehnung der Vorteilsanrechnung, wohingegen das Vermögen der Gesellschaft vermehrt bliebe. Daher erscheint eine Anrechnung der noch verbliebenen Vorteile durchaus gerechtfertigt und als naheliegende Lösung, um dem Ausgleichsgedanken des § 249 Abs. 1 BGB gerecht zu werden.

Letztlich kann dieser Gesichtspunkt nur einen mittelbaren Einfluss auf die Frage der Anerkennung der Vorteilsanrechnung haben. Denn dogmatisch handelt es sich bei der wertenden Betrachtung der Schadens- und Vorteilsposten im Rahmen der Vorteilsanrechnung um eine der Differenzhypothese vorgelagerte Prüfung, welche Vorteile überhaupt berücksichtigungsfähig sind. Die Frage des Bereicherungsverbots stellt sich erst im Anschluss auf der Ebene der konkreten Schadensberechnung, wenn die Frage der Berücksichtigung der Vorteile bereits erfolgt ist.

---

882 RGZ 93, 144, 145.

883 *Oetker*, in MüKo, BGB, § 249 Rdnr. 7; *Wendehorst*, Schaden und Ausgleich, S. 89 ff.

884 *Wagner*, AcP 206 (2006), 352, 470 f.

### d. Doppelte „Bestrafung" des Unternehmens

Es bestehen zudem eigenständige Möglichkeiten des Staates gegen das Organ vorzugehen und es mit einer Buße zu belegen, vergleiche insbesondere § 81 Abs. 4 GWB, der die Buße gegen das Organ auf eine Million Euro beschränkt. Mit der Versagung der Vorteilsanrechnung würde dann faktisch eine „doppelte Bestrafung" (persönliche Buße und Regress des Unternehmens) des Organs bewirkt werden. Eine solche Bevorzugung des Unternehmens beziehungsweise Benachteiligung des Organs ist vom Gesetz her nicht vorgesehen.

### e. Keine Berücksichtigung der wirtschaftlichen Verhältnisse des Organs

Für eine Vorteilsanrechnung könnte sprechen, dass beispielsweise bei der Bußgeldbemessung nach § 17 Abs. 3 Satz 2 OWiG die wirtschaftlichen Verhältnisse des Unternehmens Berücksichtigung finden können. § 81 Abs. 4 Satz 2 Hs. 2 GWB beschränkt die Höhe der Geldbuße auf maximal 10 vom Hundert des im vorausgegangenen Geschäftsjahrs erzielten Gesamtumsatzes. Die Insolvenz des Unternehmens ist folglich nicht das erklärte Ziel einer Geldbuße. Wenn jedoch dem Unternehmen beispielsweise wegen eines Kartellverstoßes unter Beachtung der wirtschaftlichen Verhältnisse eine horrende Buße auferlegt wird, findet in dem sich anschließenden Regressverfahren gegen das handelnde Vorstandsmitglied eine solche Prüfung nicht mehr statt. Dies könnte man als ungerechtfertigte Bevorzugung des Unternehmens auffassen und fordern, dass die wirtschaftlichen Verhältnisse des Vorstandsmitglieds bei der Höhe des Innenregresses ebenfalls die Höhe des Regresses beeinflussen können.

Dies ist jedoch kein Grund, der einen Ausschlag bei der Problematik der Vorteilsanrechnung geben könnte. Denn wie oben bereits auf Tatbestandsseite dargestellt[885], handelt es sich um zwei verschiedene Ebenen, wobei die Berücksichtigung der wirtschaftlichen Verhältnisse nur auf der Ebene Staat – Gesellschaft geschehen kann. Der zivilrechtliche Schadensersatzanspruch verfolgt dagegen primär die Totalreparation. Eine entsprechende Beschränkung der Haftungssumme der Höhe nach gibt es somit im Innenregress nicht, kann folglich nicht als Argument für eine Vorteilsanrechnung aus Gerechtigkeitsgründen herangezogen werden.

### f. Kompensation als Hauptzweck der Haftungsnormen

Es ließe sich vertreten, dass noch in der Gesellschaft vorhandene Vorteile durch nützliche Pflichtverletzungen aufgrund des Sinn und Zwecks der Haftungsnormen zu berücksichtigen seien.[886] Zwar darf nach der Rechtsprechung des BGH die Anrechnung den Schädiger weder unzumutbar begünstigen, noch den Geschädigten unzumutbar belasten, wobei der Sinn und Zweck des

885 Siehe oben unter E. I. 3. c. 4)
886 *Uwe H. Schneider*, in Scholz, GmbHG, § 43 Rdnr. 229.

Schadensersatzes berücksichtigt werden muss.[887] Jedoch ist der Sinn und Zweck von § 93 Abs. 2 AktG, § 43 Abs. 2 GmbHG unter anderem auch in der Kompensation zu sehen. Diese Haftungsnormen dienen der Schadenskompensation und führen einen Ausgleich gegenüber der Gesellschaft für Nachteile herbei, die diese durch das Handeln ihrer Organmitglieder erlitten hat.[888] Ein darüber hinaus gehender Sanktionscharakter etwa im Interesse der Öffentlichkeit erscheint zweifelhaft. Denn gerade bei der Verletzung öffentlich-rechtlicher Pflichten, deren Erfüllung oder Befolgung die Gesellschaft schuldet, wäre es inkonsequent, durch die Ablehnung der Vorteilsanrechnung den Geschäftsführer wirtschaftlich schlechter zu stellen als die eigentlich pflichtbetroffene und daher verantwortliche Gesellschaft.[889]

### g. Gesellschaftswohl als primäres Anliegen

Zudem darf nicht unberücksichtigt bleiben, dass das Organ stets das Gesellschaftswohl fördern wollte und nicht gegen Recht und Gesetz verstoßen hat, um sich selbst zu bereichern.[890] Das handelnde Organ hat gerade das verletzte Rechtsgut (Vermögen im weitesten Sinne) der Gesellschaft oder vielmehr eine Vertragspflicht (Umsatzsteigerung) zu fördern gesucht hat. Auch wenn diese Argumente bei der Ablehnung der Anerkennung der nützlichen Pflichtverletzung nicht weitergeführt haben, könnte man doch überlegen, sie bei der Frage der Vorteilsanrechnung greifen zu lassen. Wenn in der Literatur die Auffassung vertreten wird, dass die Rechtsüberzeugung für die Anrechnung spreche, wenn der Schädiger das verletzte Rechtsgut oder die verletzte Vertragspflicht zugleich auch gefördert hätte[891], könnte es gerade hier mangels einschlägiger Kriterien und der Entscheidung am Einzelfall als interessengerecht erscheinen, die Vorteilsanrechnung zuzulassen. Letztlich erscheint es moralisch nicht richtig, dass derjenige, der fremdes Vermögen rechtswidrig mehren wollte, aufgrund einer Schadensersatzforderung desjenigen, dessen Vermögen gerade erhöht werden sollte und sich tatsächlich durch die Handlung auch gesteigert hat, schlechter dasteht und den Gewinn des anderen aus seinem privaten Vermögen finanziert. Interessen- und systemgerecht wäre es, die Vermögen insgesamt auszugleichen. Versagt man aber die Vorteilsanrechnung, wird genau das Gegenteil erreicht. Der Schädiger, das handelnde Or-

---

887 Vgl. auch *Grunsky*, FS Lange, S. 469, 473 für die Vorteilsanrechnung im Allgemeinen.

888 *Uwe H. Schneider*, in Scholz, GmbHG, § 43 Rdnr. 229.

889 *Brouwer*, Zustimmungsvorbehalte des Aufsichtsrates im Aktien- und GmbH-Recht, § 6, C. II. 1. b) cc), S. 270 f.; *Uwe H. Schneider*, in Scholz, GmbHG, § 43 Rdnr. 229.

890 Vgl. *Cantzler*, AcP, 156 (1957), 29, 51 ff, 59. Kritisch ist aber bei so einer Sichtweise anzumerken, dass je nachdem wie die Anstellungsverhältnisse individuell ausgestaltet sind, eine mittelbare Bereicherung der Vorstände über eine Gewinnbeteiligung oder sonstige Tantiemen, die an die Unternehmensentwicklung gekoppelt sind, gegeben sein kann, sodass die Vorstände in solch einem Fall dann gar nicht mehr so selbstlos handeln.

891 *Lange*, Jus 1978, 649, 652; *Lange/Schiemann*, Schadensersatz, § 9 IV. 1., S. 502; ebenso *Cantzler*, AcP 156 (1956), 29, 51 ff, 59.

gan, steht nach dem schädigenden Ereignis und dem Regress des Unternehmens schlechter da als das Unternehmen. Dieses steht nach dem Regress im Gegensatz dazu besser da als nach dem schädigenden Ereignis. Denn zusätzlich zum verbleibenden Vorteil könnte das Unternehmen den gesamten Schaden beim Vorstand persönlich geltend machen. Die vom Schadensersatzrecht bezweckte Vermögensaufteilung beziehungsweise –ausgleichung wäre in ihr Gegenteil verkehrt.

### h. Rein wirtschaftliche Betrachtung

Für eine Anrechnung könnte ferner eine rein wirtschaftliche Betrachtung sprechen. Als Beispiel ließe sich die Kartellbuße von der EU-Kommission gegen Intel vom 13. Mai 2009 anführen. Intel wurde wegen Verstößen gegen das Kartellrecht zu einer Rekordgeldbuße von 1,06 Milliarden Euro verurteilt.[892] Selbst bei dieser Höhe der Buße hielten manche Fachleute diese für viel zu gering. *Lande* ist der Auffassung: *„the fine was much too low. Intel´s total corporate sales during the violation period were approximately $184 billion, and its sales of the relevant products were somewhat less than $131 billion. Thus, if the fine is figured as a percentage of Intel´s total sales, it is slightly less than 1 percent. [...] Over a substantial period, illegal cartels have averaged mean markups of 31-49 percent, and median markups of 22-25 percent. I know of no similar figures ever computed for monopolies or dominant firms. Nevertheless, even the lowest of these figures suggests that if monopolies raise prices on average as high as cartels, Intel might have been able to raise prices by some 22 percent of $131 billion, or $29 billion, due its illegal conduct, and that a fine at least this large would have been appropriate. [...] This is an additional reason to believe the EC´s $145 billion fine surely left Intel with an immense profit from its violation."*[893] Hierbei ist zu berücksichtigen, dass Intel massivste Kartellabreden vorgeworfen wurden.[894]

Rein rechnerisch ist der Gesellschaft somit, wenn nach gezahltem Schadensersatz oder gezahlter Buße ein Gewinn verbleibt, kein Schaden entstanden.[895] Dem Aufsichtsrat könnte somit eine Entscheidungsprärogative zugestanden werden, ob Schadensersatz vom Vorstand eingeklagt werden soll oder nicht. Überwiegende Gründe des Gesellschaftswohls[896], insbesondere wegen des feh-

892 Pressemitteilung IP/09/745 vom 13.05.2009; EG-Kommission WuW 2009, 1201

893 *Lande*, GCP June 2009, Release 2, S. 7 f.

894 Im Spiegel wird *Lande* damit zitiert, dass *„Intels Geschäftspraktiken die Wettbewerbsverzerrungen anderer Unternehmen wie Microsoft nahezu harmlos wirken lassen."*; siehe *Schultz*, Spiegel online v. 13.05.2009, http://www.spiegel.de/wirtschaft/0,1518,624575,00.html, letzter Aufruf am 20.07.2011.

895 Eine solche Auffassung stark kritisierend *Bringewat*, JZ 1977, 667 ff.; *Hübner*, in LK, StGB, 10. Aufl., § 266 Rdnr. 86; anders *Schünemann*, in LK, StGB, § 266 Rdnr. 98: Eine solche Auslegung hätte „die Neukriminalisierung zur verschärften Bekämpfung der Korruption in Staat und Wirtschaft nahezu erübrigt.".

896 Welche Gründe im Gesellschaftsinteresse überwiegen können, hat allein das Prozessgericht als Rechtsfrage zu beurteilen. Es ist nicht an eine Einschätzung der Organe der Gesellschaft gebunden, auch wenn § 148 Abs. 4 Satz 2 AktG der Gesellschaft im Rah-

lenden rechnerischen Schadens und des durch einen Prozess drohenden Reputationsverlustes, könnten gegen eine Verfolgung der Ansprüche sprechen.[897] Nach diesen Grundsätzen empfiehlt auch *Bayer* dem Aufsichtsrat – will er sich nicht selbst dem Risiko einer Haftung wegen Pflichtwidrigkeit aussetzen – von einem Regress regelmäßig nur dann Abstand zu nehmen, wenn entweder feststeht, dass sich kein Vorstandsmitglied pflichtwidrig verhalten habe, oder wenn trotz beispielsweise gezahlter Bußgelder oder gezahltem Schadensersatz deshalb kein Schaden entstanden sei, weil die aus dem Pflichtverstoß erwachsenen Vorteile das Bußgeld oder die Höhe des Schadensersatzes übersteigen würden.[898]

Hierfür ließe sich die Rechtsprechung des BGH zur Untreue fruchtbar machen, der in seiner Entscheidung zur Manipulation eines Bundesligaspiels allein bei der Frage des Schadens darauf abstellt, *„ob der durch die Manipulation erreichte Erhalt der Bundesligazugehörigkeit für ein weiteres Jahr, zweifellos eine Chance auf Vermögensgewinn, die geopferten 100.000,- DM wert gewesen ist."*[899] Dementsprechend urteilte das OLG Frankfurt, dass bei der Ermittlung, ob der Täter mit Nachteilzufügungsabsicht gehandelt hat, nicht allein auf die jeweils unmittelbar mit der Schmiergeldzahlung zusammenhängenden Aufträge abzustellen sei. Es sei auch der vom Täter ins Auge gefasste Gesamt- oder Schlussgewinn des Unternehmens zu berücksichtigen, der aus dem Ersterhalt eines Auftrages letztendlich resultieren sollte.[900]

Mangels eines tatsächlichen, rechnerisch feststellbaren Schadens, der die Grundlage der Differenzhypothese ist, könnte man somit einen Schaden ablehnen und damit auch einen Schadensersatzanspruch bei nützlichen Pflichtverletzungen verneinen oder zumindest die Vorteilsanrechnung zulassen und damit einen Schadensersatzanspruch unter Umständen letztlich ebenfalls ablehnen, wenn der noch vorhandene Vorteil den Schaden übersteigt.

Ähnlich sieht es *Lange*.[901] Die Nichtanerkennung der Vorteilsanrechnung widerspreche dem Grundsatz der Gewinnabwehr, wenn die Gesellschaft trotz eines den Nachteil ausgleichenden Vorteils den Schaden in voller Höhe geltend machen könnte. Da der Geschädigte keinen Nachteil erleiden, der Schädiger aber auch keinen Vorteil erzielen solle, sei die Anrechnung die Regel

---

men der Kostentragungsregelung implizit eine Pflicht zur Mitteilung von entgegenstehenden Gründen des Gesellschaftswohls auferlegt.

897 Vgl. BGHZ 135, 244, 254 f.: Der BGH spricht davon, dass die Verfolgung von Schadensersatzansprüchen durch den Aufsichtsrat die Regel darstelle; *Spindler*, NZG 2005, 865, 866 m. w. N.

898 So *Bayer*, FS K. Schmidt, S. 85, 99. Eigentlich begeht *Bayer* hier einen klassischen Zirkelschluss, denn selbst wenn der Gewinn des Unternehmens die Strafe oder Buße übersteigt, kann dennoch ein weiterer Schadensersatzanspruch bestehen, wenn die Vorteile nicht angerechnet werden dürfen.

899 BGH NJW 1975, 1234, 1235.

900 OLG Frankfurt NStZ-RR 2004, 244, 245; a. A. *Schünemann*, in LK, StGB, § 266 Rdnr. 98.

901 *Lange*, WuB II E. § 115 HGB 1.88.

und die Nichtanrechnung die zu begründende Ausnahme.[902] *Lange* verkennt nicht, dass der BGH daneben eine wertende Betrachtung fordert. Im Fall einer nützlichen Pflichtverletzung wäre das Gesellschaftsvermögen aber nicht verletzt, wenn eine gleichwertige Gegenleistung erbracht worden sei.

Anderer Auffassung ist *Lohse,* die der Meinung ist, dass die Anerkennung der Vorteilsanrechnung der Ausgleichsfunktion der §§ 249 ff. BGB zuwiderlaufe.[903] Warum dies der Fall sein soll, führt sie nicht aus. Tatsächlich ist es jedoch so, dass gerade die Anerkennung der Vorteilsanrechnung der Ausgleichsfunktion gerecht wird und ihr nicht zu widerläuft. Betrachtet man den eben angeführten Fall von Intel vor dem Hintergrund des Ziels der §§ 249 ff. BGB, den *status quo ante* herbeizuführen, mag folgendes Beispiel zur Verdeutlichung dienen: Intel hat vor der Kartellabrede einen Gewinn von 0 und nachher von +10. Schöpft jetzt die Kartellbehörde den Wert 1 ab, hat sich das Vermögen von Intel trotz beziehungsweise wegen des schädigenden Ereignisses um 9 erhöht. Das Vermögen des Vorstandes bleibt unverändert auf 0. Jetzt klagt Intel gegen den Vorstand auf Schadensersatz in Höhe von +1. Lehnt man nun die Vorteilsanrechnung mit dem Argument ab, dass sie der Ausgleichsfunktion der §§ 249 ff. BGB zuwiderlaufe, und spricht Intel den vollen Schadensersatz gegen das Vorstandsmitglied in Höhe von +1 zu, ist das Vermögen von Intel nach dem Schadensersatzanspruch wieder auf +10 angewachsen, wohingegen sich das des Vorstandes auf -1 im Vergleich zu der Vermögenslage vor der Kartellabrede reduziert hat. Lässt man die Vorteilsanrechnung aber zu, bleibt das Vermögen der Gesellschaft bei +9 und das des Vorstandes bei 0 im Vergleich zu der Vermögenslage vor dem schädigenden Ereignis. Dies zeigt deutlich, dass die Anerkennung der Vorteilsanrechnung gerade der Ausgleichsfunktion gerechter wird[904] und deren Ablehnung ihr eher widerspricht. Daran ändert sich auch nichts, wenn man sich wie *Lohse* nur auf die Bestechungsfälle bezieht. Zwar entsteht der Gesellschaft mit der Zahlung des Schmiergeldes ein Schaden von beispielsweise -1. Jedoch erlangt sie dadurch auch einen Gewinn von +10 und steht daher nach dem schädigenden Ereignis mit einem Vermögen von +9 im Gegensatz von 0 zum Zeitpunkt vor der Bestechung da. Auch hier würde die Anerkennung der Vorteilsanrechnung der Ausgleichsfunktion eher Genüge tun. Selbst wenn die Gesellschaft noch durch Verfall, Schadensersatzansprüche und ähnliches einen höheren Schaden erleidet, der aber den Gewinn nicht übersteigt, entspricht die Vorteilsanrechnung gerade dem Grundgedanken der §§ 249 ff. BGB. *Lohse* betrachtet die Schmiergeldzahlung isoliert und lässt die spätere Entwicklung außen vor. Die Frage der Vorteilsanrechnung stellt sich aber gerade nur dann, wenn der Gesellschaft noch ein Vorteil verblieben ist. Man kann die Schmiergeldzahlung folg-

902 *Lange,* WuB II E. § 115 HGB 1.88; a. A. *Medicus,* Schuldrecht AT, § 54 III. 3. a), Rdnr. 606, S. 226; *Hirsch,* Schuldrecht AT, Rdnr. 1063 ff.

903 *Lohse,* FS Hüffer, S. 581, 599.

904 Natürlich nur, wenn es den Behörden nicht gelingt, den rechtswidrig erlangten Vorteil insgesamt abzuschöpfen.

lich, wenn man die Frage der Vorteilsanrechnung untersucht, nicht isoliert betrachten. Mit Blick auf das gesamte Geschehen erkennt man, dass die Anerkennung der Vorteilsanrechnung zu dem von den §§ 249 ff. BGB gewünschten (Ausgleichs-) Ergebnis führt.[905]

Nach dieser Argumentation wäre der Wert der bezahlten Gegenleistung auf den Schadensersatzanspruch der Gesellschaft anzurechnen.

### i. Kein Strafschadenersatz

Weiter ließe sich anführen, dass der Schadensersatz den Schädiger nicht bestrafen soll.[906] Aus ähnlichen Gesichtspunkten wie bei der Frage des Bereicherungsverbotes käme die Ablehnung der Vorteilsanrechnung in ihrer Wirkung einer Strafe gleich, da der Vorstand, obwohl er der Gesellschaft einen Vorteil verschafft hat, der sich zumindest zum Teil immer noch in der Gesellschaft befindet, zum vollen Schadensersatz verpflichtet wäre.[907] Trotz eines faktisch fehlenden rechnerischen Schadens müsste er noch einen (vollen) Schadensersatz zahlen, der lediglich aus präventiven Gesichtspunkten zu erklären wäre.

Der Organhaftung ist kein Sanktionscharakter immanent[908], der Zweck liegt vielmehr in der Schadenskompensation.[909] Alles andere würde *„dem in Jahrhunderten mühsam erarbeiteten Trennungsprozess"*[910] zwischen zivilrechtlicher Kompensation und öffentlich-rechtlicher Sanktion zuwiderlaufen.[911] Die Feststellung, dass dem deutschen Schadensrecht eine bestrafende Komponente fehlt, hat ebenfalls Konsequenzen für die Vorteilsanrechnung. Selbst wenn in anderen Rechtsordnungen unter Hinweis auf den Strafzweck des Schadensersatzes die Nichtanrechnung begründet wird, ist dies dem deutschen Recht fremd.[912] Somit lässt sich argumentieren, dass die rein tatsächliche Bestrafung mittels der (vollen) Organhaftung zumindest von der gesetzgeberischen Seite her nicht vorgesehen ist.

### j. Vergleich mit Fallgruppen Leistungen Dritter

Zu Bedenken ist ferner, dass die in der Rechtsprechung gebildeten Fallgruppen zur Vorteilsanrechnung im Allgemeinen oftmals eine Leistung eines Dritten behandeln. Daneben gibt es die Fallgruppe der ohne ein Zutun entstandenen Vorteile, für die die Anrechnung als grundsätzlich geboten erachtet

---

905 A. A. *Lohse*, FS Hüffer, S. 581, 599.
906 *Oetker*, in MüKo, BGB, § 249 Rdnr. 8.
907 Vgl. auch *Freund*, GmbHR 2009, 1185, 1186 f.
908 Vgl. *Uwe. H. Schneider*, in Scholz, GmbHG, § 43 Rdnr. 229, *ders.*, Börsenzeitung Nr. 134 v. 17.7.2009, S. 8.
909 *Hopt*, in GroßKomm, AktG, § 93 Rdnr. 11.
910 *Lange/Schiemann*, Schadensersatz, Einl. III. 2., S. 12.
911 Zitiert nach *Thüsing*, Wertende Schadensberechnung § 2 III. 3., S. 20.
912 *Thüsing*, Wertende Schadensberechnung § 2 III. 3., S. 20 f. m. w. N. zum ausländischen Recht.

wird.[913] Doch sind auch diese Fälle auf den Fall der nützlichen Pflichtverletzung nicht zu übertragen. Der Vermögenszufluss im Falle einer nützlichen Pflichtverletzung ist weder auf die Leistung eines am Geschehen völlig unbeteiligten Dritten zurückzuführen, noch entsteht er beim Unternehmen von selbst, da das Organ ihn erwirtschaftet beziehungsweise initiiert hat. Solche Vorteile lassen sich als eine – wenn auch von der Rechtsordnung missbilligte – Leistung des Vorstandes betrachten.[914] Dies spricht wiederrum für die Vorteilsanrechnung im Innenregress.

### k. Risikoaversion und wirtschaftliche Notwendigkeit

*Thole* vertritt die Ansicht, dass die Sorge der Vorstände, auf Millionenschäden in Anspruch genommen zu werden, die Risikoaversion erhöhen und damit unternehmerisches Handeln beeinträchtigen würde. Dieser Sorge diene auf Tatbestandsebene die Business Judgment Rule. Dementsprechend plädiert er für eine partielle Zulassung der Vorteilsanrechnung auf der haftungsausfüllenden Seite. Die Vorteilsanrechnung solle nur dort versagt werden, wo die von der Gesellschaft und damit vom Vorstand zu beachtende Rechtsbindung einem qualifizierten öffentlichen Interesse dient.[915]

Dieser Auffassung ist aber entgegenzuhalten, dass kein öffentliches Interesse an Rechtsbrüchen besteht und eine dahingehende Risikoaversion der Vorstände von der Öffentlichkeit und dem Gesetzgeber gerade erwünscht ist. Mit der Business Judgment Rule sollen gesetzmäßige, aber riskante Geschäftshandlungen geschützt werden, da die Wirtschaft solche riskanten Innovationen braucht. Für die Frage der nützlichen Pflichtverletzung ist dieser Gesichtspunkt daher nicht übertragbar, da bei nützlichen Pflichtverletzungen der Vorstand bewusst und gewollt gegen Gesetze oder sonstige Pflichten allein zum Wohle der Gesellschaft verstößt. Der Gesetzgeber hat sich deutlich unter anderem mit diversen Gesetzen zum Beispiel gegen die Korruption[916] positioniert und damit festgelegt, dass die Wirtschaft nützliche Pflichtverletzungen nicht benötigt und der Gesetzgeber solche auch nicht tolerieren will. Daher greifen die Bedenken und die daraus resultierende Lösung *Tholes* nicht, da gerade eine (Risiko-) Aversion gegen nützliche Pflichtverletzungen geschaffen werden soll.

### l. Inkonsequente faktische Anerkennung nützlicher Pflichtverstöße?

Eine Anerkennung der Vorteilsanrechnung bei nützlichen Pflichtverletzungen hätte letztlich positive Auswirkungen für den Schädiger. Es erscheint jedoch widersprüchlich, die nützliche Pflichtverletzung auf der haftungsbegründen-

913 *Thole*, ZHR 173 (2009), 504, 526 m. w. N.
914 *Zimmermann*, WM 2008, 433, 439.
915 *Thole*, ZHR 173 (2009), 504, 530.
916 Vgl. oben unter E. III. 6. b) 8).

den Seite zu missbilligen und sie dann doch auf der haftungsausfüllenden (zumindest teilweise) faktisch durch die Anwendung der Vorteilsanrechnung zu akzeptieren beziehungsweise zu belohnen.

Doch dieser Ansatz greift zu kurz. Es ist nicht nötig, Wertungen der haftungsbegründenden Seite vermeintlich konsequent und unbesehen auf die haftungsausfüllende zu übertragen. Bei der haftungsbegründenden und der haftungsausfüllenden Seite eines Schadensersatzanspruches handelt es sich um zwei verschiedene Ebenen, die streng voneinander zu trennen sind. Sie folgen anderen Wertungen. Auf der haftungsbegründenden Seite geht es darum, grundsätzlich festzustellen, ob überhaupt ein tatbestandlich relevantes Verhalten vorliegt. Der haftungsausfüllenden Ebene liegen hingegen Wertungen zugrunde. Daher ist es dort möglich, flexibler auf die Einzelheiten des Falles einzugehen. Vergleicht man diese Frage mit dem Verschulden, stellt man fest, dass das Verschulden auf der haftungsbegründenden Seite nach § 276 BGB entweder vorliegt oder nicht. Andere Möglichkeiten gibt es nicht. Der Schädiger hat danach den Tatbestand schuldhaft verwirklicht und ist grundsätzlich zum Schadensersatz verpflichtet. Prüft man nun den haftungsausfüllenden Teil, kann es aber dennoch sein, dass zum Beispiel ein Mitverschulden des Geschädigten nach § 254 BGB festgestellt wird, so dass der Schadensersatzanspruch reduziert wird. Der Vorwurf der Inkonsequenz ist nur scheinbar naheliegend. Die Anerkennung der nützlichen Pflichtverletzung auf der Tatbestandsebene besagt lediglich, dass es sich um ein grundsätzlich zum Schadensersatz verpflichtendes Verhalten handelt (auch wenn es für die Gesellschaft vorteilhaft war). Dass auf der Rechtsfolgenseite die Vorteilsanrechnung als Teil der wertenden Schadensberechnung unter Umständen den daraus resultierenden Vorteil schadensmindernd anrechnet, wäre kein Widerspruch, sondern den der Schadensberechnung zugrunde liegenden Wertungen geschuldet.

Daher ist es nicht widersprüchlich, wenn der aus der nützlichen Pflichtverletzung entstandene Gewinn schadensmindernd angerechnet werden kann. Dies ist vielmehr zudem ein sehr praktisches Ergebnis, weil es alles-oder-nichts-Ergebnisse verhindert, indem man auf der haftungsausfüllenden Seite flexibel reagieren kann.

### 3. Argumente gegen die Vorteilsanrechnung

Gegen die Vorteilsanrechnung bei nützlichen Pflichtverletzungen sind jedoch ebenfalls viele Argumente denkbar.

#### a. Verhaltenslenkung als Hauptzweck der Haftungsnormen

Es ist zu überlegen, ob man der dogmatischen Konstruktion der Anrechnung der Vorteile die Grundlage entziehen könnte, wenn man auf den Zweck der verletzten Norm abstellt und § 93 AktG einen die Vorteilsanrechnung verhindernden Zweck zugesteht. § 93 AktG bezweckt nicht nur den Ausgleich von Gesellschaftsschäden, sondern auch die Schadensprävention.[917] Zudem bedeutet das Bestehen einer persönlichen Haftung mittelbar Schutz für den Rechtsverkehr.[918] Die Norm dient ferner dem Verständnis der Corporate Governance, indem das Risiko persönlicher Haftung bezweckt, eine besonders sorgfältige Wahrnehmung der Leitungsverantwortung zu erreichen. Im Strafverfahren Mannesmann/Vodafone[919] ist im dort entschiedenen Fall eine der Haftungsbewehrung inhaltlich verwandte Pönalisierungstendenz zu erkennen.[920]

Somit könnte es der Sinn und Zweck der Haftungsnormen gebieten, die Vorteilsanrechnung zu versagen, um präventiv auf die Vorstände einzuwirken.

### b. Präventive bzw. verhaltenslenkende Elemente des Haftungs- und Schadensrechts

Dafür müsste zuvor jedoch geklärt werden, ob dem Haftungs- und Schadensrecht tatsächlich eine verhaltenslenkende Funktion zukommt.[921]

Nach der Rechtsprechung des BGH ist eine Anrechnung nur zulässig, soweit sie dem Zweck des Schadensersatzes entspricht und den Schädiger nicht unbillig entlastet.[922] Ähnlich vertreten Stimmen in der Literatur, dass es für die Frage der Anrechnung entscheidend auf den Zweck des Schadensersatzes ankomme.

Im Folgenden wird daher geklärt werden, ob dem Schadensrecht eine verhaltenslenkende Komponente zuzugestehen ist[923] (so der EuGH[924]), diese für die Frage der Vorteilsanrechnung fruchtbar gemacht werden kann, und ob der Sinn und Zweck es gebietet, die Vorteilsanrechnung aus gesellschaftspolitischen Gründen komplett zu versagen ist, um die Manager anzuhalten, weiterhin die geltenden Gesetze einzuhalten.

---

917 *Hopt*, in GroßKomm, AktG, § 93 Rdnr. 11; *Fleischer*, in ders., Hdb Vorstandsrecht, § 11 Rdnr. 4; *Goette*, FS 50 Jahre BGH, 123, 124.

918 *Hopt*, in GroßKomm, AktG, § 93 Rdnr. 13.

919 BGH NJW 2006, 522.

920 *Hüffer*, in AktR im Wandel, Bd. II, S. 334, 375, Rdnr. 82.

921 Diese Frage für den Vorstand ausführlich behandelnd *Arnold*, Steuerung des Vorstandshandelns, § 5, S. 165 ff.

922 BGHZ 49, 56, 61 f.; 74, 103, 113 f.; 91, 206, 209 f.; 136, 52, 54.

923 So *Staudinger*, NJW 2006, 2433, 2434.

924 EuGH v. 20.09.2001, Rs C-453/99 (*Courage Ltd. ./. Crehan*) = EuGH GRUR 2002, 367, 368 (Rdnr. 25 ff.). In der Entscheidung stellt der EuGH auf die verhaltenslenkende Funktion des Schadens- und Wettbewerbsrechts ab, die notwendig sei, damit die Durchsetzungskraft der gemeinschaftlichen Wettbewerbsregeln erhöht werde. Siehe auch unter E. III. 3. b. 2).

### 1) Funktion des Schadensrechts

In Deutschland wird die Auffassung vertreten, dass die Aufgabe des Haftungsrechts primär der Schadensausgleich ist.[925] Die Präventionswirkung von Haftungsandrohungen wird zwar anerkannt,[926] der Präventionszweck des Haftungsrechts jedoch weiterhin teilweise in Frage gestellt.[927]

### 2) Präventive Elemente des Schadensrecht

Der Hauptzweck des Haftungsrechts ist die Schadenskompensation. Daneben kann das Schadens- und Haftungsrecht aber weitere Funktionen wie die Verhaltenssteuerung im Sinne einer Schadensprävention übernehmen.[928] Hierbei gilt es zu klären, ob im Falle einer nützlichen Pflichtverletzung die Schadenskompensation oder die Verhaltenslenkung bei der Frage der Vorteilsanrechnung überwiegt.

Ökonomisch betrachtet liegt der Zweck des Schadens- und Haftungsrechts nicht nur darin, Kosten vergangener Schadensereignisse nach Gerechtigkeitskriterien umzuverteilen. Die Funktion ist auch in die Zukunft gerichtet.[929] Die Pflicht zum Schadensersatz soll von der Schädigung abhalten.[930] Ziel der Organhaftung ist daher, den Organwalter zu sorgfältigem, die AG vor Schaden bewahrendem Verhalten bei der Ausübung seiner Leitungs- und Überwachungskompetenzen zu bewegen und dadurch den Eintritt eines Schadens der Gesellschaft schon im Ansatz zu verhindern.[931] Die Aufgabe des Schadensrechts besteht darin, die von einem Haftungstatbestand angeordnete Rechtsfolge auszufüllen und umzusetzen. Demnach kann es dabei keine anderen Zwecke verfolgen als das Haftungsrecht.[932]

---

925 Eingehend dazu *Wagner*, in Gutachten A zum 66. DJT 2006, S. 14 ff.

926 *Larenz*, SchR Bd. I, § 27 I, S.423; *Lange/Schiemann*, Schadensersatz, Einl. III 2, S. 11; *Reich*, WuW 2008, 1046, 1048.

927 *Viewig*, in Staudinger, Eckpfeiler des Zivilrechts, C. II., S. 369; *Schiemann*, in Staudinger, BGB, § 253 Rdnr. 33 unter Hinweis darauf, dass bei ökonomischer Analyse ein Schmerzensgeld mit verhaltenssteuernder Wirkung deutlich höher ausfallen müsse als die bisher in Deutschland üblichen Beträge und die Präventionsfunktion auch nur dann ihre Wirkung entfalten könne, wenn die Ersatzleistung nicht von einer Haftpflichtversicherung gedeckt werde. Vgl. ferner *Steffen*, in RGRK, BGB, Vor § 823 Rdnr. 6: „sehr gering"; ähnlich *Heinrichs*, in Palandt, BGB, Vorb v § 249 Rdnr. 4; *Körner*, NJW 2000, 241: „Sanktions- und Präventionswirkung im Zivilrecht werden nur ungern zugegeben.".

928 Hauptzweck liegt aber bei der Schadenswiedergutmachung, so *Bosch/Lange*, JZ 2009, 225; *Fleischer*, in Spindler/Stilz, AktG, § 93 Rdnr. 2; *Ulmer*, FS Canaris, Bd. 2, S. 451, 463 f.; für ein Nebeneinander *Wiedemann*, Organverantwortung und Gesellschafterklagen in der Aktiengesellschaft, S. 10.

929 *Schäfer/Ott*, Lehrbuch der ökonomischen Analyse des Zivilrechts, S. 121 ff. (insbes. S. 123) m. w. N.

930 *Thüsing*, Wertende Schadensberechnung, § 2 III. 2., S. 16; *Kalss/Eckert*, in Kalss, Vorstandshaftung in 15 europäischen Staaten, S. 51.

931 *Ulmer*, FS Canaris, S. 451, 464.

932 *Wagner*, in Gutachten A zum 66. DJT 2006, S. 21.

Daher müssen die Funktionsbeschreibungen von Schadens- und Haftungsrecht kongruent sein.[933] Hierbei ist aber zu beachten, dass der Inhalt der Schadensersatzverbindlichkeiten durch den Präventionsgedanken grundsätzlich nicht beeinflusst wird.[934]

Die Möglichkeit einer Haftung hat nicht allein reaktive Bedeutung, indem bei Eintritt eines Schadens das Gesellschaftsvermögen aufgefüllt und damit mittelbar auch das Vermögensinteresse des einzelnen Teilhabers geschützt wird. Sie wirkt auf das gewissenhafte Organmitglied präventiv.[935] Kein Organ will das im Berufsleben zusammengetragene Vermögen und die erdiente Versorgungszusage riskieren, wenn es schon im Falle eines Misserfolges dem Risiko ausgesetzt ist, nicht wieder bestellt zu werden oder sogar vor Ablauf der Amtszeit abberufen zu werden.[936]

Dafür spricht ferner, dass der Zweck einer Unternehmensgeldbuße sowohl darin besteht, die Vorteile der Pflichtverletzung abzuschöpfen, als auch die Verantwortlichen des jeweiligen Unternehmens zur zukünftigen Unterbindung von Rechtsverstößen anzuhalten.[937] Somit sollen nicht nur die persönlichen Haftungsnormen wie § 93 AktG und § 43 GmbHG die Führungsorgane zu rechtstreuem Verhalten anhalten, die (Haftungs- und) Sanktionsnormen gegen die Gesellschaft verfolgen ebenfalls diesen Zweck. Hier kann offen bleiben, ob dieser Zweck durch die aus einer Unternehmensgeldbuße möglicherweise resultierende persönliche Haftung des ausführenden Organs mittelbar oder direkt eintritt. Daher wirken die Sanktionsvorschriften für die Unternehmen ebenfalls nicht nur repressiv, sondern auch präventiv und verhaltenslenkend.

Zwar ist zuzugestehen, dass die primäre Aufgabe des Haftungs- und Schadensrecht der Schadensausgleich ist.[938] Es sollte hingegen nicht verkannt werden, dass mit einer drohenden Haftung und gegebenenfalls – abgesehen von den Möglichkeiten dieses Risiko abzusichern – mit einer eige-

---

933 Vgl. *Lange/Schiemann*, Schadensersatz, Einl. III. 1, S. 9; *Schäfer/Ott*, Lehrbuch der ökonomischen Analyse des Zivilrechts, S. 124 f.; *Wagner*, AcP 206 (2006), 352, 456 f.

934 *Lange/Schiemann*, Schadensersatzrecht, Einl. III. 2 b), S. 11; *Oetker*, in MüKo, BGB, § 249, Rdnr. 9; *Reich*, WuW 2008, 1046, 1048.

935 *Hopt*, in GroßKomm, AktG, § 93 Rdnr. 15 empfindet die verhaltenslenkende Funktion des deutschen Schadens- und Haftungsrechts als nicht ausreichend. Dramatische Missbräuche und Unternehmenszusammenbrüche zeigten, dass Haftungsnormen gegen kriminelle Energie, aber auch gegen Unternehmensleiter, deren Unternehmen kurz vor dem Ruin stehen, wenig ausrichten können. Andere präventive Kontrollmechanismen wie Transparenz, Frühwarnsysteme und Einschaltung von außenstehenden und möglichst unabhängigen Kontrollinstanzen müssten hinzukommen.

936 So *Hopt*, in GroßKomm, AktG, § 93 Rdnr. 15; einschränkend *Goette*, FS 50 Jahre BGH, S. 123, 124: „nicht zu überbewertender Umstand"; ebenso für eine verhaltenslenkende Komponente *Wiedemann*, Organverantwortung und Gesellschafterklagen, S. 10; *Keßler*, BB 2005, 1125, 1127.

937 *Zimmer/Stetter*, BB 2006, 1445, 1448.

938 *Schäfer*, AcP 202 (2002), 397, 399 f.

nen finanziellen Einbuße auch eine Verhaltenslenkung bewirkt wird.[939] Auch *Arnold* vertritt in seiner ökonomischen Analyse der Steuerung des Vorstandshandelns die Auffassung[940], dass ein deutlicher Unterschied zwischen gewöhnlichen Schadensersatzregelungen wie etwa im Deliktsrecht und der Sorgfaltspflicht des § 93 Abs. 1 Satz 1 AktG bestehe. Die Haftungsandrohung der gewöhnlichen Schadensersatzansprüche sei vorrangig auf den Ausgleich der entstandenen Vermögenseinbuße gerichtet und entfalte nur nebenbei eine Präventivwirkung. Bei der Haftung von Vorständen aufgrund von Sorgfaltspflichtverletzungen sei die Situation eine gänzlich andere. Schäden aus Treuepflichtverletzungen sei das Vorstandsmitglied vielleicht noch in der Lage mit seinem privaten Vermögen auszugleichen, wegen der hohen Schadenssummen, die aus Sorgfaltspflichtverstößen resultieren, dürfte die Kompensation aber eher die Ausnahme bleiben. Eine Haftung zerstöre zwar die Existenz der Vorstände, habe aber aus Sicht der Aktionäre nur einen Symbolcharakter, falls nicht eine D&O-Versicherung einspringe.[941] Entscheidend sei daher die Präventivwirkung, die diese Haftung zeitige. Das Risiko möglicher existenzvernichtender Haftung entfalte eine Abschreckungswirkung und halte die Vorstände zu einer sorgfältigen Wahrnehmung ihrer Aufgaben an.[942]

In dieser Arbeit kann letztlich dahinstehen, was Hauptzweck des Haftungs- und Schadensrecht ist und was eventuell nur einen Nebenzweck darstellt. Die Pflicht zum Schadensersatz soll in jedem Fall auch von einer Schädigung abhalten.[943] Die verhaltenslenkende Funktion ist somit zumindest faktisch vorhanden und auch vom EuGH anerkannt.[944] Eine Beschränkung auf die Ausgleichsfunktion ist nicht situationsgerecht. Es kann somit mit *Larenz* zumindest davon ausgegangen werden, dass es sich bei der Präventionsfunktion um ein *„erwünschtes Nebenprodukt"* des deutschen Schadensrechts handelt.[945]

Problematisch sind aber deren Reichweite und Bedeutung. In der Rechtsprechung wird die Präventionswirkung insbesondere beim Ersatz von immateriellen Schäden und generell im Bereich kommerzialisierter Nichtvermögensinteressen[946] anerkannt.[947] Zur Vermeidung von Diskriminierun-

---

939 Ebenso *Schäfer*, AcP 202 (2002), 397, 399 f.; *Rosengarten*, NJW 1996, 1935, 1937.

940 *Arnold*, Steuerung des Vorstandshandelns, § 5 II. 2. a), S. 170.

941 *Arnold*, Steuerung des Vorstandshandelns, § 5 II. 2. a), S. 170.

942 So auch *Ruffner*, Die ökonomischen Grundlagen eines Rechts der Publikumsgesellschaft, S. 214.

943 *Thüsing*, ZRP 2001, 126, 127.

944 *Lettl*, ZHR 167 (2003), 473, 487 geht sogar davon aus, dass der EuGH die Präventionsfunktion des Schadensersatzrechts in den Vordergrund stellt.

945 *Larenz*, Schuldrecht AT I, § 27 I, S. 393; ebenso *Schäfer/Ott*, Lehrbuch der ökonomische Analyse des Zivilrechts, S. 125 m. w. N.

946 Begriff von *Thüsing*, Wertende Schadensberechnung, § 2 III. 2., S. 17.

947 Vgl. BGHZ 26, 349, 356; in der ersten „Caroline von Monaco-Entscheidung" heißt es ausdrücklich, dass der „Gedanke der Prävention" bei der Bemessung der Höhe des

gen ist die Prävention nach dem EuGH sogar Primär- und nicht nur Nebenzweck. Beispielsweise sollte die Neufassung des § 611a Abs. 2 BGB aF[948] *„abschreckende Wirkung"*[949] zur Vermeidung solcher Diskriminierungen haben.

Bei der Frage der Reichweite ist zu berücksichtigen, dass es weder möglich ist, noch Sinn hat, juristische Personen im vergeltenden Sinne zu bestrafen. Jedoch kann nicht von der Hand gewiesen werden, dass sich das Verhalten von Unternehmen steuern lässt, und zwar vor allem durch finanzielle Anreize.[950] Debatten über das Unternehmenssteuerrecht zeigen, dass Unternehmen auf solche (finanzielle) Anreize reagieren.[951] Es wäre überflüssig, diese Diskussionen zu führen, wenn die Ausgestaltung des Unternehmenssteuerrechts für das Verhalten der Unternehmen irrelevant wäre. Da die Unternehmen auf steuerliche Anreize reagieren, ist kein Grund ersichtlich, warum dies bei haftungsrechtlichen und sonstigen durch Privatrecht vermittelten Verhaltensanreizen anders sein sollte.[952]

Der Steuerungswirkung wird oft entgegengehalten, dass sie weitgehend illusorisch sei, da die meisten potentiellen Schädiger versichert seien.[953] Diesen Stimmen ist unter dem Gesichtspunkt zuzustimmen, dass die Deckung des Haftungsrisikos durch eine Versicherung das sog. *„moralische Risiko"* heraufbeschwört.[954] Die Bemühungen eines potentiellen Schädigers, Schäden anderer zu vermeiden, können nachlassen, wenn er sich sicher ist, dass er zwar die Kosten einer solchen (Versicherungs-) Vorsorge, nicht aber die Kosten der dadurch vermiedenen Schäden zu tragen hat. Wenn diese Annahme richtig ist, gibt es eine Präventionswirkung bei der unversicherten Haftung. Deshalb ist es widersprüchlich, die Steuerungswirkung des Haftungsrechts gleichzeitig zu bestreiten und die Zerstörung dieser Anreize durch Haftpflichtversicherungen zu behaupten.[955] Auch wenn die Steuerungsanreize des Haftungsrechts durch Versicherungen geschwächt werden, werden sie nicht völlig aufgehoben. Über den Mechanismus des Versicherungsvertrages kann ein Ausgleich erfolgen. Den Versicherungen ist es beispielsweise möglich, sich durch sog. Bonus/Malus-

---

Schmerzensgeldes mit einfließe, BGHZ 128, 1, 15; BVerfGE 34, 269, 281 ff.: „Schmerzensgeldansprüche für Persönlichkeitsrechtsverletzungen sind nicht zu beanstanden, da es gerade der Durchsetzung und dem wirksamen Schutz eines Rechtsguts dient, das diese Verfassung selbst als Mittelpunkt ihres Wertsystems ansieht."; vgl. ferner aus dem Schrifttum ausführlich *Stürner*, FS Großfeld, S. 1201.

948 Die Vorschriften über das Verbot geschlechtsbezogener Benachteiligungen (bisher § 611a BGB) sind nunmehr im Allgemeinen Gleichbehandlungsgesetz (AGG) enthalten.

949 EuGH NZA 1984, 157.

950 *Wagner*, AcP 206 (2006), 352, 363 f.

951 Vgl. beispielsweise FAZ Nr. 9 v. 11.01.2006, S. 11.

952 *Wagner*, AcP 206 (2006), 352, 364.

953 Vgl. dazu *Schiemann*, in Staudinger, BGB, § 253 Rdnr. 33 m. w. N.

954 Vgl. dazu *Wagner*, VersR 1999, 1441, 1445 ff.

955 *Wagner*, AcP 206 (2006), 352, 455.

Regeln, sowie Selbstbehalte und Risikoausschlüsse wirksam zu schützen.[956] Daneben bleibt den Versicherern die Möglichkeit zu Beginn eines Versicherungsverhältnisses durch entsprechende Risikotaxierung und eine risikogerechte Prämienbemessung, dem Versicherungsnehmer Anreize für ausreichende eigene Sorgfaltsanstrengungen nahe zu bringen.[957]

Verhaltenssteuerung ist nicht bloß Aufgabe des Haftungs-, sondern gleichermaßen auch des Schadensrechts.[958] Wenn man im Rahmen dessen das Ausgleichsprinzip strikt versteht, korrespondiert es mit dem Bereicherungsverbot des Schadensersatzrechts.[959]

Kommt dem Haftungs- und Schadensrecht eine (auch) verhaltenslenkende Funktion zu und soll gerade beispielsweise das Kartellrecht dazu dienen, den Wettbewerb beschränkende Vereinbarungen und Verhalten zu verhindern, liegt der Schluss nah, die Vorteilsanrechnung (gerade auch) bei profitablen Pflichtverletzungen zu verneinen. Der Präventionsgedanke als mögliches Ziel des Schadensersatzes hat dann Auswirkungen für die Vorteilsanrechnung.[960]

Mit der Entscheidung in Sachen *Courage*[961] aus dem Jahr 2001 hat der EuGH den im Antidiskriminierungsrecht entwickelten Ansatz, der die Steuerungswirkungen des Schadensersatzrechts betont, auf die Sanktionierung des EG-Wettbewerbsrechts übertragen.[962] Dort führt der EuGH aus, dass die volle Wirksamkeit der heutigen Artt. 81, 82 EG beeinträchtigt wäre, *„wenn nicht jedermann Ersatz des Schadens verlangen könne, der ihm durch wettbewerbsbeschränkendes Verhalten entstanden ist"*.[963] Zur Begründung heißt es: *„Ein solcher Schadensersatzanspruch erhöht nämlich die Durchsetzungskraft der gemeinschaftlichen Wettbewerbsregeln und ist geeignet, von – oft verschleierten – Vereinbarungen oder Verhaltensweisen abzuhalten, die den Wettbewerb beschränken oder verfälschen können. Aus dieser Sicht können Schadensersatzklagen vor den nationalen Gerichten wesentlich zur Aufrechterhaltung eines wirksamen Wettbewerbs in der Gemeinschaft beitragen."*[964] So stärkt der EuGH die verhaltenslenkende Funktion des Schadensersatz- und Wettbewerbsrechts.

---

956 *Freund*, GmbHR 2009, 1185, 1190.

957 *Thüsing*, Wertende Schadensberechnung, § 6 IV. 3., S. 355 und § 2 III. 2., S. 18; *Wagner*, AcP 206 (2006), 352, 455.

958 *Wagner*, AcP 206 (2006), 352, 456.

959 Vgl. *Lange/Schiemann*, Schadensersatz, Einl. III 2, S. 10.

960 *Thüsing*, Wertende Schadensberechnung, § 2 III. 2., S. 18: „Erkennt man dies an, dann kann die Prävention eine eigenständige Rechtfertigung des Schadenersatzes bilden und zur Versagung der Vorteilsausgleichung führen, wo sie der Ausgleichsgedanke nicht fordert". Ähnlich *Lohse*, FS Hüffer, S. 581, 599 f.

961 EuGH GRUR 2002, 367.

962 *Wagner*, AcP 206 (2006), 352, 404.

963 EuGH GRUR 2002, 367, 368.

964 EuGH GRUR 2002, 367, 368.

Der EuGH wollte damit aber nicht das Schadensrecht von seiner Ausgleichsfunktion lösen.[965] Der Gerichtshof besteht nach wie vor auf vollständigen Ausgleich jedweden Schadens, ohne zwischen Vermögens- und Nichtvermögensschäden zu unterscheiden.[966] Es dient nur zudem als Instrument zur praktischen Durchsetzung des EG-Rechts, weil es wirtschaftliche Anreize zur Durchsetzung des EG-Rechts als Äquivalent zu gemeinschaftsrechtlichen Verhaltensnormen setzt.[967]

Wenn sich die handelnden Organe sicher sein können, dass ihnen der verbleibende Vorteil im Falle eines Schadensersatzprozesses des Unternehmens gegen sie im Rahmen der Vorteilsanrechnung zu Gute kommt und den entstandenen Schaden schmälern würde, würden damit falsche Anreize gesetzt werden. Da zum Beispiel lukrative und schwer aufzudeckende Kartellabsprachen aus ökonomischer Sicht sehr interessant für die beteiligten Unternehmen sind, würden die Organe dazu verleitet, solche den Wettbewerb beschränkenden Absprachen vermehrt zu treffen. Das Gleiche gilt für Korruption und ähnlich leicht zu vertuschende Rechtsverstöße. Das finanzielle (persönliche) Risiko aufgrund der Inanspruchnahme der Gesellschaft, welches eventuell Vorsicht und Zurückhaltung der Organe bewirkt beziehungsweise bewirken soll, würde deutlich geringer werden. Es würde sich für Vorstandsmitglieder rechnen, Kartell- oder Schmiergeldabsprachen zu treffen.

Demnach wäre nicht nur aus Sicht eines funktionierenden Kartellrechts und dadurch eines fairen Wettbewerbs zu Gunsten der Teilnehmer und auch der Verbraucher, sondern auch im Allgemeinen die Vorteilsanrechnung bei profitablen Pflichtverletzungen abzulehnen.

### c. Kein vollwertiger Zufluss durch die nützliche Pflichtverletzung

Des Weiteren muss die Frage geklärt werden, ob der Vermögenszufluss überhaupt vollwertig bei der Gesellschaft angekommen oder dieser vielmehr mit einem rechtlichen Risiko behaftet ist, was einer vollen Berücksichtigung im Rahmen der Vorteilsanrechnung widersprechen würde.

#### 1) Vollwertiger Vorteil oder schadensgleiche Vermögensgefährdung?

Das LG Darmstadt hat in der Siemens-Entscheidung eine für diesen Aspekt interessante Komponente angesprochen: Der Gesellschaft sei kein vollwertiger

---

965 EuGH GRUR 2002, 367, 368; vgl. auch EuGH v. 04.10.1979, Rs. 238/78 (*Ireks-Arkady / Rat und Kommission der EG*), Slg. 1979, 2955, 2974 Nr.14; *Lettl*, ZHR 167 (2003), 473, 485 f.

966 EuGH v.12.03.2002, Rs. C-168/00 (*Simone Leitner / TUI Deutschland*), Slg. 2002, I-2631, 2661 Nr. 23 f.

967 *Wagner*, AcP 206 (2006), 352, 421.

Vorteil zugeflossen, so dass dieser die Zahlung des Bestechungsgeldes nicht kompensieren könne.[968]

### a) Instanzgerichtliche Rechtsprechung

Das LG Darmstadt war der Auffassung, dass die Gewinne des mit dem durch die Zahlung des Bestechungsgeldes erlangten Auftrages einen empfindlichen Makel hätten. Es bestünde die ganze Zeit die Gefahr, dass dieses Geschäft angefochten werde.[969] Die Folge sei die Rückabwicklung der durch die Bestechungsgelder erlangten Aufträge mit immensen Folgekosten.[970] Daneben drohe die Gefahr des Verfalls des Gewinns der durch die Bestechung erlangten Aufträge in einem Strafverfahren, vgl. §§ 73 ff. StGB[971]. Demnach stünde der Auszahlung der Bestechungsgelder sofort eine erhebliche schadensgleiche Vermögensgefährdung gegenüber, sodass das Erlangen des Auftrages den Vermögensverlust durch die Auszahlung der Bestechungsgelder nicht kompensiere. Ähnlich hatte bereits das LG Bielefeld zur Frage der Zahlung von Schmiergeldern an Profispieler eines Bundesligavereins zur Ergebnisbeeinflussung, um den Abstieg aus der Bundesliga zu vermeiden, geurteilt.[972] Die Kammer hielt es für erwiesen, dass die in der Bundesliga tatsächlich erzielten Einnahmen die zunächst geopferten 100.000,- DM an dem gemessen, was die Regionalliga im Falle des Abstiegs eingebracht hätte, erheblich überschritten haben. Sie folgerte daraus, dass zwar ein konkreter Schaden nicht eingetreten sei. Dennoch sei die Gefahr, dass die Manipulation noch vor Beginn der neuen Spielzeit aufgedeckt werden und zum Entzug der Lizenz führen könne, so außerordentlich groß, dass die (weitere) Bundesligazugehörigkeit in einem einen Vermögensschaden bedeutenden Maße gefährdet gewesen sei.

### b) Bundesgerichtshof

Der Auffassung des LG Bielefeld wollte der BGH nicht folgen. Er wandte sich gegen diese Einschätzung mit der Erwägung, dass es unmöglich gewesen sei, in der kurzen Zeit zwischen verschobenem Spiel und Saisonbeginn eine voll-

---

968 LG Darmstadt, Urteil vom 14.05.2007 – 712 Js 5213/04; zustimmend *Satzger*, NStZ 2009, 297, 302; ähnlich *Uwe H. Schneider*, in Scholz, GmbHG, § 43 Rdnr. 226; so auch *Lange*, WuB II E. § 115 HGB 1.88.

969 Auf dieses Risiko hinweisend BGH NJW 1965, 293, 294; *Sethe*, WM 1998, 2309, 2315.

970 Vgl. hierzu *Kempf*, FS Hamm, S. 255, 257 f.: „Alle bereits erbrachten Leistungen – außer dem Schmiergeld, arg. ex § 817 Satz 2 BGB! – könnten einem Rückabwicklungsrisiko ausgesetzt sein. […] Ob dieses Prozessrisiko jedoch schon als eine „konkrete Gefährdung" im Sinne der Rechtsprechung zum Betrug und Untreue ausreicht, ist durchaus fraglich."

971 Vgl. hierzu insbesondere § 73 Abs. 3 StGB der es ermöglicht, dass der Verfall des Gewinns angeordnet werden kann, der der juristischen Person zugeflossen ist, ausführlich *Eser*, in Schönke/Schröder, StGB, § 73 Rdnr. 34 ff.

972 Vgl. dazu BGH NJW 1975, 1234 ff. als Revisionsinstanz und dessen Ausführungen zu der Auffassung des LG Bielefeld.

streckbare Entscheidung des Sportgerichts auf Lizenzentzug zu erwirken.[973] Der BGH stellte auf einen anderen Beurteilungszeitpunkt ab und kam zu dem Ergebnis, dass die Umstände eher für als gegen die Annahme eines Vermögensnachteils sprechen würden. Die weitere Zugehörigkeit zur Bundesliga möge zwar nicht unerhebliche wirtschaftliche Möglichkeiten eröffnen, in dem entscheidenden Zeitpunkt – Hingabe der 100.000,- DM – sei es aber völlig offen, ob sich diese Möglichkeiten auch verwirklichen ließen. Entscheidend sei allein die Vermögensentwicklung.[974] Daher verwies der BGH die Entscheidung an das LG zurück, um feststellen zu lassen, wie sich die Vermögenslage entwickelt hätte. Das LG Bielefeld schloss sich sodann der Auffassung des BGH an und erklärte, dass der Verbleib in der Bundesliga die Preisgabe von 100.000,- DM in jedem Fall kompensierte und eine Strafbarkeit wegen Untreue ausscheide.[975]

### 2) Die Auswirkungen auf den Bestechungsfall

Der 2. Senat des BGH ging in der Siemens-Entscheidung auf diese Gesichtspunkte nicht ein, sondern wählte einen eigenen Ansatz, um dieses Problem zu lösen. Nach der Ansicht des BGH liegt im bloßen Führen von schwarzen Kassen bereits ein endgültiger Vermögensnachteil der Treugeberin, da ihr dadurch Vermögenswerte auf Dauer vorenthalten werden.[976] Daher brauchte er

---

973 Vgl. BGH NJW 1975, 1234, 1235.

974 BGH NJW 1975, 1234, 1235 f.

975 LG Bielefeld JZ 1977, 692, 694.

976 BGH AG 2010, 826, 831; NJW 2009, 89, 92; ähnlich auch schon BGH NJW 2007, 1760, 1764 (Fall Kanther/Weyrauch): „Ein Vermögensnachteil i.S. von § 266 Abs. 1 StGB ist dem Landesverband dadurch entstanden, dass die Täter sich die Möglichkeit verschafften, die zunächst auf den Angekl. *W*, später auf die von ihnen kontrollierte Stiftung „Za." übertragenen Vermögenswerte als geheimen, keiner tatsächlich wirksamen Zweckbindung unterliegenden und jeder Kontrolle durch den Berechtigten entzogenen „Dispositionsfonds" zu nutzen. Ziel der Angekl. war es, die verdeckt angesammelten Vermögenswerte vor den satzungsgemäßen Organen des Landesverbands geheim zu halten, da sie die Bestimmung über die Mittelverwendung nach eigenem Gutdünken - wenn auch in einem von ihnen selbst definierten Interesse des Berechtigten - vorzunehmen wünschten. Hierdurch war [...] nicht allein die Dispositionsbefugnis des Berechtigten betroffen, deren Beschränkung für sich allein die Feststellung eines Vermögensschadens nicht begründen könnte; vielmehr trat eine konkrete, vom Berechtigten nicht zu kontrollierende und nur noch im Belieben der Täter stehende Möglichkeit des endgültigen Vermögensverlusts ein. [...] Die mit hohem konspirativen Aufwand durchgeführte Entziehung der Vermögenswerte über einen langen Zeitraum zu dem tatsächlich auch erreichten Zweck, dem Berechtigten diese Teile seines Vermögens vorzuenthalten und sie nach Maßgabe eigenen Gutdünkens und vorgeblich „besserer" Beurteilung zur Förderung von Zwecken einzusetzen, welche den Tätern im Einzelfall als förderungswürdig erschienen, minderte den objektiven wirtschaftlichen Wert der Forderungen für den Berechtigten und begründete daher einen Vermögensschaden."; kritisch *Satzger*, NStZ 2009, 297, 303; *Kempf*, FS Hamm, S. 255, 267; letztlich wurde die Auffassung des BGH vom BVerfG NStZ 2010, 626 ff. bestätigt.

zu den Gedanken des LG Darmstadt keine Stellung nehmen.[977] Gleichwohl soll dieser Gedanken aufgegriffen und diskutiert werden, da er relevante Aspekte für diese Arbeit bietet.

### a) Sittenwidrigkeit der Bestechungsabrede und des Folgevertrags

Bei der Frage, ob dem Unternehmen ein gleichwertiger Vorteil zugeflossen ist, gilt es zunächst zu überprüfen, ob die Bestechungsabrede tatsächlich Auswirkungen auf die Wirksamkeit des Hauptvertrages und damit auf dessen Werthaltigkeit hat. Denn ein Vorteil ist im Rahmen der Vorteilsanrechnung nur berücksichtigungsfähig, wenn er rechtlichen Bestand hat.[978]

Die Bestechungsabrede selbst ist wegen Verstoßes gegen §§ 331 ff. StGB (in Verbindung mit Art. 2 § 1 IntBestG) gem. § 134 BGB nichtig und verstößt ferner gegen § 138 Abs. 1 BGB.[979] Ziel dieser Regelungen ist es, im öffentlichen Interesse das *„Schmiergeldunwesen in jeder Form"*[980] zu bekämpfen.[981] Völlig irrelevant ist hierbei, ob der Bestochene den Auftrag unmittelbar selbst erteilen soll, ob er über die Vergabe durch einen Dritten mitzubestimmen hat oder die Entscheidung über die Vergabe sonst beeinflussen kann. Es kann niemals ausgeschlossen werden, dass sich der Bestochene von dem eigennützigen Interesse leiten ließ, für die Auftragserteilung eine heimliche Zuwendung zu erhalten. Wegen des großen Risikos, dass solche Vereinbarungen zu Lasten des Geschäftsherrn gehen, ist es unerheblich, ob solche Nachteile tatsächlich eingetre-

---

977 In einer weiteren vergleichbaren Fallkonstellation RWE betreffend hat der BGH jedoch auch Ausführungen zu einem ähnlich gelagerten Gedankenansatz gemacht. Er geht davon aus, dass soweit die Gelder nicht ohnehin zur Deckung der Kosten für die Einrichtung und Aufrechterhaltung der verdeckten Kassen selbst dienten, war auch im Zuge ihrer späteren Verwendung weder ein Rückfluss in den Vermögensbestand des Unternehmens noch eine Entscheidung oder Kontrollmöglichkeit durch dessen Organe oder untergeordnete Einheiten vorgesehen. Zudem bestand keine Sicherung der Gelder gegen eigenmächtige Zugriffe der zur Unterhaltung der schwarzen Kassen oder zum Transport der Gelder eingesetzten Personen. Ebenso wenig existierten Vorkehrungen für den Fall des unerwarteten Ausfalls zumindest einiger der involvierten Personen oder zum Schutz vor Zugriffen von Gläubigern der die Gelder „verwaltenden" Gesellschaft. Bei dieser Konstellation waren die ausgegliederten Vermögenswerte bereits zur Zeit ihrer Überführung in die schwarze Kasse nicht nur im Sinne einer Vermögensgefährdung in ihrem wirtschaftlichen Wert gemindert. Siehe BGH AG 2010, 826, 831.

978 *Lohse*, FS Hüffer, S. 581, 585.

979 *Spellenberg*, in MüKo, BGB, Vor. Art 11 EGBGB, Rdnr. 175; *Armbrüster*, in MüKo, BGB, § 134 Rdnr. 59; vgl. ebenfalls *Lohse*, FS Hüffer, S. 581, 583.

980 Bei den sog. *„kickback"*-Zahlungen liegt nach der Rechtsprechung des BGH eine vorsätzliche sittenwidrige Schädigung des Geschäftspartners vor, wenn eine Rechnung nach kollusivem Zusammenwirken lediglich fingierte Positionen enthält, um unerlaubte Zuwendungen an Mitarbeiter des Geschäftspartners zwecks Auftragserlangung abzudecken, was zur Folge hat, dass ein Rückzahlungsanspruch aus § 826 BGB entsteht. Siehe BGH NJW 2000, 2896, 2897.

981 BGH NJW 1983, 1919, 1920; *Maschmann*, in Dölling, Korruptionsprävention, S. 166, Rdnr. 200.

ten sind und ob die Beteiligten den Geschäftsherrn benachteiligen wollten. Die Verquickung von eigennützigen Interessen des Vertreters mit den Interessen des Vertretenen, der darin liegende Missbrauch des dem Vertreter gewährten Vertrauens und die hiervon ausgehenden Risiken sind allein schon zu missbilligen.[982]

Im Rahmen der Bestechungsfälle sind zwei verschiedene Konstellationen zu unterscheiden: direkter Kontakt zwischen dem Investor und dem Staat (oder einer dritten Person) oder der Investor schaltet einen Mittelsmann dazwischen, der zwischen dem Staat und dem Investor vermitteln und unter Zahlung von Bestechungsgeldern dem Investor diesen Auftrag verschaffen soll.[983]

In der ersten Variante ist die Frage der Wirksamkeit eines aufgrund von Korruption geschlossenen Investitionsvertrages zwischen Investor und Staat nicht geklärt und umstritten. In manchen Staaten ist die Nichtigkeitsfolge gesetzlich vorgesehen[984], in anderen Rechtsordnungen gilt ein aufgrund von Korruption abgeschlossener Vertrag nicht per se wegen Verstoßes gegen Gesetz oder die guten Sitten als unwirksam[985].

In Deutschland vertrat das RG die Auffassung, dass ein Vertrag nicht schon von alleine sittenwidrig sei, weil er mit sittenwidrigen Mitteln zustande gekommen sei. Erforderlich war, dass der Inhalt des Hauptvertrages als solcher ebenfalls sittenwidrig war.[986] Das RG änderte später seine Ansicht und vertrat nun ebenfalls wie heute der BGH die Auffassung, dass die Sittenwidrigkeit des Hauptvertrages bereits dann vorliege, wenn diese infolge der Schmiergeldabrede oder einer entsprechenden kollusiven Vereinbarung einen für den Geschäftsherrn des Vorteilsempfängers nachteiligen Inhalt hat.[987] Bei Schmiergeldzahlungen wird in der Regel das seitens des bestechenden Unternehmens gezahlte Geld in die Preisberechnung eingerechnet. Dies stellt einen derartigen Nachteil dar.[988] Da bei Schmiergeldzahlungen oder entsprechenden kollusiven Vereinbarungen nach der Rechtsprechung der Beweis des ersten Anscheins dafür spricht, dass sich die jeweilige Absprache auf den Inhalt des Hauptvertrages in einer für den Geschäftsherrn nachteiligen Weise ausgewirkt hat[989],

---

982 BGH v. 14.12.1972, AP Nr. 31 zu § 138 BGB.

983 Vgl. ausführlich zu diesem Thema *Raeschke-Kessler/Gottwald*, FS Lüer, S. 39.

984 Vgl. zum englischen und kenianischen Recht World Duty Free Company limited v. Republic of Kenya, ICSID Case No. ARB/00/7, 49 bis 62.

985 Vgl. Artt. 19, 20 des Schweizer Obligationenrechts, was zur Folge hat, dass das Schweizer Recht sehr häufig zum anwendbaren Recht bei internationalen Investitionen erklärt wird.

986 RGZ 86, 146, 148, zum Beispiel bei auffälligem Missverhältnis zwischen Leistung und Gegenleistung.

987 RGZ 134, 43, 56; 136, 359, 360; BGH NJW 1989, 26, 27; OLG Hamm, NJW-RR 1997, 737, 738; *Passarge*, NZI 2009, 86, 88.

988 *Acker/Froesch/Kappel*, BB 2007, 1509, 1510.

989 Vgl. dazu BGH NJW 1989, 26, 27; ähnlich BGH NJW 2006, 925, 931: bei Vereinbarung eines Schmiergeldes […] liegt regelmäßig ein Nachteil i. S. des § 266 Abs. 1 StGB vor. Vgl. ferner OLG Düsseldorf, GmbHR 2000, 666.

kann man in der Regel von der Nichtigkeit auch des Hauptvertrages ausgehen.[990] Daneben ist dieser Vertrag ohnehin den allgemeinen Regeln unterworfen, so dass er an sich nichtig ist, wenn er selbst von der Rechtsordnung derart missbilligt wird, dass ihm die Wirksamkeit zu versagen ist.[991] Gegen gesetzliche Verbote verstößt der Hauptvertrag in der Regel nicht. Auch wenn der Schutz des lauteren Wettbewerbs bezweckt ist und daher Bestechungen zu unterbinden sind, beziehen sich die Strafnormen auf die Bestechungen und nicht auf die daran anschließenden Folgeverträge.[992] Sittenwidrig sind diese daher nur, wenn ihr Inhalt gegen das Anstandsgefühl aller billig und gerecht Denkenden verstößt. Die Sittenwidrigkeit der Schmiergeldabrede kann jedoch auf den Folgevertrag übergreifen, wenn beide selbständigen Verträge ein einheitliches Vertragswerk bilden, dessen Vereinbarung nach den Vorstellungen der Vertragsschließenden miteinander stehen und fallen sollen.[993]

Andere vertreten die Auffassung, dass der Folgevertrag stets schwebend unwirksam sei, dem Geschäftspartner aber eine Genehmigungsmöglichkeit nach § 177 BGB (analog) zuzugestehen sei, da der Vertreter in diesen Fällen regelmäßig ohne Vertretungsmacht handele.[994] Der BGH hatte in einer seiner Entscheidungen eine solche Möglichkeit kurz angeführt. Sie war in diesem Fall aber nicht entscheidungserheblich.[995]

Das Meinungsbild zur Erstreckung der Sittenwidrigkeit auf den Folgevertrag ist daher uneinheitlich.[996] Letztlich kann festgehalten werden, dass der Vertrag mit erheblichen rechtlichen Risiken belastet bleibt.[997]

Zwar erscheint es auf den ersten Blick einleuchtend und zielführend, Korruption mit drastischen Folgen für das Vertragswerk zu sanktionieren. Zumindest würde die ständige Gefahr der Nichtigkeit des Vertrages manch einen Unternehmer von der Zahlung eines Bestechungsgeldes abhalten. Gegen diese konsequente und kompromisslose Sicht sprechen aber sowohl die Komplexität solcher Projekte, der Investitionsschutz als auch die Abhängigkeit der öffentlichen Daseinsvorsorge von solch privaten Infrastrukturmaßnahmen. Bei konsequenter Anwendung der Nichtigkeit hätten es die Staaten beziehungsweise der private Dritte in der Hand, durch die Berufung auf die Nichtigkeit sich ganz leicht von ihren Verpflichtungen aus diesem Vertrag zu befreien. Wenn das Unternehmen zu dem Zeitpunkt bereits eine Anlage zum Beispiel in ei-

990 Vgl. BGH NJW 2000, 511, 512; 2001, 1065, 1067; *Sethe*, WM 1998, 2309, 2313 f., 2318.

991 BGHZ 141, 357, 360; vgl. ferner BGH NJW 1998, 2531, 2532; *Lüderssen*, FS Müller-Dietz, S. 467, 472.

992 BGHZ 141, 357, 360.

993 BGH BB 1990, 733, 734.

994 *Sack*, in Staudinger, BGB, § 138 Rdnr. 472; differenzierend *Armbrüster*, in MüKo, BGB, § 138 Rdnr. 128.

995 Vgl. BGH NJW 1999, 2266, 2268.

996 Vgl. hierzu auch *Riegger/Götze*, in Krieger/Schneider, Hdb Managerhaftung, § 26 Rdnr. 55 Fn 5.

997 Vgl. dazu *Lohse*, FS Hüffer, S. 581, 585 f.

nem fremden Land fast fertiggestellt hat, wird es extrem benachteiligt, wenn es sodann nach den Regeln des Bereicherungsrechts darum kämpfen muss, zumindest die eigenen Aufwendungen ersetzt zu bekommen. Diese Sichtweise belastet die Investoren in einer nicht hinzunehmenden Art und Weise, da komplett unberücksichtigt bleibt, dass die Parteien einer Korruptionsabrede kollusiv zusammen wirken und beide wissend gegen geltendes Recht verstoßen. Durch solch eine konsequente Handhabung würde die Verantwortung für derartige illegale Praktiken stets dem Investor aufgebürdet.

Ob eine Vertragsanpassung durch ein Schiedsgericht[998] oder die Nichtigkeit die richtige und angemessene Lösung ist, wird hier nicht weiter vertieft. Es kann festgehalten werden, wie es das LG Darmstadt bereits ausführte, dass ein solcher Vertrag mit erheblichen rechtlichen Risiken belastet ist, die nicht unberücksichtigt bleiben können. Zwar ist fraglich, welcher Wert einem auf so eine Art und Weise abgeschlossenen Vertrag beigemessen werden kann. Letztlich sind die eingegangenen Risiken aber bei wirtschaftlicher Betrachtung zugleich eine ungewollte Belastung des Vermögens und dies unabhängig davon, ob sich die Risiken im Endergebnis tatsächlich verwirklichen oder nicht. Eine Kompensation des Schadens im Ganzen findet durch den erlangten Auftrag daher nicht statt.

Bei einem Vertrag zwischen einem Investor und einem Mittelsmann, der auf die Bestechung von Amts- beziehungsweise Entscheidungsträgern gerichtet ist, sind die Auswirkungen teilweise abweichend, ändern am Ergebnis aber nichts. Sobald ein solcher Vertrag die Verpflichtung des Mittelsmannes in sich trägt, Amtsträger zur Förderung der Ziele des Investors zu bestechen, ist er nichtig.[999] Die Nichtigkeit lässt sich im deutschen Recht aus § 134 BGB in Verbindung mit den Strafbestimmungen über Korruption (zum Beispiel Art. 2 § 1 IntBestG[1000]) herleiten oder über § 138 Abs. 1 BGB als Verstoß gegen die guten Sitten.[1001]

Das zur Bestechung Geleistete kann der Investor in keinem Fall nach den §§ 812 ff. BGB zurückverlangen. Er wird im Regelfall gewusst haben, dass er nicht zur Leistung verpflichtet ist oder dass ihm selbst ein Gesetzes- oder Sittenverstoß zur Last fällt, vgl. § 817 Satz 2 BGB[1002] und die Regel des *nemo*

998 So *Raeschke-Kessler/Gottwald*, FS Lüer, S. 39, 49: „Verträge, die aufgrund einer Korruptionsabrede zu Stande gekommen sind, sind jedenfalls dann wirksam, wenn sie ganz oder zumindest teilweise ausgeführt worden sind. Das Schiedsgericht ist aber berechtigt, sie teilweise für nichtig zu erklären und den Vertrag anzupassen."

999 AG Offenbach NJW-RR 1992, 1204; *Maschmann*, in Dölling, Korruptionsprävention, S. 166, Rdnr. 200.

1000 *Spellenberg*, in MüKo, BGB, Vor. Art. 11 EGBGB, Rdnr. 175.

1001 *Raeschke-Kessler/Gottwald*, FS Lüer, S. 39, 53: „Korruption als Hauptleistungspflicht eines Dienstvertrages ist unvereinbar mit dem internationalen *ordre public.*"

1002 § 817 BGB versagt dem Leistenden deshalb den Bereicherungsanspruch, da er sich selbst außerhalb der Rechtsordnung bewegte; vgl. dazu ausführlicher *Acker/Froesch/Kappel*, BB 2007, 1509, 1511.

*auditur turpitudinem suam allegans.*[1003] Der Bestechende ist nicht schutzwürdig. Er will sich mit der Schmiergeldzahlung Vorteile einhandeln, auf die er keinen Anspruch hat. Deshalb ist es nicht unbillig, wenn er die gezahlten Schmiergelder nicht zurückerhält.[1004] Somit ist die Position des Unternehmens bei der Zwischenschaltung eines Dritten nicht sicher genug, als dass sich sagen lässt, dass mit dem anzubahnenden Vertrag der Gesellschaft ein gleichwertiger Vorteil zuwächst.

### b) Zwischenergebnis

Nach dem Gesagten bleibt festzuhalten, dass die Ansicht des LG Darmstadt richtig ist. Die Rechtsposition des Unternehmens ist sehr unsicher und ungewiss. Bei der Frage der Kompensation ist entscheidend, ob bei wirtschaftlicher Betrachtung der Vermögensabfluss durch einen unmittelbaren Vermögenszufluss ausgeglichen wird. Ab- und Zuflüsse müssen dafür wirtschaftlich bewertet werden. Folgerichtig kann ein Zahlungsanspruch aus einem Vertrag, der anfechtbar beziehungsweise angreifbar ist und mit hoher Wahrscheinlichkeit Regressansprüche auslöst, wirtschaftlich deutlich weniger wert sein als ein juristisch einwandfreier Anspruch.[1005] Diese Gefahr vollkommen unberücksichtigt zu lassen, ist nicht richtig und auch im Sinne einer ordnungsgemäßen Risikovorbeugung nicht hinnehmbar. Die Aussage, dass dem Unternehmen mit dem erhaltenen Auftrag ein gleichwertiger Vorteil zugeflossen sei, kann daher nicht so stehen bleiben und nicht als Argument für eine Anrechnung herhalten.

Die durch die nützliche Pflichtverletzung bewirkte Mehrung des Vermögens ist bereits zum Zeitpunkt ihrer Entstehung nicht vollkommen in die Gesellschaft geflossen. Von Anfang an war dieser Vermögenszuwachs mit dem Risiko der Entdeckung der Pflichtwidrigkeit und daher mit der Gefahr vor staatlichen Sanktionen und der Vorteilsabschöpfung belastet, sodass der Vermögenszuwachs nie vollwertig bei dem Unternehmen ankam.[1006] Wenn der Vorteil aber nicht sicher in der Gesellschaft vorhanden war beziehungsweise das Risiko des späteren Verlustes – sei es durch staatlichen Akt oder durch Schadensersatzforderungen Dritter – stets auf diesem Vermögensteil lastete, erscheint es als ungerechtfertigt, diesen als vollwertige Kompensation der Vermögensminderung anzusehen. Das bedeutet nicht, dass der erlangte Auftrag überhaupt nichts wert ist. Es ist vielmehr so, dass das Risiko der Entdeckung bilanziell zu berücksichtigen ist. Eine feste Berechnungsmethode kann

---

1003 Vgl. hierzu BGHZ 36, 395, 399 f. Hiernach wird § 817 Satz 2 BGB auch auf die Gesellschaft angewendet, deren Organ gegen die guten Sitten verstoßen hat. Die Anwendung habe eine innere Berechtigung, da auch der Gesellschaft der Schutz durch die Gerichte versagt werden müsse, wenn sie Ansprüche aus solchen Geschäften herleiten wolle.

1004 *Lohse*, FS Hüffer, S. 581, 583.

1005 So auch *Bittmann*, ZGR 2009, 931, 961.

1006 *Zimmermann*, WM 2008, 433, 439.

und braucht an dieser Stelle nicht gebracht werden, da für die hier interessierende Frage es ausreicht festzustellen, dass das erlangte Auftragsvolumen mit einem Risiko belastet ist und daher den Verlust des ausgegebenen Bestechungsgeldes nicht in Gänze aufzuwiegen vermag.

Hiernach ist eine Vorteilsanrechnung bei dem Schadensersatzanspruch des Unternehmens gegen das Organ nicht zuzulassen.

### d. Wertungen des Gesetzgebers

Der Gesetzgeber hat mit einigen Gesetzesvorhaben deutliche Anzeichen dafür gesetzt, dass nützliche Pflichtverletzungen nicht zu akzeptieren sind. Der Gesetzgeber hat beispielsweise mit dem IntBestG oder EuBestG die Bestechung ausländischer Amtsträger unter Strafe gestellt. Ganz deutlich wird die fehlende Akzeptanz gegenüber nützlichen Pflichtverletzungen aber beim Korruptionsbekämpfungsgesetz NRW. Dass der Gesetzgeber sich so deutlich gegen die Korruption und andere verwandte Delikte positioniert hat, kann auf der zivilrechtlichen Rechtsfolgenseite nicht unberücksichtigt bleiben.[1007] Die Entscheidung des ArbG München[1008], in der die Arbeitsrichter trotz der gesetzgeberischen Bestrebungen eine Kündigung eines Mitarbeiters wegen begangener Korruptionsdelikten für unwirksam erklärten, ist wohl als Ausnahmefall zu werten.[1009] Der Gesetzgeber verfolgt hiermit das Ziel, die Wirtschaftskriminalität in jeder Form zu bekämpfen. Nützliche Gesetzesverstöße in der Wirtschaftswelt sind daher von staatlicher Seite aus offensichtlich nicht gewollt. Es mutet widersprüchlich an, wenn solche verbotenen und unter Strafe gestellten Vorgehensweisen auf der zivilrechtlichen Rechtsfolgenseite privilegiert werden, sofern sie dem Geschädigten einen Vorteil bescherten.[1010] Aus der Positionierung des Gesetzgebers lässt sich somit eine Tendenz gegen eine Anwendung der Vorteilsanrechnung bei nützlichen Pflichtverletzungen erkennen.

### e. Rechtsgedanke des Aufwendungsersatzes

Gemäß §§ 675, 670 BGB hat der Beauftrage grundsätzlich einen Anspruch auf Ersatz der Aufwendungen, die er für erforderlich und angemessen halten durfte.[1011] Unter Aufwendung sind freiwillige Vermögensopfer im Interesse eines anderen zu verstehen[1012], die der Beauftragte zur Ausführung des Auftrags, in dessen Folge oder zur Erreichung des Zwecks der Besorgung erbracht

---

1007 Ebenso *Lohse*, FS Hüffer, S. 581, 600: „Wertungskongruenz".

1008 ArbG München NZA-RR 2009, 134.

1009 Kritisch auch *Kolbe*, NZA 2009, 228.

1010 Ähnlich *Lohse*, FS Hüffer, S. 581, 600 f.: „Mit diesem gesetzgeberischen Bemühungen stünde es im krassen Widerspruch, müssten die Geschäftsführer in den Korruptionsfällen keinen Regress wegen der ausgereichten Schmiergelder befürchten: Einmal mehr würde das Gesellschaftsrecht es dem Strafrecht überlassen, die Verhaltensanreize für die Unternehmensführung zu setzen."

1011 Das gilt auch für den Vorstand einer Aktiengesellschaft; siehe *Krieger*, FS Bezzenberger, S. 211, 212.

1012 BGHZ 59, 328, 329.

hat.[1013] Aufwendungen für die Besorgung verbotener oder gegen die guten Sitten verstoßender Geschäfte werden nicht erstattet, selbst, wenn sie das Geschäft im Interesse des Auftraggebers fördern.[1014] Solche Aufwendungen durfte der Beauftragte nicht für erforderlich halten.[1015] Zudem gewährt § 670 BGB nur einen Erstattungsanspruch für Zufallsschäden und nicht für eigenes Verschulden des Beauftragten. Eine schuldhafte Verletzung der kaufmännischen Sorgfaltspflicht ist aber kein Zufallsschaden im Sinne von § 670 BGB und kann daher bereits schon keinen Aufwendungsersatzanspruch begründen, da das Vorstandsmitglied selbst für den der Gesellschaft zugefügten Vermögensschaden einzustehen hat.[1016]

Der Vorstand, der die Bestechungsgelder leistet, hätte, wenn er die Schmiergelder aus seinem Privatvermögen geleistet hätte, keinen Anspruch auf Ersatz der verauslagten Schmiergelder nach §§ 675, 670 BGB.[1017] Wenn man diese Rechtsfolge auf die dieser Arbeit zugrunde liegenden Situation überträgt, ist es nur konsequent, dass aufgrund dessen die Gesellschaft Rückgriff bei dem handelnden Vorstand nehmen kann.[1018] Eine Vorteilsanrechnung kommt hiernach nicht in Betracht.

### 4. Zwischenergebnis

Es gibt folglich gute Gründe sowohl für die Versagung der Vorteilsanrechnung als auch für deren Anwendung. Festgehalten werden kann, dass für die Anrechnung eher die wirtschaftlichen Aspekte und gegen die Anrechnung vielmehr die verhaltenslenkenden Motive sprechen. Letztendlich lassen sich aber zwei ganz wesentliche Argumente sowohl für als auch gegen die Anrechnung herausarbeiten. Gegen eine Anrechnung spricht eindeutig die Schadensprävention, für eine Anrechnung der Gedanke, dass über einen Schadensersatzanspruch der Vorteil zurück an die Gesellschaft fließen würde, die damit einen windfall-profit[1019] erzielte, was dem Zweck der Gesetzesbindung der Gesellschaft und dem Willen des Gesetzgebers widerspricht. Somit stehen sich zwei – jeweils für sich betrachtet – sehr überzeugende Argumente gegenüber, die miteinander nicht in Einklang zu bringen sind.

---

1013 BGH NJW 1960, 1568, 1569; 1989, 1284, 1285.

1014 BGH NJW 1965, 293, 294; BGHZ 94, 268, 272.

1015 So die h.M. vgl. *Seiler*, in MüKo, BGB, § 670 Rdnr. 10 m. w. N.; a.A. *Czub*, in Bamberger/Roth, BGB, § 670 Rdnr. 13, der die Auffassung vertritt, dass Nichterstattungsfähigkeit unmittelbar aus der Gesetzesverletzung oder Sittenwidrigkeit der Besorgung oder des dafür vorgenommenen Aufwands folgt.

1016 *Krieger*, FS Bezzenberger, S. 211, 214.

1017 Noch offen gelassen in BGHZ 94, 268, 272, gegen die Erstattungsfähigkeit aber BGH NJW 1965, 293, 294.

1018 *Lohse*, FS Hüffer, S. 581, 600.

1019 Unter *windfall-profits* versteht man Vermögenszuwächse, die nicht auf der entsprechenden Leistung der Manager beruhen, sondern durch plötzliche, außergewöhnliche Veränderungen der Marktlage entstehen.

Auch wenn der Wille des Gesetzgebers relativ eindeutig ist, ist eine Diskussion nicht überflüssig. Es ist nämlich mit guten Gründen davon auszugehen, dass der Gesetzgeber das Problem der Vorteilsanrechnung bei nützlichen Pflichtverletzungen mit Normen wie beispielsweise § 17 Abs. 4 OWiG nicht regeln wollte und es wahrscheinlich sogar nicht gesehen hat. Sinn und Zweck aller Regelungen, die vorschreiben, dass der Vorteil aus der Tat nicht beim Täter verbleiben solle, ist es, dass keine rechtswidrige Tat sich für einen Beteiligten lohnen soll. Dies kann aber nur auf den ersten Blick für die hier zu beantwortende Frage entscheidend sein. Kapitalgesellschaften sind selbst handlungsunfähig.[1020] Sie sind darauf angewiesen, dass sie jemand nach außen wirksam (und rechtstreu) vertritt.[1021] Sie können nicht selbst für sich handeln und sind damit den Handlungen ihrer Organe unterworfen.[1022] Die Kapitalgesellschaften handeln daher durch die Organe; anders gewendet heißt dies aber auch, dass das Handeln der Organe Handeln der Kapitalgesellschaft selbst ist.[1023] Denn über § 31 BGB wird das Handeln der Organe der Gesellschaft zugerechnet, die nun ihrerseits für die Rechtsfolgen einstehen muss.[1024] Es ist zwar klar, dass die Organe in der Regel im Interesse des Unternehmens und nicht im eigenen gehandelt haben, dennoch wird damit offenbar, dass bei diesen Personen letztlich mit der Prävention begonnen werden muss, da sie für das, was in der Gesellschaft geschieht, verantwortlich sind. Es brächte nichts, die Vorteilsanrechnung zuzulassen, nur um den Rückfluss des Vorteils an die Gesellschaft abzuwenden. Dies würde nicht verhindern, dass nützliche Pflichtverletzungen begangen werden, es würde vielmehr dazu führen, dass Hemmschwellen abgebaut und die Vorstände sich schneller für nützliche Pflichtverletzungen entscheiden würden. Danach ist aber klar, dass die Vorteilsanrechnung versagt werden muss, um die Vorstände zu rechtstreuem Verhalten zu bewegen. Infolgedessen ergeben sich zwei positive Effekte, welche letztendlich (zumindest faktisch) dem Willen des Gesetzgebers entsprechen. Mit der vollen persönlichen Haftung des Vorstands ist ein deutlicher Verhaltensanreiz gesetzt, der geeignet und erforderlich ist, Vorstände von der Begehung nützlicher Pflichtverletzungen abzuhalten. Sofern keine rechtwidrigen Taten mehr begangen werden, stellt sich die Frage des Rückflusses rechtwidriger Vorteile an das Unternehmen nicht mehr.

Festzuhalten ist demnach, dass der Aufbau einer Kapitalgesellschaft letztendlich den ausschlaggebenden Punkt darstellt. Da die Kapitalgesellschaften über Organe nach außen vertreten werden, muss und kann nur bei ihnen mit der Verhaltenslenkung begonnen werden.

---

1020 *Wiedemann*, ZGR 2011, 183, 198.

1021 *Bittmann*, ZGR 2009, 931, 939.

1022 *Hellgardt*, WM 2006, 1514, 1519 f., der treffend darauf hinweist, dass verschuldensabhängige Haftung stets an ein Verhalten anknüpft und da juristische Personen handlungsunfähig sind, stets das Organ den Grund der Haftung setzen wird.

1023 *Reuter*, in MüKo, BGB, vor. § 21 Rdnr. 49.

1024 *Wiedemann*, ZGR 2011, 183, 198.

Die Rechtstreue der Gesellschaft muss im Interesse der Funktionsfähigkeit der Rechtsordnung gewährleistet werden, weshalb der Zweck der Organhaftung nicht ausschließlich in der Schadenskompensation besteht, sondern zugleich auf Verhaltenssteuerung gerichtet ist.[1025] Der Sinn und Zweck des Haftungs- und Schadensrechts gebietet es aufgrund der Schadensprävention und Verhaltenslenkung daher, die Vorteilsanrechnung in diesem Fall zu versagen.[1026] Dieses Ergebnis ist auch nicht unbillig, da die nützlichen Pflichtverletzungen durch die Organe im Zweifel bewusst begangen werden, so dass sie sich über ihren Pflichtverstoß jeweils im Klaren waren. Einzige Ausnahme könnte hierbei – wenn überhaupt – der nützliche Aufsichtspflichtverstoß sein. Jedoch wurde bereits herausgearbeitet[1027], dass ein ordnungsgemäßes Compliance-System den Vorstand vor der persönlichen Inanspruchnahme bewahren kann, so dass ihm ein zumutbares Mittel an die Hand gegeben wird, eine persönliche Haftung zu vermeiden. Folglich ist die Nichtanwendung der Vorteilsanrechnung auch in diesem Fall nicht unbillig. Nach einer Abwägung aller widerstreitenden Interessen ist die Vorteilsanrechnung bei nützlichen Pflichtverletzungen abzulehnen.

### 5. Vorteilsanrechnung im Kartellrecht

Beim Kartellrecht handelt es sich um eine Spezialmaterie, in der die nützliche Pflichtverletzung eine große Rolle spielt. Bereits oben wurde darauf hingewiesen[1028], dass aufgrund der Bedeutung des Kartellrechts, der speziellen Normen und entsprechender Wertungen die Problematik gesondert betrachtet werden muss. Diese Besonderheiten setzen sich auf Schadensseite bei der Frage der Vorteilsanrechnung bei nützlichen Pflichtverletzungen im Kartellrecht fort. Der Schaden bestimmt sich im Kartellrecht grundsätzlich jedoch nach denselben Maßstäben wie im Schadens- und Gesellschaftsrecht. Es gelten somit die §§ 249 ff. BGB und die Differenzhypothese.[1029] Für die Frage der Vorteilsanrechnung bei nützlichen Pflichtverletzungen lassen sich die oben angesprochenen Argumente erstmal ohne weiteres auf das Kartellrecht übertragen. Im Folgenden wird daher geschaut, ob für das Kartellrecht spezielle Wertungen denkbar sind, die ein anderes Ergebnis nahelegen.

Die Rechtsprechung hat bisher – soweit ersichtlich – noch keinen Fall zur Vorteilsanrechnung im Rahmen eines Innenregresses bei einer nützlichen (Kartell-) Pflichtverletzung entschieden. Zur Vorteilsanrechnung gibt es jedoch

---

1025 *Fischbach*, Die Haftung des Vorstands im Aktienkonzern, § 4 A. II. 2. a.
1026 A. A. *Haas/Ziemons*, in Michalski, GmbHG, § 43 Rdnr. 205a jedoch ohne Begründung.
1027 Siehe oben unter C. I. 1. d. 3).
1028 Siehe oben bereits unter C. II. 1. c.
1029 *Bayer*, FS K. Schmidt, S. 85, 94.

zahlreiche Urteile, die aber die Schadensabwälzung bei Kartellabsprachen auf die anderen Marktteilnehmer behandeln.[1030]

### a. Argumente für die Vorteilsanrechnung

Zur Problematik der Vorteilsanrechnung bei Kartellverstößen wird vertreten, dass der durch das pflichtwidrige Verhalten verursachte Vorteil grundsätzlich anzurechnen sei.[1031] Es würden gute Gründe hierzulande für die Statthaftigkeit einer Vorteilsanrechnung sprechen.[1032] Der Vorstand müsse sich durch den Nachweis entlasten können, dass der Gesellschaft kein Schaden entstanden sei.

#### 1) Unmittelbarer Zusammenhang zwischen Vor- und Nachteil

*Bayer* geht von der grundsätzlichen Anwendung der Vorteilsanrechnung im Kartellrecht aus, obwohl es idealerweise im Kartellrecht bei Kartellverstößen erst gar nicht zu der Frage der Vorteilsanrechnung komme.[1033] Die Grundsätze der Vorteilsanrechnung würden für Schadensersatzansprüche aller Art gelten[1034] und könnten daher auch im Rahmen der Organhaftung herangezogen werden. Nach allgemeinen Grundsätzen seien daher alle Vorteile vom eingetretenen Schaden im Wege der Anrechnung abzuziehen, die bei wertender Betrachtung in einem inneren Zusammenhang stünden. Nichts anderes könne im Rahmen der Vorstandshaftung für die Vorteile gelten, die in unmittelbarem Zusammenhang mit der Schädigung der Gesellschaft eingetreten seien. Sie seien grundsätzlich schadensmindernd zu berücksichtigen.[1035] Lediglich der Zweck der verletzten Norm könne einer Anrechnung entgegenstehen. Dies sei aber für das Verhältnis des kartellrechtswidrig handelnden Unternehmens zum hierfür persönlich verantwortlichen Vorstandsmitglied zu verneinen.[1036] Es sei nicht Zweck des Regresses, dass sich die Gesellschaft beim pflichtwidrig handelnden Vorstandsmitglied bereichert und sich hierdurch gegenüber anderen Unternehmen mittelbar aus dem Kartellverstoß wiederum in bedenklicher Weise einen Vorteil verschaffe.[1037]

---

1030 Vgl. OLG Karlsruhe, NJW 2004, 2243; KG Berlin, NJOZ 2010, 536; *Bischke/Boger*, NZG, 2010, 420.

1031 *Poelzig*, WM 2008, 1009, 1012; *Glöckner/Müller-Tautphaeus*, AG 2001, 344, 346.

1032 *Fleischer*, BB 2008, 1070, 1073; ebenso *Glöckner/Müller-Tautphaeus*, AG 2001, 344, 346; *Wilsing*, in Krieger/Schneider, Hdb Managerhaftung, § 27 Rdnr. 37; *Zimmermann*, WM 2008, 433, 439; auch *Horn*, ZIP 1997, 1129, 1136.

1033 *Bayer*, FS K. Schmidt, S. 85, 94.

1034 *Heinrichs*, in Palandt, BGB, Vorb v § 249 Rdnr. 124.

1035 *Bayer*, FS K. Schmidt, S. 85, 95.

1036 So auch *Zimmermann*, WM 2008, 433, 439.

1037 *Bayer*, FS K. Schmidt, S. 85, 95; ähnlich *Wilsing*, in Krieger/Schneider, Hdb Managerhaftung, § 27 Rdnr. 37; *Zimmermann*, WM 2008, 433, 439; *Fleischer*, BB 2008, 1070, 1073.

## 2) Handeln allein zum Vorteil der Gesellschaft

Nach anderen Stimmen ergibt sich die Angemessenheit der Anrechnung des Vorteils daraus, dass das Vorstandsmitglied den Kartellrechtsverstoß nicht im eigenen wirtschaftlichen Interesse, sondern in dem der Gesellschaft begangen hat.[1038]

## 3) Kein Rückfluss zur Gesellschaft

Zweifelslos würde es auch im Kartellrecht die Abschreckungswirkung des § 93 Abs. 2 AktG erhöhen, wenn bei Gesetzesverstößen von Organmitgliedern eine Vorteilsanrechnung ausgeschlossen wäre. Dabei würde aber vernachlässigt werden, dass die Organhaftung auch der Schadenskompensation dient.[1039] Bei der Verhängung einer Geldbuße für Unternehmen dürften Gründe des öffentlichen Interesses gerade dafür sprechen, die wirtschaftlichen Vorteile der Gesellschaft auf ihren Ersatzanspruch gegen das Organmitglied anzurechnen. Die Unternehmensgeldbuße dient nicht nur der Ahndung von Ordnungswidrigkeiten, sondern auch der Abschöpfung unrechtmäßig erlangter Vorteile.[1040] Könnte die Gesellschaft den Betrag des Bußgeldes in voller Höhe als Schaden von ihrem Organmitglied ersetzt verlangen, verblieben die unrechtmäßigen Gewinne letztlich doch bei der Gesellschaft. Es liefe daher dem Zweck der Unternehmensgeldbuße zuwider, wenn wirtschaftliche Vorteile, die eine Gesellschaft im Vorfeld der Verhängung der Geldbuße auf Grund des Gesetzesverstoßes erlangt hat, nicht auf ihren Ersatzanspruch gegen das Organmitglied angerechnet würden.[1041] Der Gesetzgeber hat gerade im Kartellrecht entsprechende und deutliche Signale ausgesandt, dass bei rechtswidrigem Verhalten der wirtschaftliche Vorteil nicht bei der Gesellschaft verbleiben soll. So schreibt der Gesetzgeber in seinem Gesetzentwurf zur 7. GWB-Novelle, dass es für eine wirksame Abschreckung von Kartellschadensersatzansprüchen wichtig sei, die *„Kartellrendite"* bei dem Unternehmen komplett abzuschöpfen.[1042] Daher kann die Vorteilsanrechnung sogar geboten sein, weil sie bewirkt, dass der Kartellvorteil entsprechend den gesetzlichen Wertungen (§§ 34, 34a, 81 Abs. 5 Satz 1 GWB in Verbindung mit § 17 Abs. 4 OWiG) nicht bei der Gesellschaft verbleibt.[1043] Für eine Vorteilsanrechnung bei nützlichen Pflichtverletzungen spricht insbesondere § 81 Abs. 5 GWB in Verbindung mit

---

1038 *Glöckner/Müller-Tautphaeus*, AG 2001, 344, 346.

1039 *Uwe H. Schneider*, in Scholz, GmbHG, § 43 Rdnr. 229; *Hopt*, in GroßKomm, AktG, § 93 Rdnr. 11.

1040 Vgl. *Rogall*, in KK, OWiG, § 30 Rdnr. 18.

1041 *Wilsing*, in Krieger/Schneider, Hdb Managerhaftung, § 27 Rdnr. 37, S. 714; ähnlich *Glöckner/Müller-Tautphaeus*, AG 2001, 344, 346; *Horn*, ZIP 1997, 1129, 1136.

1042 BT-Drucks. 15/3640, S. 36 l. Sp. Weiter wird dort ausgeführt, dass wenn es zu keinem Schadensersatzanspruch kommt, die Möglichkeiten der Kartellbehörde, den Vorteil abzuschöpfen, deutlich erweitert werden, damit keine „Rendite" bei dem Unternehmen verbleibt.

1043 Vgl. *Wilsing*, in Krieger/Schneider, Hdb Managerhaftung, § 27 Rdnr. 37; *Zimmermann*, WM 2008, 433, 439.

§ 17 Abs. 4 OWiG. Wenn diese Normen vorgeben, dass die Geldbuße den wirtschaftlichen Vorteil übersteigen soll, selbst dann wenn das gesetzliche Höchstmaß dazu überschritten werden muss, ist dies ein Zeichen, dass die Vorteilsanrechnung vom Gesetzgeber bei nützlichen Pflichtverletzungen im Bereich des Kartellrechts sogar erwünscht ist.

§ 81 Abs. 5 GWB in Verbindung mit § 17 Abs. 4 OWiG gilt bezüglich der Bußgeldhöhe sowohl für juristische als auch für natürliche Personen. Nach dieser Vorschrift soll erreicht werden, dass jeglicher Vorteil abgeschöpft wird. Bei keinem der Beteiligten soll ein Vorteil aus dem Kartellverstoß verbleiben. Damit wird zum einen ein Signal an die Wettbewerbs- und Marktteilnehmer gesendet, zum Zweiten kann diese Norm aber auch für die hier zu behandelnde Frage nutzbar gemacht werden.

*Zimmermann* ist aber der Auffassung, dass aus den gesetzlichen Regelungen des GWB bezüglich der Missbilligung eines kartellrechtswidrig erlangten Vermögenszuwachses keine gegen oder für eine Vorteilsanrechnung gerichtete Wertung entnommen werden dürfe, da diese Regelungen nur das Verhältnis Gesellschaft – Staat und nicht auch das Innenverhältnis Gesellschaft – Vorstand regeln.[1044]

Selbst wenn diese Aussage durchaus richtige Ansätze hat, lässt sich zumindest für den Fall, dass das Unternehmen für eine (staatliche) Kartellbuße beim Vorstand Regress nehmen möchte, nicht bestreiten, dass die gesetzgeberischen Vorgaben beachtet werden sollten. Das mag durchaus anders sein, wenn neben der Kartellbuße andere Schäden, wie beispielsweise Reputationsschäden, vom Organ erstattet werden sollen. Aber auch wenn bei der Verhängung der Buße mit den gesetzgeberischen Bestimmungen, dass der Vorteil nicht in der Gesellschaft verbleiben dürfe, die (öffentlich-rechtliche) Ebene Staat – Unternehmen und nicht wie beim Regress die (zivilrechtliche) Ebene Unternehmen – Organ betroffen ist, lässt sich nicht plausibel begründen, warum der Gesetzgeber auf der einen Ebene ausdrücklich vorgesehen hat, dass der Vorteil in keinen Fall bei der Gesellschaft verbleiben soll und auf der anderen Ebene sehenden Auges dessen Erstattung anerkennen sollte. Formal hat *Zimmermann* recht, wenn er meint, dass diese Ebenen streng voneinander getrennt werden müssen. Wenn aber wie hier die Buße rückerstattet werden soll, liegt es nahe den gesetzgeberischen Willen auch auf die andere (zivilrechtliche) Ebene zu übertragen. Es wäre sehr widersprüchlich, wenn der Gesetzgeber einerseits (auf der Ebene Staat – Unternehmen) den Vorteil komplett und ohne Ausnahme abgeschöpft sehen will und andererseits (auf der Ebene Unternehmen – Vorstand) dessen Rückerstattung vollumfänglich zulässt. Entweder hat der Gesetzgeber einen entsprechenden Hinweis, dass Gleiches für den möglichen Regress gegen das handelnde Organ gelten solle, übersehen oder er ist davon ausgegangen, dass diese Wertungen für den Innenregress übernommen werden würden. Die Wertungen des Gesetzgebers können daher trotz unter-

1044 *Zimmermann*, WM 2008, 433, 439.

schiedlicher Regelungsziele auf den Innenregress übertragen werden, so dass der Grundsatz, dass der Vorteil nach Möglichkeit nicht beim Unternehmen verbleiben soll, auch im Innenregress Bedeutung erlangt. Daher muss konsequenterweise die Vorteilsanrechnung bei profitablen Pflichtverletzungen im Kartellrecht zumindest bei der Erstattung von Kartellbußen zugelassen werden.

Hinzu kommt, dass sich weder die Wertungen aus dem öffentlichen noch aus dem Zivilrecht sich eins zu eins auf das Kartellrecht für diese Frage übertragen lassen. Für die Fallgestaltungen eines Innenregresses ist zu berücksichtigen, dass es sich beim Kartellrecht nicht um ein klassisches zivil- oder öffentlich-rechtliches Rechtsgebiet handelt.[1045] Das GWB soll die Freiheit des Wettbewerbs sicherstellen und wirtschaftliche Macht da beseitigen, wo sie die Wirksamkeit des Wettbewerbs und die ihm innewohnenden Tendenzen zur Leistungssteigerung beeinträchtigt und die bestmögliche Versorgung der Verbraucher in Frage stellt.[1046] Es lässt sich weder gänzlich dem öffentlichen Recht noch dem Zivilrecht zuordnen, da es zur Sicherung des Wettbewerbs nicht nur privatrechtliche Rechtsschutzmöglichkeiten gewährt, sondern auch Behörden Befugnisse zugesteht.[1047] Das deutsche wie das europäische Kartellrecht greifen als wirtschaftsrechtliche Regelungen tief in das Privatrecht ein; es gilt namentlich für das gesamte Gesellschafts- und Vertragsrecht der Unternehmen. Nicht zuletzt gibt es wichtige privatrechtliche Ansprüche, vgl. nur § 33 GWB. Aufgabe des Kartellrechts ist es, die Privatautonomie so zu begrenzen, dass sie sich nicht selbst aufhebt.[1048] So lassen sich die Kartellgesetze als Privatrechtsgesetze ansehen.[1049] Ebenso gehört es aber auch dem Verwaltungsrecht an, sind doch in erster Linie Verwaltungsbehörden – und Verwaltungsverfahren – zur Durchsetzung berufen. Hieran zeigt sich nur, dass die Fragestellung: „Privatrecht oder öffentliches Recht?" jedenfalls für das Kartellrecht nicht passt.[1050] Beim Kartellrecht handelt es sich vielmehr um eine Mischform, deren Sinn und Zweck letztlich darauf abzielt, einen funktionsfähigen Wettbewerb als Grundlage einer durch den Markt geordneten Wirtschaft zu erhalten.[1051] Es lassen sich daher weder ausschließlich zivilrechtliche- oder öffentliche-rechtliche Wertungen auf diesen Innenregress übertragen. Beide Wertungen müssen soweit wie möglich Berücksichtigung finden.

---

1045 Vgl. *Scholz/Haus*, EuZW, 2002, 682, 683 zum Charakter und Funktion des Bußgeldes: „Strafrecht im weiteren Sinne".

1046 *Möschel*, in Immenga/Mestmäcker, GWB, § 19 Rdnr. 5.

1047 *von Wallenberg*, Kartellrecht, S. 1.

1048 *Rittner*, Einführung in das Wettbewerbs- und Kartellrecht, S. 110.

1049 *Möschel*, Recht der Wettbewerbsbeschränkung, 1983, S. 81; wohl auch *Raisch*, ZHR 148 (1984), 304, 308; *Niederleithinger*, WuW 1985, 5, 15: „sowohl-als-auch"; beiläufig Fischer, ZGR 1978, 235, 237.

1050 *Rittner*, Einführung in das Wettbewerbs- und Kartellrecht, S. 130 f.

1051 So BGHZ 76, 55, 64; ähnlich BGHZ 13, 33, 37.

Aus der Ablehnung der Statthaftigkeit der passing-on-defense[1052] durch die herrschende Lehre im Rahmen des kartellrechtlichen Schadensersatzanspruchs gem. § 33 Abs. 3 GWB lässt sich kein Umkehrschluss ziehen, da dieser nur das Verhältnis von Schädiger und Geschädigtem betrifft.[1053] Im Binnenverhältnis führt eine Vorteilsanrechnung nicht zu unbilligen Ergebnissen.[1054]

#### 4) Zusammenfassung

Dem Vorstandsmitglied würde man hiernach den Einwand gestatten müssen, dass die Gesellschaft im Vorfeld des Schadensersatzes beziehungsweise der Bußgeldverhängung durch den Kartellverstoß einen wirtschaftlichen Vorteil erlangt hat, der nach den allgemein geltenden Grundsätzen des Schadensrechts zum Ausgleich zu bringen ist.

### b. Argumente gegen die Vorteilsanrechnung

Denkbar wäre es aber auch, dem schädigenden Vorstandsmitglied die Vorteilsanrechnung in diesem speziellen Fall zu versagen. Der Schädiger kann nicht entgegen entsprechender öffentlicher Interessen den Nutzen aus seiner pflichtwidrigen Handlung behalten oder zum Ansatz gegenüber dem Geschädigten bringen, wenn dadurch der Sinn der Schadensersatzpflicht in ihr Gegenteil verkehrt wird.[1055]

Es ist daher der Einwand denkbar, dass ebenfalls Gründe des öffentlichen Interesses einer Vorteilsanrechnung entgegenstehen[1056], da damit unter Umständen die falschen Anreize für die Wirtschaft gesetzt werden. Nicht nur die Präventionswirkung der Schadensersatzpflicht, sondern auch der in § 93 AktG stark verankerte Gläubigerschutz wird tendenziell unterminiert, wenn die Gesellschaft sich sämtliche derartige Vorteile anrechnen lassen muss.[1057] Bei Anwendung der Vorteilsanrechnung würden falsche Signale in die Wirtschaftswelt gesendet.

---

1052 Von *passing-on-defense* wird gesprochen, wenn die Kartellmitglieder ihren unmittelbaren Abnehmern, sobald diese von ihnen Schadensersatz verlangen, entgegenhalten, ihnen sei gar kein Schaden entstanden, weil es ihnen gelungen sei, den Schaden in Gestalt höherer Preise ganz oder partiell auf deren Abnehmer abzuwälzen. Nach § 33 Abs. 3 Satz 2 GWB ist aber ein Schadensersatzanspruch wegen des Bezugs einer überteuerten Ware nicht deshalb ausgeschlossen, weil die Ware weiterverkauft wurde. Bezweckt ist damit eine zumindest partielle Regelung der Problematik der Überwälzung des Schadens von den unmittelbar betroffenen Abnehmern eines Kartells auf weitere Abnehmer auf anderen Marktstufen.

1053 Vgl. Begr. RegE GWB, BT- Drucks. 15/3640, S. 54; *Lettl*, Kartellrecht, § 11 Rdnr. 102: „Die Anwendung der Vorteilsausgleichung verfehlt die Zwecke des kartellrechtlichen Schadensersatzanspruchs."

1054 *Fleischer*, BB 2008, 1070, 1073.

1055 St. Rspr. zur Vorteilsanrechnung im Allgemeinen, vgl. stellvertretend BGHZ 136, 52, 54.

1056 Vgl. *Fleischer*, BB 2008, 1070, 1073.

1057 *Spindler*, FS Canaris, S. 402, 425 f; *ders.*, in MüKo, AktG, § 93 Rdnr. 77.

Der Aufbau von Kapitalgesellschaften und dessen Auswirkungen auf die Verantwortlichkeit muss entsprechend berücksichtigt werden. Juristische Personen können bekanntlich selbst nicht tätig werden, sondern müssen dafür durch ihre Organe im Rechtsverkehr vertreten werden.[1058] Somit ist es offensichtlich, dass man von der gesetzgeberischen Seite aus versuchen muss, auf diese Personen (oder die, die die Organe kontrollieren können, wie den Aufsichtsrat) einzuwirken, damit den Gesetzen Folge geleistet wird. Diese Gedanken lassen sich allesamt übertragen. Es ist konsequent und in diesem Fall wegen der Gefahr einer hohen persönlichen Haftung effektiv bei den verantwortlichen Vorstandsmitgliedern zu beginnen und die Vorteilsanrechnung zu versagen, um die Anreize für die lukrativen und schwer zu entdeckenden Kartellabsprachen zu reduzieren.

### c. Stellungnahme

Für die Fälle nützlicher Pflichtverletzungen ist zu allererst darauf hinzuweisen, dass das Problem der Vorteilsanrechnung sich umso weniger stellt, als die Vorteile der Gesellschaft in dem Maße schwinden, in dem die Rechtsordnung im Straf- oder Zivilrecht die Möglichkeit einer Gewinnabschöpfung beziehungsweise des Verfalls gem. §§ 73 ff. StGB verbessert beziehungsweise konsequenter durchsetzt.[1059] Unter Berücksichtigung der Zielsetzung des Kartellbußgeldrechts, sowohl den Kartellverstoß zu ahnden, als auch die hieraus erwachsenen wirtschaftlichen Vorteile abzuschöpfen, sollte idealtypisch daher – entsprechend den obigen Ausführungen – für eine Vorteilsanrechnung kein Raum bleiben.[1060]

Der oben angesprochene Konflikt der einander widersprechenden Argumente für und gegen die Vorteilsanrechnung lässt sich auch im Kartellrecht nicht vollständig lösen. Unproblematisch ist die Frage der Vorteilsanrechnung dann, wenn die Vorteile komplett abgeschöpft wurden. Der Vorstand haftet dann nur (aber in vollem Umfang) für einen über die Abschöpfung hinaus entstandenen Schaden.[1061] Wenn die Pflicht des Vorstandes allein dahin ging, die Gesetze einzuhalten und damit die Entstehung solcher Vorteile gerade zu verhindern, kann die Gesellschaft nach Abschöpfung der Vorteile und keinem weiteren messbaren Schaden keinen Anspruch auf Schadensersatz gegen den Vorstand haben.[1062] Das Problem der Vorteilsanrechnung stellt sich dann nicht.

---

1058 Vgl. *Uwe H. Schneider*, in Scholz, GmbHG, § 35 Rdnr. 3, 11 ff.

1059 *Fleischer*, in ders., Hdb des Vorstandsrechts, § 7 Rdnr. 26; *ders.* ZIP 2005, 141, 151 f.; vgl. ferner zum Verfall rechtswidrig erlangter Vermögensvorteile gem. § 73 StGB *Fischer*, StGB, § 73 Rdnr. 4; zur Abschöpfung des wirtschaftlichen Vorteils nach § 17 Abs. 4 OWiG und zur Mehrerlösabschöpfung nach § 81 Abs. 2 GWB *Dannecker*, in Wabnitz/Janovsky, Hdb des Wirtschafts- und Steuerstrafrechts, § 16 Rdnr. 91 ff.; zum neuen Gewinnabschöpfungsanspruch nach § 10 UWG *Köhler*, NJW 2004, 2121, 2125 f. m.w.N.; allgemein instruktiv *Köndgen*, 64 RabelsZ (2000), 661.

1060 *Bayer*, FS K. Schmidt, S. 85, 94.

1061 *Thole*, ZHR 173 (20009), 504, 528.

1062 Ebenso *Thole*, ZHR 173 (2009), 504, 528.

Wenn die Vorteilsabschöpfung aber nicht exakt genug die erwirtschafteten Vorteile aufspürt oder gewisse Vorteile nicht entdeckt werden und damit im Unternehmen verbleiben, bleibt es bei dem Problem.

Von dem Bild eines Wirtschaftstraftäters ausgehend, von dem sich auch der EuGH und die Kommission leiten lassen[1063], werden von den Vorständen die wirtschaftlichen Faktoren wie der zu erwartende Gewinn gegen das Risiko der Entdeckung und Ahndung abgewogen und geben den Ausschlag für oder gegen einen Verstoß gegen das Kartellrecht. Nur wenn Unternehmen die aus dem Kartellverstoß erwachsenden Gewinne entzogen werden (§ 81 Abs. 5 GWB in Verbindung mit § 17 Abs. 4 OWiG) und eine spürbare Ahndung droht (§ 81 Abs. 4 GWB), können sie wirksam auf die Einhaltung der Regeln über ihre Organe verpflichtet werden.[1064] Bleibt aber auch eine geringe Aussicht für den Unternehmer, dass die erwirtschafteten Gewinne im Unternehmen verbleiben, riskiert der Vorstand weiterhin Kartellverstöße. Aus der ratio des Kartellrechts folgt, dass dem betroffenen Unternehmen keine wirtschaftlichen Vorteile aus dem Verstoß verbleiben dürfen, wenn Geldbußen ihren Zweck, die Unternehmen zu rechtmäßigem Verhalten anzuhalten (und auch den Verstoß zu sanktionieren), erfüllen sollen.[1065] Dagegen steht wiederrum der verhaltenslenkende Aspekt, der – seine Wirksamkeit vorausgesetzt – das Entstehen von rechtswidrigen Vorteilen bei der Gesellschaft insgesamt verhindern könnte.

Letztlich läuft es daher auch im Kartellrecht darauf hinaus, dass zwischen zwei – jeweils für sich – überzeugenden Argumenten entschieden werden muss. Auf der einen Seite ist aus präventiven und verhaltenslenkenden Gründen die Vorteilsanrechnung zu versagen, auf der anderen Seite steht der Wille des Gesetzgebers, dass die Vorteile nicht an die Gesellschaft zurückfließen sollen.

Fraglich ist aber, ob das Rückfluss-Verbot im Kartellrecht eine wesentlichere Bedeutung hat, die dazu geeignet ist, die Verhaltenslenkung als ausschlaggebendes Argument zu verdrängen. Zwar gilt im allgemeinen Gesellschafts- beziehungsweise Haftungsrecht ebenfalls über § 30 Abs. 3 in Verbindung mit § 17 Abs. 4 OWiG der Grundsatz, dass der Rückfluss verhindert werden soll. Im Rahmen dieser Arbeit griff dieses Argument bisher aber nicht durch. Zum Kartellrecht besteht der Unterschied darin, dass im GWB eigens die Geltung des § 17 Abs. 4 OWiG angeordnet wurde und der Gesetzgeber in der Gesetzesbegründung ausdrücklich den Rückfluss ausschließen wollte.[1066] Sonst erreicht man dies nicht über eine spezielle Vorschrift, sondern nur über die stets (bei Verstößen gegen Straftatbeständen und das OWiG) greifende Vorschrift des § 30 Abs. 3 OWiG. Dass diese Regelungen im GWB trotz des allgemein

---

1063 *Furse*, ECLR 1995, 110, 113, 115; *Dannedecker/Fischer-Fritsch*, Das EG-Kartellrecht in der Bußgeldpraxis, S. 348.

1064 *Scholz/Haus*, EuZW 2002, 682, 683 f.

1065 *Michaeli*, in Schwerpunkte des KartellR, S. 59; *Scholz/Haus*, EuZW 2002, 682, 684.

1066 BT-Drucks. 15/3640, S. 36 l. Sp.

geltenden OWiG dennoch getroffen wurden, ist eine beachtliche Besonderheit. Fraglich ist aber, ob dies reicht, um das ansonsten sehr überzeugende Argument der Verhaltenslenkung zu verdrängen. Von der praktischen Konsequenz und den Folgewirkungen ist dieses Argument überzeugend. Selbst wenn den Gesellschaften der Schadensersatzanspruch in der Höhe wegen der Anerkennung der Vorteilsanrechnung gekürzt wird, um einen Rückfluss des Vorteils zu vermeiden, kann dies nicht verhindern, dass Vorstände immer wieder von den Chancen und Möglichkeiten, die Kartellabreden bieten, Gebrauch machen. Die Gesellschaft, die nachher wegen des Rückflusses, noch nicht einmal vollen Schadensersatz verlangen kann, steht dabei ziemlich schutzlos, da sie, wie oben bereits ausgeführt, als Kapitalgesellschaft auf das rechtmäßige Außenhandeln ihres Vertretungsorgans angewiesen ist. Wenn mit der Versagung der Vorteilsanrechnung aber eine (neben den bereits bestehenden hohen Bußgeldern gemäß § 81 Abs. 4 GWB) weitere Verhaltenslenkung bewirkt werden kann, wirkt diese unmittelbar an der richtigen Stelle. Die Einwirkung auf den Handelnden ist aus Effektivitätsgründen nahezu zwingend erforderlich. Zudem würde der rechtswidrig handelnde Vorstand bei Anerkennung der Vorteilsanrechnung zur Vermeidung des Rückflusses einen positiven Nutzen aus vorherigen bewussten rechtswidrigen Taten erhalten. Auch diesen faden Beigeschmack würde die Versagung der Vorteilsanrechnung verhindern.

Der Zweck der besonderen Erwähnung der Vorteilsabschöpfung im GWB und in der Gesetzesbegründung liegt darin, dass der Gesetzgeber erreichen möchte, dass jegliche Vorteile abgeschöpft werden. Wenn dies geschieht, verbleibt kein Vorteil in der Gesellschaft und die Frage der Vorteilsanrechnung stellt sich nicht. Hieraus wird deutlich, dass der Gesetzgeber die Frage der Vorteilsanrechnung gar nicht mitentschieden wissen wollte.

Somit sind auch bei der ausführlichen Auseinandersetzung mit dem Kartellrecht keine Gesichtspunkte aufgekommen, die zu einem anderen Ergebnis führen können. Auch hier überwiegt nach wie vor die Verhaltenslenkung. Die Versagung der Vorteilsanrechnung ist geeignet, erforderlich und angemessen, um dem Ziel der Rechtstreue näher zu kommen. Die Vorteilsanrechnung ist daher bei nützlichen Pflichtverstößen zu versagen.

Nach alledem steht fest, dass im Kartellrecht trotz spezieller Anordnung der Vorteilsabschöpfung die Vorteilsanrechnung bei nützlichen Pflichtverletzungen nicht anzuerkennen ist.

## 6. Lösungsvorschlag

Wie soeben herausgearbeitet, überwiegen auch im Kartellrecht die präventiven Gründe, so dass die Vorteilsanrechnung bei nützlichen Pflichtverstößen grundsätzlich zu versagen ist. Das Argument der Gegenseite, dass entgegen der gesetzgeberischen Vorstellungen der Vorteil zurück zu der Gesellschaft fließt, ist jedoch ebenfalls für sich betrachtet überzeugend, aber nicht durchschlagend. Zwar überwiegt die im Sinn und Zweck des Haftungsrechts liegende verhaltenslenkende Funktion, im Folgenden soll aber der Frage nachgegangen werden, ob eine differenzierende Betrachtung des Haftungsgrundes das oben vorgefundene Ergebnis modifiziert oder bestärkt. Das bisher vorgefundene Ergebnis wird daher anhand vorstellbarer nützlicher Pflichtverletzung überprüft, wobei wegen der verschiedenen den Haftungsgründen zugrundeliegenden Wertungen zwischen Regressansprüchen des Unternehmens gegen sein Organ wegen öffentlich-rechtlicher Sanktionen und Schadensersatzansprüchen (vertragliche und deliktische Ansprüche) Dritter gegen das Unternehmen selbst unterschieden wird.

### a. Regressansprüche wegen Vertragsbrüchen / Schadensersatzansprüche Dritter

Der Vorstand beziehungsweise die Gesellschaft werden bei einem Vertragsbruch der Gesellschaft grundsätzlich genauso behandelt wie jeder andere Marktteilnehmer auch. Auf tatbestandlicher Ebene kann zugunsten der Vorstände die Business Judgment Rule greifen. Anders als bei nützlichen Pflichtverletzungen aufgrund von Gesetzesverstößen kann ein Vertragsbruch eine (legitime) unternehmerische Entscheidung des Vorstandes darstellen. Liegen die weiteren Voraussetzungen ebenfalls vor, fehlt es, wie oben aufgezeigt[1067], bereits an einer Pflichtverletzung. Greift die Business Judgment Rule aus welchen Gründen auch immer nicht, stellt sich sodann beim Schaden die Frage, wie mit dem existierenden Vorteil bei dem Schadensersatzanspruch zu verfahren ist.

Anders als in Fällen von Korruption wird der Vertragsbruch nicht von staatlicher Seite unter Strafe gestellt und damit aus öffentlicher Sicht nicht missbilligt. Er ist daher, solange er sich in den Grenzen des Gesetzes hält, das heißt beispielsweise nicht gegen § 826 BGB oder § 823 Abs. 2 BGB in Verbindung mit § 263 StGB verstößt, als legitimes Mittel des Marktes anzuerkennen. Die fehlende staatliche Missbilligung führt daher dazu, die Vorteilsanrechnung beim Vertragsbruch anzuwenden. Positiv ausgedrückt bedeutet das, dass der Vertragsbruch als Mittel des Wettbewerbs beziehungsweise des Marktes akzeptiert werden muss. Der Gesetzgeber hat durch die §§ 280 ff. BGB ein für den Gläubiger ausreichendes Schutzsystem[1068] aufgebaut, so dass es nicht gestattet ist, speziell im Gesellschaftsrecht den Vertragsbruch zu verbieten oder gar mittels der Versagung der Vorteilsanrechnung zu sanktionieren. Die Vorteilsanrechnung ist daher grundsätzlich nach den allgemein geltenden Regeln beim Vertragsbruch anzuwenden. Anders lautet das Ergebnis freilich, wenn die Gesellschaft im Vorfeld mittels (einzel-) vertraglicher Regelungen oder Unternehmensrichtlinien[1069] den Vertragsbruch verboten beziehungsweise die Vorteilsanrechnung ausgeschlossen hat.[1070] Dann wurde ein

1067 Siehe oben unter C. II. 1. a.
1068 Siehe oben unter C. II. 2. c.
1069 Siehe unten unter E. III. 6. b. 1) f).
1070 Vgl. hierzu ausführlich unten unter E. III. 6. a. 1) f).

deutliches Signal an das handelnde Organ gesendet, dass es sich nicht auf die Vorteilsanrechnung berufen kann. Somit darf der Vorstand bei nicht vorhandener Information durch die Gesellschaft insbesondere wegen der fehlenden staatlichen Sanktionierung eines solchen Verhaltens in schutzwürdiger Weise davon ausgehen, dass die Gesellschaft den Vertragsbruch dann auch akzeptieren würde, soweit er zu ihrem Vorteil ist.

Folglich ist beim Vertragsbruch, der nicht der Business Judgment Rule unterfällt, die Vorteilsanrechnung aus Sicht der Gesellschaft solange zu akzeptieren, natürlich nur sofern deren Voraussetzungen vorliegen, bis sie einen entgegenstehenden Willen deutlich zum Ausdruck gebracht hat.

### b. Regressansprüche aufgrund staatlicher Sanktionen

#### 1) Bestechungen

##### a) Direkte Bestechungen

Bei direkten Zahlungen eines Vorstandsmitglieds oder eines untergeordneten Mitarbeiters an entsprechende Stellen, um ein positives Ergebnis für die Gesellschaft zu bewirken, entsteht unmittelbar ein Schaden der Gesellschaft. Ein Schaden liegt nämlich bereits bei Leistungen der Gesellschaft vor, auf die Dritte keinen Anspruch haben und für die keine gleichwertige Gegenleistung zu erwarten ist.[1071] Einen Anspruch auf Leistung des Bestechungsgeldes besteht nicht und eine gleichwertige Gegenleistung ist nach den obigen Ausführungen[1072] mehr als nur fraglich. Das bedeutet, dass der Gesellschaft bei Bestechungsfällen bereits mit der Zahlung ein Schaden entsteht[1073], der mit der Gegenleistung nicht aufgewogen wird. Ebenso liegt in der Regel auch ein Schaden der Gesellschaft vor, wenn der Vorstand Bestechungsgelder annimmt.[1074]

##### b) System der schwarzen Kassen

Bei Schmiergeldzahlungen liegt in der Regel spätestens in der Zahlung oder bereits im Vorfeld in der Errichtung sog. schwarzer Kassen eine Untreue gem. § 266 StGB gegenüber der Gesellschaft.[1075] Als schwarze Kassen werden in der Regel Gelder bezeichnet, die unter Missachtung bestimmter Pflichten vor dem Vermögensinhaber verborgen gehalten werden und deren beabsichtigte Verwendung in Beziehung zur beruflichen oder sonst aufgabenbezogenen Tätigkeit desjenigen steht, der die Gelder verbirgt.[1076] Bei der Einrichtung schwarzer

---

1071 *Uwe H. Schneider*, in Scholz, GmbHG, § 43 Rdnr. 226; so auch *Lange*, WuB II E. § 115 HGB 1.88; vgl. *Haas/Ziemons*, in Michalski, GmbHG, § 43 Rdnr. 204.

1072 Vgl. oben unter E. III. 3. c.

1073 *Uwe H. Schneider*, in Scholz, GmbHG, § 43 Rdnr. 226; so auch *Lange*, WuB II E. § 115 HGB 1.88.

1074 *Haas/Ziemons*, in Michalski, GmbHG, § 43 Rdnr. 254a.

1075 *Dierlamm*, in MüKo, StGB, § 266 Rdnr. 211 ff.

1076 *Satzger*, NStZ 2009, 297, 298, der die Kassen bei Siemens wegen ihrer Teiltransparenz treffender „Schattenkassen“ oder „(teil-)verdeckte Kassen“ nennen möchte.

Kassen werden Geldmittel des Treugebers dem gewöhnlichen Geldkreislauf entzogen und außerhalb liegenden Konten, Kassen oder Treuhändern zugeführt.[1077] Geschieht dies mit Einverständnis des Berechtigten, fehlt es an einer Treuepflichtverletzung und Untreue scheidet aus. Etwas anderes gilt aber nach der Rechtsprechung dann, wenn der Täter seinem Geschäftsherrn Geldmittel entzieht, um nach Gutdünken eigenmächtig und unkontrolliert über sie zu verfügen, sie etwa zur Förderung und Erweiterung eines bestimmten Projekts zu verwenden, sie für die Verfolgung allgemeiner operationeller Zwecke einzusetzen oder sie zeitweise als geheimen, keiner Zweckbindung unterliegenden Dispositionsfonds zu nutzen, aus dem, je nach selbsteingeschätztem Bedarf, künftig Mittel für erst noch zu bestimmende Zwecke entnommen werden können.[1078] Charakteristisch für solche Sachverhalte ist, dass die ursprüngliche Zweckbindung der Finanzmittel durch die schwarze Kasse vollständig aufgehoben wurde, entweder weil die Mittel vorübergehend keiner Bindung unterlagen oder aber anderen Zwecken zugeführt wurden.[1079] Der BGH[1080] und das BVerfG[1081] haben diese Auffassung jüngst nochmal bestätigt und sehen in der Einrichtung und Unterhaltung von schwarzen Kassen eine Untreue im Sinne des § 266 StGB gegenüber der Gesellschaft.

### c) Signale des Gesetzgebers

Dass der Gesetzgeber beispielweise die Bestechung ausländischer Amtsträger unter Strafe gestellt, das Korruptionsbekämpfungsgesetz NRW erlassen und sich damit deutlich gegen die Korruption positioniert hat, kann auf der zivilrechtlichen Rechtsfolgenseite ebenfalls nicht unberücksichtigt bleiben.[1082] Der Gesetzgeber verfolgt damit das Ziel, die Wirtschaftskorruption in jeder Form zu bekämpfen. Solche Handlungen sind daher von staatlicher Seite aus offensichtlich nicht gewollt. Es mutet widersprüchlich an, wenn solche verbotenen und unter Strafe gestellten Vorgehensweisen auf der zivilrechtlichen Rechtsfolgeseite privilegiert werden, sofern sie dem Geschädigten einen Vorteil bescherten.[1083]

---

1077 *Dierlamm*, in MüKo, StGB, § 266 Rdnr. 211.

1078 BGHSt, 40, 287, 296; BGH NStZ 2000, 206, 207.

1079 *Dierlamm*, in MüKo, StGB, § 266 Rdnr. 212.

1080 BGH AG 2010, 826 ff.

1081 BVerfG NStZ 2010, 626 ff.

1082 Ebenso *Lohse*, FS Hüffer, S. 581, 600: „Wertungskongruenz".

1083 Ähnlich *Lohse*, FS Hüffer, S. 581, 600 f.: „Mit diesem gesetzgeberischen Bemühungen stünde es im krassen Widerspruch, müssten die Geschäftsführer in den Korruptionsfällen keinen Regress wegen der ausgereichten Schmiergelder befürchten: Einmal mehr würde das Gesellschaftsrecht es dem Strafrecht überlassen, die Verhaltensanreize für die Unternehmensführung zu setzen."

### d) Auswirkungen auf die Wirtschaftswelt

Man darf hierbei nicht übersehen, dass Korruption keine Straftat ohne Opfer ist.[1084] Korruption hat weit größere Auswirkungen, als nur die Benachteiligung des oder der im Wettbewerb unterlegen Unternehmen, die den Auftrag nicht erhalten haben. Technische Großvorhaben sind in der Regel mit einer unabhängigen Vergabe- und Qualitätskontrolle mit erheblichem technischem und wirtschaftlichem Aufwand verbunden und daher für die am Vergabeprozess teilnehmenden Unternehmen sehr teuer. Sehr lukrativ ist in diesem Bereich der Anlagen- und Bausektor, der allein in vielen Volkswirtschaften etwa fünf bis sieben Prozent des Bruttoinlandsproduktes ausmacht und dementsprechend umkämpft ist.[1085] Die korrekt arbeitenden Konkurrenten werden nicht nur wegen der Nichtberücksichtigung bei der Auftragsvergabe benachteiligt, sondern gehen darüber hinaus wegen der allgemeinen Unkalkulierbarkeit von den Vergabeprozessen ein hohes Risiko ein. Auf die Allgemeinheit werden dann die durch die Korruption höheren Preise abgewälzt oder sie wird mit unnötigen, unzweckmäßigen, nicht umweltverträglichen Anlagen konfrontiert, deren Genehmigungen mit Bestechungsgeldern erkauft wurden. Korruption kann daher direkt zu einer Minderung der Lebensqualität führen.[1086]

Das hat zur Folge, dass es sich grundsätzlich verbietet, das bestechende Unternehmen beziehungsweise die entsprechende Vertragsbeziehung isoliert zu betrachten und festzustellen, dass sich der Pflichtverstoß für das Unternehmen mit der Erlangung des Auftrages positiv ausgewirkt hat.

### e) Präventiver Ansatz

Nach der hier vertretenen Auffassung ist es notwendig und effektiv, direkt bei den Verantwortlichen für den Rechtsverstoß anzusetzen. Dies hat zur Folge, dass die Vorteilsanrechnung versagt werden muss, um mit dem deutlich erhöhten finanziellen Risiko den handelnden Personen entsprechende Verhaltensanreize zu setzen.

### f) Exkurs: Abwehrmöglichkeiten des Unternehmens

Da ein objektiver Pflichtverstoß vorliegt, kann die Gesellschaft die Bestellung des Vorstands gem. § 84 Abs. 3 AktG widerrufen. Wird der Gesellschaft ein solches Verhalten bekannt, hat sie für die Zukunft die Möglichkeit über den Aufsichtsrat, dem Vorstandsmitglied oder besser dem ganzen Unternehmen eindeutige Verhaltensrichtlinien zu geben. Aber auch bereits im Vorfeld der Bestellung und des Abschlusses des Anstellungsvertrages kann die Gesellschaft sich gegen eine Vorteilsanrechnung beziehungsweise ihren Schadensersatzanspruch zumindest faktisch absichern. Im Anstellungsvertrag könnte die

---

1084 Vgl. *Raeschke-Kessler/Gottwald*, FS Lüer, S. 39.

1085 *Kenny*, Construction, Corruption and Developing Countries, World Bank Policy Research Working Paper 4271 (2007), 1.

1086 *Raeschke-Kessler/Gottwald*, FS Lüer, S. 39, 40.

Gesellschaft festhalten, dass für die Zahlung von Schmiergeldern eine Vertragsstrafe nach §§ 339, 341 BGB fällig wird oder die Vorteilsanrechnung individualvertraglich komplett ausgeschlossen ist.

Möglich ist eine solche Vereinbarung im Rahmen von AGB oder per Erlass in Verordnungen.[1087]

### (1) Vertragsstrafe

Relativ unproblematisch können die Parteien eine Vertragsstrafenklausel in dem Anstellungsvertrag vereinbaren. Das Versprechen muss die die Strafe auslösende Pflichtverletzung und die zu leistende Strafe nach Inhalt und Höhe bestimmen oder jedenfalls bestimmbar bezeichnen.[1088] Selbst wenn man die Legalitätspflicht nicht als Haupt- sondern nur als Nebenleistungspflicht begreift, ist eine solche Vereinbarung möglich.[1089]

### (2) Vertragliche Vereinbarung über die Anwendung der Vorteilsanrechnung

Eine andere Möglichkeit wäre, die Vorteilsanrechnung vertraglich auszuschließen. Das ist als einzelne Maßnahme auch neben der Vertragsstrafe möglich. Die Klausel, dass die Vorteilsanrechnung bei profitablen Pflichtverletzungen ausgeschlossen ist, wird je nachdem, ob der Vertrag mit einem Vorstand oder mit einem untergeordneten Mitarbeiter geschlossen wird entweder individualvertraglich oder eine solche der §§ 305 ff. BGB sein. Ein Ausschluss der Vorteilsanrechnung kann AGB-konform formuliert beziehungsweise vereinbart werden.

Die Frage der Wirksamkeit einer solchen Klausel ist natürlich nur problematisch, wenn man bei der Frage der Vorteilsanrechnung bei nützlichen Pflichtverletzungen zu einer grundsätzlichen Anwendung der Vorteilsanrechnung käme. Ist die Vorteilsanrechnung ohnehin ausgeschlossen, ist zum einen eine derartige Klausel nur wegen einer möglichen Warnfunktion erforderlich, zum zweiten ist eine solche Klausel unproblematisch wirksam, da sie nur die Gesetzeslage widerspiegelt.

Wenn der Verwender sich nach § 309 Nr. 7 b) BGB für leichte Fahrlässigkeit freizeichnen kann, kann er zumindest grundsätzlich auch Haftungsbegrenzungen auf der haftungsausfüllenden Seite wirksam vereinbaren. Eine solche Begrenzung des Haftungsumfangs ist wirksam, soweit dadurch die Interessen des Vertragspartners nicht unangemessen beeinträchtigt werden.[1090] Beim Ausschluss der Vorteilsanrechnung bei (nützlichen) Pflichtverletzungen wäre eine solche Vereinbarung nur unzulässig, wenn der Vorstand der Gesellschaft unangemessen benachteiligt werden würde. Dies ist der Fall, wenn die Gesell-

---

1087 BGHZ 23, 175, 183.

1088 *Janoschek*, in Bamberger/Roth, BGB, § 339 Rdnr. 2.

1089 *Janoschek*, in Bamberger/Roth, BGB, § 339 Rdnr. 3.

1090 *S. Roloff*, in Erman, BGB, § 309 Rdnr. 73.

schaft vertragstypische, voraussehbare Schäden ausschließen würde.[1091] Damit sind eigentlich andere Konstellationen als den Ausschluss der Vorteilsanrechnung gemeint, jedoch lässt sich hieraus ziehen, dass die Gesellschaft Haftungsbegrenzungen ihrerseits in den Grenzen der §§ 305 ff. BGB vereinbaren kann. Fraglich ist nur, ob damit auch die Möglichkeit durch den Ausschluss der Vorteilsanrechnung eine faktische Haftungserweiterung des Vertragspartners gegeben ist. Dieser Fall ist nur begrenzt mit einer Haftungsbeschränkung auf Seiten des Verwenders zu vergleichen, so dass aus den §§ 308, 309 BGB keine Lösung dieser Frage gezogen werden kann. Es ist vielmehr auf die Generalklausel des § 307 BGB zurückzugreifen.

Nach § 307 BGB ist eine Klausel unwirksam, die den Vertragspartner entgegen den Geboten von Treu und Glauben unangemessen benachteiligt. Erforderlich für eine derartige unangemessene Benachteiligung ist stets, dass der Verwender missbräuchlich eigene Interessen auf Kosten des Vertragspartners durchzusetzen versucht.[1092] Gerade eben wurde aber bereits aufgezeigt, dass der Verwender vielmehr berechtigte Interessen daran hat, dass die Vorstände (oder die untergeordneten Mitarbeiter) nicht gegen gesetzliche Bestimmungen aus purem Gewinnstreben verstoßen. Die erforderliche umfassende Interessenabwägung käme zu einer Zulässigkeit einer solchen Klausel.

### (3) Kündigungsklausel im Anstellungsvertrag

*Fleischer* weist auf die Möglichkeit hin, im Anstellungsvertrag eine Kündigungsklausel für den Fall eines Gesetzesverstoßes zu vereinbaren.[1093] Gefordert wurde eine solche Klausel vom früheren Präsidenten des Bundeskartellamtes *Ulf Böge*. Von einer solchen Klausel sollte eine stärkere Abschreckungswirkung ausgehen, von der sich *Böge* mehr versprach als von einer Verschärfung des Kartellrechts.[1094] Letztlich greifen diese Überlegungen aber nicht durch. Nach § 84 Abs. 3 Satz 5 AktG, § 626 Abs. 1 BGB kann ein Anstellungsverhältnis mit einem Vorstandsmitglied jederzeit ohne die Einhaltung einer Frist bei Vorliegen eines wichtigen Grundes innerhalb von zwei Wochen nach dem Verstoß fristlos gekündigt werden.[1095] Schwerwiegende beziehungsweise grobe Pflichtverletzungen sind häufige Beispiele derartiger Kündigungen.[1096] Eine ausdrücklich normierte Kündigungsklausel würde an diesem System nichts ändern. Da § 626 Abs. 1 BGB keinen absoluten Kündigungsgrund kennt, sondern stets eine umfassende Interessenabwägung und Zumutbarkeitsprüfung erfordert, können bestimmte Gesetzesverstöße nicht von vorneherein als wichtiger Kündigungsgrund vereinbart werden.[1097] Eine solche

1091 BGH NJW 1993, 335; 2001, 292.
1092 *S. Roloff*, in Erman, BGB, § 307 Rdnr. 9.
1093 *Fleischer*, BB 2008, 1070, 1074.
1094 Vgl. FAZ vom 24.07.2003, Nr. 169, S. 12.
1095 Vgl. *Hüffer*, AktG, § 84 Rdnr. 38; *Preussner/Zimmermann*, AG 2002, 657, 658.
1096 Vgl. *Fleischer*, in Spindler/Stilz, AktG, § 84 Rdnr. 148 ff.
1097 *Fleischer*, BB 2008, 1071, 1074 m. w. N..

Klausel ist aber nicht gänzlich nutzlos. Zum einen erfüllt sie eine Warnfunktion an die Vorstände, dass die Gesellschaft Gesetzesverstöße nicht akzeptieren wird. Zum anderen könnte eine solche Klausel die Interessenabwägung beeinflussen, da sie deutlich macht, welche Gesichtspunkte die Vertragsparteien als wesentlich für die Begründung und den Fortbestand dieses Anstellungsverhältnisses angesehen haben.[1098]

### (4) Whistleblowing

Zudem könnte es hilfreich sein, im Unternehmen eine interne (in der Regel) anonyme Whistleblowing-Hotline einzurichten.[1099] Mit Hilfe eines solchen Systems lässt sich sehr effektiv die ordnungsgemäße Einhaltung der internen Verhaltensrichtlinien kontrollieren. Ansprechpartner sollten bei dieser Hotline Mitarbeiter des Compliance-Officers sein.[1100]

Die Rechtsprechung hat bei externer Anzeige Grundsätze zum so genannten Whistleblowing aufgestellt. Danach hat ein Arbeitnehmer zunächst alle internen Möglichkeiten auszuschöpfen, um Abhilfe hinsichtlich der Rechtsverletzungen zu erreichen. Erst wenn die internen Abhilfeersuchen nicht erfolgreich sind oder nicht in Betracht kommen, weil zum Beispiel der Arbeitgeber selbst die Gesetzesverstöße begeht, ist prinzipiell eine externe Anzeige möglich.[1101]. Ein erfolgversprechender Ansatz zur Verhinderung rechtswidriger Taten in einem Unternehmen ist aber nicht das externe, sondern das interne Whistleblowing. Das Unternehmen hat kein gesteigertes Interesse daran, dass die Rechtsverstöße außen stehenden Dritten zugetragen werden. Wenn diese innerhalb des Unternehmens bekannt werden, kann der Vorstand beziehungsweise der Compliance-Beauftragte nach Abwägung der widerstreitenden Interessen entscheiden, wie mit der Anzeige zu verfahren ist.

Bei der Einrichtung eines internen Systems sind stets die individual- und insbesondere kollektivarbeitsrechtlichen Vorgaben zu beachten. Individualarbeitsrechtlich ist eine Whistleblowing-Verpflichtung grundsätzlich zulässig, wenn Arbeitnehmer lediglich auf gesetzliche Meldepflichten beziehungsweise auf entsprechende vertragliche Nebenpflichten deklaratorisch hingewiesen werden. Daneben ist eine darüber hinaus gehende Whistleblowing-Verpflichtung individualarbeitsrechtlich in Abhängigkeit von ihrer konkreten Ausgestaltung am Maßstab des § 106 GewO zu messen. Hiernach ist ein Unternehmen berechtigt, eine solche Pflicht einzuführen, sofern das geforderte Whistleblowing-Verhalten den Arbeitnehmern zumutbar ist. Dies ist in der Regel anzunehmen, solange das Unternehmen ein berechtigtes Interesse an der Aufdeckung von unternehmensinternen Missständen und Fehlverhalten

---

1098 *Fleischer*, BB 2008, 1071, 1074.
1099 So *Kort*, NZG 2008, 81, 85
1100 Vgl. *Krieg*, NZA 2010, 367, 372.
1101 BAG NZA 2004, 427.

anderer Arbeitnehmer hat. Bei der anzustellenden Interessenabwägungen ist dabei zudem zu berücksichtigen, dass die Entscheidung, die Arbeitnehmer zum Whistleblowing zu verpflichten, auf Seiten eines Unternehmens Ausfluss der unternehmerischen Entscheidungs- und Betätigungsfreiheit nach Artt. 12 Abs. 1, 14 GG ist, welche die Arbeitnehmer grundsätzlich zu respektieren haben. Die individuelle Ausgestaltung ist letzten Endes aber mit den Interessen und Rechten der Arbeitnehmer in Einklang zu bringen.

Daneben sind zudem im Rahmen der konkreten Ausgestaltung datenschutzrechtliche Vorgaben einzuhalten, da ein solches Anzeigensystems regelmäßig mit der Erhebung, Speicherung und Übermittlung personenbezogener Daten einhergeht.

#### (5) Zusammenfassung der Abwehrmöglichkeiten

Diese Möglichkeiten sind anzuratende Handlungsalternativen eines Unternehmens, um von vorneherein deutliche Zeichen für die Mitarbeiter zu setzen, dass die Gesellschaft Schmiergeldzahlungen beziehungsweise nützliche Pflichtverletzungen nicht billigt, sie vielmehr schwer sanktioniert. Des Weiteren vermeidet man die Vorteilsanrechnung – unabhängig von einer möglichen anderen Auffassung der Rechtsprechung – definitiv und sichert sich mittels der Vertragsstrafenabrede einen unabhängigen, eigenständigen Anspruch gegen das handelnde Organ.

### g) Zwischenergebnis

Nach dem Gesagten kann festgehalten werden, dass die überwiegenden Gründe gegen die Anwendung der Vorteilsanrechnung bei Schadensersatzprozessen von Unternehmen gegen ihre (ehemaligen) Vorstände sprechen. Die Allgemeinheit und die Wirtschaftswelt sollen vor den Schäden, die durch Korruption entstehen, geschützt werden. Damit dies erreicht werden kann, muss entschieden dagegen vorgegangen werden, was grundsätzlich die Anwendung der Vorteilsanrechnung ausschließt. Insoweit überlagert der Präventionsgedanke den Kompensationsgedanken. Da aber auch gute Gründe für eine Anrechnung sprechen, empfiehlt es sich für Unternehmen, durch vertragliche Abreden und Unternehmensrichtlinien, eine solche Regelung bereits im Vorhinein zu treffen.

## 2) Kartellverstöße

Oben wurde bereits das Kartellrecht als spezielle Materie gesondert bearbeitet.[1102] Trotz der Schaffung entsprechender spezieller Vorschriften, die vom Sinn her auch den Rückfluss des Vorteils im Wege eines Schadensersatzanspruches an das Unternehmen verhindern wollen, überzeugte letztlich auch hier der verhaltenslenkende Aspekt, so dass die Vorteilsanrechnung im Kartellrecht abzulehnen ist.

---

1102 Siehe oben unter E. III. 5.

### 3) Illegale Waffengeschäfte

Als Ausführungsgesetz zu Art. 26 Abs. 2 GG trat 1961 das Kriegswaffenkontrollgesetz (KrWaffKontrG)[1103] in Kraft. Darin werden die Herstellung, die Überlassung, die Inverkehrbringung, der Erwerb und auch der Transport von Kriegswaffen geregelt. Daneben gibt das Außenwirtschaftsgesetz (AWG)[1104] unter anderem die Voraussetzungen für den Verkehr von Waffen mit ausländischen Herstellern und Abnehmern vor. In § 2 KrWaffKontrG steht sowohl die Herstellung von Kriegswaffen als auch der Erwerb und der Vertrieb unter einem Genehmigungsvorbehalt. § 7 Abs. 2 AWG regelt daneben sehr detailliert, dass insbesondere die Ein- und Ausfuhr von Mitteln zur Herstellung von Waffen, Munition und Kriegsgerät selbst, aber auch Rechtsgeschäfte, die dieses Gebiet betreffen, beschränkt werden können. In §§ 33 ff. AWG und §§ 19 ff. KrWaffKontrG sind die Straf- und Ordnungswidrigkeitsvorschriften normiert. Die meisten Verstöße gegen die Gesetze werden mit einer Haftstrafe bestraft (vgl. zum Beispiel § 19 Abs. 1 KrWaffKontrG bis zu fünf Jahre, Abs. 2 und § 20 KrWaffKontrG nicht unter zwei Jahre; § 34 AWG bis zu fünf Jahren), in den Fällen des § 33 Abs. 6 AWG kann aber beispielsweise auch eine Ordnungswidrigkeit mit einer Buße von bis zu 500.000 Euro sanktioniert werden.

Sinn und Zweck solcher Gesetze ist die öffentliche Sicherheit und der Schutz der Zivilbevölkerung. Die öffentliche Sicherheit, insbesondere die Gesundheit und das Leben der Bürger, steht dem Gewinnstreben der Unternehmen beziehungsweise der Unternehmer gegenüber. In diesem Fall besteht kein Diskussionsbedarf, dass die nützliche Pflichtverletzung ebenso wie die Vorteilsanrechnung aus präventiven Gesichtspunkten nicht anzuerkennen ist. Die Verfassung selbst schützt in den Artt. 1, 2 GG diese betroffenen Werte. Es muss daher alles unternommen werden, damit solche Unternehmen von solchen Geschäften schon im Vorhinein abgehalten werden. Die Versagung der Vorteilsanrechnung ist eine Möglichkeit, den Vorständen beziehungsweise den ausführenden Mitarbeitern bereits im Vorfeld die Sanktion vor Augen zu führen, dass sie im Fall des Verstoßes mit dem privaten Vermögen für den gesamten Schaden persönlich haften.

Somit sprechen auch bei illegalen Waffengeschäften die überzeugenderen Gründe gegen die Vorteilsanrechnung.

### 4) Rechtswidrige Unterdrückung von Gewerkschaften und Betriebsräten

Unter der Fallgruppe der rechtwidrigen Unterdrückung von Gewerkschaften und Betriebsräten sind zwei Fallgestaltungen denkbar. Zum einen kann, wie bei Siemens versucht[1105], mit Hilfe von schwarzen Kassen eine arbeitgeberfreundliche Gewerkschaft gegründet beziehungsweise unterstützt werden, mit

1103 Ausführungsgesetz zu Artikel 26 Abs. 2 des Grundgesetzes – Kriegswaffenkontrollgesetz – KrWaffKontrG – BGBl. I S. 444.

1104 Außenwirtschaftsgesetz vom 28. April 1961, BGBl. I S. 481.

1105 Vgl. dazu bspw. *Wieduwilt*, FAZ Nr. 225 v. 25.9.2008, S. 20.

dem Zweck die arbeitnehmerfreundlichere Gewerkschaft im Unternehmen zu schwächen oder langfristig sogar zu verdrängen.[1106] Zum anderen sind Fälle denkbar, in denen ein Organ mit Hilfe von beispielsweise Mobbing oder rechtswidrigen Kündigungen die Gründung von Betriebsräten erfolgreich verhindert. § 119 Abs. 1 Nr. 1 BetrVG ahndet solch ein Vorgehen mit einer Freiheitsstrafe bis zu einem Jahr oder mit Geldstrafe. Grundsätzlich hat der BGH festgestellt, dass Gesetzesverstöße wie beispielsweise gegen § 119 BetrVG in aktienrechtlicher Hinsicht einen Verstoß gegen § 93 Abs. 1 und § 116 AktG unabhängig von deren Nutzen für die Gesellschaft darstellen.[1107]

Bei der Abwägung der gegenseitigen Interessen im Rahmen der Vorteilsanrechnung stellt sich das Bild wie folgt dar. § 119 BetrVG dient allein dem Schutz der Wahl und Funktionsfähigkeit der im Gesetz aufgeführten betriebsverfassungsrechtlichen Organe.[1108] Insgesamt blickt das deutsche Mitbestimmungssystem beziehungsweise das deutsche Arbeitnehmerschutzrecht auf eine lange erfolgreiche Geschichte zurück und hat einen bedeutenden Stellenwert in der Gesellschaft eingenommen. Wenn in diesem Bereich scheinbar arbeitnehmerschützende beziehungsweise sich für deren Interessen einsetzende Gewerkschaften tatsächlich auf der Lohnliste eines oder mehrerer Unternehmen stehen, ist der Interessenkonflikt offensichtlich, der sich zu Lasten der Arbeitnehmer auswirken wird. Die Arbeitnehmer zahlen ihren Mitgliedsbeitrag im Vertrauen darauf, dass die Gewerkschaft sich für ihre Interessen einsetzt, obwohl die Gewerkschaft tatsächlich die Interessen des Arbeitgebers schützt. Denkbar ist bei einer solchen Vorgehensweise sogar ein Betrug nach § 263 StGB. Für einen Arbeitnehmer ist eine solche Täuschung schwer zu erkennen, so dass er relativ schutzlos ist. Aufgrund des für unsere Gesellschaft und Wirtschaft überragend wichtigen Arbeitsrechts, das einen gerechten Ausgleich zwischen den widerstreitenden Interessen der Wirtschaft und der Arbeitnehmerschaft schafft, muss dagegen angegangen werden, dass sich eine der beteiligten Seiten, mit unlauteren Mitteln einen Vorteil verschafft und damit das Gleichgewicht zwischen den beiden Interessen aushebelt. In Art. 9 Abs. 3 GG ist die überragend wichtige Bedeutung des kollektiven Arbeitsrechts beziehungsweise der Gewerkschaften normiert. Eine Vorteilsanrechnung wäre somit auch hier wegen der überragenden Interessen der Allgemeinheit abzulehnen.

### 5) Missachtung von Umweltschutzstandards

Für die Kategorie der Missachtung von Umweltschutzstandards ließe sich das Fallbeispiel von *Ihrig*[1109] anführen. Dort rechnet er vor, wie es sich für einen Betreiber von Atomkraftwerken auszahlen kann, neuere, teurere Rußpartikelfilter nicht einzubauen und damit bestimmte Umweltnormen nicht

1106 Vgl. BGH AG 2010, 874.
1107 BGH AG 2010, 874, 875.
1108 BGH AG 2010, 874, 876.
1109 *Ihrig*, WM 2004, 2098, 2104.

zu erreichen. Anschaulich wird dort dargestellt, wie es sich für die Gesellschaft lohnen kann, bei einer Entdeckungswahrscheinlichkeit von 50% die Filter erst nach festen Fristen auszutauschen, obwohl sie bekanntermaßen schon längst hätten ausgetauscht werden müssen. Dies ist nur ein kleines Beispiel aus einem mannigfaltigen Repertoire an möglichen gewinnbringenden Verstößen gegen Umweltschutzvorschriften. In diesem Bereich existieren viele Möglichkeiten, Geld durch die Nichteinhaltung von Umweltschutzstandards zu sparen. *Sedemund* erwähnt beispielsweise die jahrelange Praxis von Reedereien, entstehende Abfälle bewusst ordnungswidrig im Meer zu entsorgen. Die Geldbußen kämen selbst bei Ausschöpfung des Höchstmaßes nicht an einen Bruchteil der wirtschaftlichen Einsparung heran.[1110]

Nach § 5 Abs. 1 BImSchG sind Betreiber genehmigungsbedürftiger Anlagen verpflichtet, die Anlagen so zu betreiben, dass schädliche Umwelteinwirkungen oder sonstige Gefahren für die Allgemeinheit oder die Nachbarschaft nicht hervorgerufen werden können. Verstoßen sie dagegen oder gegen andere Verbote, handeln sie ordnungswidrig im Sinne des § 62 BImSchG und können mit einer Buße von bis zu 50.000,- Euro belegt werden, vgl. § 62 Abs. 3 BImSchG. Natürlich kann auch die Genehmigung entzogen werden, vgl. §§ 20, 21 BImSchG, was einen immensen Schaden darstellen würde. Ferner kann daneben bei Tötung oder Verletzung des Körpers oder der Gesundheit eines Menschen oder Beschädigung einer Sache durch eine Umwelteinwirkung eine Haftung nach § 1 UmweltHG entstehen. Werden Stoffe in Gewässer eingeleitet und dadurch die physikalische, chemische oder biologische Beschaffenheit des Gewässers verändert, haftet der Einleitende nach § 22 Abs. 1 WHG für die daraus entstandenen Schäden.[1111]

Sowohl das Leben als auch die Gesundheit, vgl. Art. 2 GG, sind bei Verstößen gegen Umweltschutzvorschriften gefährdet und werden gerade durch diese speziellen Straftat- beziehungsweise Ordnungswidrigkeitentatbestände geschützt. In diesem Zusammenhang darf nicht vergessen werden, dass in Art. 20a GG der Umweltschutz als Staatszielbestimmung in die Verfassung aufgenommen wurde[1112], wogegen verstoßen würde, wenn die Rechtsprechung solche Vorgehensweisen durch die Anerkennung der Vorteilsanrechnung mittelbar fördert. Somit dominieren auch hier die überwiegenden Interessen der Allgemeinheit, die einer Anrechnung entgegenstehen. Damit nicht durch Unternehmensleiter gegen die umwelt- und ressourcenschonende Bewirtschaftung verstoßen wird, ist die Versagung der Vorteilsanrechnung unumgänglich. Es müssen dementsprechende Anreize in die Wirtschaft gesendet werden, damit die Unternehmensleiter wegen der drohenden persönlichen Risiken von solchen relativ einfachen und schwer zu entdeckenden umweltschädigenden Handlungen abgehalten werden.

---

1110 *Sedemund*, DB 2003, 2324, 2326.

1111 Erforderlich für eine Haftung aus § 22 Abs. 1 WHG ist aber ein „auf Gewässer gerichtetes Verhalten", vgl. *Menzer*, GmbHR 2001, 506, 507.

1112 Vgl. *Scholz*, in Maunz/Dürig, GG, Art. 20a, Rdnr. 1 ff.

Bei Umweltverstößen soll die Prävention gerade über das Haftungsrecht erreicht werden. So führt die Richtlinie 2004/35/EG des Europäischen Parlaments und des Rates vom 21. April 2004 in Erwägungsgrund 2 aus: „*Grundlegendes Prinzip dieser Richtlinie sollte es deshalb sein, dass ein Betreiber, der durch seine Tätigkeit einen Umweltschaden oder die unmittelbare Gefahr eines solchen Schadens verursacht hat, dafür finanziell verantwortlich ist; hierdurch sollen die Betreiber dazu veranlasst werden, Maßnahmen zu treffen und Praktiken zu entwickeln, mit denen die Gefahr von Umweltschäden auf ein Minimum beschränkt werden kann, damit das Risiko ihrer finanziellen Inanspruchnahme verringert wird.*" In der bisherigen rechtspolitischen Diskussion wird der instrumentelle Charakter der Umwelthaftung hervorgehoben.[1113] Das bedeutet, dass die aus dem Umweltrecht resultierende Haftung ein ökonomisches Instrument der Umweltpolitik darstellt. Damit ist zweierlei bezweckt. Zum einen werden im Sinne einer Generalprävention psychologische Effekte erwartet, zum anderen die Reduzierung des Niveaus besonders riskanter Aktivitäten aufgrund deren haftungsbedingter Verteuerung.[1114] Daher muss in diesem Fall die Vorteilsanrechnung versagt bleiben, um die finanziellen Verhaltensanreize weiter zu forcieren, und die verantwortlichen Organe zu umweltschonendem Verhalten zu animieren.

### 6) Straftaten gegen die Umwelt

Im Strafgesetzbuch sind zudem in den §§ 324 ff. StGB Straftaten gegen die Umwelt normiert. In besonders schweren Fällen ist nach § 330 Abs. 1 Satz 1 StGB eine Freiheitsstrafe bis zu zehn Jahren möglich. Strafbar sind nach den §§ 324 ff. StGB in der Regel Handlungsweisen, die dazu geeignet sind, die Gesundheit von Menschen, Tieren, Pflanzen und anderen Sachen von bedeutsamen Wert oder ein Gewässer zu schädigen. Ebenso finden sich in § 21 UmweltHG mehrere Straftatbestände.

Die oben aufgeführten Argumente bei den bußgeldbewehrten Taten gegen die Umwelt lassen sich übertragen. Dass diese Taten mit Strafe bedroht sind, ändert nichts daran, dass über die Gefahr einer Haftung mit dem Privatvermögen eine (zusätzliche) Verhaltensmotivation bewirkt wird.

### 7) Sonstige öffentlich-rechtliche Pflichten

Wenn ein Vorstand seine Mitarbeiter zur Begehung kleiner Verstöße ermutigt oder anweist, kann dies für das Unternehmen vorteilhaft sein. Als Beispiel wäre ein Logistik-Unternehmen zu nennen, das seine Mitarbeiter anweist, im Halteverbot zu halten und die Buße in Kauf zu nehmen, nur um nicht mit der Parkplatzsuche (Arbeits-) Zeit zu verlieren. Im Nachhinein werden die Bußen vom Unternehmen selbst bezahlt oder den Mitarbeitern erstattet.

---

1113 Vgl. hierzu *Wagner*, JZ 1991, 175 m. w. N.

1114 *Rehbinder*, in Landmann/Rohmer, Umweltrecht, Vor. RL 2004/35/EG, Rdnr. 12.

Bei solchen Verstößen liegt die Fortsetzung der oben bereits erwähnten Argumentation[1115] nahe, dass eine unbeschränkte Haftung des Vorstandes für jegliche Normverstöße unangemessen sei. Aber diese Erwägungen sind mit denselben Gründen auch auf der Rechtsfolgenseite abzulehnen. Es muss bei einer grundsätzlichen Geltung der allgemeinen Regeln verbleiben. Es wäre nicht interessengerecht, wenn man der Gesellschaft die Durchsetzung solcher Ansprüche verweigern würde. Wenn der Gesellschaft Möglichkeiten verbleiben, solche Ansprüche nicht geltend zu machen, zum Beispiel wenn der Aufsichtsrat beziehungsweise die Hauptversammlung zum Beispiel auf die Geltendmachung des Anspruches verzichten kann[1116], liegt bereits ein ausgewogenes Ergebnis vor, das keiner Korrektur bedarf. Das bedeutet, dass es bei nicht schwerwiegenden Verstößen gegen das Ordnungsrecht keiner Sonderregelung für die Vorteilsanrechnung bedarf, wenn die Gesellschaft einen solchen Anspruch durchsetzen möchte.

#### 8) Zwischenergebnis

Hiernach kann festgehalten werden, dass auch nach der Überprüfung anhand spezieller Beispielsfälle das eben herausgearbeitete Ergebnis Bestand hat. Wegen der überragenden Interessen der Allgemeinheit bei Bestechungen, illegalen Waffengeschäften, Umwelttaten und ähnlichen Delikten muss die Vorteilsanrechnung versagt bleiben, um die verantwortlichen Personen zu einem rechtstreuen Verhalten zu bewegen. Grundsätzlich gelten dieselben Überlegungen auch für das Kartellrecht. Zwar gilt dort die Besonderheit, dass über § 81 Abs. 5 GWB § 17 Abs. 4 OWiG Anwendung findet und daher der rechtswidrig erlangte Vorteil nicht wieder an die Gesellschaft zurückfließen dürfte. Dieses Ergebnis wird durch § 34a GWB noch verdeutlicht. Doch kann dies an dem bisher vorgefundenen Ergebnis der Nichtanwendung der Vorteilsanrechnung nichts ändern. Trotz dieser ausdrücklichen Wertungen vom Gesetzgeber überwiegt der verhaltenslenkende Ansatz.

### c. Regressansprüche wegen Verletzung von Aufsichts- und Organisationspflichten

Wie oben ausgeführt[1117], sind die nützlichen Pflichtverletzungen der untergeordneten, gleichgestellten oder gar externen Mitarbeiter dem Vorstand als eigenes Aufsichts- und Organisationsverschulden vorzuwerfen, wenn ihm zum Beispiel wegen eines fehlenden oder nicht ausreichenden Risikomanagement- und Compliance-Programms ein Verschulden vorgeworfen werden kann. Nachdem nun ausgearbeitet wurde, dass der Vorstand bei eigenen nützlichen Pflichtverletzungen die Vorteilsanrechnung nicht für sich beanspruchen kann,

1115 Vgl. oben unter C. II. 1. b. 4).

1116 Wie oben unter C. I. aufgezeigt, kann der Aufsichtsrat ohne eine eigene Pflichtverletzung von der Durchsetzung eines Schadensersatzanspruchs gegen ein Vorstandsmitglied absehen, wenn überwiegende Gründe des Gesellschaftswohls gegen eine Durchsetzung des Schadensersatzanspruchs sprechen.

1117 Siehe oben unter C. I. 1. d. 3).

steht in konsequenter Weise auf der anderen Seite fest, dass die Vorteilsanrechnung ebenfalls keine Anwendung bei einem Innenregress wegen nützlicher Pflichtverletzungen untergeordneter Mitarbeiter gegen den Vorstand finden kann. Da bei einem Aufsichts- und Organisationsverschulden ebenfalls eine eigene Pflichtverletzung des Vorstands vorliegt, muss die Vorteilsanrechnung entsprechend der anderen Verstößen behandelt werden. Es ist kein Grund ersichtlich, warum der Vorstand, der selbst gegen Gesetze verstößt, nicht demjenigen Vorstand gleicht, der eine solche Handlung eines Mitarbeiters (bewusst) wegen eines mangelhaften Organisationssystems zulässt und damit wiederrum auch eine eigene Pflichtverletzung begeht.

Auf der Schadensseite ließe sich höchstens überlegen, ob man, je nach der Effizienz des unter Umständen eingerichteten Überwachungssystems, die Vorteilsanrechnung zulässt oder nicht, oder gegebenenfalls nur die Höhe des Schadensersatzanspruchs mindert.

Eine Anwendung der Grundsätze der Vorteilsanrechnung in Abhängigkeit von der Effizienz des Risikomanagement- und Compliance-Systems ist indes abzulehnen. Die Vorteilsanrechnung an sich ist selbst an ihre eigenen Voraussetzungen geknüpft. Außerdem wäre hier wiederum nur eine alles-oder-nichts-Lösung möglich. Entweder war das System effizient genug, mit der Folge dass die (komplette) Anrechnung zugelassen wird, oder das System war nicht effizient genug, so dass die Anrechnung im Ganzen versagt wird. Empfehlenswerter, insbesondere im Hinblick auf eine interessengerechte Lösung im jeweiligen Einzelfall, ist eher eine Minderung der Schadensersatzpflicht, die im Ermessen des entscheidenden Gerichts steht. So können die jeweiligen Eigenarten des Falles und des individuellen Risikomanagement- und Compliance-Systems flexibel und angemessen berücksichtigt werden.

Es sei aber nochmals ausdrücklich darauf hingewiesen, dass Verstöße gegen Risikosteuerungs- beziehungsweise Risikominimierungspflichten durchaus eine Strafbarkeit nach § 266 StGB auslösen können.

### d. Regressanspruch wegen Kompetenzüberschreitung

Es besteht kein gesteigertes öffentliches Interesse an der Einhaltung interner Kompetenzordnungen. Daher ist aus Sicht der Allgemeinheit keine verstärkte Verhaltenslenkung hin zur Einhaltung der internen Vorgaben erforderlich. Bei Kompetenzverletzungen liegt der Schaden in der aufgrund des kompetenzwidrigen Geschäfts erbrachten Leistung.[1118] Daher ist es interessengerecht, wenn der Vorstand vor Gericht damit beweisbelastet ist, dass das Geschäft oder die erhaltene Gegenleistung für die Gesellschaft von Vorteil war. Bei der sich daran anschließenden Interessenabwägung ist das Geschäftsfeld der Gesellschaft jedoch stets angemessen zu berücksichtigen.[1119] So haben bereits

1118 *Haas/Ziemons*, in Michalski, GmbHG, § 43 Rdnr. 255a.

1119 So haben das OLG München NZG 2000, 741, 743 und das KG GmbHR 2005, 477, 479 sich jeweils gegen die Vorteilsanrechnung entschieden, da ansonsten durch die Vorauch der BGH und das RG die Vorteilsanrechnung bei kompetenzwidrig abgeschlossenen Geschäften prinzipiell für anwendbar erklärt.[1120]

Da damit flexibel auf die jeweiligen individuellen Umstände des Pflichtverstoßes eingegangen werden kann, ist die Anwendbarkeit der Vorteilsanrechnung hier grundsätzlich vorzugswürdiger.

Es gibt jedoch eine entscheidende Einschränkung. Wie bereits das OLG München und das KG festgestellt haben, kann die Vorteilsanrechnung bei nützlichen Kompetenzverstößen jedoch nicht dazu führen, dass der Gesellschaft das Geschäft, dessen Eingehung gerade den Kompetenz- und damit den Pflichtverstoß darstellte, nachträglich der Gesellschaft schlichtweg aufgedrängt wird, wenn es nicht zum Geschäfts- beziehungsweise Betätigungsfeld dieser gehört.[1121] Wird diese Grenze überschritten, muss die Vorteilsanrechnung versagt werden. Eine konstante Anwendung der Vorteilsanrechnung auch in solchen Fällen widerspricht zudem dem Grundgedanken des § 249 Abs. 1 BGB. Nach § 249 Abs. 1 BGB hat derjenige, der zum Schadensersatz verpflichtet ist, den Zustand wieder herzustellen, der bestehen würde, wenn der zum Ersatz verpflichtende Umstand nicht eingetreten wäre. Der Zustand, der im Falle eines Kompetenzverstoßes wiederherzustellen wäre, wäre der, der sich bei Beachtung der Kompetenzbestimmungen der Gesellschaft durch den Vorstand ergeben hätte. Dann wäre das gegenständliche, kompetenzwidrige Geschäft gerade nicht erfolgt. Würde nun auch das kompetenzwidrig abgeschlossene Geschäft in die Differenzrechnung mit voll berücksichtigt werden, würde entgegen § 249 Abs. 1 BGB nicht der Zustand wiederhergestellt werden, der vor dem schädigenden Ereignis bestand, es würde vielmehr der Zustand nach dem schädigenden Ereignis, den die Gesellschaft gerade beseitigt wissen will, manifestiert werden.

Weiter ist zu bedenken, dass der Sinn solcher Kompetenzregelungen beziehungsweise Zustimmungsvorbehalte darin liegt, beispielsweise dem Aufsichtsrat die Möglichkeit einer präventiven Überprüfung von geplanten Maßnahmen und ihrer rechtzeitigen Verhinderung einzuräumen.[1122] Diesen (Schutz-) Zweck würde man nun hintanstellen, ließe man hier die Differenzbetrachtung in vollem Umfange zu und bezöge bei der Schadensfeststellung die Gegenleistung ein.

Somit ist es interessengerecht, dem Vorstand bei streitigem Vortrag diesbezüglich auch die Beweislast dafür aufzuerlegen, dass das abgeschlossene Ge-

---

teilsanrechnung der Gesellschaft ein nicht gebilligtes Geschäft aufgedrängt worden wäre; ähnlich *Paefgen*, in GroßKomm, GmbHG, § 43 Rdnr. 94 „ [Es ist] der Organhaftung widersprechend, ein vom Geschäftsführer pflichtwidrig eingegangenes Geschäft der Gesellschaft aufzudrängen."

1120 RGZ 109, 56, 60; BGH NJW-RR 1988, 995, 996.

1121 OLG München NZG 2000, 741, 743; das KG GmbHR 2005, 477, 479.

1122 *Fleischer*, in ders., Hdb Vorstandsrecht, § 16 Rdnr. 113.

schäft in das Betätigungsfeld der Gesellschaft passt. Kann er diesen Beweis nicht führen, findet die sonst mögliche Vorteilsanrechnung nicht statt. Würde die Vorteilsanrechnung aber zu dem faktischen Ergebnis führen, dass der Gesellschaft das kompetenzwidrig abgeschlossene Geschäft aufgedrängt werden würde, ist sie abzulehnen.

## 7. Theoretischer Ansatz: Unterscheidung zwischen Straftatbeständen und Ordnungswidrigkeiten

### a. Rechtfertigung einer unterschiedlichen Handhabung

Man könnte überlegen, ob es lohnenswert erscheint, zwischen dem Ordnungswidrigkeitenrecht und Straftatbeständen bei nützlichen Pflichtverletzungen zu differenzieren, da dem Ordnungswidrigkeitenrecht eine geringere verhaltenslenkende Wirkung zukommen könnte. Dies vorausgesetzt ließe sich andenken, dass eine zusätzliche Verhaltenslenkung über das Haftungs- beziehungsweise Schadensrecht zumindest bei Straftatbeständen über die Versagung der Vorteilsanrechnung nicht erforderlich ist. Dies hätte zur Folge, dass man die Vorteilsanrechnung bei der Verwirklichung von Straftatbeständen anwenden könnte, da das Risiko der hohen persönlichen Haftung nicht geeignet wäre, die bereits durch das Strafrecht bestehende Verhaltenslenkung noch zu verstärken.

Gegen eine unterschiedliche Behandlung von Straftaten und Ordnungswidrigkeiten ließe sich einwenden, dass eine solche Unterscheidung nicht lohnend sein könne, da sowohl das Ordnungswidrigkeiten- als auch das Strafrecht in ihrer Wirkung gleich seien und annähernd gleiche Ziele verfolgten. Hierfür könnte man vorbringen, dass die Geldbußen (insbesondere im Kartellrecht) durchaus Höhen erreichen können, in denen sie in ihrer Wirkung einer (Kriminal-) Strafe gleich kommen und daher zwischen diesen beiden Bereichen nicht differenziert werden dürfe.[1123] Auch wenn das ordnungswidrigkeitenrechtliche Verfahren beziehungsweise das Bußgeldverfahren quasi-strafrechtlichen Charakter hat, ist eine Übertragung dieser *„quasi-Strafgewalt"* auf die Verwaltungsbehörden nach dem BVerfG verfassungsrechtlich unbedenklich, da letztendlich erhebliche Unterschiede zwischen dem Ordnungswidrigkeiten- und dem Strafrecht bestünden. Die Geldbuße stelle zwar eine Sanktion, aber keine eigentliche (Kriminal-) Strafe dar, deren Verhängung nach Art. 92 GG dem Richter vorbehalten sei. Die Ordnungswidrigkeiten blieben als bloßes *„Verwaltungsunrecht"* der Ahndung durch Verwaltungsbehörden (mit rechtlicher Kontrolle durch die Gerichte) überlassen. Das Bußgeldverfahren sei kein Strafverfahren und eine Geldbuße könne weder in eine Freiheitsstrafe umgewandelt werden, noch werde sie in das Bundeszentralregister eingetragen.[1124] In einer späteren Entscheidung führte das BVerfG aus, dass zum Kernbereich des Strafrechts, in dem die Richter durch Art. 92 GG

1123 So *Biermann*, ZWeR 2007, 1, 18; *Jescheck*, JZ 1959, 457, 462.
1124 BVerfG NJW 1958, 1963, 1864.

ausnahmslos und ausschließlich zur präventiven Rechtskontrolle berufen seien, alle bedeutsamen Unrechtstatbestände gehörten. Der Bereich der Ordnungswidrigkeiten, in dem eine repressive Rechtskontrolle genüge, umgreife Gesetzesübertretungen, die nach allgemeinen gesellschaftlichen Auffassungen nicht als (kriminell) strafwürdig gelten, und damit Fälle mit geringerem Unrechtsgehalt, die sich von den kriminellen Vergehen durch den Grad des ethischen Unwertgehaltes unterscheiden würden.[1125] Diese Unterscheidung wird von Stimmen aus der Literatur getragen. Da Funktion und Rechtsnatur der Geldbuße gerade nicht vom materiellen Unrecht des Kartellrechtsverstoßes her bestimmt werden, prägt sie vielmehr als eigenständige Sanktion ihrerseits den Unrechtstatbestand der Ordnungswidrigkeit. Auch die Schuld des Ordnungswidrigkeitenrechts steht in Verbindung zur Sanktion, da mit der Geldbuße kein (sozial-) ethischer Tadel ausgesprochen wird und entsprechend der Schuldvorwurf ethisch neutral ist.[1126] Die durch die Kartellbehörde verhängte Geldbuße ist daher keine Kriminalstrafe und verstößt damit nicht gegen den Richtervorbehalt des Art. 92 GG. Eine Differenzierung zwischen der Kriminalstrafe und der Geldbuße ist daher möglich.[1127] Dass zwischen Straftaten und Ordnungswidrigkeiten ein Unterschied besteht, zeigt auch § 30 Abs. 2 OWiG, der deutlich höhere Geldbußen für Straftaten ermöglicht. Dieses Argument wird relativiert, wenn man die sehr hohen Geldbußen im Kartellrecht und § 17 Abs. 4 OWiG betrachtet, der ausdrücklich für Ordnungswidrigkeiten die Überschreitung der Höchstgrenzen anordnet, um den wirtschaftlichen Vorteil abzuschöpfen. Dies ändert jedoch nichts daran, dass zwischen Ordnungswidrigkeiten und Straftaten erhebliche Unterschiede – auch was die Bedeutung und Gefährlichkeit für die Allgemeinheit angeht – bestehen, die eine Differenzierung ermöglichen.[1128]

Ein Grundgedanke, der § 30 OWiG entnommen werden kann, besagt, dass die Höhe der Geldbuße sich nach der Schwere der vom Organ begangenen Tat zu richten hat.[1129] Eine Differenzierung ist daher vom Gesetzgeber bereits vorgesehen, geboten und somit zulässig.[1130] Somit kann man diesen Ansatz der Differenzierung durchaus weiterverfolgen.

Dieser Aspekt der unterschiedlichen Handhabung ist deshalb wichtig, da die verhaltenslenkende Funktion des Schadensrechts bei mit Strafe bewehrten Normen leichter zurücktreten kann. Vom theoretischen Ansatz her muss die Verhaltenssteuerrung dort nicht extra durch die Versagung der Vorteilsan-

1125 BVerfG NJW 1969, 1619, 1621; kritisch *Dannecker/Biermann*, in Immenga/Mestmäcker, GWB, § 81 Rdnr. 500.

1126 *Dannecker/Biermann*, in Immenga/Mestmäcker, GWB, § 81 Rdnr. 500.

1127 A. A. *Biermann*, ZWeR 2007, 1, 19 bei schwerwiegenden Kartellrechtsverstößen und dementsprechend hohen Geldbußen.

1128 Vgl. für eine Differenzierung auch *Achenbach*, in Frankf.Komm, KartellR, Vor. § 81 Rdnr. 25.

1129 *Rogall*, in KK, OWiG, § 30 Rdnr. 113.

1130 Die unterschiedlichen Rechtsfolgen bei Straftaten und Ordnungswidrigkeiten werden ausführlich dargestellt von *Achenbach*, in Frankf.Komm, KartellR, Vor. § 81 Rdnr. 15.

rechnung erreicht werden, wo sie schon vorhanden sein sollte beziehungsweise ist; die Verhaltenslenkung sollte durch die Strafdrohung bewirkt werden.[1131] Diejenigen, die sich nicht durch eine Gefängnisstrafe abschrecken lassen, werden nach dem *argumentum a majore ad minus* erst recht nicht vor der Gefahr einer Haftung mit dem persönlichen Vermögen zurückschrecken, zumal sie nach den einschlägigen Normen des StGB auch zu Geldstrafen verurteilt werden können. Die Gefahr persönlicher Haftung trägt sicherlich dazu bei, dass Vorstände auf die Einhaltung der Regeln achten. Dabei wird es wohl keinen (sozialen) Unterschied machen, ob die finanzielle Verantwortlichkeit aus einer Geldstrafe oder –buße herrührt. Eine Freiheitsstrafe ist aber in der Regel mit einer gewissen sozialen Stigmatisierung verbunden[1132], so dass von einer stärkeren und damit einer wirkungsvolleren Abschreckung ausgegangen werden kann.[1133] Als klassisches Beispiel ist der Fall *Klaus Zumwinkel* zu nennen. Er gab im Prozess um hinterzogene Steuern zu bedenken, dass er die größte Strafe durch die soziale Stigmatisierung bereits erhalten habe.[1134]

Ferner existiert ein bedeutender Unterschied darin, dass Unternehmen Geldbußen der Organe übernehmen können. Wenn Unternehmen eine solche Vorgehensweise vorher gegenüber dem Organ angedeutet haben, schwächt dies eine mögliche Verhaltenslenkung durch die Geldbuße ungemein. Wird ein Vorstandsmitglied aber zu einer Haftstrafe verurteilt, kann diese nicht übernommen werden, so dass hiervon eine weitaus höhere Verhaltenslenkung ausgeht.

Zwischen Bußgeld- und Strafverfahren bestehen folglich signifikante Unterschiede, so dass die ähnliche Wirkungsweise einer unterschiedlichen Behandlung nicht entgegensteht.

### b. Verwirklichung eines Straftatbestands?

Man könnte daher darüber nachdenken, ob es richtig und angemessen ist, wenn der Gesetzgeber bereits durch strafbewehrte Normen erfolglos versucht hat, entsprechendes Verhalten zu bewirken, zu versuchen, diese Wirkung nun mit einem anderen Werkzeug – dem Haftungs- und Schadensrecht – herzustellen. Wäre es nicht konsequenter und interessengerechter, wenn der Staat zunächst seine vorhandenen Mittel richtig einsetzt, um diese Zwecke zu verwirklichen, anstatt neue zu schaffen beziehungsweise die zivilrechtliche Haftung dazu einzusetzen? Der Staat hat sowohl Instrumente, um rechtswidrig erlangte Vorteile abzuschöpfen, als auch Normen, die durch Strafdrohungen

---

1131 Vgl. zur negativen und positiven Generalprävention *Joecks*, in MüKo, StGB, Einl. Rdnr. 64 ff. Hiernach ist Zweck der Strafe die Einwirkung auf die Allgemeinheit, die entweder durch Abschreckung (negative Generalprävention) oder durch Einübung von Rechtstreue (positive Generalprävention) erfolgen kann.

1132 So *Biermann*, ZWeR 2007, 1, 17.

1133 Vgl. *Wagner-von Papp*, WuW 2009, 1236, 1245 ff.; *Reinmann/Krohs*, WuW 2003, 739, 740.

1134 So *Schultz*, in Spiegel-online v. 22.01.2009, http://www.spiegel.de/wirtschaft/0,1518,60296700.html, letzter Aufruf am 20.07.2011.

zu gesetzestreuen Verhalten anhalten sollen. Mittels dieser könnte er entsprechende Verstöße so sanktionieren, dass die Strafen in der Öffentlichkeit wahrgenommen werden und damit einerseits abschreckende, andererseits verhaltenslenkende Signale in die Geschäftswelt senden. Wenn die Abwägung bei den einzelnen Fallbeispielen zur Ablehnung der Vorteilsanrechnung geführt hat, war dies hauptsächlich der Verhaltenslenkung geschuldet, um die Interessen der Allgemeinheit zu schützen. Daher könnte man argumentieren, dass der Allgemeinheit kein Unrecht geschieht, wenn die Vorteilsanrechnung bei nützlichen Pflichtverletzungen, die in Verstößen gegen Straftatbeständen liegen, zugelassen wird. Zudem wird der (gewünschte) Nebeneffekt, dass der Vorteil nicht bei dem Unternehmen verbleibt, ebenfalls erreicht. Es würden entsprechende Signale an die Unternehmen ausgesendet, wenn sie (bei richtigem und wirksamem Einsatz der staatlichen Instrumente) in gar keinem Fall aus dem nützlichen Rechtsverstoß einen Nutzen ziehen könnten.

Durch eine solche Sichtweise könnten beide Idealbilder des Gesetzgebers befriedigt werden. Denn wenn man die gewünschte Verhaltenslenkung des Vorstandes bereits über die Haftdrohung beziehungsweise über die strafrechtlichen Normen erreichte, könnte durch die dann mögliche Anerkennung der Vorteilsanrechnung auch der Wunsch des Gesetzgebers erfüllt werden, dass – wenn möglich – der gesamte Vorteil beim Unternehmen abgeschöpft wird beziehungsweise nicht zurück fließt. In den Fällen, in denen der Vorstand mit seiner Pflichtverletzung zugleich eine mit Strafe bewehrte Norm verletzt, wäre daher beides möglich. Somit hätten in solchen Fällen sowohl das Unternehmen als auch der Vorstand ein Interesse daran, solche Handlungen zu unterlassen.

Hiernach ließe sich die Frage der Vorteilsanrechnung bei Bestechungsabreden in einem anderen Licht betrachten. Die Vorteilsanrechnung müsste wegen der Bestimmungen im StGB (vgl. §§ 299, 331 ff. StGB) nicht versagt werden, um die gewünschte Rechtstreue zu erreichen.[1135] Der Staat hätte es selbst in der Hand entweder durch den Gesetzgeber oder die Justiz es zu schaffen, dieses Verhalten mit der Gefahr einer Strafe im strafrechtlichen Sinne zu unterbinden. Sollte dieses Ziel mit den Mittel des Strafrechts beziehungsweise der Strafverfolgung nicht zu erreichen sein, würde es erst recht nicht die Gefahr eines Innenregresses ohne Vorteilsanrechnung verwirklichen. Der Staat wäre hierbei eher gehalten, den Vorständen deutlich zu machen, dass spürbare Konsequenzen drohten, falls sie sich nicht an die geltenden Regeln hielten. Setzt er diese Vorgabe nicht durch eine konsequente, strenge Strafverfolgung und Rechtsprechung um, dürfte nicht versucht werden, diese Ziele über das Zivilrecht zu erreichen. Hierdurch träte sogar der Nebeneffekt ein, dass durch

---

1135 Gleiches würde für die Kartellrechtsverstöße gelten, die gegen Strafnormen verstoßen; siehe oben unter C. II. 1. c. 4). Aufgrund der vielfältigen Möglichkeiten, im Kartellrecht (mittelbar) Straftatbeständen zu verwirklichen, könnte man dann weiter darüber nachdenken, das Kartellrecht im Rahmen dieses Gedankenganges zur Vorteilsanrechnung den Straftatbeständen gleich zu stellen.

die Anwendung der Vorteilsanrechnung der rechtswidrig erlangte Vorteil nicht mehr durch die Hintertür doch zu dem Unternehmen zurückfließt.

Somit sprechen vom theoretischen Standpunkt aus gute Gründe dafür, bei der Vorteilsanrechnung bei nützlichen Pflichtverletzungen zwischen Straftatbeständen und Ordnungswidrigkeiten zu differenzieren. Dann fände im Verhältnis zwischen Unternehmen und Vorstand bei Verstößen gegen Straftatbestände trotz der anfänglichen Bedenken die Vorteilsanrechnung statt.

### c. Vorstand verwirklicht nur einen Bußgeldtatbestand

Würde der Vorstand auf der anderen Seite dagegen mit seiner Tat keinen mit Strafe bewehrten sondern nur einen mit Bußgeld bewehrten Ordnungswidrigkeitstatbestand verwirklichen, müsste konsequenterweise die Vorteilsanrechnung abgelehnt werden, um den Vorstand durch das Risiko der persönlichen Haftung zu einem gesetzestreuen Handeln anzuhalten. Das Ordnungswidrigkeitenrecht selbst hat zwar auch eine gewisse verhaltenslenkende Wirkung. Diese ist jedoch nicht so ausgeprägt wie bei Straftatbeständen. Um dieses Defizit auszugleichen, wäre es daher erforderlich, die verhaltenssteuernde Wirkung auch mittels des Zivilrechts zu verstärken, um damit die gewünschten Effekte zu erzielen.

Obwohl § 17 Abs. 4 OWiG die Abschöpfung des rechtswidrig erlangten Vorteils auch bei Ordnungswidrigkeiten vorgibt, müsste bei nützlichen Pflichtverletzungen, die Ordnungswidrigkeitstatbestände verwirklichen, die Vorteilsanrechnung versagt werden. Nach der Rechtsprechung des BVerfG sollen Fälle geringen Unrechtsgehalts aus dem Kriminalstrafrecht ausgesondert werden.[1136] Kennzeichnend für die echte Kriminalstrafe ist nach dem BVerfG ein sozialethisches Unwerturteil, das dem Täter die Auflehnung gegen die Rechtsordnung vorwirft und dessen Verstoß eine schwere Strafe nach sich ziehen muss.[1137] Bei Ordnungswidrigkeiten handelt es sich lediglich um Verstöße mit einem geringeren Unrechtsgehalt.[1138] Diese bedürfen und haben folglich weniger schwere Sanktionen.

Da die Prävention des Strafrechts erheblich über die Strafdrohung erreicht wird, wäre im Umkehrschluss bei Ordnungswidrigkeiten wegen der nicht so schweren Sanktionen eine geringere Verhaltenslenkung vorhanden. Da der Gesetzgeber durch die Ordnungswidrigkeitentatbestände zum Ausdruck bringt, dass er diese ebenfalls nicht akzeptieren und deswegen verhindern möchte, könnte durch die Versagung der Vorteilsanrechnung bei nützlichen (Ordnungswidrigkeits-) Verstößen eine zusätzliche verhaltenslenkende Hemmschwelle installiert werden. Diesem Ergebnis könnte nicht ein Verweis auf den Sinn und Zweck des § 17 Abs. 4 (i. V. m. § 30 Abs. 3) OWiG entgegengehalten werden. Zwar liegt der Sinn dieser Normen darin, dem unlauteren

---

1136 BVerfG NJW 1969, 1619, 1621 f.
1137 BVerfG NJW 1969, 1619, 1622.
1138 BVerfG 1958, 1963, 1964.

Gewinnstreben entgegenzuwirken. Grundsätzlich wird daher aus dieser Norm gefolgert, dass der wirtschaftliche Vorteil, der dem Unternehmen zugeflossen ist, rechnerisch die unterste Grenze der Geldbuße darstellt.[1139] Diese Sichtweise ist grundsätzlich richtig. Jedoch lässt der Wortlaut, wonach die Geldbuße den wirtschaftlichen Vorteil übersteigen *„soll"*, auch andere Wertungen zu. Wenn es einen rechtfertigenden Grund gäbe, kann daher von der gesetzlichen Regelung abgesehen werden. Bei der Frage der Vorteilsanrechnung bei nützlichen Pflichtverletzungen handelt es sich um so einen Fall. Wie bereits erwähnt[1140], können juristische Personen für sich selbst nicht handeln. Das bedeutet, dass für eine gewünschte Verhaltensweise an die vertretungsberechtigten Personen appelliert werden muss. Durch eine strikte Anwendung des § 17 Abs. 4 OWiG bewirkt man aber das genaue Gegenteil. Die verantwortlichen Personen hätten eine weitere Möglichkeit einem Schadensersatzanspruch (zumindest in einer bestimmten Höhe) zu entgehen. Daher ist bei verwirklichten Ordnungswidrigkeiten § 17 Abs. 4 OWiG in Zusammenhang mit den durch die Ordnungswidrigkeiten verhängten Sanktionen für die Frage der Vorteilsanrechnung nicht ausschlaggebend. Um die im Unternehmen Tätigen zu gesetzmäßigem Verhalten anzuhalten, ist daher bei der Frage der Vorteilsanrechnung bei positiven Pflichtverletzungen die Vorteilsanrechnung dort zu versagen, wo ein Vorteil durch einen Verstoß gegen einen Ordnungswidrigkeitstatbestand herbeigeführt wurde.

### d. Zwischenergebnis

Somit könnte als Grundregel aufgestellt werden, dass, wenn der Vorstand einen Straftatbestand verwirklicht, die Vorteilsanrechnung Anwendung findet; ist es hingegen nur ein Ordnungswidrigkeitstatbestand, darf die Vorteilsanrechnung aus präventiven Gründen nicht zur Anwendung gebracht werden.

#### 1) Bevorzugung von Straftätern?

Dies würde zu einem auf den ersten Blick widersinnig anmutenden Ergebnis führen. Bei Anwendung dieser These kann es passieren, dass ein Organmitglied, welches gegen Straftatbestände verstoßen und damit ein größeres Unrecht begangen hat, wegen der Anwendung der Vorteilsanrechnung im Schadensersatzprozess finanziell besser dasteht, als ein Organmitglied, das nur gegen einen Ordnungswidrigkeitstatbestand verstoßen hat und dem daher die Vorteilsanrechnung im Prozess versagt wird. Dies ist aber kein Widerspruch im eigentlichen Sinne. Durch das Strafrecht sollte der Täter bereits eine ausreichende, abschreckende und der Tat angemessene Strafe erhalten. Wie bereits erwähnt[1141], müsste und dürfte nicht durch das Zivilrecht nachgeholt werden, was aufgrund der nicht hinreichenden Ausschöpfung der strafrechtlichen Möglichkeiten versäumt wurde. Das würde aber nichts daran ändern, dass auf

---

1139 BGH 1975, 269, 270; *Rogall*, in KK, OWiG, § 30 Rdnr. 121.
1140 Siehe bereits oben unter E. III. 4.
1141 Siehe oben unter E. III. 7. b.

der zivilrechtlichen Seite die Schwere der Pflichtverletzung gleichwohl eine Rolle spielen könnte.[1142]

Die hier vertretene These würde gerade die Schwere des Pflichtverstoßes berücksichtigen und nicht willkürlich die Vorteilsanrechnung bei solchen Pflichtverletzungen anwenden, bei anderen hingegen nicht. Wenn die Vorteilsanrechnung bei Straftatbeständen angewendet werden würde, verfolgt dieser Ansatz das Ziel, wegen des schwereren Verstoßes sowohl das Unternehmen als auch das Organ zu bestrafen. Dies geschähe – eine konsequente Anwendung des Strafrechts vorausgesetzt –, indem das Vorstandsmitglied im tatsächlichen und das Unternehmen im wörtlichen Sinne bestraft werde. Der Vorstand würde zu einer Geld- oder Haftstrafe verurteilt und beim Unternehmen würde verhindert werden, dass der Vorteil durch die Schadensersatzleistung wieder zurückfließt. Gerade hiermit würde erreicht werden, dass bei den schwerer wiegenden Taten beide Teile (Vorstand und Unternehmen) jeweils angemessen benachteiligt werden.

Ferner könnte berücksichtigt werden, dass aufgrund gesetzgeberischer Bestrebungen die Anwendung der Vorteilsanrechnung bei Schadensersatzansprüchen wegen begangener Straftaten fast zwingend ist. Durch das Gesetz zur Änderung des Außenwirtschaftsgesetzes, des Strafgesetzbuches und anderer Gesetze[1143] begann die Anpassung der Vorschriften der §§ 111b ff. StPO an die veränderten kriminalpolitischen Bedingungen. Abgeschlossen wurde diese Entwicklung vorerst mit dem Gesetz zur Stärkung der Rückgewinnungshilfe[1144], das am 01.01.2007 in Kraft trat. Diese Änderungen sollten sicherstellen, dass kriminelle Gewinne nicht dem Täter verbleiben und den Opfern von Straftaten die Durchsetzung ihrer Ansprüche erleichtern.[1145] Mit der Einführung des § 111i StPO wurde sogar die Möglichkeit geschaffen, dass wenn ein Opfer nicht innerhalb von drei Jahren seine Ersatzansprüche geltend macht, die sichergestellten Vermögenswerte dann nicht an den Täter zurückfallen, sondern dem Staat zu Gute kommen.[1146] Damit sollte gewährleistet werden, dass die Straftäter in keinem Fall in den Genuss der sichergestellten, rechtswidrig erlangten Gewinne kommen. Einen ähnlichen Sinn und Zweck verfolgen die Regelungen des Verfalls gem. §§ 73 ff. StGB, ebenso wie im OWiG der Verfall über § 29a OWiG oder die Regelungen der Einziehung gemäß den §§ 22 ff. OWiG.

Bei bloßen Ordnungswidrigkeiten liegt zwar die Interessenlage ähnlich – eigentlich soll keine Partei den Vorteil für sich in Anspruch nehmen können, vgl. §§ 25 ff., 29a OWiG –, jedoch muss man sich hier für eine Partei entscheiden, die benachteiligt werden wird. Betrachtet man das Gesetz, wird deutlich, dass nicht nur im Strafrahmen, im Unrechtsgehalt und im sozialen Gesichts-

---

1142 *Grüneberg*, in Palandt, BGB, § 253 Rdnr. 15, 17.
1143 BGBl. I, S. 372; vgl. auch BT-Drucks. 11/6623.
1144 BGBl. I, 2006, S. 2350.
1145 *Nack*, KK, StPO, § 111b Rdnr. 1.
1146 Vgl. auch zur Kritik an dieser Gesetzesänderung *Bohne/Boxleitner*, NStZ 2007, 552.

verlust ein bedeutender Unterschied zwischen Ordnungswidrigkeiten und dem Strafrecht besteht. In zweierlei Hinsicht unterscheiden sich diese Gebiete zudem voneinander: zum einen durch die oben bereits herausgearbeitete[1147] unterschiedliche verhaltenslenkende Funktion und zum anderen durch die Verhängung der Bußen beziehungsweise Strafen selbst. Nach § 30 Abs. 1, 2 OWiG steht die Entscheidung einer Behörde, gegen das Unternehmen, dessen Vorstand als Vertreter eine Ordnungswidrigkeit begangen hat, und das Vorstandsmitglied selbst ein Bußgeld zu erlassen, im Ermessen dieser, vergleiche beispielsweise zudem § 22 UmweltHG, § 62 Abs. 2 BImSchG. Daneben steht auch die Verfolgung der Ordnungswidrigkeiten nach § 47 OWiG nur im pflichtgemäßen Ermessen der Behörde. Die Behörde kann also entscheiden, ob und wie sie gegen das Unternehmen und das Organ vorgehen möchte.

Hat das Organ hingegen einen Straftatbestand verwirklicht, ist der Staatsanwalt bereits ab dem Zeitpunkt verpflichtet zu ermitteln, indem er von einem ausreichenden Anfangsverdacht Kenntnis erhält, § 161 Abs. 1 StPO. Kommt der Staatsanwalt nach Abschluss dieser Ermittlungen zum Ergebnis, dass ein hinreichender Tatverdacht besteht, erhebt er nach § 170 Abs. 1 StPO Anklage beim zuständigen Gericht. Dazu ist er verpflichtet.[1148] Ein Ermessensspielraum ist hierbei nicht gegeben.[1149] Sollte der Staatsanwalt bei hinreichendem Tatverdacht dennoch nach § 170 Abs. 2 StPO das Verfahren einstellen, kann der Geschädigte gegen diese Entscheidung mittels der Beschwerde an die Generalstaatsanwaltschaft nach § 172 Abs. 1 StPO vorgehen. Gegebenenfalls beschließt über die Einstellung oder die Eröffnung eines Verfahrens nur noch das Gericht, §§ 172 Abs. 2, 174, 175 StPO. Es wird somit deutlich, dass die Behörde bei Straftaten, wenn ein hinreichender Tatverdacht gegeben ist, verpflichtet ist, Anklage zu erheben und damit eine weitaus höhere Wahrscheinlichkeit besteht, dass mit der hier vertretenen Lösung sowohl das Unternehmen als auch das Organ selbst bestraft werden. Im Unterschied zu Ordnungswidrigkeiten hat diese strafrechtliche Seite einen zwingenderen Charakter. Zudem ist nicht ausgeschlossen, dass daneben noch ein eigenständiger Bußgeldbescheid nach § 30 Abs. 1 OWiG, soweit noch nicht der Verfall angeordnet wurde (vgl. § 30 Abs. 5 OWiG), ergeht, um nach § 30 Abs. 3 OWiG und § 17 Abs. 4 OWiG auch den wirtschaftlichen Vorteil abzuschöpfen.

Diese Ermessensspielräume und der etwas geringere zwingende Charakter helfen natürlich nicht, die verhaltenslenkende Funktion des Ordnungswidrigkeitenrechts zu verstärken. Auch dies kann für den hier aufgearbeiteten Gedankengang der Unterscheidung zwischen Ordnungswidrigkeiten und Straftatbeständen bei der Frage der Vorteilsanrechnung nutzbar gemacht werden. Aufgrund dessen würde die Entscheidung der Frage, wer den Vorteil für sich in Anspruch nehmen kann, zu Lasten des handelnden Organmitglieds gehen. Denn aufgrund der beschränkten verhaltenslenkenden

1147 Siehe oben unter E. III. 7. a.

1148 BGHSt 15, 155, 158.

1149 *Schmid*, in KK, StPO, § 170 Rdnr. 2.

Funktion des Ordnungsrechts und dem Umstand, dass die juristischen Personen nur über ihre Organe nach außen handeln können, wäre es nicht zielführend, das Unternehmen zu benachteiligen.

#### 2) Stellungnahme

Aufgrund dessen mutet es nur auf den ersten Blick widersprüchlich an, wenn man behauptet, dass mit dieser These ein ordnungswidrig Handelnder härter bestraft wird als ein Vorstand, der gegen Straftatbestände verstößt. Es ist vielmehr so, dass bei Straftatbeständen Unternehmen und Organ zusammen bestraft werden sollen, wenn und soweit das Strafrecht ordnungsgemäß und konsequent angewendet wird.

### e. Zusammenfassung des theoretischen Ansatzpunktes der Differenzierung

Auch wenn gute Gründe für eine Differenzierung zwischen Straftatbeständen und Ordnungswidrigkeiten bei der Frage der Vorteilsanrechnung bei nützlichen Pflichtverletzungen sprechen, vermag ein solches Ergebnis letztendlich nicht zu überzeugen. Es zeitigt zwar durchaus richtige – aber nur theoretische – Ansätze, wenn es annimmt, dass das Ordnungswidrigkeitenrecht eine deutlich geringere verhaltenslenkende Wirkung als das Strafrecht hat. Nicht ausreichend gewürdigt wird, dass zwar bei Verstößen gegen Ordnungswidrigkeitentatbestände keine Haftstrafen vorgesehen sind, aber dennoch erhebliche Bußgeldtatbestände verwirklicht werden, die durchaus, die in der Praxis verhängten Geldstrafen für Straftatbestände überschreiten. Dies gilt gerade für das Kartellrecht. Es gibt Stimmen in der Literatur, die das Kartellordnungswidrigkeitenrecht wegen der hohen Bußen ohnehin als Strafrecht begreifen.[1150] Das zwischen Ordnungswidrigkeiten und Straftatbeständen selbst bei so hohen Bußen doch Unterschiede bestehen, wurde zwar oben bereits herausgestellt.[1151] Es ist aber nicht von der Hand zu weisen, dass hohe Geld- und gerade die Kartellbußen eine Sonderstellung im Verhältnis zwischen Straftat und Ordnungswidrigkeit inne haben.[1152] Eine Einstufung einer Tat als Ordnungswidrigkeiten könnte man daher vordergründig so verstehen, dass es sich bei solchen Verstößen lediglich um Bagatellen handele. Dagegen spricht aber der außerordentlich hohe Bußgeldrahmen, vergleiche § 30 Abs. 2 OWiG und § 81 Abs. 4 GWB, der deutlich macht, dass dem nicht so ist. Man sieht, dass sich das Ordnungswidrigkeitenrecht nicht starr einordnen lässt.

Wenn man Kartellbußen als Strafen im weiteren Sinne behandelt[1153], muss gleiches aber auch für das allgemeine Ordnungswidrigkeitenrecht gelten, da diese mit den Geldbußen des deutschen Ordnungswidrigkeitenrechts zu ver-

---

1150 Vgl. *Biermann*, ZWeR 2007, 1, 18 ff.; *Jescheck*, JZ 1959, 457, 462.

1151 Siehe oben unter E. III. 7.

1152 So *Biermann*, ZWeR 2007, 1, 19.

1153 Vgl. *Biermann*, ZweR 2007, 1, 18; *Jescheck*, JZ 1959, 457, 462.

gleichen sind.[1154] Selbst in der Höhe besteht kein elementarer Unterschied, da gemäß § 30 Abs. 3 OWiG in Verbindung mit § 17 Abs. 4 OWIG das Höchstmaß – ohne eine Begrenzung – überschritten werden kann.

Die Praxis der Wirtschaftskriminalität zeigt, dass sowohl mögliche Haftstrafen, die im Ergebnis in der Regel letztlich aber nicht verhängt werden, als auch die sehr hohen Bußgelder keine ausreichende verhaltenslenkende Wirkung entfalten. Die Frage, ob das Ordnungswidrigkeitenrecht eine niedrigere präventive Wirkung als Straftatbestände hat und daher bei der Frage der Vorteilsanrechnung anders berücksichtigt werden müsste, kann letztlich offen bleiben, da beide Varianten nicht die erhoffte Verhaltenslenkung bewirken.

Zudem wäre es reiner Formalismus, wenn man auf den vorhandenen dogmatischen Unterschieden beharren würde, ohne die tatsächliche Praxis mit zu berücksichtigen.

Nach alledem steht fest, dass über die bisher angewendeten Straftat- und Ordnungswidrigkeitentatbeständen keine ausreichende verhaltenslenkende Wirkung ausgeht. Zur Einwirkung auf die handelnden Organe zu einer Rechtstreue hin ist es daher vonnöten, die Vorteilsanrechnung bei nützlichen Pflichtverletzungen zu versagen und durch die dadurch erheblich gesteigerte persönliche Haftung der Organe der Legalitätspflicht eine bedeutendere Gewichtung zu geben. Wenn das Organ sich persönlich mit der zum Beispiel von der Europäischen Kommission verhängten Buße für das Unternehmen konfrontiert sieht, kann man davon ausgehen, dass dies doch die Entscheidung der Organe über nützliche Pflichtverletzungen beeinflussen dürfte.

Auch nach diesem theoretischen Ansatz wurde somit gezeigt, dass zwar Unterschiede zwischen Straftatbeständen und Ordnungswidrigkeiten bestehen. Letzten Endes wurde herausgearbeitet, dass diese aber nicht so gravierend sind, um einen entscheidenden Ausschlag für die Frage der Vorteilsanrechnung bei nützlichen Pflichtverletzungen zu geben. Da die verhaltenslenkenden Motive durchgehend überwiegen, kommt man wiederrum zu dem Ergebnis, dass die Vorteilsanrechnung bei nützlichen Pflichtverletzungen abzulehnen ist.

---

1154 *Biermann*, ZWeR 2007, 1, 11.

## F. Zusammenfassung

Wie aufgezeigt, stehen sich zwei grundverschiedene Argumente gegenüber: die Verhaltenslenkung mit dem Zweck, die Begehung von nützlichen Pflichtverletzungen zu verhindern, und die Vermeidung des Rückflusses des Vorteils. Grundsätzlich überwiegt der Aspekt der Verhaltenslenkung, um der Grundkonzeption des Kapitalgesellschaftsrechts, dass derartige Gesellschaften nur mittels Organen tätig werden können, und den Interessen der Allgemeinheit angemessen gerecht zu werden.

Bei Regressansprüchen wegen staatlicher Sanktionen aufgrund nützlicher Pflichtverletzungen des handelnden Organs ist die Vorteilsanrechnung aus präventiven und verhaltenslenkenden Gründen wegen der Interessen der Allgemeinheit an der Verhinderung derartiger sozialschädlicher Handlungen somit grundsätzlich zu versagen.

### I. Vorteilsanrechnung bei nützliche Pflichtverletzungen

#### 1. Regressansprüche aufgrund staatlicher Sanktionen

Es wurde herausgearbeitet, dass nützliche Pflichtverletzungen ausnahmslos auf Tatbestandsseite nicht berücksichtigt werden.

Auf der haftungsausfüllenden Seite wurde festgestellt, dass bei der Vorteilsanrechnung bei nützlichen Pflichtverletzungen kein Unterschied zur Vorteilsanrechnung im Allgemeinen besteht. Wenn man die Lösung der Frage der Vorteilsanrechnung durch die Beibehaltung der Fallgruppen vereinfachen möchte, ist es wegen der vielen verschiedenen besonderen Wertungen eine neue Fallgruppe – nützliche Pflichtverletzung – zu schaffen.

In dieser Fallgruppe lassen sich mannigfaltige mehr oder weniger aussagekräftige Argumente für und gegen eine Vorteilsanrechnung finden. Letzten Endes heben sich zwei bedeutsame Argumente heraus. Dies sind auf der Seite gegen eine Vorteilsanrechnung die verhaltenslenkende und präventive Funktion des Haftungs- und Schadensrechts und auf der Seite für eine Vorteilsanrechnung der Wunsch des Gesetzgebers, dass die rechtswidrig erlangten Vorteile nicht über einen Schadensersatzanspruch der Gesellschaft gegen das handelnde Organ mittelbar wieder an die Gesellschaft zurückfließen sollten.

Diese beiden Argumente sind für sich gesehen sehr überzeugend, lassen sich aber nicht miteinander in Einklang bringen. Aufgrund des Aufbaus der Kapitalgesellschaften und der Tatsache, dass die Vorstände für ihr Handeln verantwortlich sind, überwiegen letztlich die Argumente für die Verhaltenslenkung. Um die Einhaltung der Legalitätspflicht zu forcieren und um die großen Schäden der Allgemeinheit durch Wirtschaftskriminalität im weiteren Sinne zu verhindern, muss aus präventiven Gründen mit einer vollumfänglichen Haftung der Vorstände versucht werden, auf diese hin zur Legalitätspflicht einzuwirken.

Dabei macht es keinen Unterschied, ob der Vorstand selbst handelt oder durch ein mangelhaftes Organisations- und Überwachungssystem nützliche Pflichtverletzungen untergeordneter Mitarbeiter schuldhaft ermöglicht. Auch hierbei ist eine Anwendung der Vorteilsanrechnung nicht anzuerkennen.

### 2. Regressansprüche aufgrund Schadensersatzansprüche Dritter / Vertragsbruch

Beim Vertragsbruch steht dem Vorstand ein unternehmerischer Ermessenspielraum zur Verfügung. Der Vertragsbruch ist als Instrument des Marktes anzuerkennen. Erst wenn missbräuchliche oder sittenwidrige Tendenzen erkennbar werden, öffnet sich ein Raum für eine Ahndung solch eines Vorgehens beispielsweise über § 826 BGB.

Kommt dem handelnden Vorstand auf Tatbestandsseite bereits die Business Judgment Rule zur Hilfe, fehlt es bereits an einer die Schadensersatzpflicht auslösenden Pflichtverletzung. Greift diese aber nicht, werden durch die Anwendung der §§ 249 ff. BGB inklusive der Anwendung der Vorteilsanrechnung auf der haftungsausfüllenden Seite interessengerechte Ergebnisse erzielt. Der Gesetzgeber hat mit den §§ 280 ff. BGB (und dem § 826 BGB) ausreichende Schutzsysteme für alle Beteiligten geschaffen, so dass es einer zusätzlichen Verhaltenslenkung hin zur strikten Vertragstreue nicht bedarf.

### 3. Regressansprüche aufgrund Kompetenzüberschreitungen

Kompetenzüberschreitungen sind unabhängig von ihrem Nutzen für die Gesellschaft pflichtwidrig. Dies ist notwendig, damit die Gesellschaft Möglichkeiten hat, sich gegen ihr aufgedrängte Geschäfte zu wehren, und sie nicht gezwungen ist, alles, was für sie rein rechnerisch vorteilhaft ist, zu akzeptieren. Entgegen der Wertungen zur Frage der Vorteilsanrechnung bei Gesetzesverstößen findet hier zwar ebenfalls die Vorteilsanrechnung Anwendung. Eine verstärkte Verhaltenslenkung hin zur Einhaltung der internen Kompetenzen ist nicht angezeigt. Jedoch existiert als äußere Grenze der Anwendbarkeit der Vorteilsanrechnung die faktische Aufdrängung des kompetenzwidrig abgeschlossenen Geschäfts, welches nicht im Geschäfts- beziehungsweise Betätigungsfeld der Gesellschaft liegt. Es ist interessengerecht, wenn im Regressverfahren das Vorstandsmitglied damit beweisbelastet, dass die Überschreitung für die Gesellschaft vorteilhaft war. Bei der sich anschließenden Interessenabwägung ist das Geschäftsfeld der Gesellschaft stets angemessen zu berücksichtigen, um zu verhindern, dass der Gesellschaft gänzlich fremde Geschäftsfelder aufgezwungen werden.

## II. Andere Wertungen aufgrund von Begleitumständen

Wie schon bei der Frage der Rechtfertigung einer nützlichen Pflichtverletzung greifen auch bei der Vorteilsanrechnung dieselben Erwägungen. Eine Rechtfertigung oder schuldloses Handeln ist wegen äußerer Umstände grundsätzlich nicht anzuerkennen. Der Gesetzgeber hat Signale für einen konsequenten Umgang mit korrupten Praktiken ausgesendet. Zudem ist auch die wirtschaftliche Notlage eines Unternehmens kein Rechtfertigungsgrund. Der Gesetzgeber hat mit der Insolvenzordnung ein Verfahren geschaffen, das im Falle der Zahlungsunfähigkeit greift und Wege und Möglichkeiten aus der Insolvenz aufzeigt. Zwar dient das Insolvenzrecht in erster Linie der Befriedigung sämtlicher Gläubiger. Als sekundärer Zweck wird jedoch auch die Unternehmenserhaltung verfolgt.[1155] Auch mit solchen Regelungen zeigt der Gesetzgeber, dass er Rechtsverstöße zur Rettung von Unternehmen ebenfalls nicht akzeptieren will. Eine mittelbare Tolerierung der nützlichen Pflichtverletzung durch eine rechtfertigende Anwendung der Vorteilsanrechnung ist daher abzulehnen.[1156] Alles andere wäre inkonsequent. Denn würde man sich anders entscheiden, müsste man das seltsam anmutende Ergebnis akzeptieren, dass die Bestellung eines Vorstandsmitglieds aus wichtigem Grund widerrufen werden könnte[1157], weil er die Gesellschaft durch eine nützliche Pflichtverletzung gerettet hat, ein Schadensersatzanspruch gegen diesen aber nicht durchsetzbar wäre, da die verhinderte Insolvenz als Vorteil berücksichtigt werden müsste. Sollte eine solche Rechtfertigung akzeptiert werden, wäre dies konsequent nur auf der Tatbestandsseite durch die Anerkennung der nützlichen Pflichtverletzung selbst möglich.

## III. Ausnahme leichte Fahrlässigkeit?

Zum Teil wird im Rahmen der Vorteilsanrechnung auf die Schwere des Schuldvorwurfes abgestellt, den das handelnde Organ trifft.[1158] Solch eine Differenzierung ist aber nicht nur wegen der daraus resultierenden Unsicherheiten abzulehnen, sie ist zudem auch nicht nötig und geboten. Bereits auf der haftungsbegründenden Seite ist mit § 276 Abs. 1 BGB geregelt, dass der

1155 *Stürner*, in MüKo, InsO, § 1 Rdnr. 2, wenn dies neben dem Primärzweck der Gläubigerbefriedigung erreicht werden kann.

1156 A. A. *Mertens/Cahn*, in KölnKomm, AktG, § 93 Rdnr. 63: Wenn keine rechtmäßige Möglichkeit der Schadensabwehr gegeben sei, müsse der vermiedene Schaden in die Differenzhypothese eingestellt werden.

1157 Vgl. § 84 Abs. 3 Satz 1, 2 AktG, der gerade eben keinen Schaden, sondern „nur" eine grobe Pflichtverletzung voraussetzt.

1158 *Mertens/Cahn*, in KölnKomm, AktG, § 93 Rdnr. 63: „In diesem Rahmen wird auch die Schwere von Pflichtverletzung und Verschulden des Vorstandsmitglieds zu berücksichtigen sein; ebenso, ob seine Verurteilung zum Schadensersatz auf einem konkreten Nachweis pflichtwidrig schuldhaften Verhaltens beruht oder aber nur auf der Anwendung der Beweislastumkehr nach Abs. 2 Satz 2."

Schuldner für Fahrlässigkeit und Vorsatz einzustehen hat, wenn keine strengere oder mildere Haftung bestimmt ist. Das Gesetz unterscheidet mehrere Grade der Fahrlässigkeit. Dabei genügt für das Vertretenmüssen im Sinne von § 276 BGB in der Regel die einfache (leichte) Fahrlässigkeit.[1159] In Ausnahmefällen kann von diesen Grundsätzen abgewichen werden. Das ist zum Beispiel im Arbeitsrecht der Fall. Im Rahmen des Arbeitnehmerhaftungsprivilegs haftet der Arbeitnehmer nicht für Schäden, die aufgrund leichter Fahrlässigkeit verursacht wurden.[1160] Das Arbeitnehmerhaftungsprivileg ist jedoch nur auf Organe von Kapitalgesellschaften übertragbar, wenn sie ausnahmsweise einen Arbeitnehmerstatus besitzen oder arbeitnehmerähnliche Personen sind.[1161]

Im Gegensatz zu § 276 BGB wird auf der haftungsausfüllenden Seite nicht zwischen verschieden Verschuldensgraden differenziert. Daneben ist aber auch nicht ersichtlich, warum eine solche Privilegierung des Organs auf der haftungsausfüllenden Seite bei nützlichen Pflichtverletzungen, die leicht fahrlässig verursacht wurden, im Verhältnis zur Gesellschaft existieren sollte. Es ist nicht notwendig, zu Lasten des Ausgleichsgebots von den §§ 249 ff. BGB abzuweichen. Die Organe bedürfen keiner weiteren Schutzinstrumente. Bereits auf der Tatbestandsebene wurde mit der Business Judgment Rule ein ausreichender und geeigneter Filter implementiert. Dies wird durch das von *Mertens* und *Cahn* angeführte Beispiel[1162] belegt, in dem sie die Anwendung der Vorteilsanrechnung vorschlagen, wenn ein Vorstand leicht fahrlässig eine später als falsch beurteilte zum damaligen Zeitpunkt aber vertretbare Gesetzesauslegung vertrat und daraufhin der Gesellschaft ein Schaden entstand. Ein solches Vorgehen unterfällt bereits auf der Tatbestandsebene der Business Judgment Rule. Wenn der Vorstand deren Voraussetzungen eingehalten hatte, stellt sich die Frage der Vorteilsanrechnung erst gar nicht, da eine zum Schadensersatz verpflichtende Pflichtverletzung nicht gegeben ist.[1163]

Das hier vertretene Ergebnis vermeidet Unsicherheiten und Unwägbarkeiten. Jedes Organ und jeder Aufsichtsrat kann hiermit die Frage eines Schadensersatzanspruches des Unternehmens gegen sein Organ aufgrund einer nützlichen Pflichtverletzung und die damit zusammenhängende Frage der Vorteilsanrechnung beantworten.

---

1159 *H. P. Westermann*, in Erman, BGB, § 276 Rdnr. 15.

1160 Vgl. dazu *Grundmann*, in MüKo, BGB, § 276 Rdnr. 108.

1161 *Henssler*, in MüKo, BGB, § 619a Rdnr. 19; *Wellhöfer*, in Wellhöfer/Peltzer/Müller, Haftung des Vorstands, § 7 B. 2.

1162 *Mertens/Cahn*, in KölnKomm, AktG, § 93 Rdnr. 63.

1163 Vgl. dazu *Riegger/Götze*, in Krieger/Schneider, Hdb Managerhaftung, § 26 Rdnr. 54; *Spindler*, FS Canaris, S. 402, 421; *Fleischer*, BB 2008, 1070, 1071; *ders.*, ZIP 2005, 141, 149; *Krause*, BB-Special 8/2007, S. 2, 6 und oben unter C. II. 1. a).

## G. Thesen

- Pflichtverstöße von Vorstandsmitgliedern können unterschiedliche Sanktionen auslösen: Widerruf der Bestellung, (außerordentliche) Kündigung des Anstellungsvertrags, Schadensersatzverpflichtungen.

- Die nützliche Pflichtverletzung ist auf Tatbestandsseite letzten Endes nicht anzuerkennen. Der Vorstand ist aufgrund der Legalitätspflicht verpflichtet, das Unternehmen selbst gesetzestreu zu führen und seine Mitarbeiter so zu organisieren und zu überwachen, dass sie auch die Gesetze und Regeln achten.

- Auch der nützliche Kompetenzverstoß ist pflichtwidrig im Sinne von § 93 Abs. 2 Satz 1 AktG.

- Aus der Organisations- und Leitungspflicht des Vorstandes gemäß §§ 76 Abs. 1, 93 Abs. 1 AktG resultiert die Pflicht des Vorstands ein auf die jeweiligen Bedürfnisse der Gesellschaft zugeschnittenes Organisationssystem einzuführen. Bei der Ausgestaltung dieses Compliance-Systems kommt ihm aber ein unternehmerisches Ermessen zu Gute.

- Die Business Judgment Rule findet bei nützlichen Pflichtverletzungen, die auf einem Gesetzesverstoß beruhen, grundsätzlich keine Anwendung. Wegen des Gesetzesverstoßes fehlt es stets an einer unternehmerischen Entscheidung. Dagegen kann die Business Judgment Rule jedoch bei Vertragsverletzungen Anwendung finden. Der Vertragsbruch ist im Gegensatz zum Gesetzesbruch eine unternehmerische Entscheidung.

- Gesellschaften können ihre Vorstände persönlich in Regress nehmen, wenn sie durch die nützlichen Pflichtverletzungen Schäden erleiden.

- Im Rahmen von Bestechungen entsteht bereits in der Leistung des Bestechungsgeldes oder in der Anlage einer schwarzen Kasse ein ersatzfähiger Vermögensschaden. Gleiches gilt für Bußgelder, die die Gesellschaft aufgrund der Handlungen des Vorstandes entrichten muss. Ein kategorischer Regressausschluss (auch bei kleinen Geldbußen) kommt hierbei nicht in Betracht.

- Auf der haftungsausfüllenden Seite fehlt es immer noch an allgemeingültigen Kriterien für die Vorteilsanrechnung. Die Lösung wird nach wie vor anhand einer Abwägung gesucht. Daher ist bei der Vorteilsanrechnung weiterhin auf der ersten Stufe zu überprüfen, ob der Vorteil adäquat kausal war. Auf der zweiten Stufe wird sodann kontrolliert, ob zwischen Vor- und Nachteil ein notwendiger innerer Zusammenhang besteht. Erst dann wird auf der dritten Stufe dieses Ergebnis auf seine Billigkeit hin überprüft, ob der Schädiger oder der Geschädigte unbillig bevorteilt werden würde.

- Die Vorteilsanrechnung bei nützlichen Pflichtverletzungen aufgrund allgemeiner Gesetzesverstöße stellt einen Sonderfall dar. Es stehen sich zwei gänzlich gegensätzliche, jeweils für sich betrachtet, überzeugende Argumente gegenüber.

- Gegen eine Vorteilsanrechnung spricht, der präventive und verhaltenslenkende Aspekt, wenn den Organmitgliedern im Rahmen eines Innenregresses dieser Einwand genommen wird. Zudem hat der Gesetzgeber in § 17 Abs. 4 OWiG angeordnet, dass kein Beteiligter einen Vorteil aus rechtswidrigen Taten behalten darf. Der Vorteil, der aus dieser Tat stammt, soll gegebenenfalls unter Überschreitung der zulässigen Höchstgrenzen in jedem Fall abgeschöpft werden. Würde man den Einwand der Vorteilsanrechnung verweigern, würde, die finanzielle Leistungsfähigkeit des Vorstands unterstellt, der Vorteil wieder zurück an die Gesellschaft fließen.

- Aufgrund des Aufbaus und der Organisation von Kapitalgesellschaften und nach einer Interessenabwägung, die zugunsten des Schutzes der Allgemeinheit vor solchen sozialschädlichen Handlungen ausfällt, ist die Vorteilsanrechnung aus präventiven und verhaltenslenkenden Gründen zu versagen. Um solche die Wirtschaft und die Allgemeinheit treffenden Verstöße zu verhindern, muss bei den für die Verstöße Verantwortlichen begonnen werden. Nur bei den Vorständen kann man effektiv verhaltenslenkend ansetzen und ihnen über die Verweigerung der Vorteilsanrechnung im Innenregress deutlich die persönlichen Risiken eines solchen Verstoßes vor Augen führen und sie mit dem daraus resultierenden persönlichen Risiko zu einer Gesetzestreue hinführen.

- Die Anwendung der Vorteilsanrechnung, um den Rückfluss zum Unternehmen zu verhindern, würde zwar einen gesetzgeberischen Willen und auf den ersten Blick ein sinnvolles Ziel verfolgen, hätte aber zur Folge, dass Vorstände sich sicher sein könnten, dass wenn sie es tatsächlich schaffen, dass Vorteile aus nützlichen Pflichtverletzungen in der Gesellschaft verbleiben, diese im Rahmen eines Innenregresses ihnen zu Gute kommen würde. Dies würde aus gesellschaftspoltischen Gründen ein nicht akzeptables Ergebnis bedeuten, da es vielmehr die Vorstände zu nützlichen Pflichtverletzungen anregt.

- Bei Regressansprüchen der Gesellschaft gegen ihren Vorstand wegen Schadensersatzansprüchen Dritter aufgrund von Vertragsbruch findet die Vorteilsanrechnung statt. Der Vertragsbruch ist in gewissen Grenzen als legitimes Mittel des Marktes anzuerkennen. Der Gläubiger ist über das bestehende Recht ausreichend geschützt.

- Bei (nützlichen) Kompetenzüberschreitungen findet die Vorteilsanrechnung grundsätzlich ebenfalls Anwendung. Der Vorstand ist im Prozess jedoch damit beweisbelastet, dass das (aufgedrängte) Geschäft für die Gesellschaft vorteilhaft war. Im Rahmen der Interessenabwägung ist jedoch stets das eigentliche Geschäftsfeld der Gesellschaft zu berücksichtigen. Sollte ihr dabei ein ungewolltes Geschäft faktisch aufgezwungen werden, ist die Vorteilsanrechnung abzulehnen.

- Wichtig ist für Vorstände zudem, dass nützliche Pflichtverletzungen oftmals strafrechtliche Konsequenzen nach sich ziehen können.

- Gleiches gilt bei nützlichen Pflichtverletzungen von (untergebenen) Mitarbeitern. Diese können strafrechtliche Auswirkungen für die überwachungspflichtigen Vorstände haben, wenn sie ihre Risikoüberwachungspflicht nicht ordnungsgemäß nachgekommen sind.

- Bei Verstößen gegen Risikominimierungspflichten besteht zudem ein erhöhtes Risiko einer Strafbarkeit nach § 266 StGB.

**Literaturverzeichnis**

*Abeltshauser, Thomas E.*, Leitungshaftung im Kapitalgesellschaftsrecht: Zu den Sorgfalts- und Loyalitätspflichten von Unternehmensleitern im deutschen und im US-amerikanischen Kapitalgesellschaftsrecht, Köln, Berlin, Bonn, München 1998.

*Acker, Wendelin; Froesch, Daniel; Kappel, Jan,* Zivilrechtliche Ansprüche in Korruptionsfällen und ihre kommerziellen Folgen – wer haftet wem?, in BB 2007, S. 1509 – 1515.

*Armbrüster, Christian*, Haftung der Geschäftsleiter bei Verstößen gegen § 64 a VAG, in VersR 2009, S. 1293 – 1304.

*Arnim, Christoph von*, U.S. Corporation und Aktiengesellschaft im Rechtsvergleich – Haftungsdurchgriff im deutschen Kapitalgesellschaftsrecht und Piercing the Corporate Veil im Recht der U.S.-amerikanischen Corporation, in NZG 2001, S. 1001 – 1008.

*Arnold, Arnd*, Die Steuerung des Vorstandshandelns, München 2007.

*Bachmann, Gregor*, Der „deutsche Corporate Governance Kodex": Rechtswirkungen und Haftungsrisiken, in WM 2002, S. 2137 – 2143.

*Bachmann, Gregor; Prüfer, Gerald*, Korruptionsprävention und Corporate Governance, in ZRP 2005, S. 109 – 113.

*Baker, Donald I.*, The Use of Criminal Law Remedies to Deter and Punish Cartels and Bid-Riggins, in 69 George Washington Law Review (2001), S. 693 – 714.

*Bamberger, Heinz Georg; Roth, Herbert (Hrsg.)*, Kommentar zum Bürgerlichen Gesetzbuch, Band 1, §§ 1 – 610, 2. Auflage, München 2007, zitiert: *Bearbeiter*, in Bamberger/Roth, BGB.

*Baumbach, Adolf* (Hrsg.), *Hopt, Klaus J.; Merkt, Hanno (Bearb.)*, Handelsgesetzbuch, 34. Auflage, München 2010, zitiert als: *Bearbeiter*, in Baumbach/Hopt, HGB.

*Baumbach, Adolf; Hueck, Alfred*, GmbH-Gesetz, 19. Auflage, München 2010, zitiert als: *Bearbeiter*, in Baumbach/Hueck, GmbHG.

*Bayer, Walter*, Legalitätspflicht der Unternehmensleitung, nützliche Gesetzesverstöße und Regress bei verhängten Sanktionen – dargestellt am Beispiel von Kartellverstößen – , in Festschrift für Karsten Schmidt zum siebzigsten Geburtstag, Köln 2009, S. 85 – 103.

*Beck'scher Bilanzkommentar*, 7. Auflage, München 2010, zitiert als: *Bearbeiter*, in Beck'scher Bilanzkommentar.

*Bedkowski, Dorothea*, Die Geschäftsleiterpflichten – eine rechtsvergleichende Abhandlung zum deutschen und englischen Kapitalgesellschaftsrecht, Berlin 2006.

*Beninca, Jürgen*, Schadensersatzansprüche von Kunden eines Kartells? – Besprechung der Entscheidung des OLG Karlsruhe vom 28.1.2004, in WuW 2004, S. 604 – 608.

*Berg, Cai*, Korruption in Unternehmen und Risikomanagement nach § 91 Abs. 2 AktG, in AG 2007, 271 – 278.

*Bergmoser, Ulrich; Theusinger, Ingo; Gushorst, Klaus-Peter*, *Corporate Compliance* – Grundlagen und Umsetzung, in BB-Special 5.2008, S. 1 – 11.

*Berrisch, Georg M.; Burianski, Markus*, Kartellrechtliche Schadensersatzansprüche nach der 7. GWB – Novelle, in WuW 2005, S. 878 – 888.

*Bertschinger, Urs*, Arbeitsteilung und aktienrechtliche Verantwortlichkeit, Zürich 1999.

*Beulke, Werner; Bachmann, Gregor*, Die „Lederspray-Entscheidung" - BGHSt 37, 106, in JuS 1992, S. 737 – 744.

*Biermann, Jörg*, Neubestimmung des deutschen und europäischen Kartellsanktionenrechts: Reformüberlegungen, Determinanten und Perspektiven einer Kriminalisierung von Verstößen gegen das Kartellrecht, in ZWeR 2007, S. 1 – 48.

*Binder, Jens-Hinrich*, Geschäftsleiterhaftung und fachkundiger Rat, in AG 2008, S. 274 – 287.

*Bittmann, Folker*, Strafrecht und Gesellschaftsrecht, in ZGR 2009, S. 931 – 980.

*Bohne, Steffen; Boxleitner, Heiner*, Eins vor und zwei zurück – Wie das deutsche Recht Straftätern weiterhin die Tatbeute belässt – Anmerkung zum Gesetz zur Stärkung der Rückgewinnungshilfe und Vermögensabschöpfung bei Straftaten, in NStZ 2007, S. 552 – 555.

*Bosch, Nikolaus; Lange, Knut Werner*, Unternehmerischer Handlungsspielraum des Vorstandes zwischen zivilrechtlicher Verantwortung und strafrechtlicher Sanktion, in JZ 2009, S. 225 – 237.

*Böttcher, Lars*, Bankenvorstand im Rahmen der Sub-Prime Krise, in NZG 2009, S. 1047 – 1052.

*Boujong, Karlheinz; Ebenroth, Carsten Thomas, Joost, Detlev (Bearb.)*, Handelsgesetzbuch, Band 1, §§ 1 – 342 e, 2. Auflage, München 2008, zitiert als: *Bearbeiter*, in Ebenroth/Boujong/Joost/Strohn, HGB.

*Branson, Douglas M.*, The Rule That Isn't a Rule - The Business Judgment Rule, in 36 Val. U. L. Rev. 631 (2001-2002), S. 631 – 654.

*Brömmelmeyer, Christoph*, Neue Regeln für die Binnenhaftung des Vorstandes – Ein Beitrag zur Konkretisierung der Business Judgment Rule, in WM 2004, S. 2065 – 2070.

*Brooks, Jeremy P.*, Die Bedeutung der OECD-Konvention gegen internationale Korruption für den Aufsichtsrat, Vorstand und Abschlussprüfer einer deutschen Aktiengesellschaft, in Festschrift für Martin Peltzer zum 70. Geburtstag, Köln 2001.

*Brouwer, Tobias*, Zustimmungsvorbehalte des Aufsichtsrates im Aktien- und GmbH-Recht, Berlin 2008.

*Brox, Hans; Walker, Wolf-Dietrich*, Allgemeines Schuldrecht, 35. Auflage, München 2011.

*Buchta, Jens*, Haftung und Verantwortlichkeit des Vorstands einer Aktiengesellschaft – Eine Bestandsaufnahme, in DB 2006, S. 1939 – 1943.

*Büdenbender, Ulrich*, Wechselwirkungen zwischen Vorteilsanrechnung und Drittschadensliquidation, in JZ 1995, S. 920 – 928.

*Bürgers, Tobias; Körber, Thorsten (Hrsg.)*, Heidelberger Kommentar zum Aktiengesetz, Heidelberg 2008, zitiert als: *Bearbeiter*, in Bürgers/Körber, AktG.

*Bürkle, Jürgen*, Business Judgment Rule: Unternehmerischer Haftungsfreiraum für leitende Angestellte, in NZA 2007, S. 589 – 596.

*Bürkle, Jürgen*, Corporate Compliance als Standard guter Unternehmensführung des Deutschen Corporate Governance Kodex, in BB 2007, S. 1797 – 1800.

*Bundesverfassungsgerichtsgesetz*, begründet von Theodor Baums, München, zitiert als: *Bearbeiter*, in Maunz/Schmidt-Bleibtreu/Klein/Bethge, BVerfGG.

*Bussmann, Kai-D.; Salvenmoser, Steffen*, Internationale Studie zur Wirtschaftskriminalität, in NStZ 2006, S. 203 – 209.

*Canaris, Claus-Wilhelm*, Handelsrecht, 24. Auflage, München 2006.

*Cantzler, Klaus*, Die Vorteilsanrechnung beim Schadensersatzanspruch, in AcP 156 (1957), S. 29 – 59.

*Cooter, Robert*, Prices and Sanctions, in Columbia Law Review Bd. 84 (1984), S. 1523 – 1560.

*Cox, James D.; Hazen, Thoams Lee,* Corporations, Introduction to Law Series, 2 ed., Aspen Publication 2003.

*Craswell, Richard,* Efficiency, Renegotiation and the Theory of Efficient breach, in Southern California Law Review Bd. 61 (1988), S. 629 – 669.

*Dauner-Lieb, Barbara,* Unternehmerische Tätigkeit zwischen Kontrolle und Kreativität, in Festschrift für Volker Röhricht zum 65. Geburtstag, Köln 2005, S. 83 – 103.

*Demuth, Heinrich; Schneider, Tilmann,* Die besondere Bedeutung des Gesetzes über Ordnungswidrigkeiten für Betrieb und Unternehmen, in BB 1970, S. 642 – 651.

*Dölling, Dieter,* Handbuch der Korruptionsprävention, München 2007, zitiert als: *Bearbeiter,* in Dölling Korruptionsprävention.

*Dreher, Meinrad,* Die Vorstandsverantwortung im Geflecht von Risikomanagement, Compliance und interner Revision, in Festschrift für Uwe Hüffer zum 70. Geburtstag, München 2010, S. 161 – 177.

*Dreher, Meinrad,* Das GWB als Magna Charta des Wettbewerbs oder als Einfallstor politischer Interessen, in WuW 1997, 949 – 957.

*Dreher, Meinrad,* Die kartellrechtliche Bußgeldverantwortlichkeit von Vorstandsmitgliedern – Vorstandshandeln zwischen aktienrechtlichem Legalitätsprinzip und kartellrechtlicher Unsicherheit, in Festschrift für Horst Konzen zum siebzigsten Geburtstag, Tübingen 2006, S. 85 – 107.

*Duisberg, Alexander; Picot, Henriette,* Rechtsfolgen von Pannen in der Datensicherheit, in CR 2009, S. 823 – 828.

*Easterbrook, Frank H.; Fischel, Daniel R.,* Antitrust Suits by Targets of Tender Officers, in Michigan Law Review, Bd. 80 (1982) S. 1155 – 1178.

*Eidam, Gerd,* Unternehmen und Strafe, 3. Auflage, Köln, Berlin, Bonn, München 2008.

*Emmerich, Volker; Habersack, Mathias,* Konzernrecht, 9. Auflage, München 2008.

*Engel, Christoph,* Behavioral Law and Economics. Edited by Cass R. Sunstein (Buchbesprechung), in RabelsZ 67 (2003) S. 406 – 410.

*Erman,* Bürgerliches Gesetzbuch, 13. Auflage, Köln 2011, zitiert als: *Bearbeiter,* in Erman, BGB.

*Esser, Josef; Schmidt, Eike,* Schuldrecht, Band I, Allgemeiner Teil, Teilband 2, Durchführungshindernisse und Vertragshaftung, Schadensausgleich und Mehrseitigkeit beim Schuldverhältnis, 8. Auflage, Heidelberg 2000, zitiert als: *Esser/Schmidt,* SchR AT Bd. I/2.

*Fisch, William B.*, Die Vorteilsanrechnung im amerikanischen und deutschen Recht, Frankfurt a. M. 1974.

*Fischbach, Jonas*, Die Haftung des Vorstands im Aktienkonzern, Heidelberg 2009.

*Fischel, Daniel R.*, The Corporate Governance Movement, in Vanderbilt Law Review Bd. 35 (1982) S. 1259 – 1292.

*Fischer, Thomas*, Strafgesetzbuch, 57. Auflage, München 2010.

*Fleck, Hans-Joachim*, Zur Beweislast für pflichtwidriges Organhandeln, in GmbHR 1997, S. 237 – 240.

*Fleischer, Holger*, Aktienrechtliche Legalitätspflicht und „nützliche" Pflichtverletzungen von Vorstandsmitgliedern, in ZIP 2005, S. 141 – 154.

*Fleischer, Holger*, Zum Inhalt des „Unternehmensinteresses" im GmbH-Recht, in GmbHR 2010, S. 1307 – 1312.

*Fleischer, Holger*, Corporate Compliance im aktienrechtlichen Unternehmensverbund, in CCZ 2008, S. 1 – 6.

*Fleischer, Holger*, Handbuch des Vorstandsrechts, München 2006, zitiert als: *Bearbeiter*, in Fleischer, Hdb Vorstandsrecht.

*Fleischer, Holger*, Die „Business Judgment Rule" im Spiegel von Rechtsvergleichung und Rechtsökonomie, in Festschrift für Herbert Wiedemann zum 70. Geburtstag, München 2002, S. 827 – 849.

*Fleischer, Holger*, Behavioural Law and Economics im Gesellschafts- und Kapitalmarktrecht – ein Werkstattbericht, in Festschrift Ulrich Immenga zum 70. Geburtstag, München 2004, S. 575 – 587.

*Fleischer, Holger*, Haftung des herrschenden Unternehmens im faktischen Konzern und unternehmerisches Ermessen (§§ 317 II, 93 I AktG), in NZG 2008, S. 371 – 378.

*Fleischer, Holger*, Zur Privatsphäre von GmbH-Geschäftsführern und Vorstandsmitgliedern: Organpflichten, organschaftliche Zurechnung und private Umstände, in NJW 2006, S. 3239 – 3244.

*Fleischer, Holger*, Kartellrechtsverstöße und Vorstandsrecht, in BB 2008, S. 1070 – 1076.

*Fleischer, Holger*, Zur Verantwortlichkeit einzelner Vorstandsmitglieder bei Kollegialentscheidungen im Aktienrecht, in BB 2004, S. 2645 – 2652.

*Fleischer, Holger*, Die „Business Judgment Rule": Vom Richterrecht zur Kodifizierung, in ZIP 2004, S. 685 – 692.

*Fleischer, Holger,* Zur Leitungsaufgabe des Vorstandes im Aktienrecht, in ZIP 2003, S. 1 – 11.

*Fleischer, Holger,* Vorstandsverantwortlichkeit und Fehlverhalten von Unternehmensangehörigen – Von der Einzelüberwachung zur Errichtung einer Compliance-Organisation, in AG 2003, S. 291 – 300.

*Fleischer, Holger,* Zum Grundsatz der Gesamtverantwortung im Aktienrecht, in NZG 2003, S. 449 – 459.

*Fleischer, Holger,* Aktuelle Entwicklungen der Managerhaftung, in NJW 2009, S. 2337 – 2343.

*Fleischer, Holger,* Kompetenzüberschreitung von Geschäftsleitern im Personen- und Kapitalgesellschaftsrecht – Schaden – rechtmäßiges Alternativverhalten – Vorteilsanrechnung, in DStR 2009, S. 1204 – 1210.

*Fleischer, Holger,* Zur ergänzenden Anwendung von Aktienrecht auf die GmbH, in GmbHR 2008, S. 672 – 682.

*Fleischer, Holger,* Rechtsrat und Organwalterhaftung im Gesellschafts- und Kapitalmarktrecht, in Festschrift für Uwe Hüffer zum 70. Geburtstag, München 2010, S. 187 – 203.

*Frankfurter Kommentar zum Kartellrecht,* Frankfurter Kommentar zum Kartellrecht – mit Kommentierung des EG-Kartellrechts, des GWB und einer Darstellung ausländischer Rechtsordnungen, Köln, zitiert als: *Bearbeiter,* in Frankf.Komm, KartellR.

*Freund, Steffen,* Organhaftung von Vorständen und Geschäftsführern – ein Überblick mit Hinweisen aus der Praxis, in GmbHR 2009, S. 1185 – 1190.

*Fuchs, Andreas,* Die 7. GWB-Novelle – Grundkonzeption und praktische Konsequenzen, in WRP 2005, S. 1384 – 1396.

*Froesch, Daniel,* Managerhaftung – Risikominimierung durch Delegation?, in DB 2009, S. 722 – 726.

*Gehb, Jürgen; Heckelmann, Martin,* Haftungsfreistellung von Vorständen, in ZRP 2005, S. 145 – 149.

*Geßler, Ernst,* Der Betriebsführungsvertrag im Licht der aktienrechtlichen Zuständigkeitsordnung, in Festschrift für Wolfgang Hefermehl zum 70. Geburtstag, München 1976, S. 263 – 282.

*Glöckner, Jochen; Müller-Tautphaeus, Ken,* Rückgriffshaftung von Organmitgliedern bei Kartellrechtsverstößen, AG 2001, S. 344 – 349.

*Goette, Wulf,* Leitung, Aufsicht, Haftung – Zur Rolle der Rechtsprechung bei der Sicherung einer modernen Unternehmensführung, in Festschrift aus Anlass des fünfzigjährigen Bestehens von Bundesgerichtshof, Bundesanwaltschaft und Rechtsanwaltschaft beim Bundesgerichtshof, Köln, Berlin, Bonn, München 2000, S. 123 – 142.

*Goette, Wulf,* Aktuelle Entwicklungen im deutschen Kapitalgesellschaftsrecht im Lichte der höchstrichterlichen Rechtsprechung, in DStR 2009, S. 51 – 57.

*Goette, Wulf,* Zur Verteilung der Darlegungs- und Beweislast der objektiven Pflichtwidrigkeit bei der Organhaftung, in ZGR 1995, S. 648 – 674.

*Gotzens, Markus,* Nützliche Aufwendungen und das Abzugsverbot nach § 4 Abs. 5 Nr. 10 EStG, in DStR 2005, S. 673 – 678.

*Götz, Philipp; Holzborn, Timo,* Die Aktienrechtsreform durch das Gesetz für Unternehmensintegrität und Modernisierung des Anfechtungsrechts – UMAG, in WM 2006, S. 157 – 164.

*Graef, Joachim,* Haftung der Geschäftsführer bei fehlerhafter Kreditvergabe, in GmbHR 2004, S. 327 – 333.

*Großkommentar zum GmbHG,* (Hrsg. Peter Ulmer in Gemeinschaft mit Mathias Habersack und Martin Winter), Tübingen 2006 ff., zitiert als: *Bearbeiter,* in GroßKomm, GmbHG.

*Großkommentar zum Aktiengesetz,* 4. Auflage, Berlin New York 1999 ff., zitiert als: *Bearbeiter,* in GroßKomm, AktG.

*Grunewald, Barbara,* Bürgerliches Recht, 8. Auflage, München 2009, zitiert als: *Grunewald,* Bürgerliches Recht.

*Grunewald, Barbara; Hennrichs, Joachim,* Haftungsgrundsätze für Entscheidungen unter Unsicherheit, in Festschrift für Georg Maier-Reimer zum 70. Geburtstag, München 2010, S. 147 – 159.

*Grunsky, Wolfgang,* Hypothetische Kausalität und Vorteilsanrechnung, in Festschrift für Hermann Lange zum 70. Geburtstag, Stuttgart, Berlin, Köln 1992, S. 469 – 488.

*Gutenberg, Erich,* Unternehmensführung, Organisation und Entscheidung, Wiesbaden 1962.

*Hamm, Rainer,* Kann der Verstoß gegen Treu und Glauben strafbar sein?, in NJW 2005, S. 1993 – 1995.

*Hartog, Johanna; Noack, Britta,* Die 7. GWB-Novelle, in WRP 2005, S. 1396 – 1407.

*Hasselbach, Kai; Seibel, Markus,* Die Freistellung von Vorstandsmitgliedern und leitenden Angestellten von der Haftung für Kartellrechtsverstöße, in AG 2008, S. 770 – 777.

*Hauschka, Christoph E.* (Hrsg.), Corporate Compliance – Handbuch der Haftungsvermeidung im Unternehmen, 2. Auflage, München 2010, zitiert als: *Bearbeiter*, in Hauschka, Hdb Corporate Compliance.

*Hauschka, Christoph E.*, Von *Compliance* und Best Practice, in ZRP 2006, S. 258 - 261.

*Hauschka, Christoph E.*, Corporate Compliance – Unternehmensorganisatorische Ansätze zur Erfüllung der Pflichten von Vorständen und Geschäftsführern, in AG 2004, S. 461 – 480.

*Hauschka, Christoph E.*, Compliance, Compliance-Manager, Compliance-Programme: Eine geeignete Reaktion auf gestiegene Haftungsrisiken für Unternehmen und Management?, in NJW 2004, S. 257 – 261.

*Hauschka, Christoph E.*, Ermessensentscheidungen bei der Unternehmensführung, in GmbHR 2007, S. 11 – 16.

*Hauschka, Christoph E.; Greeve, Gina,* Compliance in der Korruptionsprävention – was müssen, was sollen, was können die Unternehmen tun?, in BB 2007, S. 165 – 173.

*Heermann, Peter W.*, Wie weit reicht die Pflicht des Aufsichtsrats zur Geltendmachung von Schadensersatzansprüchen gegen Mitglieder des Vorstands?, in AG 1998, S. 201 – 211.

*Heidel, Thomas* (Hrsg.), Aktienrecht und Kapitalmarktrecht, 2. Auflage, Baden-Baden 2007, zitiert als: *Bearbeiter,* in Heidel, Aktienrecht und Kapitalmarktrecht.

*Heimbach, Heinz J.; Boll, Lothar,* Führungsaufgabe und persönliche Haftung der Vorstandsmitglieder und des Vorstandsvorsitzenden im ressortaufgeteilten Vorstand einer AG, in VersR 2001, S. 801 – 809.

*Hellgardt, Alexander,* Die deliktische Außenhaftung von Gesellschaftsorganen für unternehmensbezogene Pflichtverletzungen – Überlegungen vor dem Hintergrund des Kirch/Breuer-Urteils des BGH – , in WM 2006, S. 1514 – 1522.

*Hempel, Rolf,* Privater Rechtsschutz im deutschen Kartellrecht nach der 7. GWB-Novelle, in WuW 2004, S. 362 – 374.

*Henke, Horst-Eberhard,* Die Vorteilsanrechnung, in Festschrift für Horst Hagen, Köln 1999, S. 371 – 408.

*Henze, Hartwig,* Prüfungs- und Kontrollaufgaben des Aufsichtsrates in der Aktiengesellschaft – Die Entscheidungspraxis des Bundesgerichtshofes, in NJW 1998, S. 3301 – 3312.

*Henze, Hartwig,* Leitungsverantwortung des Vorstandes – Überwachungspflicht des Aufsichtsrats, in BB 2000, S. 209 – 216.

*Hilgendorf, Eric,* Fragen der Kausalität bei Gremienentscheidungen am Beispiel des Ledersprayfalles, in NStZ 1994, 561 - 566.

*Hirsch, Christoph,* Allgemeines Schuldrecht, 5. Auflage, Köln, Berlin, München 2004.

*Hirte, Heribert,* Kapitalgesellschaftsrecht, 6. Auflage, RWS Verlag Köln 2009.

*Hoffmann-Becking, Michael,* Zur rechtlichen Organisation der Zusammenarbeit im Vorstand der AG, ZGR 1998, S. 497 – 519.

*Holly, Hans. G.; Friedhofen, Peter,* Die Abwälzung von Geldstrafen und Geldbußen auf den Arbeitgeber, in NZA 1992, S. 145 – 153.

*Hommelhoff, Peter; Mattheus, Daniela,* Risikomanagementsystem im Entwurf des BilMoG als Funktionselement der Corporate Governance, in BB 2007, S. 2787 - 2791.

*Hommelhoff, Peter; Hopt, Klaus J.; Werder, Axel v.,* Handbuch Corporate Governance, Köln 2003, zitiert als: *Bearbeiter,* in Hommelhoff/Hopt/Werder, Hdb Corporate Governance.

*Hopt, Klaus, J.,* Die Haftung von Vorstand und Aufsichtsrat – Zugleich ein Beitrag zur Corporate Governance-Debatte, in Festschrift für Ernst-Joachim Mestmäcker zum 70. Geburtstag, 1996, S. 909 – 931.

*Hopt, Klaus, J.,* Recht und Geschäftsmoral multinationaler Unternehmen – Unlautere Finanztransaktionen und Geldzuwendungen im internationalen Wirtschaftsrecht, in Festschrift gewidmet der Tübinger Juristenfakultät zu ihrem 500jährigen Bestehen 1977, Tübingen 1977, S. 279 – 331.

*Horn, Norbert,* Die Haftung des Vorstandes nach § 93 AktG und die Pflichten des Aufsichtsrates, ZIP 1997, S. 1129 – 1139.

*Huber, Ulrich,* Betriebsführungsverträge zwischen selbständigen Unternehmen, in ZHR 152 (1988), S. 1 – 37.

*Hüffer, Uwe,* Aktiengesetz, 9 Aufl., München 2010.

*Hüffer, Uwe,* Der Vorstand als Leitungsorgan und die Mandats- sowie Haftungsbeziehungen seiner Mitglieder, in Aktienrecht im Wandel, Band 2, Tübingen 2007, S. 334 – 388.

*Ihrig, Hans-Christoph,* Reformbedarf beim Haftungstatbestand des § 93 AktG, in WM 2004, S. 2098 – 2107.

*Immenga, Ulrich; Mestmäcker, Ernst-Joachim,* Wettbewerbsrecht, Band 2 GWB, Kommentar zum deutschen Wettbewerbsrecht, 4. Auflage, München 2007, zitiert als: *Bearbeiter,* in Immenga/Mestmäcker, GWB.

*Jungmann, Carsten,* Die Business Judgment Rule – ein Institut des allgemeinen Verbandsrechts? – Zur Geltung von § 93 Abs. 1 Satz 2 AktG außerhalb des Aktienrechts - , in Festschrift für Karsten Schmidt zum 70. Geburtstag, Köln 2009, S. 831 – 855.

*Kalss, Susanne* (Hrsg.), Vorstandshaftung in 15 europäischen Ländern, Wien 2005, zitiert als *Bearbeiter,* in Kalss, Vorstandshaftung in 15 europäischen Ländern.

*Karlsruher Kommentar zum Gesetz über Ordnungswidrigkeiten,* 3. Auflage, München 2006, zitiert als: *Bearbeiter,* in KK, OWiG.

*Karlsruher Kommentar zur Strafprozessordnung,* 6. Auflage, München 2008, zitiert als: *Bearbeiter,* in KK, StPO.

*Kebekus, Frank; Zenker, Wolfgang,* Business Judgment Rule und Geschäftsleiterermessen – auch in Krise und Insolvenz?, in Festschrift für Georg Maier-Reimer zum 70. Geburtstag, München 2010, S. 319 – 343.

*Kempf, Eberhard,* Bestechende Untreue?, in Festschrift für Rainer Hamm zum 65. Geburtstag am 24. Februar 2008, Berlin 2008, S. 255 – 267.

*Kenny, Charles,* Construction, Corruption, and Developing Countries, in World Bank Policy Research Working Paper 4271, 2007/06.

*Keßler, Jürgen,* Schadensersatzansprüche von Kartellabnehmern de lata und die lege ferenda, in BB 2005, S. 1125 – 1129.

*Kessler, Manfred H.,* Die Leitungsmacht des Vorstandes einer Aktiengesellschaft (II), in AG 1995, S. 120 – 132.

*Klaue, Siegfried; Schwintowski, Hans-Peter,* Kartellrechtliche und gesellschaftsrechtliche Konsequenzen des Systems der Legalausnahme für die Kooperationspraxis der Unternehmen – Zugleich: Anforderungen an Vorstandshaftung und Corporate Governance, in ZNER 2004, S. 342 – 348.

*Klocker, Peter; Ost, Konrad,* Nach der Novelle ist vor der Novelle – Themen einer 8. GWB-Novelle, in Festschrift für Rainer Bechthold zum 65. Geburtstag, München 2006, S. 229 – 251.

*Klöhn, Lars,* „Wertende Kausalität" im Spiegel von Rechtsvergleichung, Rechtsdogmatik und Rechtsökonomik – Eine Untersuchung zum deutschen, englischen, US-amerikanischen, französischen, schweizerischen und österreichischen Recht der deliktischen Verschuldenshaftung, in ZVglRWiss 105 (2006), S. 455 – 518.

*Knauer, Christoph,* Die Strafbarkeit von Bankvorständen für missbräuchliche Kreditvergabe, in NStZ 2000, S. 399 – 404.

*Koch, Jens,* Das Gesetz zur Unternehmensintegrität und Modernisierung des Anfechtungsrechts (UMAG), in ZGR 2006, S. 769 – 804.

*Koch, Jens,* Keine Ermessensspielräume bei der Entscheidung über die Inanspruchnahme von Vorstandsmitgliedern, in AG 2009, S. 93 – 102.

*Kock, Martin; Dinkel, Renate,* Die zivilrechtliche Haftung von Vorständen für unternehmerische Entscheidungen, in NZG 2004, S. 441 – 448.

*Kolbe, Sebastian,* Unkündbarkeit für Korruptionstäter?, in NZA 2009, S. 228 – 232.

*Kölner Kommentar zum Aktiengesetz,* Band 2/1, §§ 76 – 94 AktG, 3. Auflage, Köln 2010, zitiert als: *Bearbeiter,* in KölnKomm, AktG.

*Koppenfels-Spies, Katharina von,* Richtungswechsel in der Rechtsprechung zur Vorteilsanrechnung?, VersR 2005, S. 1511 – 1515.

*Körner, Marita,* Zur Aufgabe des Haftungsrechts – Bedeutungsgewinn präventiver und punitiver Elemente, in NJW 2000, S. 241 – 246.

*Kort, Michael,* Verhaltensstandardisierung durch *Corporate Compliance,* in NZG 2008, S. 81 – 86.

*Krause, Nils,* Managerhaftung und Strategien zur Haftungsvermeidung, in BB 2009, S. 1370 – 1375.

*Krause, Rüdiger,* Bestechungen und Kartellrechtsverstöße durch Vorstände und Mitarbeiter, in BB-Special 8/2007, S. 2 – 11.

*Kreuzer, Karl (Hrsg.),* Die Haftung der Leitungsorgane von Kapitalgesellschaften: Verhandlungen der Fachgruppe für Vergleichendes Handels- und Wirtschaftsrecht anlässlich der Tagung der Gesellschaft für Rechtsvergleichung in Würzburg vom 13.-16.9.1989, Baden-Baden 1991, zitiert als: *Bearbeiter,* in Kreuzer, Haftung der Leitungsorgane von Kapitalgesellschaften.

*Krieg, Günther,* Die arbeitsrechtliche Stellung des Compliance Officers – Gestaltung einer Compliance-Organisation unter Berücksichtigung der Vorgaben im BGH-Urteil vom 17. 7. 2009, S. 367 – 373.

*Krieger, Gerd,* Zahlungen der Aktiengesellschaft im Strafverfahren gegen Vorstandsmitglieder, in Festschrift für Gerold Bezzenberger zum 70. Geburtstag am 13. März 2000, Berlin, New York 2000, S. 211 – 231.

*Krieger, Gerd,* Zur (Innen-) Haftung von Vorstand und Geschäftsführung, in RWS-Forum Gesellschaftsrecht 1995, S. 149 – 177.

*Krieger, Gerd; Schneider, Uwe H.*, Handbuch Managerhaftung, 2. Auflage, Köln 2010, zitiert als: *Bearbeiter*, in Krieger/Schneider, Hdb Managerhaftung.

*Kubiciel, Michael*, Gesellschaftsrechtliche Pflichtwidrigkeit und Untreuestrafbarkeit, in NStZ 2005, S. 353 – 361.

*Kuntz, Thilo*, Geltung und Reichweite der *Business Judgment Rule* in der GmbH, in GmbHR 2008, S. 121 – 128.

*Kutzner, Lars*, Einfache gesellschaftsrechtliche Pflichtverletzungen als Untreue – Die Kinowelt-Entscheidung des BGH, in NJW 2006, S. 3541 – 3544.

*Lackner, Karl; Kühl, Kristian*, Strafgesetzbuch, 27. Auflage, München 2011.

*Lande, Robert H.*, The Price of Abuse: Intel and the European Commission Decision, in GCP – the online magazine for Global Competition Law, June 2009, Release 2.

*Lange, Hans-Peter*, Anmerkungen zum Urteil des BGH v. 11.01.1988 – II ZR 192/87, in WuB II E. § 115 HGB 1.88.

*Lange, Hermann*, Die Vorteilsanrechnung, in JuS 1978, S. 649 – 657.

*Lange, Hermann; Schiemann, Gottfried*, Schadensersatz, in Handbuch des Schuldrechts, Tübingen 2003, zitiert als: Lange/Schiemann, Schadensersatzrecht.

*Larenz, Karl*, Lehrbuch des Schuldrechts, Erster Band, Allgemeiner Teil, 13. Auflage, München 1982.

*Leipziger Kommentar zum Strafgesetzbuch*, 11. Auflage, Berlin 2005, zitiert als: *Bearbeiter*, in LK, StGB.

*Lettl, Tobias*, Der Schadensersatzanspruch gemäß § 823 Abs. 2 BGB i.V. mit Art. 81 Abs. 1 EG, in: ZHR 167 (2003), S. 473 – 493.

*Lettl, Tobias*, Kartellrecht, 2. Auflage, München 2007.

*Linnerz, Markus*, Vom Anfechtungs- zum Haftungstourismus, in NZG 2004, S. 307 – 313.

*Lohse, Andrea*, Schmiergelder als Schaden? – Zur Vorteilsanrechnung im Gesellschaftsrecht, in Festschrift für Uwe Hüffer zum 70. Geburtstag, München 2010, S. 581 – 601.

*Looschelders, Dirk*, Schuldrecht Allgemeiner Teil, 8. Auflage, Köln, München 2010.

*Lösler, Thomas*, Das moderne Verständnis von Compliance im Finanzmarktrecht, in NZG 2005, S. 104 – 108.

*Lösler, Thomas,* Spannungen zwischen der Effizienz der internen Compliance und möglichen Reporting-Pflichten des Compliance Officers, in WM 2007, S. 676 – 683.

*Lübbig, Thomas,* Die zivilprozessuale Durchsetzung etwaiger Schadensansprüche durch die Abnehmer eines kartellbefangenen Produktes, in WRP 2004, S. 1254 – 1260.

*Lück, Wolfgang,* Managementrisiken im Risikomanagementsystem, in DB 2000, S. 1473 – 1477.

*Lück, Wolfgang,* Elemente eines Risikomanagementsystems – Die Notwendigkeit eines Risiko-Managementsystems durch den Entwurf eines Gesetzes zur Kontrolle und Transparenz im Unternehmensbereich (KonTraG) – , in DB 1998, S. 8 – 14.

*Lück, Wolfgang,* Der Umgang mit unternehmerischen Risiken durch ein Risikomanagementsystem und durch ein Überwachungssystem, in DB 1998, S. 1925 – 1930.

*Lüderssen, Klaus,* „Nützliche Aufwendungen" und strafrechtliche Untreue, in Grundfragen des strafrechtlichen Denkens, Festschrift für Heinz Müller-Dietz zum 70. Geburtstag, S. 467 – 477.

*Lutter, Marcus,* Bankenkrise und Organhaftung, in ZIP 2009, S. 197 – 201.

*Lutter, Marcus,* Interessenkonflikte und Business Judgment Rule, in Festschrift für Claus-Wilhelm Canaris zum 70. Geburtstag, München 2007, S. 245 – 256.

*Lutter, Marcus,* Die Business Judgment Rule und ihre praktische Anwendung, in ZIP 2007, S. 841 – 848.

*Lutter, Marcus,* Haftung und Haftungsfreiräume des GmbH-Geschäftsführers – 10 Gebote an den Geschäftsführer, in GmbHR 2000, S. 301 – 312.

*Lutter, Marcus,* Aufsichtsrat und Sicherung der Legalität im Unternehmen, in Festschrift für Uwe Hüffer zum 70. Geburtstag, München 2010, S. 617 – 625.

*Lutter, Marcus; Hommelhoff, Peter,* GmbH-Gesetz, 17. Auflage, Köln 2009, zitiert als: *Bearbeiter,* in Lutter/Hommelhoff, GmbHG.

*Lutz, Martin,* Schwerpunkte der 7. GWB-Novelle, in WuW 2005, S. 718 – 732.

*Martens, Klaus-Peter,* Der Grundsatz gemeinsamer Vorstandsverantwortung, in Festschrift für Hans-Joachim Fleck zum 70. Geburtstag, Berlin 1988, S. 191 – 208.

*Martens, Klaus-Peter,* Die Vergleichs- und Abfindungsbefugnis des Vorstands gegenüber opponierenden Aktionären, in AG 1988, S. 118 – 126.

*Medicus, Dieter,* Schuldrecht I, Allgemeiner Teil, 17. Auflage, München 2006.

*Medicus, Dieter,* Bürgerliches Recht, 22. Auflage, Köln, Berlin, München 2009.

*Medicus, Dieter,* ID QUOD INTEREST – Studien zum römischen Recht des Schadensersatzes, Köln, Graz 1962, zitiert als: *Medicus,* id quod interest.

*Menzer, Jörg K.,* Umweltrisiken und Managementhaftung in der GmbH – beispielhafte Betrachtung nach dem BImSchG, in GmbHR 2001, S. 506 – 512.

*Michalski, Lutz* (Hrsg.), Kommentar zum Gesetz betreffend die Gesellschaften mit beschränkter Haftung, 2. Auflage, München 2010, zitiert als: *Bearbeiter,* in Michalski, GmbHG.

*Mosiek, Marcus,* Risikosteuerung im Unternehmen und Untreue – zur Untreuestrafbarkeit Unternehmensverantwortlicher in Aktiengesellschaft und GmbH bei Verstößen gegen gesetzliche Risikosteuerungspflichten, in wistra 2003, S. 370 – 375.

*Münchener Handbuch des Gesellschaftsrechts,* Bd. 4 Die Aktiengesellschaft, 3. Auflage, München 2007, zitiert als: *Bearbeiter,* in Münch Hdb GesR, AG.

*Münchener Handbuch des Gesellschaftsrechts,* Bd. 3, Gesellschaft mit beschränkter Haftung, 3. Auflage, München 2009, zitiert als: *Bearbeiter,* in Münch Hdb GesR, GmbH.

*Münchener Kommentar zum Aktiengesetz,* 3. Auflage München 2008, zitiert als: *Bearbeiter,* in MüKo, AktG.

*Münchener Kommentar zum Bürgerlichen Gesetzbuch,* 5. Auflage, München 2007 ff., zitiert als: *Bearbeiter,* in MüKo, BGB.

*Münchener Kommentar zum Handelsgesetzbuch,* 2. Auflage, München 2006, zitiert als: *Bearbeiter,* in MüKo, HGB.

*Münchener Kommentar zur Insolvenzordnung,* Band 1, 2. Auflage, München 2007, zitiert als: *Bearbeiter,* in MüKo, InsO.

*Münchener Kommentar zum StGB,* München 2006, zitiert als: *Bearbeiter,* in MüKo, StGB.

*Mutter, Stefan,* Unternehmerische Entscheidungen und Haftung des Aufsichtsrats einer Aktiengesellschaft, Köln 1994.

*Notthoff, Martin,* Rechtliche Fragestellungen im Zusammenhang mit dem Abschluss einer Director's & Officer's-Versicherung – Effektiver Schutz von Vorständen und Aufsichtsräten gegen Haftungsrisiken, in NJW 2003, S. 1350 – 1356.

*Oertmann, Paul,* Die Vorteilsanrechnung beim Schadensersatzanspruch im römischen und deutschen bürgerlichen Recht, Berlin 1901.

*Oppenländer, Frank; Trölitzsch, Thomas,* Praxishandbuch der GmbH-Geschäftsführung, 2. Auflage, München 2011, zitiert als: *Bearbeiter,* in Oppenländer/Trölitzsch, GmbH-Geschäftsführung.

*Paefgen, Walter G.,* Dogmatische Grundlagen, Anwendungsbereich und Formulierung einer Business Judgment Rule im künftigen UMAG, in AG 2004, S. 245 – 261.

*Paefgen, Walter G.,* Unternehmerische Entscheidungen und Rechtsbindung der Organe in der AG, Köln 2002.

*Paefgen, Walter G.,* Die Inanspruchnahme pflichtvergessener Vorstandsmitglieder als unternehmerische Entscheidung des Aufsichtsrates, in: AG 2008, S. 761 – 769.

*Paefgen, Walter G.,* Die Darlegungs- und Beweislast bei der Business Judgment Rule, in NZG 2009, S. 891 – 896.

*Palandt,* Bürgerliches Gesetzbuch, 70. Auflage, München 2011, zitiert als: *Bearbeiter,* in Palandt, BGB.

*Pampel, Gunnar,* Die Bedeutung von Compliance-Programmen im Kartellordnungswidrigkeitenrecht, in BB 2007, S. 1636 – 1640.

*Passarge, Malte,* Risiken und Chancen mangelhafter Compliance in der Unternehmensinsolvenz, in NZI 2009, S. 86 – 91.

*Patzina, Reinhard; Bank, Stefan; Schimmer, Dieter; Simon-Widmann, Michaele,* Haftung von Unternehmensorganen – Vorstände, Aufsichtsräte, Geschäftsführer, München 2010; zitiert als: *Bearbeiter,* in Patzina/Bank/Schimmer/Simon-Widmann, Haftung von Unternehmensorganen.

*Poelzig, Dörte; Thole, Christoph,* Kollidierende Geschäftsleiterpflichten, in ZGR 2011, S. 836 – 867.

*Poelzig, Dörte,* Die Verantwortlichkeit des Vorstandes für den Abkauf missbräuchlicher Anfechtungsklagen – Der Einfluss des UMAG auf die Handlungsmöglichkeiten zur Abwehr „räuberischer“ Aktionäre – , in WM 2008, S. 1009 – 1016.

*Preussner, Joachim,* Risikomanagement im Schnittpunkt von Bankenaufsichtsrecht und Gesellschaftsrecht – Zur Schrittmacherrolle des Aufsichtsrates am Beispiel der Organisation des Risikomanagements in Kreditinstituten, in NZG 2004, S. 57 – 61.

*Preussner, Joachim,* Deutscher Corporate Governance Kodex und Risikomanagement, in NZG 2004, S. 303 – 307.

*Preussner, Joachim,* Risikomanagement und Compliance in der aktienrechtlichen Verantwortung des Aufsichtsrates unter Berücksichtigung des Gesetzes zur Modernisierung des Bilanzrechts (BilMoG), in NZG 2008, S. 574 – 576.

*Preussner, Joachim; Zimmermann, Dörte,* Risikomanagement als Gesamtaufgabe des Vorstands, in AG 2002, S. 657 – 662.

*Preussner, Joachim; Pananis, Panos,* Risikomanagement und strafrechtliche Verantwortung – Corporate Governance am Beispiel der Kreditwirtschaft, in BKR 2004, S. 347 – 356.

*Prütting, Hanns; Wegen, Gerhard; Weinreich, Gerd,* BGB Kommentar, 6. Auflage, Köln 2011, zitiert als: *Bearbeiter,* in PWW, BGB.

*Rachlinsky, Jeffrey J.,* Positive Psychological Theory of Judging in Hindsight, in 65 U. Chi. L. Rev. 571 (1998), S. 571 – 626.

*Raeschke-Kessler, Hilmar; Gottwald, Dorothee,* Korruption und internationales Vertragsrecht – Rechtliche Aspekte der Korruption im Bau- und Infrastruktursektor mit Auslandsbezug, in Festschrift für Hans-Joachim Lüer zum 70. Geburtstag, München 2008, S. 39 – 56.

*Raiser, Thomas,* Pflichten und Ermessen von Aufsichtsratsmitgliedern, in NJW 1996, S. 552 – 554.

*Raiser, Thomas; Veil, Rüdiger,* Recht der Kapitalgesellschaften, 5. Auflage, München 2010.

*Randow, Phillip von,* Derivate und Corporate Governance, in ZGR 1996, S. 594 – 641.

*Rehbinder, Eckard,* Rechtliche Schranken der Erstattung von Bußgeldern an Organmitglieder und Angestellte, in ZHR 148 (1984), S. 555 – 578.

*Reich, Michael,* Die Passing-On Defense im Spannungsfeld zwischen Weißbuch und kritischen Literaturstimmen, in WuW 2008, S. 1046 – 1054.

*Reimann, Carsten; Krohs, Christian,* Strafbarkeit von Kartelldelikten nach dem UK Enterprise Act 2002, in WuW 2003, S. 739 – 751.

*Rittner, Franz,* Einführung in das Wettbewerbs- und Kartellrecht, 2. Auflage, Heidelberg 1985.

*Rittner, Fritz,* Das Kartellgesetz als die magna charta des Unternehmers?, in Festschrift für Peter Raisch zum 70. Geburtstag, Köln, Berlin, Bonn München 1995, S. 483 – 499.

*Röckrath, Luidger,* Kollegialentscheidung und Kausalitätsdogmatik – Zurechnung überbestimmter Erfolge in Straf- und Haftungsfällen, in NStZ 2003, S. 641 – 646.

*Rosengarten, Joachim,* Der Präventionsgedanke im deutschen Zivilrecht – Höheres Schmerzensgeld, aber keine Anerkennung und Vollstreckung US-amerikanischer punitive Damages, in NJW 1996, S. 1935 – 1938.

*Roth, Markus,* Das unternehmerische Ermessen des Vorstands, in BB 2004, S. 1066 – 1069.

*Roth, Markus,* Unternehmerisches Ermessen und Haftung des Vorstands, München 2001.

*Roth, Wulf-Henning,* Das Kartelldeliktsrecht in der 7. GWB-Novelle, in: Festschrift für Ulrich Huber zum 70. Geburtstag, München 2006, S. 1133 – 1149.

*Roth, Wulf-Henning,* Zivilrechtliche Durchsetzung des europäischen Kartellrechts – nationales Zivil- und Zivilprozessrecht unter dem Einfluss des Gemeinschaftsrechts – , in Festschrift für Walter Gerhardt, Köln 2004, S. 815 – 837.

*Roxin, Claus,* Strafrecht Allgemeiner Teil, Band I, Grundlagen, Der Aufbau der Verbrechenslehre, München 1992.

*Rubner, Daniel,* Zivilrechtliche Haftung des Aufsichtsrates, in NJW-Spezial 2009, S. 111 – 112.

*Saenger, Ingo; Bergjan, Ralf,* Anmerkung zu BGH, Urt. v. 12.11.2001 – II ZR 225/99, in EWiR 2002, S. 885 – 886.

*Satzger, Helmut,* „Schwarze Kassen“ zwischen Untreue und Korruption - - Eine Besprechung des Urteils BGH – 2 StR 587/07 (Siemens-Entscheidung) - , in NStZ 2009, S. 297 – 306.

*Schäfer, Carsten,* Die Binnenhaftung von Vorstand und Aufsichtsrat nach der Renovierung durch das UMAG, in ZIP 2005, S. 1253 – 1259.

*Schäfer, Carsten,* Strafe und Prävention im Bürgerlichen Recht, in AcP 202 (2002), S. 397 – 434.

*Schillinger, Julia,* Die Entwicklung der D&O-Versicherung und der Managerhaftung in Deutschland - von der Versicherungsutopie zu den Auswirkungen des UMAG, in VersR 2005, S. 1484 – 1502.

*Schlaus, Wilhelm,* Auskauf opponierender Aktionäre, in AG 1988, S. 113 – 117.

*Schlegelberger, Franz,* Handelsgesetzbuch, Band III/1. Hb., §§ 105-160, 5. Auflage, München 1992, zitiert als: *Bearbeiter,* in Schlegelberger, HGB.

*Schlegelberger, Franz; Quassowski, Leo,* Aktiengesetz – Gesetz über die Aktiengesellschaften und die Kommanditgesellschaften auf Aktien vom 30. Januar 1937, 3. Auflage, Berlin 1939.

*Schlüter, Harald; Nell, Matthias,* Rechtswirksamkeit auf Schmiergeld beruhender Hauptverträge – Eine ökonomische Analyse, in NJOZ 2008, S. 223 – 231.

*Schmidbauer, Rainer,* Risikomanagement im Kontext wertorientierter Unternehmensführung, in DB 2000, S. 153 – 164.

*Schmidt, Bernd,* Vertrauen ist gut, Compliance ist besser! – Anforderungen an die Datenverarbeitung im Rahmen der Compliance-Überwachung – , in BB 2009, S. 1295 – 1299.

*Schmidt, Karsten; Lutter, Marcus,* Aktiengesetz Kommentar, 2. Auflage, Köln 2010, zitiert als: *Bearbeiter,* in K. Schmidt/Lutter, AktG.

*Schneider, Sven H.,* „Unternehmerische Entscheidungen" als Anwendungsvoraussetzung für die Business Judgment Rule, in DB 2005, S. 707 – 712.

*Schneider, Uwe H.,* Compliance als Aufgabe der Unternehmensleitung, in ZIP 2003, S. 645 – 650.

*Schneider, Uwe H.,* Unentgeltliche Zuwendungen durch Unternehmen, in AG 1983, S. 205 – 216.

*Schneider, Uwe H.,* Gesellschaftsrechtliche und öffentlich-rechtliche Anforderungen an eine ordnungsgemäße Unternehmensorganisation – Zur Überlagerung des Gesellschaftsrechts durch öffentlich-rechtliche Verhaltenspflichten und öffentlich-rechtliche Strukturnormen, in DB 1993, S. 1909 – 1914.

*Schneider, Uwe H.,* Die Haftung von Mitgliedern des Vorstandes und der Geschäftsführer bei Vertragsverletzungen der Gesellschaft, in Festschrift für Uwe Hüffer zum 70. Geburtstag, München 2010, S. 905 – 916.

*Schneider, Uwe H.,* Die Wahrnehmung öffentlich-rechtlicher Pflichten durch den Geschäftsführer – Zum Grundsatz der Gesamtverantwortung bei mehrköpfiger Geschäftsführung in der konzernfreien GmbH und im Konzern, in Festschrift 100 Jahre GmbHG, Köln 1992, S. 473 – 499.

*Scholl, Amand,* Die Bezahlung der Geldstrafe durch Dritte – ein altes Thema und noch immer ein Problem, in NStZ 1999, S. 599 – 605.

*Scholz, Franz (Hrsg.),* Kommentar zum GmbH-Gesetz, 10. Auflage, Köln 2007, zitiert als: *Bearbeiter,* in Scholz, GmbHG.

*Scholz, Ulrich; Haus, Florian C.,* Geldbußen im EG-Kartellrecht und Einkommenssteuerrecht, in EuZW 2002, S. 682 – 688.

*Schönke, Adolf; Schröder, Horst,* Strafgesetzbuch, 28. Aufl., München 2010, zitiert als, *Bearbeiter,* in Schönke/Schröder, StGB.

*Schünemann, Bernd,* Der Bundesgerichtshof im Gestrüpp des Untreuetatbestandes, in NStZ 2006, S. 196 – 203.

*Schüppen, Matthias,* To comply or not to comply – that's the question! "Existenzfragen" des Transparenz- und Publizitätsgesetzes im magischen Dreieck kapitalmarktrechtlicher Unternehmensführung, in ZIP 2002, S. 1269 – 1279.

*Schütt, Marc,* Individualrechtsschutz nach der 7. GWB-Novelle – Anmerkung zum Regierungsentwurf vom 12.08.2004, in WuW 2004, S. 1124 – 1133.

*Schwark, Eberhard,* Spartenorganisation in Großunternehmen und Unternehmensrecht, ZHR 142 (1978), S. 203 – 227.

*Schwintowski, Hans-Peter,* Gesellschaftsrechtliche Anforderungen an Vorstandshaftung und Corporate Governance durch das neue System der kartellrechtlichen Legalausnahme, in NZG 2005, S. 200 – 203.

*Sedemund, Jan,* Zivilrechtliche Regressmöglichkeiten bei Verfallanordnungen aufgrund Schmiergeldzahlungen zwecks Auftragserlangung, in DB 2003, S. 2423 – 2428.

*Seibert, Ulrich,* UMAG – Zu den Begriffen „Unredlichkeit oder grobe Verletzung des Gesetzes oder der Satzung" in § 148 AktG und zu den Zusammenhängen zwischen §§ 93 und 148 AktG, in Festschrift für Hans-Joachim Priester zum 70. Geburtstag, Köln 2007, S. 763 – 774.

*Semler, Johannes,* Leitung und Überwachung der Aktiengesellschaft, 2. Auflage, Köln, Berlin, Bonn, München 1996.

*Semler, Johannes,* Entscheidungen und Ermessen im Aktienrecht, in Festschrift für Peter Ulmer zum 70. Geburtstag am 2. Januar 2003, Berlin 2003, S. 627 – 642.

*Sethe, Rolf,* Zivilrechtliche Rechtsfolgen der Korruption am Beispiel von Bankgeschäften, in WM 1998, S. 2309 – 2326.

*Soergel, Hans Theodor* (Hrsg.), Bürgerliches Gesetzbuch, 13. Auflage, Stand März 1999 ff., Stuttgart, Berlin, Köln, Mainz, zitiert als: *Bearbeiter,* in Soergel, BGB.

*Sonnenberger, Hans Jürgen,* Der Vorteilsausgleich – rechtsvergleichende Anmerkungen zu einer fragwürdigen Rechtsfigur, in Festschrift für Reinhold Trinkner zum 65. Geburtstag, Heidelberg 1995, S. 723 – 746.

*Spindler, Gerald,* Die Haftung von Vorstand und Aufsichtsrat für fehlerhafte Auslegung von Rechtsbegriffen, in Festschrift für Claus-Wilhelm Canaris zum 70. Geburtstag, Band II, München 2007, S. 403 – 428.

*Spindler, Gerald,* Haftung und Aktionärsklage nach dem neuen UMAG, in NZG 2005, S. 865 – 872.

*Spindler, Gerald,* Unternehmensorganisationspflichten – Zivilrechtliche und öffentlich-rechtliche Regelungskonzepte, Köln, Berlin, Bonn, München 2001.

*Spindler, Gerald,* Von der Früherkennung von Risiken zum umfassenden Risikomanagement – zum Wandel des § 91 AktG unter europäischem Einfluss, in Festschrift für Uwe Hüffer zum 70. Geburtstag, München 2010, S. 985 – 998.

*Spindler, Gerald,* Compliance in der multinationalen Bankengruppe, in WM 2008, S. 905 – 918.

*Spindler, Gerald; Stilz, Eberhard* (Hrsg.), Kommentar zum Aktiengesetz, 2. Auflage, München 2010, zitiert als: *Bearbeiter,* in Spindler/Stilz, AktG.

*Staudinger, Ansgar,* Schadensersatz – Wettbewerb der Ideen und Rechtsordnungen, in NJW 2006, S. 2433 – 2439.

*Staudinger, Julius von* (Begr.), Kommentar zum Bürgerlichen Gesetzbuch mit Einführungsgesetz und Nebengesetzen, 13. Bearbeitung 1993 ff., Berlin, zitiert als: *Bearbeiter,* in Staudinger, BGB.

*Stein, Ursula,* Konzernherrschaft durch EDV, in ZGR 1988, S. 163 – 191.

*Stürner, Rolf,* Der Strafschaden im deutschen Medienpersönlichkeitsrecht, in Festschrift für Bernhard Großfeld zum 65. Geburtstag, Heidelberg 1999, S. 1201 – 1217.

*Thiele, Wolfgang,* Gedanken zur Vorteilsanrechnung, in AcP 167 (1967), S. 193 – 240.

*Thole, Christoph,* Managerhaftung für Gesetzesverstöße – Die Legalitätspflicht des Vorstandes gegenüber seiner Aktiengesellschaft, in ZHR 173 (2009), S. 504 – 535.

*Thüsing, Gregor,* Das Schadensrecht zwischen Beständigkeit und Wandel – 5 Thesen zur Fortentwicklung der §§ 249 ff. BGB, in ZRP 2001, S. 126 – 130.

*Fischer, Thomas,* Strafgesetzbuch und Nebengesetze, 57. Aufl., München 2010.

*Trute, Hans-Heinrich,* Die Verwaltungsrecht zwischen gesellschaftlicher Selbstregulierung und staatlicher Steuerung, in DVBl. 1996, S. 950 – 964.

*Turiaux, André; Knigge, Dagmar,* Vorstandshaftung ohne Grenzen? – Rechtssichere Vorstands- und Unternehmensorganisation als Instrument der Risikominimierung, in DB 2004, S. 2199 – 2207.

*Ulmer, Peter,* Der Deutsche Corporate Governance Kodex – ein neues Regulierungsinstrument für börsennotierte Aktiengesellschaften, in ZHR 166 (2002), S. 150 – 181.

*Vetter, Jochen,* Der Deutsche Corporate Governance Kodex nur ein zahnloser Tiger? – Zur Bedeutung des § 161 AktG für Beschlüsse der Hauptversammlung, in NZG 2008, S. 122 – 126.

*Wabnitz, Heinz-Bernd; Janovsky, Thomas,* Handbuch Wirtschafts- und Steuerstrafrechts, 3. Auflage, München 2007, zitiert als: *Bearbeiter,* in Wabnitz/Janovsky, Hdb Wirtschafts- und Steuerstrafrecht.

*Wagner, Gerhard,* Neue Perspektiven im Schadensersatzrecht – Kommerzialisierung, Strafschadensersatz, Kollektivschaden, Gutachten A für den 66. Deutschen Juristentag.

*Wagner, Gerhard,* Schadensersatz bei Kartelldelikten, in German Working Papers in Law and Economics, Volume 2007, Paper 18.

*Wagner, Gerhard,* Prävention und Verhaltenssteuerung durch Privatrecht – Anmaßung oder legitime Aufgabe?, in: AcP 206 (2006), S. 352 – 476.

*Wagner, Gerhard,* Haftung und Versicherung als Instrumente der Techniksteuerung, in VersR 1999, S. 1441 – 1453.

*Wagner-von Papp, Florian,* Kartellstrafrecht in den USA, dem vereinigten Königreich und Deutschland, in WuW 2009, S. 1236 – 1249.

*Wallenberg von, Gabriela,* Kartellrecht – unter Berücksichtigung des europäischen Rechts, 3. Auflage, 2007.

*Wecker, Gregor; van Laak, Hendrik* (Hrsg.), Compliance in der Unternehmenspraxis, Grundlagen, Organisation und Umsetzung; Wiesbaden 2008, zitiert als: *Bearbeiter,* in Wecker/v. Laak, Compliance in der Unternehmenspraxis.

*Weidlich, Thomas; Fietz, Eike H.,* Schmiergeldzahlungen in Asien – Rechtliche Risiken für deutsche Mitarbeiter in Singapur und Hongkong, in RIW 2005, S. 362 – 370.

*Weidlich, Thomas; Fietz, Eike H.,* Schwarze Schafe oder weiße Ritter? – Zur Problematik der Anwendung von § 299 StGB in der deutschen Außenwirtschaft, in RIW 2005, S. 423 – 429.

*Wellhöfer, Werner; Peltzer, Martin; Müller, Welf,* Die Haftung von Vorstand Aufsichtsrat Wirtschaftsprüfer – mit GmbH-Geschäftsführer, München 2008, zitiert als *Bearbeiter,* in Wellhöfer/Peltzer/Müller, Haftung von Vorstand.

*Wendehorst, Christine,* Anspruch und Ausgleich – Theorie einer Vorteils- und Nachteilsausgleichung, Tübingen 1999.

*Westermann, Harm Peter; Paefgen, Walter G.,* Das Aktienrecht im Spiegel der 4. Auflage des Großkommentars, in JZ 2003, S. 138 – 143.

*Westermann, Harm Peter; Bydlinski, Peter; Weber, Ralph,* BGB – Schuldrecht, Allgemeiner Teil, 6 Auflage, Heidelberg 2007.

*Wiedemann, Herbert,* Gesellschaftsrecht Band I, München 1980.

*Wiedemann, Herbert,* Verantwortung in der Gesellschaft – Gedanken zur Haftung der Geschäftsleiter und der Gesellschafter in der Kapitalgesellschaft, in ZGR 2011, S. 183 – 217.

*Wiedemann, Herbert,* Organverantwortung und Gesellschafterklagen in der Aktiengesellschaft, in Rheinisch-Westfälische Akademie der Wissenschaften, Vorträge G 296, Opladen 1989, zitiert als: *Wiedemann,* Organverantwortung und Gesellschafterklagen.

*Wilburg, Walter,* Zur Lehre von der Vorteilsanrechnung, in Jherings Jahrbücher für die Dogmatik des heutigen römischen und deutschen Privatrechts, Band 82, Jena 1932, S. 51 – 148.

*Williams, Cynthia,* Corporate Compliance with the Law in the Era of Efficiency, in North California Law Review Bd. 76 (1998), S. 1265 – 1386.

*Windolph, Jürgen,* Risikomanagement und Riskcontrol durch das Unternehmensmanagement nach dem Gesetz zur Kontrolle und Transparenz im Unternehmensbereich (KonTraG); ius cogens für die treuhänderische Sorge i. S. von § 266 StGB – Untreue?, in NStZ 2000, S. 533 – 524.

*Witte, Jürgen; Hrubesch, Boris,* Die persönliche Haftung von Mitgliedern des Aufsichtsrates einer AG – unter besonderer Berücksichtigung der Haftung bei Kreditvergabe, in BB 2004, S. 725 – 732.

*Wolf, Klaus,* Potenziale derzeitiger Risikomanagementsysteme, in DStR 2002, S. 1729 – 1733.

*Wright, Richard W.,* Causation, Responsibility, Risk, Probability, Naked Statistics, and Proof: Pruning the Bramble Bush by Clarifying the Concepts, in Iowa Law Review 73 (1987 – 1988), S. 1001 – 1078.

*Zimmer, Mark,* Regress bei Korruption und Kartellrechtsverstößen, BB-Special 2/2007, S. 1.

*Zimmer, Mark; Stetter, Sabine,* Korruption und Arbeitsrecht, in BB 2006, S. 1445 – 1452.

*Zimmermann, Martin,* Kartellrechtliche Bußgelder gegen Aktiengesellschaft und Vorstand: Rückgriffsmöglichkeiten, Schadensumfang und Verjährung, in WM 2008, S. 433 – 442.

*Zöllner, Wolfgang,* Betriebs- und unternehmensverfassungsrechtliche Fragen bei konzernrechtlichen Betriebsführungsverträgen, in ZfA 1983, S. 93 – 106.

**Schriften zum Gesellschafts-, Bilanz- und Unternehmensteuerrecht**

Herausgegeben von Joachim Hennrichs

Band 1 Moritz Pöschke: Eigenkapital mittelständischer Gesellschaften nach IAS/IFRS. 2009.

Band 2 Ulrike Lehmann: Gesellschaftsrechtliche Gestaltungen im Erbschaft- und Schenkungsteuerrecht. Eine Untersuchung der Erbschaft- und Schenkungsteuersubjektivität der Personengesellschaft sowie der mittelbaren Anteilsschenkung. 2009.

Band 3 Christian Graw: Das Konzept der Anteilseignerbesteuerung nach § 22 UmwStG 2006 – insbesondere im Vergleich zu § 21 UmwStG 1995. 2009.

Band 4 Christopher M. Picot: Die Rechte der Aktionäre beim Delisting börsennotierter Gesellschaften. 2009.

Band 5 Pascal Alexander Salomon: Regelungsaufträge in der Societas Privata Europea. Einführung in eine neue Rechtsform unter besonderer Berücksichtigung des Gesetzgebungsinstruments des Regelungsauftrages. 2010.

Band 6 Anna Sabrina Cryns: Gesellschafterfremdfinanzierung in Frankreich und Zinsschranke – ein Rechtsvergleich. 2011.

Band 7 Björn Karst: Das Marktmanipulationsverbot gem. § 20a WpHG. Unter besonderer Berücksichtigung der „Safe-Harbor"-Regelung. 2011.

Band 8 Ulrike Petig: Verdeckte Sacheinlagen im GmbH- und Aktienrecht. Die Veränderungen durch MoMiG und ARUG. 2012.

Band 9 Jochen Möller: Vorteilsanrechnung bei nützlichen Pflichtverletzungen im Kapitalgesellschafts- und Kartellrecht. 2012.

www.peterlang.de

Christian Karbaum

# Kartellrechtliche Compliance – Rechtsgrundlagen und Umsetzung

Frankfurt am Main, Berlin, Bern, Bruxelles, New York, Oxford, Wien, 2010.
XXVIII, 403 S.
Osnabrücker Schriften zum Unternehmens- und Wirtschaftsrecht.
Herausgegeben von Andreas Fuchs, Markus Stoffels und Dirk A. Verse. Bd. 12
ISBN 978-3-631-61236-1 · geb. € 82,80*

Der Begriff Compliance ist zu einem Modebegriff geworden und hat vor allem bei der Bekämpfung von Korruption, im Kapitalmarktrecht und im Kartellrecht Eingang in die Rechtssprache gefunden. Er steht für ein organisatorisches Konzept zur Gewährleistung regelkonformen Verhaltens. Die seit Jahren stetig steigenden Bußgelder bei Kartellverstößen haben den Präventionsbedarf bzw. den Bedarf nach Compliance in den Fokus der Diskussion gerückt. Vor diesem Hintergrund analysiert die Arbeit umfassend die kartellrechtsbezogenen Organisations- und Sorgfaltspflichten von Organmitgliedern in der Aktiengesellschaft, um einen rechtlich geforderten Mindeststandard kartellrechtlicher Compliance abzuleiten. Darauf aufbauend bietet die Arbeit ein umfassendes und praxisorientiertes Konzept zur Organisation kartellrechtlicher Compliance bzw. zur Prävention von Kartellverstößen und Sorgfaltspflichtverletzungen.

*Aus dem Inhalt:* Compliance als Konzept zur Prävention von Kartellverstößen und Erfüllung organschaftlicher Sorgfaltspflichten · Compliance-Pflicht des Vorstands · Konzernweite Compliance-Verantwortung · Pflicht des Aufsichtsrats, Compliance zu überwachen · Recht verlangt fünf Compliance-Funktionen: Risikoidentifikation und -analyse, Organisation, Instruktion, Überwachung und Krisenmanagement · Praktisches Compliance-Konzept · Compliance als bußgeldmildernder Umstand in Behördenpraxis

*inklusive der in Deutschland gültigen Mehrwertsteuer. Preisänderungen vorbehalten